AI 法律的人工智能时代

THE ARTIFICIAL INTELLIGENCE ERA OF LAW

1

主编 赵万一 侯东德

法律出版社 LAW PRESS·CHINA

赵万一

现任西南政法大学民商法学院教授、博士研究生导师，《现代法学》主编。兼任中国法学会商法学研究会副会长、中国法学会民法学研究会学术委员会副主任。先后被西北政法大学、福州大学、西南大学、福建师范大学、山东经济学院等多所大学聘为兼职教授；上海大学、福建师范大学兼职博士研究生导师；英国《法律与管理国际杂志》（*ML-The International Journal of Law and Management*）编委。

曾出版《民法的伦理分析》《民法概要》《商法基本问题研究》《证券法的理论与实务》《竞争保护法律制度研究》等个人专著多部，主编《商法学》《证券法学》等教材数十部。先后在《中国社会科学》《中国法学》《法学研究》《人民日报》《光明日报》等报刊发表论文150余篇，有数十篇文章分别被《新华文摘》、《中国社会科学文摘》、中国人民大学书报资料中心《复印报刊资料》转载。《民法的伦理分析》一书曾分别于2005年和2017年在我国台湾地区五南图书出版股份有限公司和日本经济法律出版社出版，多篇论文在日本、韩国等国发表。

侯东德

四川绵阳人，法学博士、工商管理博士后，西南政法大学民商法学院教授、博士研究生导师、博士后合作导师。现任西南政法大学高等研究院院长、科研处副处长（兼）、西南政法大学人工智能法律研究院院长，兼任重庆市网络空间安全法治研究中心主任、中国法学会证券法学研究会副会长、中国法学会商法学研究会理事、中国统一战线理论研究会理事、《人工智能法学研究》主编。

从事民商法学、人工智能的司法应用、人工智能及区块链法律问题、网络安全法、统一战线理论等教学与研究工作。出版学术专著及教材5部，在《中国法学》《新华文摘》《现代法学》《管理世界》等期刊发表学术论文40余篇，主持国家重点研发计划课题等科研项目10余项。

序　积极而理性地拥抱法律的人工智能时代

悄然而至的人工智能技术不但改变我们的生活，而且正在改变我们的行为模式和思想观念。人工智能的大规模采用不但大幅度提高了社会生产力，而且使人可以从繁重的体力劳动中解放出来，有更多的时间深刻反省和审视自己。但机器的智能化和人格化在助推人们生活便利的同时，也在对人产生控制、压迫；在解放人类的同时，也在给人类制造新的枷锁；在生产丰富物质文化产品的同时，也在创造瓦解人类生存的基础和条件；在为人类发展拓展新的可能性空间的同时，也在繁殖更多的不确定性因素和新的风险来源。实际上，并非所有的技术成果都能造福人类，科学技术给人类带来的既可能是福音，也可能是灾难，将技术世界绝对化就是以毁灭人类自身为赌注，因为“人工智能的真正风险不是它的恶意，而是它的能力”（霍金语）。

面对以机器人为代表的种类繁多的新兴技术给人类造成的挑战，我们绝不能等闲视之，而应进行必要的干预，防止其对人类生存可能带来的毁灭性威胁。我们必须以客观冷静的态度积极洞悉人工智能的发展趋势并给予理性指导，既充分肯定人工智能对解放人类所产生的重大作用，同时也应该清醒地认识到人工智能对传统的社会机构、社会关系、人伦关系带来的颠覆性影响，必须以安全、可靠、可控、健康为基本政策取向，对那些有可能影响人类伦理的技术进行严格的管控和必要的限制，防止机器人成为既独立于人类之外又具备戕害人类能力的脱缰生命体。

人之所以为人，并不仅仅是因为人具有其他灵长类动物所欠缺的思维能力和制造工具的技能，更是因为人具有善恶、荣辱、正义、是非、良知、良心等道德观念和易冲动、非理性、不完美、感性等人格特质,具有复杂性、多样性、非长久性和不可替代性的个体呈现方式。也正因每个人都是不完美的,每个人掌握的知识都是有限的,每个人的能力都是微不足道的,每个人对自己的未来都充满未知,对外部世界充满迷茫、彷徨和无奈,从而既为社会的发展留下诸多不确定性因素,也使每个人的奋斗成为可能。而人工智能的出现不但颠覆了很多对人的既有概念认知,而且对人的主体地位、个人隐私乃至人本身存在的合理性和唯一性均带来严重挑战,对现存社会关系特别是伦理关系更是带来颠覆性影响。由于机器人是按照预先设计的程序对其行为形式和行为后果进行精确规划且批量生产出来的,因此机器人就其本质来说具有可预知性、可复制性。机器人的出现不但颠覆了基于偶然性而发生的生命体诞生的概率,将人的生命作为设计对象,使生命不再具有偶然性和不可复制性,个体不再具有唯一性,而且使生命的周期和生存的质量不再取决于自然禀赋和后天的努力,而是取决于科学技术的水平。这将使传统的建构在个体生命神圣基础之上的人本主义立法理念受到严重质疑,使人本身的生命不再具有终极价值。如果放任人工智能的肆意发展,甚至赋予其与自然人相同的法律地位,不但会从根本上动摇人的中心地位,而且会使人本主义让位于物本主义,人类理性让位于技术霸权,这是我们绝对不能接受的。实际上技术虽然就其本质来说具有一定的中立性,但技术的应用必须接受价值的引领,必须受到法律的管控。科学并非只分析现象而不探究本质,科学研究中的价值判断既必须求诸于经验世界,也必须扎根于伦理世界。任何科学活动都必须能够满足人本身的需要,都必须符合人类伦理的基本要求。人之所以是万物之灵,是因为人能利用和改造自然且能与自然和谐相处。因此,在所有立法中必须确立人类优先的原则和理念,牢固树立以人为本的理念,任何涉及人工智能的技术创新都不能以削弱人的尊严和人类自身的存在为条件,不能仅关注机器人的技术性内涵,更应关注其文化内涵。相关的制度设计也不应仅表现为技术性规范且仅具有程序性操作意义,而应体现以促进人的全面发展为目的的人本主义法律,是充满人文关怀和伦理支撑的技术性与道德性完美融合的法律。

富有创造性既是人的天性,也是推动社会进步的主要动力源,还是实现人类自身价值的主要方式。著名学者赵汀阳说："一个没有创造性的社会甚至比一个不公正或者贫穷的社会更可怕。"从国家发展战略和增强社会核心竞争力的角度来说，发展人工智能技术既是抢占世界新兴技术制高点的需要，也是世界社会经济发展的大势所趋。为此，我们一方面应高度警惕人工智能可能给人类带来的负面效应；另一方面则应积极回应机器人发展对法律的强烈需求，利用良好的制度设计满足机器人发展的要求，使机器人成为造福于人类的另一个功能强大的引擎。以此为基础，相关的机器人法律制度设计必须具备宽容、创新、自由的特征，既要注重公正、公平，又要强调效率、安全；既能充分满足和促进人工智能技术的发展要求，又能充分调动社会主体的创造欲望；既是能够促进社会经济发展的社会财富创造法，又是能够在发明创造和财富创造之间搭建便捷转换通道的市场经济的催化法。

人工智能技术及其应用不但是一个简单的技术创造过程，而且也是一个对人类未来影响深远且关涉每一个人切身利益的重大历史事变。面对功能强大的机器人，每一个行业、每一个领域的自然人的就业机会都可能被剥夺，每一个生命个体的生存空间都可能被挤压。俗语说，在雪崩来临之际，每一片雪花都不是无辜的。同理，面对日新月异的人工智能技术，每一个生命个体都难以独善其身。因此，相关的人工智能立法必须具备公开透明的要求，必须贯彻以预防为主的理念，必须实现共享、可控、可追踪、可救济的设立要求。必须充分保障每一个自然人都对人工智能技术享有充分的知情权，有权知道机器人被广泛应用之后对自己意味着什么；每一个人都有权分享因科学技术的进步而产生的利益和红利，而不应成为社会进步的牺牲对象。

人工智能的技术发展方兴而未艾，人工智能的立法完善任重而道远。让我们携起手来，共同为人类的美好明天而努力奋斗！

是为序。

赵万一*

2019年9月26日于重庆

* 赵万一，西南政法大学民商法学院教授、博士研究生导师，《现代法学》主编。

目录

规则与标准的消逝

[美]安东尼·杰·凯西(Anthony J. Casey)*

[澳大利亚]安东尼·尼布雷特(Anthony Niblett)** 著

(原文载于 *Indiana Law Journal*)

立法者将会运用预测和通信技术来实现复杂的立法目标,这些目标经由机器翻译,形成大量适用于所有可能情形的简单命令。当一个公民需要作出法律决定时,机器将从目录中选择并向该公民传达其应当遵守的、精确的能够结合上下文的命令(微指令)。通过这种方式,法律将能够适应各种各样的情况,并准确指导公民的行为,而无须进一步的立法或司法行动。微指令就像一般规则一样,向公民提供关于如何遵守法律的明确指示。但是,像标准一样,微指令能够适用于任何情形。

---

* 芝加哥大学法学院。

** 多伦多大学法学院。

我们感谢本杰明·阿拉里(Benjamin Alarie)、奥姆里·本·撒赫尔(Omri Ben-Shahar)、斯宾塞·芬克(Spencer Funk)、斯塔夫罗斯·加丁尼斯(Stavros Gadinis)、索尔·莱夫莫尔(Saul Levmore)、艾利尔·波拉特(Ariel Porat)和青年商法会议、罗马 STILE 会议、加拿大法律和经济学协会年会的参与者,巴黎法律与大数据国际研讨会,伯克利法经济学与商业研讨会,密歇根大学法学院法律与经济学研讨会,法国巴黎机构与组织经济学会议,粒度规范会议在意大利维拉维哥尼(Villa Vigoni),以及芝加哥大学法学院,康涅狄格大学法学院,多伦多大学法学院与圣路易斯华盛顿大学的研讨会,进行有益的对话和评论。我们还要感谢米迦勒·阿尔坎(Michael Alcan)、伊丽莎白·基尔南(Elizabeth Kiernan)、埃里卡·杨(Erica Yang)和斯蒂芬妮·肖(Stephanie Xiao),感谢他们提供了出色的研究上的帮助。理查德·韦尔(Richard Weil)教师研究基金、保罗·H. 莱夫曼(Paul H. Leffmann)基金和 SSHRC 提供了慷慨的支持。需要特别指出的是,其中一位作者尼布雷特(Niblett)是一家初创公司的联合创始人,这是一家专门研习法律的机构。

虽然大数据等预测技术已经顺应了个性化默认规则的趋势，但在本文中，我们认为在可以提供适应所有情况的特定情境下的法律方面，这只是大趋势中的一小部分。随着这种趋势的延续，规则和标准之间的基本成本权衡将消失，并将改变社会结构和公众思考法律的方式。

引言

我们不妨想象一下这样一个世界：立法者制定精确完备的法律目录，指明在每种情况下公民能够实施的确切行为。立法者有足够的信息来预测几乎所有的意外事件，这样法律就能完全按照立法者的目的进行校准——法律能够保持合理性。再想象一下，当这个世界的公民需要作出法律决定时，其可以明确地知道其行为前所应当遵守的所有法律。这位公民不必去权衡其行为的合理性，也不必去寻求法律规范的具体内容，其只需要服从一个简单的指令。这个世界上的法律不是传统的规则和标准。相反，它们采用一种新的形式，既可以掌握规则和标准的精要，又不会产生成本。这种新形式（我们称为微观指导）是法律的未来。

当代立法者在制定法律时，必须在使用规则和使用标准之间作出选择，以实现预期的立法目标。[①] 这种选择需要在确定性和校准之间进行权衡。确定性需要通过规则事先对法律内容进行明确的陈述才能实现。[②] 但规则

---

① 权衡发生在特定的层次上。任何给定的法律都可以对某些组件使用规则，对其他组件使用标准。See Louis Kaplow, "Rules Versus Standards: An Economic Analysis", 42 *Duke L. J.* 557, 561 n.6 (1992); John O. McGinnis & Steven Wasick, "Law's Algorithm", 66 *FLA. L. REV.* 991, 1027 (2014) (在现实世界中，规则和标准很少以完美的柏拉图形式存在). 为了便于演示，我们遵循惯例将规则—标准决策作为二元选择进行讨论。

② 关于这一区别的文献非常丰富。See Ward Farnsworth, *The Legal Analyst: A Toolkit for Thinking about the Law* 163 –71 (2007); Joseph Raz, *Practical Reason and Norms* (1990); Cass R. Sunstein, "Problems with Rules", 83 *CAL. L. REV.* 953, 961 –62 (1995); see also Isaac Ehrlich & Richard A. Posner, "An Economic Analysis of Legal Rulemaking", 3 *J. Legal STUD.* 257 (1974); Kathleen M. Sullivan, "The Supreme Court, 1991 Term—Foreward: The Justices of Rules and Standards", 106 *HARV. L. REV.* 22 (1992). See generally Kaplow, supra note 1 (explaining the distinction from an economic perspective); Frederick Schauer, "The Tyranny of Choice and the Rulification of Standards", 14 *J. Contemp. Legal Issues* 803, 803 n. 1 (2005) (same).

设计成本高昂,因为立法者必须在制定规则前识别和分析规则可能适用的各种各样的情形。同时,规则也可能具有模糊性且容易出错。因为它们是预先制定的,所以它们在适用于③实时发生之事件时可能很难校准。④

另外,标准在事后被裁定。因此,立法者避免了高昂的前期设计成本。此外,在事后应用时,可以根据实际出现的特定情况精确地定制或校准标准。⑤ 但是它们也产生了事前的不确定性,因为受监管的行为主体事先并不知道审判者是否会认为他们的行为符合标准。⑥

我们相信预测和通信技术的进步将使规则和标准之间的这种权衡变得不必要。一种新形式的法律——"微观指导"将出现,以提供规则和标准的各方优点,而无须任何成本。这些微观指导是精心定制的,可提供能够应对各种可能情景的事前行为处置机制。

首先要考虑的技术是预测技术。大数据和人工智能的创新将使预测人们的行为结果变得越来越容易,因此,立法者将有能力以低成本收集信息并

---

③ 我们使用"校准"一词来表示法律是否符合其立法目的。例如,每小时 55 英里的限速可能没有很好地校准,因为在天气晴朗、道路畅通的时候限速太低,在天气恶劣、道路拥挤的时候限速太高。另一个术语可能是"包容性"。"55 英里每小时的限速既不全面,也不完整,因为它禁止了一些可取的行为(晴天时每小时行驶 60 英里),也允许一些不可取的行为(雨天时每小时行驶 50 英里)。" See Colin S. Diver, "The Optimal Precision of Administrative Rules", 93 *YALE L. J.* 65, 73 – 74(1983)(探索规则制定的成本和对"包容性不足"和"过度包容性"的定义); Kaplow, supra note 1, at 565; McGinnis & Wasick, supra note 1 at 1030 – 31; Frederick Schauer, "The Convergence of Rules and Standards", 2003 *N. Z. L. REV.* 303, 305 – 09; Schauer, supra note 2, at 803 – 04; Sunstein, supra note 2, at 992. 我们所说的校准与黛弗(Diver)所说的一致性是一致的。See Diver, supra, at 67.

④ 更正式地说,在法律和经济学术语中,规则引入了很高的事前决策和错误成本,因为为每种可能的场景预测和设置规则的成本很高。参见一、(一)部分。

⑤ 这种精确度对于标准来说成本较低,因为审裁人员只需找出实际发生的案件的上下文特定的应用程序,而事前规则必须处理所有可能的应用程序。See Kaplow, supra note 1, at 562 – 63; McGinnis & Wasick, supra note 1, at 1031; Sunstein, supra note 2, at 1003 – 04.

⑥ Kaplow, supra note 1, at 569, 575 n. 42, 587 – 88; Sunstein, supra note 2, at 974 – 77; see also Richard Craswell & John E. Calfee, "Deterrence and Uncertain Legal Standards", 2 *J. L. ECON. & ORG.* 279 (1986)(建立不确定标准的费用模型); Duncan Kennedy, "Form and Substance in Private Law Adjudication", 89 *HARV. L. REV.* 1689 – 701(1976). 我们的比较假设立法者和法官没有偏见。我们将在第二部分讨论偏见。

使用预测算法和大数据，在考虑所有相关因素的基础上更新法律。[7] 实际上，这项技术降低了设计精确、精细校准法则的成本。

其次要考虑的技术是通信技术。无处不在的即时通信能力将降低法律的不确定性。通过预测技术产生的大量规则，可以借助通信技术对其进行识别，并告知受监管的行为主体如何遵守法律。[8] 它将能够把所有信息转化为个人可以轻松遵循的单一行为指令。

要了解该机制如何运作，不妨对比一下交通速度管制。在规则和标准的领域内，希望优化旅行安全和旅行时间的立法机构将制定规则（如每小时60英里的速度限制）或标准（如“合理驾驶”）。然而，对于微指令这一法律形式而言则完全不同，立法机关只需要陈述其立法目标，然后，机器将法律设计为大量可通过上下文特定的规则，以优化该立法目标。从该目录中，选择特定的微指令并将其传达给特定的驾驶员（可能在仪表板显示器上），作为其面对特定条件所应当选择的精确速度。例如，对于特定驾驶员而言，微型驾驶可能会在某个下雨的周二下午3时27分，为一名驾龄12年的驾驶员规定51.2英里/小时的驾驶速度限制。立法保持不变，但微指令随着条件的变化而迅速更新。

在本文中，我们将探讨这个例子是否可以成为更广泛的法律范例。我们的长期预测是，微观指导将成为法律的主要形式，并且最终导致传统规则和标准的消逝。但即使没有得到完全发展，微指令也必然会成为许多法律的可行性替代方案。这种短期现象非常重要，因为即使微观指导只进行了有限的传播，其也有可能改变法律的结构和思考方式。

微指令可能以各种形式出现。在最简单的情形中，立法机关使用新技

---

⑦ 法律的最佳变动速度（从社会福利或其他立法目标的角度来看）可能较慢。但这种最优速率可以由技术来考虑。参见本文三、（二）部分法院目前在多年的时间里不断更新标准。See Oliver Wendell Holmes, Jr., “Justice of the Supreme Judicial Court of Massachusetts, The Path of the Law”, Address at the Dedication of the New Hall of the Boston University School of Law (Jan. 8, 1897), in 10 *HARV. L. REV.* 457 (1897).

⑧ 我们定义通信功能包括两个步骤。首先，是实际场景的上下文与机器的通信；其次，是法律指令从机器到个人的沟通。第一步也可以称为事实收集，我们把它们放在一起，是因为在实践中，促进信息在各个方向流动的技术可能是相同的或密切相关的。

术并将命令传达给公民,上述例子说明了这个概念。然而,更现实的是,该技术通常由监管机构和执法机构在行政管理层面实施,立法者仍然可以制定标准,但行政代理人会将其转变为微指令。第三种可能性是私人公民将产生微指令。使用私人预测技术的公民可以告诉自己在任何特定情况下所应采取的最合理的行动。随着私有技术的发展,将会发生两件事:首先,未使用该技术将成为违反法律标准的行为(不作为);其次,该技术将能够预测司法结果。这两种效应都将导致公民通过使用私人技术来获得一个简单的、能够使自身行为符合法律的微观指导方针。

就所有这些路径而言,其结果看起来像立法机构标准的法律,对受监管的个人发布简单且易于遵循的指令。这种形式的法律既不是标准也不是规则。它提供了规则的确定性和标准的校准,同时不存在与之相关的任何决策成本。此外,在应用中,法律可以从标准(对于立法机构)变为一组复杂规则(在机器中)再变为简单命令(对于公民)。

我们将微指令的兴起描述为规则和标准的消逝,或许可以选择将即将到来的变化简称为标准的消逝,毕竟,微指令是规范公民行为的事前规则。上述例子中的驾驶员被事前告知如何作出行为。在该框架中,技术降低了制定精确的事前规则所需消耗的成本,规则的提供将不再过度或不足。同时,使用标准的理由消失了。这与传统的法经济学理念相一致,即具有事前内容(相对于受监管的行为者)但立法者并没有制定的规则。立法者不需要花时间来规定准确的规则,他们可以制定广泛的标准,让机器完成其余的工作。实际上,从立法者的角度来看,这是规则的死亡。与对微观指导将改变法律基本性质的认知相比,框架并不是那么重要。⑨

我们的分析是积极的而不是规范的。人们可能会认为,在具有多个分支和制衡的系统中,法律对法律目标的完美校准是有问题的。实际上,我们

---

⑨ 框架的问题表明,法律学者在讨论规则和标准时存在一个有趣的语义缺陷。我们早期草案的读者对于规则的定义有相同的分歧:一些人推断"规则"这个标签表示立法者事先声明的内容;也有一些人则推断,它表示对受监管个人的事前指令,这种脱节与传统的立法关系不大,但随着微指令的激增,这种紧张关系将成为焦点。因此,不仅实际的规则和标准会消亡,那些用来给现存法律贴上标签的有意义的词汇也会消逝。

的分析意味着法官的作用可能减弱,或许需要进行体制改革以保护我们现行制度的重要组成部分。其他人可能认为微指令是对隐私和私人自治的威胁,若政府越容易获得有关个人行为的信息并使用技术预测结果,政府就越能够实现微观管理以达到预期的社会效果。最后,在这样一个将许多重要决策自动化的世界中,有些人可能会担心道德和道德健康问题。[10] 我们不会对这些规范性问题采取任何立场。但是,我们会尝试总结出最棘手的规范性问题。

本文的主要贡献是探讨技术对一般法律结构的深远影响。这一贡献建立在法律和技术文献的两个方面及彼此之关联的基础上。第一部分着眼于预测技术对法律服务行业的影响,[11]第二部分着眼于探讨个性化默认规则的性质。[12]

但是,我们认为,这样的区分低估了即将到来的技术革命对法律产生的

---

⑩ See, e. g., Seana Valentine Shiffrin, "Inducing Moral Deliberation: On the Occasional Virtues of Fog", 123 *HARV. L. REV.* 1214, 1222, 1244 (2010) (标准规定了伦理决策对道德健康的重要性).

⑪ 一些学者预测了技术对法律服务的影响。Richard Susskind, the End of Lawyers? Rethinking the Nature of Legal Services (2010); Richard Susskind, Tomorrow's Lawyers: An Introduction to Your Future (2013) [hereinafter Susskind, Tomorrow's Lawyers]; Daniel Martin Katz, "Quantitative Legal Prediction—or—How I Learned To Stop Worrying and Start Preparing for the Data-Driven Future of the Legal Services Industry", 62 *EMORY L. J.* 909, 914 – 15 (2013). 其他人则探讨法律市场的当前趋势,并为法学院应如何应对这些趋势提供指导。See William D. Henderson, "A Blueprint for Change", 40 *PEPP. L. REV.* 461 (2013); Bruce H. Kobayashi & Larry E. Ribstein, "Law's Information Revolution", 53 *ARIZ. L. REV.* 1169 (2011); see also William D. Henderson, "From Big Law to Lean Law", 38 *INT'L REV. L. & ECON.* 5 (2013) (探索法律服务市场的变化趋势); Larry E. Ribstein, "The Death of Big Law", 2010 *WISC. L. REV.* 749 (预测大律师事务所的消亡); Brian Sheppard, "Incomplete Innovation and the Premature Disruption of Legal Services", 2015 *MICH. ST. L. REV.* 1797 (预测技术革新对法律服务业的影响).

⑫ See, e. g., Ariel Porat & Lior Jacob Strahilevitz, "Personalizing Default Rules and Disclosure with Big Data", 112 *MICH. L. REV.* 1417 (2014). Porat & Strahilevitz 提供了一种在大数据世界中个性化默认规则的理论。我们从这一点出发,更广泛地探讨技术进步对法律的整体销售效应。See Omri Ben-Shahar & Ariel Porat, "Personalizing Negligence Law", 91 *N. Y. U. L. REV.* 627 (2016); George S. Geis, "An Experiment in the Optimal Precision of Contract Default Rules", 80 *TUL. L. REV.* 1109 (2006); Cass R. Sunstein, "Deciding by Default", 162 *U. PA. L. REV.* 1 (2013).

重大影响。[13] 通过将法律文献、关于规则和标准的文献与不断增长的技术联系起来,我们发现,同样的技术将为我们引进自动合规的律师和个性化的默认规则,同时也将为我们带来微观指导。[14] 法律形式的这种变化将产生比提供个性化法律服务更广泛的效果。实际上,微指令有可能为我们的整个法律体系和我们选择的所需调节行为的方式带来批量性的制度变革。

本文的主要部分如下:第一部分阐述了微观指导的一般理论,并提供了示范性的例子。第二部分探讨了微观指导背后的技术的可行性。第三部分讨论了微指令的兴起以及规则、标准的消亡所带来的影响和更广泛的后果。最后为结论。

一、微指令的出现以及规则和标准的适用度降低

在本部分,我们将阐明技术将如何影响法律管理和法律内容的结构。我们概述了两种类型的技术,这些技术将大大降低校准和沟通事前法律指令内容的成本,从而消除在规则和标准之间进行选择的必要性。具体分析分为三个部分。首先,我们简要回顾一下规则和标准之间的区别,并概述"二分法"提出的成本选择。其次,我们提出了核心理论,即技术将从根本上改变这些成本选择。我们提供了两个示例来演示预测和通信技术如何为微指令铺平道路,从而获得规则和标准的优点。最后,我们讨论微指令如何通过不同的立法分支出现,或者可以由获得预测技术的私人行为者使用。

---

⑬ 与我们最接近的作品是约翰·麦金尼斯(John McGinnis)和史蒂芬·沃斯克(Steven Wasick)的作品。See McGinnis & Wasick, supra note 1. 虽然他们得出了截然不同的结论,但麦金尼斯和沃斯克的出发点与我们相同,他们提出的问题是,降低信息成本的技术进步将如何影响规则和标准的平衡。他们主要关注法律搜索技术和预测司法结果的能力,预测了一个标准和动态规则优于简单规则的世界。See Ibid. at 1049 –50. 在此分析的基础上,我们加入了通信技术和机器学习的影响,以表明标准和规则(简单和动态的)将不再是可行的法律形式。

⑭ 波拉特和斯特拉希维茨(Porat & Strahilevitz)指出,个人和非个人规则的二分法与规则和标准的二分法并不相同。See Porat & Strahilevitz, supra note 12, at 1457 –58. 个性化的默认值可以是规则或标准。客观的默认也有两种形式。除此之外,波拉特和斯特拉希维茨将他们的注意力集中在个人与非个人的二分法上。然而,我们的分析表明,所有法律(无论是个人的还是非个人的)最终都将趋向于超越规则和标准之间的区别的微指令。

(一)背景:规则和标准

一方面,规则是精确的,是具有事前性质的。规则向个人表明某些行为是否会违反或遵守法律。在制定规则时,立法者必须努力在个人行为实施之前制定完整和准确的法律规范内容。另一方面,标准在颁布时是不精确的。⑮ 法律的确切内容是在个人行为之后产生,因此法官和其他裁决者才能确定个人在特定情境中的具体行为是否违反了标准。

一般来说,立法者在颁布法律时会产生错误成本和决策成本。当法律供给过度或不足时会产生错误成本,即法律允许了应该禁止的行为,或禁止了应该允许的行为。⑯ 由于立法者为确保法律正确而付出了很多努力,因此可以减少错误。但这需要信息和探究,也就意味着降低错误成本将给立法者带来决策成本。此外,受监管的个人在判断他们的行为是否符合法律时也需要考虑成本问题,即当法律对某一特定情况的规定过于模糊时,个人就会承担法律不确定性的代价。

错误成本、决策成本和不确定性成本以不同的方式产生于规则和标准之中,“规则与标准”文献中的经典模型得出结论:由于一些原因,当受监管的行为者的行为不频繁并具有异质性时,规则能够发挥更好的效果。⑰

第一,当受监管的行为者的行为不频繁时,标准产生较低的决策成本,因为法律的内容需要在实际出现相关情形时才能确定。另外,规则要求事先就所有未来可能发生的情况作出决定。当行为不频繁和具有异质性时,立法者如果想要制定出与适用于事后裁判的标准同样精确的规则,他们就必须作出更多决策。然而,当行为频繁且同质时,规则确实会使决策成本较低。此时,规模经济开始发挥作用,一条法律只需要制定一次,而不是一次

---

⑮ 凡是法律中使用诸如“合理的”“实质性的”或“过度的”等含糊不清的术语,就会出现标准。See Schauer, supra note 3, 308 –09; Schauer, supra note 2, 804 –05.

⑯ McGinnis & Wasick, supra note 1, 1031.

⑰ See, e. g., Louis Kaplow & Steven M. Shavell, “Economic Analysis of Law”, in 3 *Handbook of Public Economics* 1665, 1744 – 45 (Alan J. Auerbach & Martin Feldstein eds., 2002).

又一次地提起诉讼。[18]

第二,当行为不频繁且具有异质性时,标准的错误成本较低,这是因为事后决定法律内容的审判人员比事前的法庭掌握着更多的信息。裁判员具有事先立法者无法获得的额外案件背景,这对确定哪些是相关因素的方面而言,有事后的好处。

另外,裁判能力和偏见使这一简单的错误成本的模型复杂化。[19] 事后裁判可能会受到事后偏见[20]和基于特定个体特征而产生的偏见的影响。[21] 这种偏见可以表现为武断、政治偏袒、隐蔽影响、矛盾和自由裁量权,[22]即使法官认为他们是没有偏见的。[23]

---

⑱ 严格运用先例原则也会为标准带来规模经济,但它是以一种将标准变成规则的方式实现的。See Holmes, supra note 7; Anthony Niblett, "Case-by-Case Adjudication and the Path of the Law", 42 *J. LEGAL STUD.* 303, 310 (2013).

⑲ See, e. g., RAZ, supra note 2; Frederick Schauer, Playing by the Rules: A Philosophical Examination of Rule-based Decision-making in Law and in Life (1991); see also Kaplow, supra note 1, at 609 (一般讨论机构能力).

⑳ See generally Daniel Kahneman, Thinking, Fast and Slow (2013); Christine Jolls, Cass R. Sunstein & Richard Thaler, "A Behavioral Approach to Law and Economics", 50 *STAN. L. REV.* 1471, 1523 – 27 (1998); Jeffrey J. Rachlinski, "A Positive Psychological Theory of Judging in Hindsight", 65 *U. CHI. L. REV.* 571 (1998).

㉑ See, e. g., Jeffrey J. Rachlinski, Sheri Lynn Johnson, Andrew J. Wistrich & Chris Guthrie, "Does Unconscious Racial Bias Affect Trial Judges?", 84 *Notre Dame L. REV.* 1195 (2009) (发现基于种族的司法偏见证据); see also Christine Jolls & Cass R. Sunstein, "The Law of Implicit Bias", 94 *CAL. L. REV.* 969 (2006) (论述个人对弱势群体的内隐偏见).

㉒ See, e. g., Thomas J. Miles & Cass R. Sunstein, "The New Legal Realism", 75 *U. CHI. L. REV.* 831 (2008) (发现政治偏好、种族、性别和其他人口特征有时会对司法判决产生影响); Anthony Niblett, "Tracking Inconsistent Judicial Behavior", 34 *INT'L REV. L. & ECON.* 9 (2013) (发现加州法官对不公正案件的判决与判例不符)。See generally Jeffrey A. Segal, "Judicial Behavior", in *The Oxford Handbook of Political Science* 275 (Robert E. Goodin ed., 2011). 有人认为,法官的这些缺陷可能是过去二三十年来越来越多的人转向机构监管的部分原因,尽管监管机构存在许多公认的、证据充分的缺陷和监管的经济成本。Andrei Shleifer, The Failure of Judges and the Rise of Regulators (2012); see also Joshua Schwartzstein & Andrei Shleifer, "An Activity-Generating Theory of Regulation", 56 *J. L. & ECON.* 1 (2013) (在法院犯错误的情况下,模拟事前监管和事后判断之间的选择)。

㉓ See generally Kahneman, supra note 20; Jolls & Sunstein, supra note 21, at 970 – 71; Rachlinski et al., supra note 21, at 1201 – 04 (探讨无意识或内隐偏见的影响)。

当然,议员和监管机构也可能存在偏见。㉔ 但事后裁判所显示的偏见所产生的代价特别昂贵。事后偏见更普遍,也很难最小化。基于个人特征而附加的偏见也更有可能出现在事后裁判之中,这将对社会运行产生重大不利影响。㉕ 因此,有偏见的评审员的存在改变了规则和标准之间的错误成本权衡,削弱了所有关于标准具有较低错误成本的理论主张。

在评估规则和标准的相对优点时,第三个成本比较也是具有相关性的:在理解被监管者的行为是否符合法律的过程中,对其施加的不确定性成本。将带有标准的法律与带有简单规则的法律相比较,带有标准的法律内容的不确定性更大。换言之,当受到一条简单规则的约束时,一个人将更有可能知道自己的行为是否与法律规定相一致。㉖ 另外,当受一项标准的规范时,个人无法知道具有广泛自由裁量权的特定法官会如何将该标准适用于该事实中。受监管者可能不知道法官会认为什么行为是合理的。

因此,在采用规则或标准来实现某一特定政策目标的选择问题时,实质是在权衡这些成本。而我们预测科技的进步将从根本上改变这种权衡。

(二)技术将促进微指令作为一种新的法律形式出现

两种技术将导致规则和标准的消亡及微指令的兴起:预测技术和通信技术。第一种将促进立法者的努力,即制定精确的事前的适用于特定环境

㉔ See, e. g., Stephen M. Bainbridge, "Mandatory Disclosure: A Behavioral Analysis", 68 *U. CIN. L. REV.* 1023, 1056 –58 (2000) (noting the lack of attention to the behavioral biases of regulators); Stephen J. Choi & A. C. Pritchard, "Behavioral Economics and the SEC", 56 *STAN. L. REV.* 1, 20 –36 (2003) (证券交易委员会监管机构偏见分类).

㉕ 就我们的目的而言,重要的观察结果将是,机器创建的规则在制定规则或执行标准方面不太可能比人类有偏见。我们的分析表明,给定一个立法目标,机器将更忠实地实现这一目标。见下文第二部分。尽管如此,法官们仍有可能消除糟糕立法政策的偏见(尽管一些经验证据表明并非如此)。在这种情况下,法官有权以可能有益于社会的方式推翻和影响政策。随着标准的消亡,这种力量将会消失。我们在下文第三部分对这些问题作了详细说明。

㉖ 这假设法官(和陪审团)遵守规则。但是,它们可能导入异常,将规则转换为标准——或者完全忽略规则。See Schauer, supra note 3, at 312 –14. 在很大程度上,我们忽略了这种规则无效的可能性。但值得注意的是,我们所探索的发展也降低了取消的可能性。见下文第三部分(讨论法官影响和改变法律实质和政策的能力减弱的问题)。这是另一种方式,使法律从受管制的个人的角度变得更加规则。

的规则,这些规则提供了与传统标准相关的细微差别和特殊性。第二种技术将允许翻译这些细微和具体的内容,将法律转变为简单的指令,及时传达给受监管的行为者。

预测技术。在不断增长的计算能力的驱动下,预测技术将使立法者能够制定更完善的事前法律。[27] 计算能力正以指数速度增长。过去 50 年来的一贯趋势表明,到 21 世纪末,计算能力将比今天大一万亿倍以上。[28] 由于这种处理能力,未来的计算机将能够比任何人类立法者或法官收集和分析更多的事实,立法者将能够指挥一台机器来分析大量的信息,及时预测哪些规则能够精确地达到一个政策目标。

通过机器观察和分析更多相关的事实,立法者将对法律的影响做出更好的预测,以进一步降低错误成本。立法者将不再需要考虑以颁布法律的形式制定规则。法官不再需要为了适用法律而逐案审查公民的具体行为。这些法律将根据政策目标进行高度调整,法官在裁判案件时将不会发生掺杂偏见、能力不足等不确定因素。当然,校准不需要是完美的,它只需要比与立法规则和裁判标准之备选方案相关联的校准更优即可。

从实践中来看,其结果将是一种既规范又标准的新的混合法律形式。立法者可以设定一个广泛的目标,这看起来可能是一个标准,但预测技术将采用该标准,并为每个特定情形提供大量的特定环境下的规则目录。但这

---

[27] 在另一个背景下,迈克尔·阿布拉莫维茨教授指出了预测决策的力量,即"充分利用标准世界和规则世界的优点"。See Michael Abramowicz, "Predictive Decisionmaking", 92 *VA. L. REV.* 69, 74 (2006). 我们的分析与阿布拉莫维茨的重要观点是一致的,也是建立在他的观点之上。一旦他发现的预测能力被技术进步利用和放大,再加上新的通信技术,立法过程就会发生根本性的变化。

[28] See infra Part II. A. 2. 这一估计是基于一种被称为摩尔定律的趋势。See generally Mark Lundstrom, "Moore's Law Forever?", 299 *Science* 210, 210 (2003) (解释摩尔定律及其对电子系统的影响); McGinnis & Wasick, supra note 1, 1041 (描述摩尔定律); Gordon E. Moore, "Cramming More Components onto Integrated Circuits", *Electronics*, April 19, 1965, at 114 (提出了摩尔定律的前提)。

只是前半部分技术。[29]

通信技术。在后半部分,通信技术将可适用于特定环境背景下的规则目录简化为对受监管个人的明确微指令。如果不简化,那么规则的目录就会太复杂,并且会给受监管个人带来很大的遵从性挑战。对于人们来说,学习、记住和处理所有的需求是不可能的。但通信技术的进步将产生微指令,以减少或消除这些遵从性成本,并防止可能产生的不确定性成本。

翻译机制是直截了当的。通信技术将收集和传输有关发现自己个人情境的信息,[30]从庞大的目录中提取出来,然后把它翻译成一个简单的指令,在个人需要的时候再传达给他。这样,微指令就会转化成数百个或数千个不同的表述形式。特定环境下的、机器生成的规则变成易于理解和遵循的简单指令。规范某一特定情形的法律可能会考虑到数百或数千个事实。[31] 个人将收到一个简单的命令,就像红灯或绿灯。当预测技术的输出被转化为一个微指令时,其关于公民在作出行为时所考虑到的相关因素,比人类可能考虑到的更多。[32]

---

[29] 这里和整篇文章对预测技术的讨论都采用了结果主义的法律方法。对于结果主义者来说,法则的内容是由对行为结果的预测所驱动的,对于非结果主义理论,技术的使用略有不同,但微指令的发展趋势很可能是相同的。例如,假设一位立法者想要禁止他认为不道德的某些行为,无论这些行为的后果如何。他不想列出所有不道德行为的排列,所以一个规则是行不通的。相反,他可以从一个标准开始——不道德行为是被禁止的——然后识别不道德行为的样本,输入一台机器。然后,这台机器可以使用分析和模式识别技术来确定立法者是否会认为其他新方案不道德。下面我们讨论一个相似的模式识别过程,一个立法者在看到色情内容时就知道它是色情内容。参见本文二、(一)2. 部分。

[30] 我们将事实收集功能包括在通信技术的分析中,因为关键的创新是从特定上下文到分析过程的事实场景的通信。促进这种交流的技术很可能与促进从过程到个人的最终微指令的交流(在另一个方向上)的技术相同或相关。

[31] 如果某些因素,如种族和性别被认为是不允许的,那么这些机器就可以被编程来忽略这些因素。的确,机器肯定地忽略一个被禁止的因素比人更容易。

[32] 这些微指令与麦金尼斯和瓦西克的"动态规则"具有一些重要的特征。See McGinnis & Wasick, supra note 1, at 1039 -45. 两者都可以非常精确地校准到特定的条件。但是麦金尼斯和瓦西克设想,至少算法是"由规则固定的",如果"世界可能以某种方式发生变化,使另一种权重的因素实现立法机构的最初目标",那么这种规则就必须改变。See Id. 1047 -48. 相反,我们建议,微指令的核心功能之一是能够从数据中学习,并以法官更新标准应用的方式自动更新因素权重。这样,微指令就不是规则了。它们自动不断地更新,以考虑到这些因素权重的变化。但与标准不同的是,它们可以事先确定地进行沟通。

总之,这些技术将结合起来完成以下工作。第一,它们将选取类似于标准的政策目标,分析其在所有可能的情况下的应用,并创建一个庞大的法律规则目录——每个规则都是为在特定情况下最好地实现目标而量身定做的。第二,当一个受监管的参与者处于任何实际场景中时,这些技术将搜索大量的内容,并对适用的特定规则进行分类和标识。第三,它们将把这些规则转化为一个简单的微指令,说明受监管的行为者应该如何遵守法律。第四,它们会以及时和有效的方式向受监管的行为者传达这一微指令。

(三)示例

为了证明这一点,我们列举了两个类型化的例子。

1. 例一:医学诊断中的预测技术

在本小节中,我们提供了一个示例,以说明改进的预测技术(允许立法者更好地预测行动结果的技术)将如何促进微指令产生。

假设你是立法者,你负责确定医生何时应该对病人进行危险的手术。怎样才能最好地规范医生的行为?您怎么才能起草一项法规,帮助医生了解他们的行为何时符合或违反法律?你应该在法规中描述多少具体细节?这些细节中有多少可以推迟到我们在拥有更多关于医生在每个病例中的表现的信息之后才进行规范?

一种选择是为医生提供明确而简单的规则,规定在何种情况下应该或不应该进行手术。这个简单的规则提供了很好的确定性,很容易被强制履行。其结果要么是医生遵守了规定,要么是没有遵守。如果类似的病人经常出现相同的症状,那么一个简单、精确的事前规则将是首选的方法。[33] 在这种情况下,最好制定一项规则,因为法律的内容只需确定一次,而且这给规模经济带来了巨大的好处。

但是医生对病人进行手术的决定往往会取决于许多不同的因素。这里"一刀切"规则可能不是最理想的。您制定的任何简单的明确规则与最优决策规则相比,可能具有过度包容性或欠缺包容性。有一些接受手术的病人

㉝ See Kaplow, supra note 1, at 573 –77(讨论频率在评估规则可取性方面的重要性).

并不需要手术（Ⅰ型错误），也会有其他一些需要手术的病人没有接受手术（Ⅱ型错误）。

为了克服这些错误，可以尝试编写更复杂的规则。要制定这条规则，您可以尝试想出许多不同的场景，在这些场景中，您可以想象不同类型的病人在病例中的呈现方式。针对各种症状，如果思考和编写规则的成本很低，而医生理解和能够遵守这样一项复杂规则的成本很低，则更倾向于采用复杂的规则。但对于立法者来说，想出并记录下所有可能发生的情况，其成本往往是非常昂贵的。进一步说，您写的规则越复杂，医生就越难遵守。[34]

除了执行一条规则，您还有另一种选择，那就是在作出进行手术（或不进行手术）的决定之后，制定一项标准并评估医生的行为。也就是说，一旦知道具体病例的所有情况，就能够判断医生是否要承担责任。[35] 例如，法律标准可以规定，所有的医生在决定是否给某些特定的病人做手术时，必须采取"合理的谨慎"。这为医生提供了更大的灵活性来决定病人是否需要手术。[36] 但它也为什么时候能够确定何为"合理"提供了灵活性和裁量权。

如果病人因医生的决定而受到损害，那么法官就可以查看所有实际发生的事实，并作出明智的决定来判断医生是否采取了合理的措施。但是如果患者的症状是异质性的，并且出现两位背景和症状相同的患者的可能性很低，那么标准将比规则更好。

当然，执行一项标准需要付出代价。第一，针对每个案件作出决策不是零成本。选择最佳的行动路线也是有决策成本的。第二，法官可能由于错

---

[34] Louis Kaplow, "A Model of the Optimal Complexity of Legal Rules", 11 *J. L. ECON. & ORG.* 150, 151 (1995)（模拟复杂性和受管制行动者遵守能力之间的平衡）；See driver, supra note 3, 73–74（注意在应用和遵循法律的精确性与易用性之间的权衡）.

[35] 正如亨利·哈特（Henry Hart）和阿尔伯特·萨克斯（Albert Sacks）所言："聪明的绘图员……他问自己，这项解决方案的多少细节应该留待以后的某一天再做决定，到那时才能更明智、更有效，或许更容易作出决定？" See Henry M. Hart, Jr. & Albert M. Sacks, *The Legal Process: Basic Problems in the Making and Application of Law* 157 (1958).

[36] See John Braithwaite & Valerie Braithwaite, "The Politics of Legalism: Rules Versus Standards in Nursing-Home Regulation", 4 *SOC. & Legal STUD.* 307 (1995). 布雷斯韦特和布雷斯韦特（Braithwaite & Braithwaite）比较了美国和澳大利亚两国的养老院，得出的结论是，澳大利亚标准的灵活性使医护人员能够更好地应对患者的需求，而不仅仅是实施严格的规则。Id.

误或偏见而不正确地适用标准。第三,也是最重要的一点,与明确的规则不同,模糊的标准对医生来说具有很大的不确定性。医生可能不知道法官将如何处理所有特定情况下的案件,因为,不同的法官可能会作出不一致的决定。如果医生不愿冒险,这种模糊的法律可能会让社会所期望的行为的热度降低,[37]这种不确定性可能会以遵从成本的形式而产生相当大的费用。

但在我们假设的情况下,我们假设一个标准是最优的,并假定手术的问题很少出现,而且无论是在健康方面还是在具体症状方面,病人均是高度多样化的。制定涵盖所有这些情况的详细规则并将这些复杂的规则传达给医生是很困难的,而一个简单的规则将产生很高的错误成本。逐案裁判并非没有成本,但在我们举示的例子中是可取的,因为事后确定法律内容的成本要低于在所有可能的情况下预先明确法律的成本,而其中许多情况永远不会出现。

现在让我们来看看技术是如何消除规则和标准之间的权衡的。假设知晓一台诊断机器的存在,该机器旨在预测手术该何时进行。该机器考虑到有关病人[38]的相关事实(她的病史、症状和其他相关信息)以便对病人是否需要手术进行最佳猜测。

您作为立法者,可以使用这台机器。这种预测机器如何影响您制定规则或标准呢?答案取决于两个因素。第一,这台机器有多好?能否准确预测结果?如果预测技术非常强大,并且机器能够提供精确和准确的信息,那么这就有利于使用该机器制定一项规则,而不是依靠法官来裁判一项标准。第二,这些信息能很容易地传达给医生吗?也就是说,立法者能否及时通知医生什么行为会遵守或违反法律?

请考虑以下两个方面:

场景1:一台糟糕的预测机器

在场景1中,机器很难预测病人何时需要手术。这台机器在本质上是随

---

[37] See Craswell & Calfee, supra note 6, at 298 –99(结论是不确定性可以减少社会理想行为).

[38] 在实践中,这台机器实际上也会考虑医生的相关信息,比如他的相关类型的手术记录。

机安排病人进行手术的。机器会同时产生Ⅰ型和Ⅱ型错误。有学者可能会认为这项技术是一种简单的硬币投掷:正面则安排手术,反面则不安排手术。

场景2:一台完善的预测机器

在场景2中,机器可以100%准确地预测病人是否需要手术。机器立即检查病人的病史和症状,分析数百万份的病例,并在医学杂志上阅读所有文章。然后,它做出了一个完美的预测。它比任何人都能更好地决定手术是否是最佳方案。在这里,没有Ⅰ型错误:不需要手术的人不会被指定做手术;也没有Ⅱ型错误:需要手术的病人会被指定做手术。

在场景1中,该技术不应影响作为监管机构一方执行规则或标准的决定。您应该实施一项标准,并逐案确定责任。随着时间的推移,更多地了解医生的行为。

然而,在场景2中,法律的最佳形式是不同的。机器的预测提供了法律的确切内容。这台机器为每一个场景提供微指令。与简单规则相关的过度和不足的包容性问题不再存在。在此场景中没有错误(类型Ⅰ或类型Ⅱ),而在这台机器的开发过程中,思考和制定如此复杂的规则所需要的成本已经产生了。[39] 依靠标准事后裁判以降低规则的错误成本的理由已不复存在。此外,这样还有一个额外优势,即消除医生的不确定性。他们知道,如果遵守机器的指令,他们就不会被追究责任。

微指令的出现以及我们所知道的规则和标准的消亡并不依赖于完美的预测技术。相反,随着预测技术越来越好,我们将离开场景1的世界,走向场景2的世界。总有一天,技术已经足够好了,所以使用微指令的成本就足够低了,那时就不再需要使用传统的规则或标准。

警告是必要的。只有当机器产生的规则能够很容易地传达给医生时,这个临界点才能实现。也就是说,对于病人是否需要手术的问题,立法者必

---

[39] 在现实中,开发这种机器的许多成本可能是基于工业为这种机器带来的非法律利益而产生的。从这个意义上说,将其用于法律的边际成本可以忽略不计。此外,即使机器是专门为法律而开发的,这也是一个固定成本,在计算每个规则成本时,可以跨所有应用程序对其进行平均。

须有一个快速而简单的答案。

医生会发现很难遵循复杂的计算机衍生规则。受监管的行为者既没有意愿，也没有时间翻阅数千页的立法和理解法律的复杂内涵。相反，立法者需要有某种形式的技术，使医生能够轻松地输入有关病人的所有相关事实，并接收到指示病人是否需要手术的即时输出结果。人们可以想象一个基于网络的程序或移动应用程序，医生可以快速、轻松地输入所有相关事实，提交信息，并立即接收到事先有约束力的意见。事前意见这种技术正在出现，其将能够将机器预测产生的复杂规则转化为医生可以遵循的简单指令。[40]随着这项技术的进步，医生在理解复杂规则方面的成本将大大降低。虽然规则非常复杂且难以简单地被理解，但从医生的角度来看，规则很简单：动手术或不动手术。[41] 在我们的第二个例子中，将进一步探讨通信技术。

2. 例二：交通法规中的通信技术

在本小节中，我们将强调通信技术的改进将如何促进微指令的可行性。机器几乎可以即时收集信息，并对其进行处理，产生一个有用的指令，并用

---

[40] See, e. g., Robert McMillan & Elizabeth Dwoskin, "IBM Crafts a Role for Artificial Intelligence in Medicine", Wall ST. J. (Aug. 11, 2015, 12:04 AM), http://www wsj com/articles/ibm-crafts-a-role for human-intelligent-in-medicine – 1439265840 [https://perma. cc/DXL7 – TUWG]. (描述 IBM 计划进军癌症和其他疾病的人工智能诊断领域); Joseph Walker, "Cana Smart-phone Tell if You're Depressed?", Wall ST. J. (Jan. 5, 2015, 7:03 PM), http://www. wsj. com/articles/can-a-smartphone-tell-if-youre-depressed – 1420499238 [http://perma. cc/6AWE-C4AU] (描述新一代"健康监测技术"的测试，该技术可收集信息以诊断疾病和评估身心健康); Ron Winslow, "Patients Seeking Alternatives to Statins May Undergo Rigorous Vetting", Wall ST. J. (July 27, 2015, 4:40 PM), http://www. wsj. com/articles/patients-seeking-alternatives-to-statins-may-undergo-rigorous-vetting – 1438029636 [https://perma. cc/79SD – 9EDM] (描述一个软件应用程序，指导医生决定让患者接受非他汀类胆固醇治疗)。See generally William M. Grove & Paul E. Meehl, "Comparative Efficiency of Informal (Subjective, Impressionistic) and Formal (Mechanical, Algorithmic) Prediction Procedures: The Clinical-Statistical Controversy", 2 *PSYCH.*, *PUB. POL'Y & LAW* 293 (1996) (注意到简单的正式算法常常比人类的预测表现得更好).

[41] 乍一看，议员们从事诊断技术行业似乎有些奇怪。但这与法官在医疗诉讼中所做的没有什么不同。法官听取专家证词，事后决定某些行为是否合理。在我们的例子中，立法者只是通过事前使用专家技术来做到这一点。的确，医生的角色发生了变化——诊断判断不再那么重要——但这是诊断技术进步的必然结果。我们的观点很简单，在立法者手中，技术也改变了法律的作用。当这种技术只对私人行动者(本例中的医生)可用时，规则向标准的演变将走上一条略微不同的道路。我们在下面讨论一下身份证明。

以引导个人行为。

交通灯就是这种技术应用的一个例子,它们以极低的成本和极好的效果将法律的内容传达给司机。这种通信技术(与预测交通模式和司机行为的技术相结合)创造了一种条件,即立法者可以用清晰且越来越复杂的微指令取代模糊的标准和过于简单的规则。

电动交通灯能准确地与司机沟通,告诉他们什么时候需要停车,什么时候可以通行。交通灯产生了非常简单的规则:红灯停,绿灯行。这些规则仅仅从司机的角度来看是简单的,但从立法者的角度来看,蕴含于其中的基本规则是复杂的。最简单的基本规则可能规定:汽车必须在规定的、交替的时间间隔内停车。在更复杂的情形中,时间间隔可以根据交叉点、交通方向或具体时间而变化。

如果在没有交通灯的情况下颁布这些规则,那就太复杂了。司机必须查阅与规定停车间隔的交叉口、时间和方向相匹配的数据表格。他们还必须参考精确的时钟来确定时间间隔的开始和结束。

红绿灯把复杂的事情变成了一个简单的命令。从司机的角度来看,红绿灯提供了一个很容易理解的指令。立法者向司机普及该规则的成本很低。[42] 电子交通灯利用了显著的规模经济效益,使立法者能够制定复杂的规则,并把它们转化为简单的指令,将具体的行为模式通知许多司机。

此外,虽然红绿灯的指挥仍然很简单,但其基本规则的实质正变得越来越复杂。预测分析有助于这一过程。当十字路口空无一人时,在红灯前停车是浪费的,也是昂贵的。[43] 这条规则过于包容。如果给司机的指令可以根据情况改变(就像标准那样),那就更好了。为了解决这一问题,一些司法管辖区的交通灯已经安装了传感器。这些传感器能够检测和预测交通流量,

---

[42] 如果人类操作红绿灯,这些走走停停的规则将会花费更多。事实上,1868 年在英国伦敦使用的第一个燃气交通灯是由人类操作的。"The Man Who Gave Us Traffic Lights, BBC: Nottingham" (last updated July 22, 2009, 11:57 AM), http://www.bbc.co.uk/nottingham/content/articles/2009/07/16/john_peake_knight_traffic_lights_feature.shtml [https://perma.cc/4M28-DWR7].

[43] 还有其他潜在的成本,如汽车在变道时刹车导致的尾部交通事故数量增加。我们认为,随着规则变得更加具体,这些成本也将逐渐消失。

并相应地调整红灯和绿灯的时间。[44] 一些交通灯装有探测器,可以让应急服务车辆"抢占"信号,加快行驶速度。[45] 在不久的将来,这些系统将考虑更多的变量,如汽车数量、行驶速度或交叉路口类型。它们甚至可能会考虑车辆驾驶员或乘客的个人特征。[46] 在不久的将来,交通信号灯系统可能知道普通车辆中的乘客需要医疗照顾并且给予驾驶员通往医院的一系列绿灯。

交通信号灯的进展显示了立法者如何定义最佳政策结果(例如,旅行时间和事故率),机器可以生成规则和例外目录以实现这些结果。然而,即使立法者制定了一项标准,并且这些机器生成了越来越复杂的规则目录来支持交通灯的运行,但从驾驶员的角度来看,这项法律仍将保持不变且直截了当:一个简单的停止通行指令。

这种现象并不限于在交通法领域应用,其可以起作用的地方无处不在。互联网技术的发明和大规模采用促进了跨领域的个人之间的即时和廉价的通信。[47] 重要的是,它还允许立法者和个人之间进行即时沟通。

(四)驱使规则和标准消逝的不同渠道

目前为止,我们谈的一般都是立法机构的立法,但这绝不是唯一的途径。微观指导可以通过另外两个渠道出现:(1)非立法途径的(监管或司法)

---

[44] See, e. g. , Ian Lovett, "To Fight Gridlock, Los Angeles Synchronizes Every Red Light", *N. Y. Times* (Apr. 1, 2013), http://www. nytimes. com/2013/04/02/us/to-fight-gridlock-los-angeles-synchronizes-every-red-light. html [https://perma. cc/SS66 – 2A7] (取消洛杉矶价值4亿美元的同步交通传感器系统,该系统旨在控制交通流量和减少交通堵塞); see also Diane Cardwell, "Copenhagen Lighting the Way to Greener, More Efficient Cities", *N. Y. Times*(Dec. 8, 2014), http://www. nytime. com/2014/12/09/business/energy-environment/copenhagen-lighting-the-way-to-greener-more-efficient-cities. html [http://perma. cc/3F2 D-YS68] (注意到哥本哈根使用灯光和传感器的目的是减少交通和燃料的使用,以及实现更宏伟的目标).

[45] U. S. DEP'T TRANSP. , Traffic Signal Preemption for Emergency Vehicles A Cross-Cutting Study 1 – 1 (2006), http://ntl. bts. gov/lib/jpodocs/repts_te/14097_files/14097. pdf [https://perma. cc/9SDF-BRC8] (注意不同司法管辖区的明显优先购买权计划).

[46] Cf. Porat & Strahilevitz, supra note 12 (注意个性化法律的价值).

[47] See infra Part II.

法律制定;(2)受监管行为者私人的技术使用。[48] 我们将依次讨论这些问题。

1. 非立法议员制作微指令

立法机构不是唯一可以获得技术支持的立法者。在许多情况下,立法权被委托给监管者或执法人员,[49]在其他情况下,由法官来制定法律。这些主体还可以利用技术创建微指令并与受监管的参与者沟通。

监管微指令。一方面,与立法者相比,监管机构开发微指令可能在政治上更为可行。制定计算法的立法路径很复杂。对算法进行反复性的修正,并不能保证编程的成功。另一方面,负责执行某些立法标准的监管机构可能很容易采用算法驱动的微指令系统。[50]

预算有限的监管机构面临的压力将推动该机构采用技术工具。同样,成本效益分析的趋势和要求规定成本合理的要求[51]可能会加速机构对该技术的采用。预测技术促进了这种成本效益分析,降低了受监管行为者的不确定性成本,并减少了事后裁判成本。

国会可以制定一个标准,指导这些由监管机构监督的基于算法而产生的微观指导管理系统,或者监管机构本身可以决定以这种方式实施标准。[52]

预先税收裁定为监管机构使用微指令提供了一个范例。[53] 按照目前的情况,纳税人可以要求税务机关检查其税务安排并确定其是否符合法规,从

---

[48] 在这里,我们将讨论技术影响法律的不同渠道。在其他工作中,我们讨论了这些变化的增量性质。See Anthony J. Casey & Anthony Niblett, "Self-Driving Laws", 66 *U. Toronto L. J.* 429 (2016).

[49] 从立法机关的角度来看,委托给某个机构或执行者的方式是一种标准。See Schauer, supra note 3, at 310. 立法机构设定了一个广泛的目标,并赋予该机构权力来填充规则的内容。

[50] McGinnis & Wasick, supra note 1, at 1042(讨论规则制定者对算法的使用); cf. id. at 310 – 12.

[51] See generally Cass R. Sunstein, The Cost-benefit State: The Future of Regulatory Protection (2002)(行政机关成本效益分析的兴起).

[52] 这与传统的聚合预测不同,传统的聚合预测是规则变成标准,或者标准变成规则。See Schauer, supra note 3, at 310 – 12. 对于微指令,法律采取了一种新的形式,它具有规则的一些好处(更确定)和标准的一些好处(更好的校准),但两者相关的成本都更少。

[53] See generally Carlo Romano, Advance Tax Ruling and Principles of Law (2002); Yehonatan Givati, "Resolving Legal Uncertainty: The Unfulfilled Promise of Advance Tax Rulings", 29 *VA. TAX. REV.* 137, 144 – 47 (2009)(描述提前纳税裁定如何减少不确定性).

而要求澄清法律中的模糊标准。[54] 纳税人可以要求税务机关对考虑以下因素的事项作出裁判，例如，我是美国的税务居民吗？或者，我的工人是独立承包商还是雇员？[55]

这些预先税收裁定将税务机关约束在该裁判中规定的税务安排上，但仅限于一个特定的纳税人。[56] 从本质上讲，纳税人要求税务机关将事后标准转变为仅适用于纳税人情况的具体规则。这些预先税收裁定具有多种好处。最突出的是，它们为纳税人提供了更大的法律确定性。[57] 它们消除了标准的不确定性成本。[58] 但是这样的裁定可能会产生很大的代价。[59] 因为，税务机关主要从事个性化规则制定。而制定适用于某一个纳税人的规则，将产生高昂的事前决策成本。[60]

现在假设税务机关可以创建一个可以使纳税人简单地求助于机器来回答其关于税务问题的系统。例如，其可以转向代理网站或移动应用程序。其可以询问机器关于她的税务安排是否会使其承担责任，机器可以快速阅读整个税法，所有相关案例，所有相关法规以及所有相关咨询意见。机器可以立即回答纳税人的问题。[61]

---

[54] 26 C. F. R. ß 601. 201(2017)；Givati, supra note 53, at 149 –52(概述取得预先税务裁定的程序及影响).

[55] Romano, supra note 53, at 80.

[56] 在美国，这些裁决(私信裁决)"对国税局具有约束力，前提是纳税人在请求中完整、准确地描述了预先提出的交易，并按照所述进行了交易"。See "Understanding IRS Guidance—A Brief Primer", IRS (last updated July 6, 2016), http://www. irs. gov/uac/Understanding-IRS-Guidance-A-Brief-Primer[http://perma. cc/RGV3 – APFP]; see also 26 C. F. R. B601. 201(a)(1) –(2), (l); Givati, supra note 53, at 149 –50.

[57] Romano, supra note 53, at 77 –78.

[58] Givati, supra note 53, at 147.

[59] Romano, supra note 53, at 277 –80.

[60] See Givati, supra note 53, at 149. 作为一项正式事项，这些裁定仅解决了税务机关与某一特定纳税人之间的关系。此外，它们对未来的纳税人没有正式的先例效应。然而，作为一个实际问题，税务当局需要始终如一地对待纳税人，因此就产生了一种事实上的先例价值——但这并没有上升到适用于所有未来案例的有约束力规则的水平。第 158 ~161 页(讨论事先裁判的判例价值的细微差别并调查关于这个问题的法律研究)。

[61] 关于这一过程的更多信息，see Benjamin Alarie, "The Path of the Law: Towards Legal Singularity", 66 *U. Toronto L. J.* 443(2016); Benjamin Alarie, Anthony Niblett & Albert H. Yoon, "Using Machine Learning to Predict Outcomes in Tax Law", 58 *Canadian BUS. L. J.* 231(2016).

因此,税务机关可以使用这种人工智能机器来提供预先的税收裁定。根据立法机关的基本目标,税务机关可以使用机器确定最佳规则,使其能够以更高的效率和更少的市场错误行为产生更多的收入。它可以非常广泛地使用这项技术来选择非常具体的规则,这些规则高度符合立法目标,而不会引入与此类复杂性相关的合规成本。

如果监管机构采用这些技术,税务机关提供的答案将基本上成为税法的"红灯或绿灯"。即使基本的税法非常复杂,提供给个人的指令也很简单。任何执法人员都可以采用这种技术。[62] 由于预测技术使这种监管预先裁定的自动化变得更容易并确保其准确性,它们将成为采用机器生成的微指令的通用机制。[63]

司法微观指导。除立法者和监管者之外,当然还有第三个潜在的规则制定者——裁判者。但是,由于他们目前的职能,法官不太适合这种法律制定模式。可以肯定的是,法官可以使用人工智能和大数据来应用标准或复

---

[62] 美国证券交易委员会(Securities and Exchange Commission,SEC)有一个类似于预先税收裁决的程序,在该程序中,它提供"不采取行动"的信函,声明工作人员不会建议对寻求指导的个人或实体采取强制行动。该信函对其他个人或实体没有约束力,SEC保留改变立场的权利。See No Action Letters, U. S. SEC. & Exchange Commission, http://www. sec. gov/answers/noaction. htm [https://perma. cc/HP8Q-WCWB] (last updated Sept. 21, 2012). See generally Donna M. Nagy, "Judicial Reliance on Regulatory Interpretations in SEC No-Action Letters: Current Problems and Proposed Framework", 83 *Cornell L. REV.* 921(1998)(描述无行动信函流程).

[63] 在法律的某些领域,预先指令的规定是有问题的。税收就是一个突出的例子。在某些方面,立法者和个人的激励措施是一致的。个人希望遵守立法者的政策目标,而确定性使遵守的可能性更大。但在其他方面,个人希望正式遵守法律,但更愿意避开政策目标。换句话说,个人是在寻找漏洞。如果法律提供了一条明确的规则,而被监管的个人更愿意规避这条规则,那么确定性就为规避提供了路线图。See David A. Weisbach, "Formalism in the Tax Law", 66 *U. CHI. L. REV.* 860, 882-84(1999)(描述使用"反滥用"标准来处理规则规避)。在这些领域中,很难预测微指令的公平性。一方面,使用微指令技术来制定精确的法律可能会缩小规避的空间。毕竟,一项经过完美校准的法律不会为规避提供任何空间。另一方面,如果法律有任何不完善之处,而被规制的个人拥有优越的私有技术,则可以利用该技术发现其不完善之处,并对其行为进行加工(如建立详尽的避税机制),以避免微指令的适用。在这些军备竞赛的场景中,回避创造了私人利益,私人技术与立法者的技术相竞争。这些场景表明,在某些领域,反滥用标准(antiabuse standard)将继续存在,以补充微指令。尽管如此,没有标准也可以解决这个问题。微指令的披露可以简单地推迟到受监管的个人采取行动之后。这可以防止规避,但也可以提前让政府遵守规则,以避免偏差。关于延迟披露规则以防止逃税的总体思路, see Saul Levmore, "Double Blind Lawmaking and Other Comments on Formalism in the Tax Law", 66 *U. CHI. L. REV.* 915(1999)。

杂的规则。[64] 但是,至少在通常意义上,法官不经常提供关于假设情景结果的事前告知。

无论好坏,咨询意见都受到美国司法系统的质疑,因为法官可能会使用预测技术来事后改进法律。但是,在没有通知受监管的行为者的情况下,这些具体的裁判会产生与标准相同的成本。例如,如果法官宣布将使用计算机算法对所有过失案件进行裁判,[65]那么作为一个不能使用该算法的受监管行为者,将仍然只会面临一个标准,该标准在法官将如何应用该标准的问题上施加了不确定性。对于个人而言,实际存在的法官正如同一台计算机一般,这并没什么区别。[66]

如果受监管的参与者可以访问法官将使用的算法,情况就会发生变化。在这样的情形中,受监管的参与者可以精确地预测结果。如果法官承诺使用公众可获得的某种技术,那将相当于提供预先裁判。[67] 这实际上将法官的角色转变为事前监管机构的角色。虽然这并非达到了令人难以置信的程度,但我们认为立法和监管规则制定的途径将更加普遍。

法官可以通过另一种方式参与微指令的颁布。正如立法机构可以制定广泛的政策目标并将规则制定委托给一个机构一样,法院也是如此。在裁量案件时,法院可以宣布一项标准,该标准奉行任何旨在实现正确政策目标并考虑到相关因素的程序所产生的规则。然后,该机构可以创建一个完全相同的算法。法院的这种“二阶法规”将向各机构发送关于如何设计算法以

---

[64] Cf. Porat & Strahilevitz, supra note 12, at 1436[“在某些情况下,我们希望法院(和法庭上的辩护者)支持大数据科学,将其作为一种手段,来决定应该将哪些条款引入一份含混不清的合同或遗嘱中”].

[65] 这个假想的场景并不像听起来那么离奇。这里的算法只是更精确地融合了法院在审理案件时通常依赖的专家意见。

[66] 值得注意的是,如果法官使用该算法,事后错误和不一致性成本可能会更低。见保释的例子, infra Part II. A. 2。

[67] 在一个略有不同但相关的背景下,一位评论人士提出,法官可以通过使用计算机来推导文本的含义,从而将自己与文本主义者对法律的解释绑在一起。See Betsy Cooper, “Judges in Jeopardy!: Could IBM's Watson Beat Courts at Their Own Game?”, 121 *Yale L. J. FOrum* 87 (2011), http://yalelawjournal.org/forum/judges-in-jeopardy-could-ibms-wats-on-beat-courts-at-their-own-game[https://perma.cc/8DDC-ZC9L].

确保合规性的信息。[68] 在这里,最重要的是机构和执法者最终负责实施机器算法以宣传微指令。

2. 替代途径:受监管行为者私人的技术使用

私人行为者可以获得预测技术。而且,在某些情况下,私人行为者可能拥有比立法机构、监管机构或法院更先进的专有技术。[69] 私人使用预测技术将导致微指令的出现。这有两种主要途径:

第一条途径是通过合理性、行业标准和技术的相互作用。在我们上面的医学示例中,假设预测医疗结果的机器不是立法者可用的,而是直接给医生使用。随着技术变得更加准确,我们可以期待越来越多的医生使用它。在某些时候,法院可能会开始认为,不使用这种先进技术本身是不合理的。假设当前的整形外科实践没有使用 X 射线机,[70]或是结肠直肠专科医生拒绝进行结肠镜检查来诊断结肠癌。[71] 随着技术变得更加准确和广泛,法院使用该技术制定合理标准的可能性也越来越大。这些技术在各个行业中的激增将驱使符合标准的行为,其功能与以预测技术为基础所发布的微指令完全相同。

第二条路径是我们文章主要论点的软版本。这条道路不要求立法者使

---

[68] See John Rappaport, "Second-Order Regulation of Law Enforcement", 103 *CALIF. L. REV.* 205, 214(2015)将二级司法判决定义为"按照必须实现的最终目标陈述其义务"。[quoting STEPHEN BREYER, REGULATION AND ITS REFORM 105(1982)]。这可以适用于所有标准,包括法院根据宪法适用的标准。参见本文三、部分。See Rappaport's example of the court's second-order regulation of Fourth Amendment searches, Rappaport, supra, at 220 –22,这是一个规则和标准将很快消亡的领域。机器算法将能够比人类更容易地确定可能的原因、紧急情况、官员的偏见,等等。

[69] 例如,私人证券交易员拥有的技术,使交易的频率高于监管机构能够实时观察和监控的频率。See Eric Budish, "Peter Cramton & John Shim, The High-Frequency Trading Arms Race: Frequent Batch Auctions as a Market Design Response", 130 *Q. J. Econ.* 1547(2015).

[70] 医生经常因为没有给病人做 X 光检查而被认为疏忽大意。See, e. g., Rudick v. Prineville Mem'l Hosp., 319 F. 2d 764(9th Cir. 1963)(X 射线可显示椎骨骨折);Webb v. Lungstrum, 575 P. 2d 22(Kan. 1978)(X 射线可以发现伤口中有小的金属碎片);Betenbaugh v. Princeton Hosp., 235 A. 2d 889(N. J. 1967)(疏忽大意,医生未能对脊柱受伤部分进行 X 光检查).

[71] 那些没有进行结肠镜检查的医生被认为是玩忽职守。See, e. g., Morse v. Davis, 965 N. E. 2d 148(Ind. Ct. App. 2012).

用技术,个人可以使用预测技术来预测法官将如何应用标准。[72] 通过这种方式,技术改善了律师作为合规顾问的作用。[73] 当律师提供合规建议时,他们在一定程度上预测了审判员在事后将如何适用标准。[74] 由于计算机可以收集和分析越来越多的先前案例,它们在这项任务中的表现将优于律师。乍一看,这一进展似乎会降低标准的合规成本。但它确实有效地将标准转变为一个微指令,这是因为它降低了法律不确定性的成本,且告知个人确切的行为方式。正如奥利弗·德尔·霍姆斯(Oliver Wendell Holmes)所指出的那样,对司法结果的预测就是法律。[75]

大数据和人工智能的进步将产生智能机器,可以非常准确地预测法律结果。[76] 在我们的交通示例中,假设一下,交通仅通过强制实施合理标准的让行标志进行管制。[77] 但在这个世界上,消费技术已经发展到一个阶段,它可以预测法院何时会认为在标准下需要屈服。这种私人技术提供了一种机制,可以在驾驶员依法必须停车时通知驾驶员。该技术收集相关事实,像法官一样将标准应用于这些事实,并提供预测性分析。

---

[72] McGinnis & Wasick, supra note 1, at 1033 -39(讨论使用技术来预测司法结果).

[73] See generally Michele DeStefano Beardslee, "Taking the Business Out of Work Product", 79 *Fordham L. REV.* 1869, 1874 -81(2011)(认为在公司实践中很难区分商业和法律); Christine Parker, "Lawyer Deregulation via Business Deregulation: Compliance Professionalism and Legal Professionalism", 6 *INT'L J. Legal Prof.* 175 (1999)(探讨律师在法律实务中的角色); Gregory J. Millman & Samuel Rubenfeld, "Compliance Officer: Dream Career?", Wall ST. J. (Jan. 15, 2014, 8:13 PM), http://www.wsj.com/articles/SB10001424052702303330204579250722114538750[https://perma.cc/E5AW -2Z54](审查合规官员的崛起).

[74] 关于事前法律咨询的法律和经济学, see Louis Kaplow & Steven Shavell, "Private Versus Socially Optimal Provision of Ex Ante Legal Advice", 8 *J. L., Econ. & Org.* 306 (1992). See also Lynn M. LoPucki & Walter O. Weyrauch, "A Theory of Legal Strategy", 49 *Duke L. J.* 1405(2000)(讨论法律文化和法律策略的法律经济学文献)。

[75] Holmes, supra note 7, at 461(法庭将会做什么事实上的预言……就是我所说的法律). See also Abramowicz, supra note 27.

[76] See Katz, supra note 11(探索大数据预测法律结果的力量); See Porat & Strahilevitz, supra note 12, at 1436(same).

[77] See, e.g., 625 ILL. COMP. STAT. 5/11 -904(c)(West 2016)(要求在让路标志下的司机减速至"符合现有条件的合理速度",并在"出于安全考虑"时停车); MASS. GEN. LAWS 89 ß 9 (LexisNexis 2012)(same); Pierce v. Coltraro, 252 So. 2d 550, 552 -53(La. Ct. App. 1971)(注意适用于屈服标志的标准).

尽管我们拥有标准和私有技术,但由此产生的行为看起来就好像我们的公共交通灯所具有的潜在的复杂规则。对于驾驶员而言,合规性与使用微指令一样简单。司机只会收到一条消息,说“停车”。司机甚至不必在精神上注意到潜在的事实。由于技术使事后判决更具可预测性,公民通常会将预测视为规则。他们事前接受指令,对法律要求他们如何行事几乎没有什么不确定性。

这可能会导致立法者简单地将这些预测作为法律来实施。但是,立法者可能认为完全可预测的事后判决是微指令中令人满意的等价物,而不是采取最后步骤将微指令正式转化为法律。但从个人的角度来看,转型已经完成。当车内的技术发出信号时,驾驶员会知道停车——相当于红灯。[78]

二、可行性

在本部分,我们将研究使用技术生成微指令的可行性。本部分分为两个主要部分。

首先,我们研究预测技术的可行性。我们通过大数据和人工智能被用来产生比人类更好的预测和见解的例子,看看技术的发展方向。我们看一下这种预测技术如何大大减少了对人类自由裁量权的需求。

其次,我们研究了通信技术的可行性。在大多数情况下,这项技术已经存在并且正在稳步改进。移动设备正成为我们信息的第一站。个人可以轻松快速地与其他人沟通,而且(更重要的是,我们的论点)立法者可以轻松快速地与受监管的参与者沟通。

---

[78] 有可能,知道预测技术的法官会(有意识或无意识地)通过改变他们的行为来做出反应。如果这是真的,并且假设高级算法在做出预测时不能解释这些变化,那就意味着预测司法结果的技术将在有效性上落后于其他预测技术。因此,这条通向标准死亡的替代路径,将比通过立法和监管规则制定的路径更不可能。

(一)预测技术的可行性

本节有两个关键要点:(1)机器在许多领域,已经比任何人都能更好地预测结果和行为;(2)这项技术正在迅速发展,机器在预测结果方面的优势将继续以指数速度增长。机器可以立即处理数十亿个数据点,以确定最佳的行动方案。即使是最有能力、最客观的人也无法与大数据和人工智能产生的算法竞争。我们正在制作和分析不断增加的数据存储,这些数据将成为预测技术的支柱。可能很难想象这些技术的远期发展趋势,但正如比尔·盖茨所指出的那样:“我们总是高估未来两年内将发生的变化,并低估未来10年将发生的变化。”[79]人们只能想象我们在多大程度上低估了未来20年或21世纪末将要发生的变化。

在本节中,我们首先探讨技术发展如何通过更好地理解和分析数以百万计的假设情况来改善对人类行为的预测。我们预测着认知计算、人工智能和算法进化的发展,以展示这些强大的新技术将如何促进微指令的出现。然后,我们看看人类的自由裁量权如何被所有职业中基于计算机的规则所取代,并认为与法律没有区别。

1.预测技术的力量

大数据和人工智能已达到可以在人类生活的许多方面预测可能结果的阶段。[80] 到20世纪末,计算机能够击败国际象棋中最好的大师。[81] 10年后,一台人工智能机器摧毁了电视琐事节目危险边缘(Jeopardy)的大师们![82] 实

---

[79] Bill Gates, *The Road Ahead* 316(1996).

[80] See generally Katz, supra note 11.

[81] 1997年,IBM的深蓝以3.5:2.5击败了卡斯帕罗夫。有关这场比赛的评论和描述,See Bruce Pandolfini, *Kasparov and Deep Blue: The Historic Chess Match Between Man and Machine* (1997)

[82] John Markoff, "Computer Wins on 'Jeopardy!': Trivial, It's Not", *N. Y. Times*(Feb. 16, 2011), http://www.nytimes.com/2011/02/17/science/17jeopardy-watson.html [https://perma.cc/CM9S-7CQ4].

际上,机器在许多生活领域都胜过人类。[83] 它们可以预测消费者的口味[84]并为客户提供金融机会方面的建议。[85] 在医学领域,计算机可以分析图像并预测癌症的可能性。[86]

但今天使用大数据和算法来预测结果只是一个开始。计算机处理信息、收集和存储数据的能力依然在继续爆炸。[87] 谷歌工程总监雷蒙德·库茨魏尔(Ray Kurzweil)最近指出:"可以追溯到1890年的人口普查,计算的性价比非常平稳地呈指数增长。"[88]正如经济学家威廉·诺德豪斯(William Nordhaus)教授所指出的那样,20世纪以来计算机能力的提高是"惊人的"。[89] 将手动计算能力提高1.7万亿至76万亿次,这种爆发式趋势始于第

---

[83] See Martin Ford, *The Rise of the Robots: Technology and the Threat of a Jobless Future* (2015).

[84] See generally Thomas W. Miller, *Modeling Techniques in Predictive Analytics: Business Problems and Solutions* (2014). As an example, artificially intelligent machines can predict wine prices better than wine connoisseurs. See Quants and Quaffs, *The Economist* (Aug. 8, 2015), http://www.economist.com/news/science-and-technology/21660405-artificial-intelligence-may-beat-connoisseurship-quants-and-quaffs [https://perma.cc/7PCL-X6U9]. Companies such as Amazon, Netflix, and Match.com have all used machine learning algorithms to better understand consumers'tastes. Pedro Dom-ingos, Why Businesses Embrace Machine Learning [Excerpt], SCI. AM. (Oct. 29, 2015), http://www.scientificamerican.com/article/why-businesses-embrace-machine-learning-excerpt/ [https://perma.cc/U5Y8-FNQG].

[85] Brad Power, "Artificial Intelligence Is Almost Ready for Business", *Harv. Bus. Rev.* (Mar. 19, 2015), http:// hbr.org/2015/03/artificial-intelligence-is-almost-ready-for-business [https:// perma.cc/ZA2K-57R3].

[86] IBM 的 Watson,就是那个打败了危险边缘(Jeopardy)的大师级选手的人工智能程序,已在医学上使用。See Carl Zimmer, "Enlisting a Computer To Battle Cancers, One by One", *N. Y. Times* (Mar. 27, 2014), http://www.nytimes.com/2014/03/27/science/enlisting-a-computer-to-battle-cancers-one-by-one.html [https://perma.cc/89VR-LSYN].

[87] See Martin Hilbert & Priscila Lopez, "The World's Technological Capacity To Store, Communicate, and Compute Information", 332 *Science* 60 (2011) (估计计算能力和容量的增长); see also Data, "Data Everywhere", *Economist* (Feb. 25, 2010), http://www.economist.com/node/15557443 [https://perma.cc/ZJZ2 –8MHN].

[88] "Ray Kurzweil on the Price-Performance of Computing", *Wall ST. J. Online* (Aug. 20, 2013, 1:29 AM), http://www.wsj.com/video/ray-kurzweil-on-the-price-performance-of-computing/C1F2B611-4B92-469C-AA33-3129587EC113.html [http://perma.cc/X8DZ-A9FL].

[89] William D. Nordhaus, "Two Centuries of Productivity Growth in Computing", 67 *J. Econ. Hist.* 128, 128 (2007).

二次世界大战后。[90]

在过去的50年里，计算能力的增长与“摩尔定律”(Moore’s Law)密切相关。[91] 摩尔定律发现密集集成电路中的晶体管数量大约每两年翻一番。[92] 事实证明，这一观察结果非常准确，现在可以作为了解计算领域在未来发展方向的指南。[93] 如果趋势继续下去，那么在20年内，计算能力将是现在的1000倍。[94]

这一趋势将使计算技术的影响力扩大。就像城市规划者已经开发出跟踪总流量的计算机一样，[95]政府可能会收集和使用人类生活中几乎所有方面的行为方式的数据。但是，数据收集和分析的增长在所有法律领域都不一致。在受监管的行为者的行为更频繁且更均匀的情况下，进化将是最快的。在这些情况下，立法者将获得有关个人行为方式的更多数据。在行为不那么频繁且异质性较高的情况下，行为的可预测性最初会较弱。

然而，从长远来看，人工智能机器不会受到目前大数据面临的限制。[96] 人工智能机器不是简单地用给定结构编程来预测每个可能的意外事件和每个可能的答案。相反，人工智能机器被训练来预测、推断直觉行为并适应新的和独特的情况。[97]

人工智能机器在非结构化数据中找到“隐藏”或“深层”链接，以提供更

---

[90] Id. at 142 –47.

[91] See Lundstrom, supra note 28; Moore, supra note 28.

[92] Lundstrom, supra note 28, at 210.

[93] 事实上，有人认为摩尔定律类似于一个自我实现的预言。E. g., Harro van Lente & Arie Rip, “Expectations in Technological Developments: An Example of Prospective Structures To Be Filled in by Agency”, in *Getting New Technologies Together: Studies in Making Sociotechnical Order* 206 (Cornelis Disco & Barend van der Meulen eds., 1998).

[94] 如果这个指数轨迹持续下去，到21世纪末，计算能力将超过现在的一万亿倍。

[95] See, e. g., Todd Litman, “Generated Traffic: Implications for Transport Planning”, *ITE J.*, Apr. 2001, at 38; see also Thomas Liebig, Nico Piatkowski, “Christian Bockermann & Katharina Morik, Dynamic Route Planning with Real-Time Traffic Predictions”, 64 *INFO. SYS.* 258 (2017).

[96] See, e. g., Daniela Rus, “The Robots Are Coming: How Technological Breakthroughs Will Transform Everyday Life”, *Foreign aff.*, July/Aug. 2015, at 2. But see Martin Wolf, “Same as It Ever Was: Why Techno-Optimists Are Wrong”, *Foreign aff.*, July/Aug. 2015, at 15 (持怀疑态度)。

[97] See generally Stuart Russell & Peter Norvig, *Artificial Intelligence: A Modern Approach* (3d ed. 2009).

强大的预测。[98] 从某种意义上说,这些机器能够“学习”。[99] 它们更新以考虑它们的最佳猜测是否正确,这样做就可以合并集体的智慧。[100] 人工智能机器比传统的统计技术更能整合这种智慧,因为机器制定了自己的学习规则,而不是依赖于人类施加的潜在偏见结构。[101]

2. 预测技术将取代人类自由裁量权

在不久的将来,更完美的算法将开始取代立法者的自由裁量权。虽然人类自由裁量权的这种取代在法律领域可能看起来很新颖,但它只是迈克尔·刘易斯(Michael Lewis)强调的“金钱球”(Moneyball)现象的一种表现形式。[102]

在《金钱球》一书中,迈克尔·刘易斯探讨了大联盟棒球数据的使用,以阐明正确使用的统计数据和数据优于人类判断的观点。棒球队的球探和教练以前依靠球员的“外观”来预测一名球员是否会在大联盟中成功。[103] 但该种观点存在错误。他们的预感实际上只是多年的偏见传承和过时思维方式的表现。利用这一点,奥克兰·A(Oakland A)使用的统计分析所拥有的财务资源始终优于竞争对手。[104]

---

[98] See, e. g., Geoffrey E. Hinton, Simon Osindero & Yee-Whye Teh, "A Fast Learning Algorithm for Deep Belief Nets", 18 *Neural Computation* 1527(2006).

[99] 机器学习算法通过识别特征、概念、原则和思想来学习,这些特征、概念、原则和思想是人类本能地识别出来的,却难以编写或编码。这些规则是由人工智能机器编写和理解的,而不是必须通过构造程序来编写规则。

[100] See James Surowiecki, *The Wisdom of Crowds: Why the Many are Smarter than the Few and How Collective Wisdom Shapes Business, Economies, Societies and Nations*(2004).

[101] 偏差可能会影响基于传统统计技术的算法,如果一些错误是不可观测的。如果不纠正偏差,则可以使用该算法复制和增强错误。但是最近,人工智能的一个分支(进化计算)被开发出来处理这些问题。进化算法以进化生物学家使用的技术为基础,利用反复试验的方法寻找全局最优解,而不是简单地利用现有空间进行优化。候选解决方案使用迭代过程进行测试。See David B. Fogel, "Introduction to Evolutionary Computation", in *Evolutionary Computation 1: Basic Algorithms and Operators*(Thomas B[#xE4]ck, David B. Fogel & Zbigniew Michalewicz eds., 2000).

[102] Michael Lewis, *Moneyball: The art of Winning an Unfair Game*(2003).

[103] Id. at 32.

[104] 在财力有限的情况下,通过对球员进行详细的统计分析,A 队能够年复一年地进入季后赛,从而打造出一支性价比高、胜率高、薪酬远高于其他球队的球队。See Lewis, supra note 102.

这里的教训是,人类和他们的预感是不可靠的。[105] 各地都有例子,从银行家评估贷款申请人[106]和雇主雇用未来的雇员[107]到飞行的商业飞行员,[108]人们越来越信任机器并发现大数据预测的结果比人类的直觉更好。

这种现象开始渗透到法律领域,比如,思考法官如何进行保释程序。设定保释金的决定历来是基于一定标准的。法官会权衡一系列因素,如被指控的犯罪的严重性、有罪的可能性、被告人是否曾经过保释、被告人的社会关系和就业情况、被告人的精神状况等。[109] 潜在相关因素的清单几乎取之不尽用之不竭。[110]

但现在一些司法管辖区正在转向预测技术应用,以降低法官决定的不确定性和不一致性,并减少设定保释所需的时间。[111] 当前已经开发出一种算法,旨在预测特定的被告人是否以及何时适用保释程序。[112] 基于被告人特征

---

[105] See Kahneman, supra note 20, at 4.

[106] 那些必须决定是否给客户贷款的银行经理,他们的自由裁量权已经消失了。银行已经转向预定的规则,即谁可以借到钱,他们可以借到多少钱。人类银行经理几乎没有什么自由裁量权。该算法在确定客户生存能力方面优于任何单个银行经理。

[107] 在招聘员工时使用统计分析的雇主比通过一小时面试做出招聘决定的人做出的招聘决定更好。See, e. g. , Chen-Fu Chien & Li-Fei Chen, "Data Mining to Improve Personnel Selection and Enhance Human Capital: A Case Study in High-Technology Industry", 34 *Expert Sys. With Applications* 280 (2008); Nathan R. Kuncel, David M. Klieger & Deniz S. Ones, "In Hiring, Algorithms Beat Instinct", *Harv. Bus. Rev.*, May 2014, at 32.

[108] 商业航空公司的飞行员严重依赖自动驾驶技术,并被告知在某些情况下不能控制飞机。例如,2009 年法航 AF447 航班坠入大西洋时,如果副驾驶在飞机遇到湍流时不做任何动作,也不触碰控制杆,就有可能避免坠机。法国航空公司 AF447 里约热内卢 De janeiro-Paris(2012)运营的空客 A330 –203 型注册 F-GZCP 飞机于 2009 年 6 月 1 日失事,事故最终报告(2012), http://bea.aero/docspa/2009/f-cp090601. en/pdf/f-cp090601. en. pdf[https://perma. cc/WYZ3-PA6H]。

[109] 例如,在马萨诸塞州,保释的标准是通过审查被指控的罪行、可能的惩罚、可能的逃跑风险、违约史、所在地区的家庭、就业状况和以前的犯罪记录等标准来确定的。Mass Gen. Laws Ann. ch. 276, B 57 (West 2015).

[110] Id.

[111] Shaila Dewan, "Judges Replacing Conjecture with Formula for Bail", *N. Y. Times* (June 26, 2015), http://www. nytimes. com/2015/06/27/us/turning-the-granting-of-bail-into-a-science. html[https://perma. cc/B267-HDQR].

[112] 这种算法已经在美国的 21 个司法管辖区使用,如亚利桑那州、伊利诺伊州、新泽西州和宾夕法尼亚州。

的数据，该算法的预测能力远远超过任何个别法官的预测能力。[113]

数据的输出比单个法官的预感更加具有系统性和可靠性。该算法降低了错误成本（它更好地评估了被告人适用保释程序的可能性）和决策成本（法官可以简单地应用算法）。没有算法的法官信息较少，无法有效处理他们所拥有的信息。

此外，法官通过考虑不相关因素将偏见引入系统。善意的法官甚至不知道何时考虑了不相关的因素。而机器不会遇到这个问题。与此相关的是，可以指示机器忽略我们不希望考虑到的法律因素。因此，即使机器与目标结果存在相关性，也可以要求机器忽略种族、性别、宗教等。法官很难肯定地忽视这些因素的潜意识影响。[114]

这些观点与这样一种观点背道而驰：法律和法律推理中存在"特殊"和"人性"的东西。[115] 几乎每个职业都认为自己的职业是特殊的。[116] 就像大多数驾驶员认为他们驾驶能力高于平均水平一样，[117]人类本能地相信他们的判断和推理是特殊的，并且该技术不能复制或取代他们的特殊技能。在《金钱球》中，棒球球探认为他们挑选未来大联盟球星的能力将超过任何统计分

---

[113] 最近的研究表明了机器学习在减少准保错误方面的价值。在犯罪率不变的情况下，犯罪可以减少 24.8%，或者在犯罪率不变的情况下，监狱人口可以减少 42.0%。See Jon Kleinberg, Himabindu Lakkaraju, Jure Leskovec, Jens Ludwig & Sendhil Mullainathan, "Human Decisions and Machine Predictions", (Nat'l Bureau Econ. Res., Working Paper No. 23180, 2017), http://www.nber.org/papers/w23180.pdf[https://perma.cc/QRG3-ZY6W].

[114] 对于机器算法来说，指令忽略禁止因子是不完善的。其他允许的变量可能与界外因子完全相关，因此无意中充当了它们的代理。这些有时被称为"克隆"。如果立法者想要在计算中排除某个因素，程序员必须考虑克隆变量之间的相关性。

[115] See Joseph Raz, "Reasoning with Rules", 54 *Current Legal Probs.* 1 (2001) (询问法律推理的特别之处).

[116] See generally Michael A. Bishop & J. D. Trout, *Epistemology and the Psychology of Human Judgment* 24 –53 (2005) (人类本能地否认或忽视这种技术的成功，因为根深蒂固的认知偏见，如对自己的能力和判断过于自信).

[117] Iain A. McCormick, Frank H. Walkey & Dianne E. Green, "Comparative Perceptions of Driver Ability—A Confirmation and Expansion", 18 *Accident Analysis & Prevention* 205, 206 (1986) (约 80% 的驾驶员认为他们比一般驾驶员更好).

析。[118] 医生同样认为医生拥有特殊技能,[119]教师也是如此,[120]律师也是。[121] 也许更令人惊讶的是,习惯于寻找偏见的法律学者也认同这一偏见,即我们是特殊的信念。

法哲学家经常争辩,法律必然是模糊和不确定的。[122] 其他人则认为法律推理与其他类型的推理不同。[123] 例如,桑斯坦教授(Cass Sunstein)认为,法律推理需要理解和支持类比推理的原则,并且怀疑人工智能是否能够复制这种理解。[124]

丹·卡亨教授(Dan Kahan)2006年在耶鲁大学法学院毕业班的演讲中提供了一个很好的例子,说明法律存在某些"特殊"的论点。[125] 他认为,为了让律师真正理解和评估法律推理,他们需要多年来向"大师"(如教授和资深律师)学习[126]这些大师如何向学生灌输法律直觉和判断力。[127]

---

[118] See Lewis, supra note 102, at 29 – 42.

[119] See, e. g., Donald E. Polkinghorne, *Practice and the Human Sciences: The Case for A Judgment-based Practice of Care* (2004); Samuel W. Bloom, "Structure and Ideology in Medical Education: An Analysis of Resistance to Change", 29 *J. Health & SOC. Behav.* 294 (1988).

[120] See Franise Blin & Morag Munro, "Why hasn't Technology Disrupted Academics' Teaching Practices? Understanding Resistance to Change Through the Lens of Activity Theory", 50 *Computers & Educ.* 475 (2008).

[121] See Jeffrey M. Lipshaw, "The Venn Diagram of Business Lawyering Judgments: Toward a Theory of Practical Meta disciplinarity", 41 *Seton Hall l. Rev.* 1 (2011).

[122] See, e. g., Timothy A. O. Endicott, *Vagueness in Law* 1 (2000) ("虽然不是所有的法律都是模糊的,但法律体系必然包含模糊的法律").

[123] Lipshaw, supra note 121 (认为算法判断不能复制法律推理).

[124] Cass R. Sunstein, "Of Artificial Intelligence and Legal Reasoning", 8 *U. Chi. Law Sch. Roundtable* 29, 32 – 34 (2001) (建议计算机程序不像人类那样进行类比推理); see also Brian Sheppard, "Incomplete Innovation and the Premature Disruption of Legal Services", 2015 *Mich. St. L. Rev.* 1797, 1870 (这表明机器理解复杂法律的能力有限,不能很好地执行,而且在标准目前是法律的主要形式的情况下,"不能很好地发挥作用").

[125] Dan M. Kahan, Deputy Dean and Elizabeth K. Dollard Professor of Law, Yale Law School Commencement Remarks (May 22, 2006), http://digitalcommons. law. yale. edu/cgi/viewcontent. cgi? article = 1007&context = ylsca[http://perma. cc/c9ZA-QB4C].

[126] Id.; see also Dan M. Kahan, David Hoffman, Danieli Evans, Neal Devins, Eugene Lucci & Katherine Cheng, "'Ideology' or 'Situation Sense'? An Experimental Investigation of Motivated Reasoning and Professional Judgment", 164 *U. PA. L. Rev.* 349, 355 (2016) (基于培训和经验测试法官是否具有独特的"情境感"专长).

[127] Kahan, supra note 125.

卡亨教授将律师专业与小鸡性别鉴定师进行了比较，他们决定了一日龄雏鸡的性别。对于未经训练的人来说，刚出生的公鸡和母鸡没有任何明显不同。然而，一些受过“小鸡性别大师”培训的人可以检查一只小鸡，并告诉它是雄性还是雌性，准确率高达99%。令人惊讶的是，没有人（甚至是小鸡性别鉴定师自己）可以准确地说出这些专家正在寻找什么。当他们看到它们时，他们只知道它们之间的区别。卡亨教授声称，这种“直观地感知新生小鸡性别的特殊能力”类似于律师如何确定“好的和坏的决定”之间的区别。[128] 卡亨教授认为，律师学会如何以特殊的方式推理，就是优秀律师的技能与其他职业如此“不同”的原因。[129]

在卡亨教授讲话后的四年内，小鸡性别的世界发生了巨大的变化，已经开发出预测技术，可以准确地确定出生前小鸡的性别。[130] 就像机器击败了国际象棋和危险游戏的大师们一样，这种新的预测技术击败了鉴定小鸡性别的大师们。

卡亨教授的讲话不是关于技术对法律的影响，但是小鸡性别的命运说明了一个重点：个人的直觉（至少在实践中）没有什么特别之处，这使它不受技术驱逐的影响。纯粹的（无偏见的和未破碎的）人类直觉是否特殊且能够超越复制是一个尚未解决的哲学问题。但在应用中，人类的直觉是不完美和有偏见的。事实证明，即使在个人本身无法充分描述他们的直觉产生过程的时候，机器技术也可以同人类一样处理好事情。

狭隘的信念，即法律专业是特殊的，律师和法官不受技术进步的影响，受偏见决定，导致人们相信只有人才能做出明智的判断和决定。是的，律师需要判决；是的，法官需要判决。但是，一人的判断被技术产生的决定抵销，并且该决策考虑了数百万的判断和决定。[131]

---

[128] Id.

[129] Id.

[130] Hey Little Hen, *The Economist: Online Extra* (Feb. 9, 2010), http://www.economist.com/node/15491505 [https://perma.cc/8BLH-5P3W]. This new predictive technology relies on the detection of estrogen in the yolk of an egg. Id.

[131] See Surowiecki, supra note 100. 人们可能还会注意到，判断是在没有关于结果的完整信息的情况下做出正确的决定。一旦结果是已知的，这种判断在某种意义上将是不必要的。

要想看看这一切对法律的影响，可以考虑人工智能机器如何将美国法律学说中最经典的标准之一变成微指令。在“雅各贝利斯(Jacobellis)诉俄亥俄州(Ohio)案”中，法官波特·斯图尔特(Potter Stewart)发现，在确定淫秽物品的门槛测试时，很难准确地确定非色情片中的色情内容。[132] 相反，他只是写道：“当我看到它时，我就知道了。”[133]

波特·斯图尔特法官的观点认为，区分色情和非色情是人类可以做的事情，但很难写出明确界定这条线的事前规则。波特·斯图尔特法官倾向于将决定作为标准，以后再解决。

人工智能技术已经可以识别和分析图像。[134] 在不远的将来并非只有法官才能“看到它”，人工智能机器将能够开发出高度复杂的规则，可以对特定材料的合法性作出即时和简单的预测(“这个图像不是色情的”)。想象一下波特·斯图尔特法官为计算机确定了50张色情图片，那时，人工智能程序可以找到深层次的联系来识别并推动这种区分的模式，但波特·斯图尔特法官无法表达出来。实际上，这种模式识别是该技术已经领先于人类的领域之一。这就是该技术被认为是一种如此有价值的诊断工具的原因。

如果实施这种技术，书上的法律可能看起来仍然像标准；但是一个人可以参考机器输出来获得先进的微指令并且表现得像是受规则管理一般。

(二)通信技术的可行性

立法者能否及时向受监管的行为者及时通报法律？他们能否立即向这

---

[132] Jacobellis v. Ohio, 378 U. S. 184, 197 (1964) (Stewart, J., concurring).

[133] Id.

[134] 四名微软研究人员开发了一种视觉识别程序，其错误率为4.94%，低于人类5.1%的错误率。See Kaiming He, Xiangyu Zhang, Shaoqing Ren & Jian Sun, “Delving Deep into Rectifiers: Surpassing Human-Level Performance on ImageNet Classification”, 2015 *Ieee Int'l Conf. on Computer Vision* 1026, http://www.cv-foundation.org/openaccess/content_iccv_2015/papers/He_Delving_Deep_into_ICCV_2015_paper.pdf [https://perma.cc/PC3A-87SQ]. 据报道，日本的摄像头甚至被用来识别地铁乘客是否醉酒。See Amber Bouman, “Clever Cameras Detect Drunken Railway Passengers in Japan”, *Engadget* (Aug. 13, 2015), http://www.engadget.com/2015/08/13/clever-cameras-detect-drunken-railway-passengers-in-japan/ [https://perma.cc/RW3E-DVKQ].

些人提供如何最好地遵守法律的通知？与交通信号灯让驾驶员知道应该停下来一样，通信技术可以产生一个世界，在这个世界中，所有法律都被简化为停止指令，并立即传达给受监管的参与者。在本小节中，我们将讨论促进这一点实现的技术和基础设施的类型。

物联网几乎消除了通信的成本。所谓的物联网，[135]是一个物理对象和设备的互联网络，嵌入了电子设备和传感器，允许用户或制造商远程控制和使用产品。最近的估计表明，到 2020 年，将有 500 亿至 1000 亿个物体和设备嵌入此类技术中。[136] 移动应用程序正成为收集和处理信息的第一个宣传端口。[137]

然而，物联网和移动应用程序并不是改善消费者体验的简单方法，立法者可以使用这项技术。物联网将促进立法者、监管者、个人和公司之间的即时沟通。举例来说，在环境监管领域中，监管机构可以通过物联网更轻松地监控工厂的排放。监管机构可以立即确定工厂排放何时超出限额，并迅速通知那些经营这些工厂的公司。

上述预先税收裁判的例子表明，美国国税局（Internal Revenue Service，IRS）将能够使用与物联网类似的技术向个人和公司提供即时合规信息。受监管的参与者可以将信息输入以网络或移动为基础的应用程序中，并及时收到监管机构发送至设备（如电话）或某些可穿戴技术（如手表）上的裁决。

这种基础设施已经存在。例如，今天的心脏病专家可以简单地参考应

---

[135] Kevin Ashton, "That 'Internet of Things' Thing", RFID J. (Jun. 22, 2009), http://www.rfidjournal.com/articles/view?4986[https://perma.cc/46LY-7SCS].

[136] Maria Farrell, "The Internet of Things—Who Wins, Who Loses?", Guardian (Aug. 14, 2015, 10:48 AM), http://www.the-guardian.com/technology/2015/aug/14/internet-of-things-winners-and-losers-privacy-autonomy-capitalism[https://perma.cc/8T63-WR3F] (estimating 100 billion embedded objects); Philip N. Howard, "Sketching out the Internet of Things Trendline", Brookings: Techtank. (June 9, 2015), http://www.brookings.edu/blog/techtank/2015/06/09/sketching-out-the-internet-of-things-trendline/[https://perma.cc/JZS6-ZVY8] (estimating 50 billion embedded objects).

[137] 例如，苹果应用商店有 220 万种不同的应用程序，而谷歌 Play 有 280 万种应用程序。See, e.g., "Number of Apps Available in Leading App Stores as of March 2017", Statista, http://www.statista.com/statistics/276623/number-of-apps-available-in-leading-app-stores/[https://perma.cc/QCL8-NUPW].

用程序,输入相关信息,并为患者提供最佳回应。[138] 随着技术在事实收集方面的改进,甚至可能不要求个人在程序中输入大量数据;相反,设备将简单地识别事实情况的轮廓并且通知个人是否遵守法律。

事实上,在紧急需要时,立法者甚至可以提供微指令的通知。个人可以佩戴类似隐形眼镜等物品,这些物品可以立即分析情况,并对可能采取的行动的合法性给出直接指示。军方已经在试验这种识别作战目标的技术。[139] 但更普通的用途也有可能:您能在十字路口左转吗? 您能过马路吗? 您能试着登上地铁车厢吗? 等等。

物联网极大地降低了立法者与监管机构沟通的成本,但是物联网不仅促进了交流,还有一个反馈效应。构成物联网一部分的设备还收集有关个人和企业行为的数据。立法者可以利用这些数据对人类行为做出更好的预测。[140] 这样,物联网将进一步增强预测技术的可行性。

三、影响和后果

在这一部分我们将探讨关于当前预测的一些推断和结果。如果微指令成为所有法律的主导形式,这些影响将是深远的,但即使是在孤立的法律领域出现短期存在的现象,也会对我们思考法律的方式产生重大影响。我们将关注我们预测的长期影响,以展示可能的变化范围。

我们认为,微指令将作为一种新的法律形式出现,它将减少备用规则的不确定性成本以及规则决策的错误成本。然而,微指令的世界可能会产生其他成本。虽然该法律将产生较少的不确定性和更少的错误,但它可能在

---

[138] Winslow, supra note 40. [注意美国心脏病学会(American College of Cardiology)在2015年6月推出的这款应用的可用性].

[139] 为了避免(或至少尽量减少)友军炮火和自相残杀,军事科学家开发了作战识别技术(称为"识别敌友"或"敌我识别"),这种技术可以更容易、更迅速地识别战斗人员是友军还是敌人。例如,洛克希德·马丁公司最近宣布为美国国防部的机组人员生产IFF系统。2014年5月21日,洛克希德·马丁公司(Lockheed Martin)的MEADS系统获得了识别敌机的全面认证。http://www.lockheedmartin.com/us/news/press-releases2014/May/mfc-052114-mead-systemgains-full-Certifi-cation-identifying-friendfoe-aircraft.html[https://perma.cc/BU3H-6V3N].

[140] Cf. Porat & Strahilevitz, supra note 12(讨论个性化默认规则的事实收集技术).

其他方面存在缺陷。在这里,我们确定了微指令产生的后果和潜在成本可能相当大的四个领域。首先,它将改变我们政治和法律体系中广泛的制度权力平衡。其次,它可能会改变立法政策的发展和实质内容。再次,它会转变法律实践和法律培训方式。最后,它将对公民个人产生道德和伦理后果,改变他们的日常决策过程,改变他们与立法者和政府的关系。在本部分的其余内容中,我们将从总体上探讨这些影响和后果,最后指出这些成本的存在可能会或者不会影响我们的预测。

(一)审判消失? 法律制度的制度变迁

规则和标准的消亡将改变我们政治体制的平衡。清晰的微指令的普及在很大程度上消除了事后裁判的必要性,这种作用削弱了法官影响法律的能力,并增加了事前立法者的权力。[141] 法律结构的变化确实给证据问题的事后裁判留了一些余地,但即使如此,随着事前探索事实的技术改进,这种余地也会减少。

这可能令人担忧,因为当法官裁判案件时,他们所做的不仅仅是应用规则或标准,他们也有能力改变和修改法律,这种情况至少可以通过三种不同的方式发生:

首先,法官对法律(规则或标准)的解释与立法者事前的意图不同——假设立法者具有明确的意图。[142] 法官也可以选择在解释的幌子下完全无视

---

[141] See Ehrlich & Posner, supra note 2, at 261("立法机关选择是颁布一套标准还是一套精确的规则,隐含地也是立法和司法规则制定之间的一种选择"); see also Schauer, supra note 3, at 310("因此,根据传统智慧,在规则和标准之间进行选择……制度设计是一个重要而有力的工具,它决定着在一个复杂而多制度的社会中由谁来决定什么")。在这个意义上,规则和标准的死亡先于司法职能的死亡。

[142] 关于法官添加自己解释的能力, see—among many others—Stanley Fish, is There a Text in This Class? (1980); Robert W. Bennett, "Objectivity in Constitutional Law", 132 *U. Pa. L. Rev.* 445(1984); Anthony D'Amato, "Can Legislatures Constrain Judicial Interpretation of Statutes?", 75 *Va. L. Rev.* 561(1989); Michael S. Moore, "The Semantics of Judging", 54 *S. Cal. L. Rev.* 151, 251–52(1981); Frederick Schauer, "An Essay on Constitutional Language", 29 *U. C. L. A. L. Rev.* 797 (1982). But see William N. Eskridge, Jr., "Overriding Supreme Court Statutory Interpretation Decisions", 101 *Yale L. J.* 331(1991). The idea that legislative intent exists is not obvious. See, e. g., Kenneth A. Shepsle, "Congress Is a 'They,' Not an 'It': Legislative Intent as Oxymoron", 12 *Int'l Rev. L. & Econ.* 239(1992)。

规则和标准。[143]

其次,法官可以影响公众和机构对政策目标的看法。法官可以通过突出案件中的某一特定问题、利用自己的立场发表政策声明,或通过增加较大篇幅的裁判来支持具有更广泛影响的运动,从而影响公众舆论。[144] 此外,考虑到美国的联邦制度,一个司法管辖区的法院判决可能具有更大的社会影响,从而影响其他司法管辖区对政策目标的非司法性改变。[145] 许多人认为,法院在挑战陈旧和根深蒂固的观点方面发挥的作用对我们的民主发展产生

---

[143] See, e. g., Anthony Niblett & Albert H. Yoon, "Friendly Precedent", 57 *WM. & Mary L. Rev.* 1789, 1795 (2016). (裁定上诉法院法官倾向于引用与陪审团政治构成一致的判例); Anthony Niblett & Albert H. Yoon, "Judicial Disharmony: A Study of Dissent", 42 *Int'l Rev. of L. & Econ.* 60, 64 -67 (2015) (表明不同法官在同一案件中撰写不同意见时,引用的判例不同,倾向于与每位法官的政治倾向一致的判例); William Hubbard & M. Todd Henderson, "Do Judges Follow the Law? An Empirical Test of Congressional Control Over Judicial Behavior" (Coase-Sandor Inst. L. & Econ., Working Paper No. 671, 2014). But see Anthony Niblett, "Do Judges Cherry Pick Precedents to Justify Extra-Legal Decisions?: A Statistical Examination", 70 *Md. L. Rev.* 234 (2010)。

[144] 正当化假设认为,在法院作出判决后,公众舆论将开始向法院的意见靠拢。See, e. g., Brandon L. Bartels & Diana C. Mutz, "Explaining Processes of Institutional Opinion Leadership", 71 *J. Pol.* 249 (2009); Valerie Hoekstra, "The Supreme Court and Opinion Change: An Experimental Study of the Court's Ability To Change Opinion", 23 *Am. Pol. Q.* 109 (1995). 有一些著名的文献讨论了法院判决的"反作用",这些"反作用"与正当化假设的效果相反。See, e. g., Michael J. Klarman, "How Brown Changed Race Relations: The Backlash Thesis", 81 *J. Am. Hist.* 81 (1994). 另一些人则认为这种影响更为有限。See, e. g., Gerald N. Rosenberg, *The Hollow Hope: Can Courts Bring about Social Change?* (1991). 此外,法院的判决可能使意见两极化。See Charles H. Franklin, & Liane C. Kosaki, "Republican Schoolmaster: The U. S. Supreme Court, Public Opinion, and Abortion", 83 *Am. Pol. Sci. Rev.* 751 (1989); Timothy R. Johnson & Andrew D. Martin, "The Public's Conditional Response to Supreme Court Decisions", 92 *Am. Pol. Sci. Rev.* 299 (1998).

[145] 例如,2003 年,马萨诸塞州最高法院裁定同性婚姻是合法的。Goodridge v. Dep't of Pub. Health, 798 N. E. 2d 941 (Mass. 2003). 学者们一直在争论这一决定对公众舆论的影响,以及随之而来的公众舆论变化是否会让这部法律走上新的道路,最终在 2015 年,美国联邦最高法院(Supreme Court of the United States)找到了同性婚姻的宪法权利。See Michael J. Klarman, *From the Closet to the Altar: Courts, Backlash, and the Struggle for Same-Sex Marriage* 89 -118 (2013); Patrick J. Egan, "Nathaniel Persily & Kevin Wallsten, Gay Rights", in *Public Opinion and Constitutional Controversy* 234, 239 -245 (Nathaniel Persily, Jack Citrin & Patrick J. Egan eds., 2008); Thomas M. Keck, "Beyond Backlash: Assessing the Impact of Judicial Decisions on LGBT Rights", 43 *Law & Soc'y Rev.* 151 (2009); Jane S. Schacter, "Courts and the Politics of Backlash: Marriage Equality Litigation, Then and Now", 82 *S. Cal. L. Rev.* 1153 (2009).

了有益的影响。[146]

最后,法官可以直接宣布政策目标不恰当或违宪,[147]许多人认为,这种对立法政策的司法审查是我们制衡制度的一个组成部分。[148]

法官的这些立法角色将随着法律的基本性质而改变,法官将失去大部分的监督和立法权,对于非宪法问题,解释的作用可能会完全消失,[149]他们将不再有权力重新解释或无视法律,法律的政策目标将由事先制定规则的人(立法或管制)确定。而司法部门(至少如果它保持目前的形式和结构)几乎没有或根本没有机会质疑或改变这些政策目标。法律解释和填补模糊标准空白的机会将会枯竭,因为公民只是被指示遵守简单的指示。

这里关注的是一个独立的问题,而不是机器辅助算法能否实现策略目标的问题。问题是,是否存在一个独立的政府部门,有权质疑事先立法者的政策决定?当立法者决定机器算法的立法目标和参数时,我们希望政府有一个独立的部门来审查这些决定吗?如果我们这样做了,司法机构的作用

---

[146] See generally Alexander M. Bickel, *The Least Dangerous Branch* (Yale Univ. Press 2d ed. 1986) (1962); Robert A. Dahl, "Decision-Making in a Democracy: The Supreme Court as a National Policy-Maker", 6 *J. Pub. L.* 279 (1957).

[147] Marbury v. Madison, 5 U. S. (1 Cranch) 137 (1803); see also Saikrishna B. Prakash & John C. Yoo, "The Origins of Judicial Review", 70 *U. Chi. L. Rev.* 887, 887 (2003) ["在(马布里诉麦迪逊)一案中,正如法学院经常教授的那样,美国联邦最高法院设立了它的权力来废除违反宪法的克莱尔联邦法规"]。

[148] See John Hart Ely, *Democracy and Distrust: A Theory of Judicial Review* (1980); Barry Friedman, "The Importance of Being Positive: The Nature and Function of Judicial Review", 72 *U. Cin. L. Rev.* 1257 (2004) (讨论司法审查在我们的法律制度中所起的作用); David A. Strauss, "The Modernizing Mission of Judicial Review", 76 *U. Chi. L. Rev.* 859 (2009) (解释司法审查在民主政府中的作用)。当然,对司法审查也有强烈的批评。See, e. g., Larry D. Kramer, "Putting the Politics Back into the Political Safeguards of Federalism", 100 *Colum. L. Rev.* 215, 233 – 37 (2000); Larry D. Kramer, "The Supreme Court 2000 Term—Foreword: We the Court", 115 *Harv. L. Rev.* 5 (2001) (批判现代司法审查和司法至上观念); William W. Van Alstyne, A Critical Guide to Marbury v. Madison, 1969 Duke L. J. 1, 38 – 45 (收集司法审查合法性问题的资料)。

[149] 法官的主要工作是裁判非宪法问题。宪法问题虽然引人注目,但只反映了司法案件的一小部分。即使在美国联邦最高法院,近年来的案件比例也没有超过 50%。See Richard A. Posner, *How Judges Think* 271 (2008). 在州法院,这个数字要低得多。See, e. g., Robert A. Kagan, "Constitutional Litigation in the United States", in *Constitutional Courts in Comparison* 25, 28 (Ralf Rogowski & Thomas Gawron eds., 2002) (注意到在 1940 年至 1970 年,只有 14.6% 的州法院案件涉及宪法问题).

减弱就会令人不安。

此外,诉讼案件数量将大幅下降,在大多数情况下,问题仅仅是公民是否遵守了这个简单的指令。这个案子有两个问题:灯是红色的吗?行为人停下来了吗?回答这些问题的证据将更容易获得。随着诉讼案件和争议的减少,政策解释变得不必要。一方面,法官利用案件发表政策声明和影响意见的机会将会减少。另一方面,法官注入偏见和错误的机会也会减少。[150]

宪法问题要复杂一些。至少在理论上,宪法标准[151]与我们在本文中讨论的标准没有什么不同。一台机器可以很容易地通过编程告诉我们某项特定的搜索是否不合理,[152]某些言论是否有色情内容,微指令在商业条款或其他条款下是否有效,等等。

但是,有些体制结构似乎阻碍了宪法审查的微观指示发布。就我们目前的体制而言,国会和任何机构都不能规定机器算法将决定法律的合宪性。如果国会制定了一种考虑种族或禁止言论的算法,那么法院(而不是机器)将宣布这些算法违宪。

只要"马布里诉麦迪逊案"[153](Marbury v. Madison)仍是一部有效的法律,有关算法的宪法决定就必须来自司法部门。但是,法院当然可以支持未来使用特定类型的算法,认为这些算法的适用在宪法上是合适的。例如,如果机器使用的是经过司法认证的算法,那么根据机器指令执行的紧急搜索是可以被假定为合理的。这种对监管机构[154]的先例性指导基本上可以提供政策目标,这些目标必须是指导宪法审查的微指令。该代表团将促进在宪法法律领域颁布微观指示。

当然,有些人可能会说,减少对政策的司法权参与是一件好事。例如,随着民主选举产生的部门变得更加强大,对非选举产生的法官越权的担忧

---

[150] 参见本文二、部分。

[151] 美国宪法通常通过标准来运作。Schauer, supra note 3, at 308.

[152] Cf. Michael L. Rich, "Machine Learning, Automated Suspicion Algorithms, and the Fourth Amendment", 164 *U. Pa. L. Rev.* 871 (2016).

[153] 5 U. S. (1 Cranch) 137 (1803).

[154] 我们在上面讨论了这类二级规则。参见本文一、(三)1. 部分。

将会减轻。[155] 也有其他人不会同意这个观点。[156] 对于那些主张法官发挥积极作用的人来说，认为可以寻求替代这一作用的机制。也许，一个就立法和管制政策决定提供咨询意见的司法机构可以保持司法机构对社会的监督和影响。[157]

(二)政策目标的发展和实质

除了远离法官干涉的政策决定，立法机构和监管机构作出这些决定的过程也将发生变化。

更广泛的目标。正如我们在上文第一(四)部分中提到的，监管机构将是推动微指令转变的主要力量。立法机构可以继续制定标准，但它们将把机器辅助决策下的行为实施留给了监管机构。这些标准可能不过是政策目标的声明，其应当为制定规则的机器提供指导。然后，监管机构将把这一广泛目标转化为机器生成的特定规则集。[158]

此外，通过机器派生的微指令实现广泛目标的能力，可能使立法机构能够在越来越高的抽象社会政策层次上阐明其目标。立法机构将能够专注于大局，而不是关注于实施的细节。例如，立法机关将不再担心具体的交通速度限制，而将重点放在交通法的目的上：社会希望法律减少事故、减少交通在旅行中的时间消耗、减少油耗，或是某种完美的混合？

在极端情况下，可以要求由大数据辅助的学习算法规定一组涵盖多个领域的大量微指令，以实现更广泛的社会目标，如福利最大化、意外死亡最小化、减少财富不平等，或者(更有可能)某种组合，为这些目标设定特定的可接受阈值以及其他的社会价值观。这之所以成为可能，是因为立法者不再需要找出并制定每一条精确的规则，以及它们与其他规则之间的联系。

---

[155] See, e. g., Larry D. Kramer, *The People Themselves: Popular Constitutionalism and Judicial Review*(2004); see also sources cited supra note 148.

[156] See sources cited supra note 148.

[157] 另外，对社会的影响可能需要实际的案例和争议来使司法裁判更加突出。

[158] See Benjamin Alarie, "Anthony Niblett & Albert H. Yoon, Regulation by Machine", 18 *J. Machine Learning & Res.* (forthcoming 2017).

相反,机器将计算出数以百万计的连接微指令,这些指令可以实现指定的策略目标。这个复杂的微指令目录可以针对行为的小实例,这些小实例适用于更大的行为动作网络,以实现更广泛的目标。

更快的变化。算法驱动的法律会自动快速地适应环境,根据法律的目标进行优化。但是法律的改变导致了赢家和输家的存在。[159] 法律的频繁变更可能会给个人带来额外的风险,并可能影响个人对可能会受到法律不确定性影响的项目的投资意愿。[160] 然而,一台智能机器将能够考虑对投资价值的任何影响,从而实现全局最优,而不仅仅是局部最优。

此外,预测技术还可用于就某些政策目标的其他潜在意外后果向立法者提供建议。在当前制度下,法律经常产生意想不到的后果。以意想不到的方式改变行为、破坏法律目标或以意想不到的方式破坏人类行为某些无关的领域,都是常见的。[161]

以目前的技术水平,通常需要多年的时间才能完全理解政策决策的后果。但随着大数据和预测技术的进步,立法者在制定规则时将能够更准确地识别这些结论。[162]

意想不到的后果。潜在的意外后果是凸显规则和标准消亡的一个重要

---

[159] See, e. g., Michael J. Trebilcock, *Dealing With Losers: The Political Economy of Policy Transitions* 1 –3(2014)(讨论了没有补偿的法律政策变化如何降低了进行最佳投资的动机); Louis Kaplow, "An Economic Analysis of Legal Transitions", 99 *Harv. L. Rev.* 509(1986)(对法律过渡所造成的收益和损失提供经济分析); Louis Kaplow, "Government Relief for Risk Associated with Government Action", 94 *Scandinavian J. Econ.* 525(1992)(探讨和模拟政府过渡所造成的费用).

[160] 这种不确定性导致事前投资减少的事实,是拖延问题的一种表现。See generally Paul A. Grout, "Investment and Wages in the Absence of Binding Contracts: A Nash Bargaining Approach", 52 *Econometrica* 449(1984); Oliver Hart & John Moore, "Foundations of Incomplete Contracts", 66 *Rev. Econ. Stud.* 115(1999); Jean Tirole, "Procurement and Renegotiation", 94 *J. Pol. Econ.* 235(1986).

[161] See generally Robert K. Merton, "The Unanticipated Consequences of Purposive Social Action", 1 *Am. Soc. Rev.* 894(1936). 最近的一个例子是,安大略省政府增加了对小额索偿法院(small claim court)的介入,这产生了一种倒退效应, See Anthony Niblett & Albert H. Yoon, "Unintended Consequences: The Regressive Effects of Increased Access to Courts", 14 *J. Empirical Legal Stud.* 5(2017).

[162] 然而,这项技术可能会超前。虽然预测技术降低了任何特定法律产生意外后果的可能性,但它也提高了法律得以颁布的速度。如果公布的速度足够快,即使法律变得更加准确,意外后果也可能增加。我们必须更多地了解,立法者将多么迫切地颁布微指令,以了解这一风险的重要性。

方面。在这个新世界制定广泛政策的人需要对社会目标和这些技术的工作方式有深刻的理解。机器生成的微指令只能减少非预期的后果，前提是机器通过编程来识别决策者或社会关心的后果类型。指导机器创建微指令的人员必须以不扭曲消息内容的方式向机器传达策略目标，并且他们必须“要求”机器提供对拟议目标的结果的评估。

如果立法者对政策后果和程序设计没有深入的了解，这些机器可能反而会侵权，而不是进一步立法。[163] 这样的担忧激发了许多科幻电影对人工智能的恐惧。[164] 目前关于谷歌无人驾驶汽车的争论凸显了这些担忧。许多人质疑，一个人应该如何给自动驾驶汽车编程，以处理有关生命价值的伦理决定。[165] 他们问，谷歌汽车能解决人类驾驶员面临的道德问题吗？一位评论人士指出，人类认为避免与狗碰撞比避免与非宠物动物（如松鼠）碰撞更重要。[166] 但是，一方面，如果编程正确，机器可以复制这种价值判断，而且，考虑到预测技术的进步，机器执行判断的准确度将高于人类。另一方面，如果解说员错了（要像避开狗一样小心地避开松鼠）那么程序就可以相应地改变。[167] 因此，关键在于立法者是否有能力将这些价值编入计算机。

尽管如此，一些人似乎担心，程序设计不佳的汽车将实施一种可怕的社

---

[163] 在人工智能的文献中，这被称为“反常实例化”。See, e. g., Nick Bostrom, *Superintelligence: Paths, Dangers, Strategies*, 146 – 49 (2014).

[164] 这种反乌托邦式的未来愿景在许多流行书籍和电影中都能找到。See, e. g., Isaac Asimov, *I, Robot* (1950); 2001: *A Space Odyssey* (Metro-Goldwyn-Mayer 1968); *Robocop* (Orion Pictures 1987); *Terminator* 2: *Judgment Day* (Carolco Pictures 1991). See generally Illah Reza Nourbakhsh, “The Coming Robot Dystopia: All Too Inhuman”, *Foreign Aff.*, July-Aug. 2015, at 23.

[165] See, e. g., Chris Bryant, “Driverless Cars Must Learn To Take Ethical Route”, *Fin. Times* (Mar. 1, 2015), http://www. ft.. com/intl/cms/s/0/4ab2cc1e-b752 – 11e4 – 981d – 00144feab7de [https://perma. cc/D6V9 – BEFS]; Patrick Lin, “The Ethics of Autonomous Cars”, *Atlantic* (Oct. 8, 2013), http://www. theatlantic. com/technology/archive/2013/10/the-ethics-of-autonomous-cars/280360/ [https://perma. cc/QQ7V-D4C3].

[166] “A Point of View: The Ethics of the Driverless Car”, BBC: MAG. (Jan. 24, 2014), www. bbc. com/news/magazine – 25861214 [https://perma. cc/A847 – 2JRJ].

[167] Janet D. Stemwedel, “Building Self-Driving Cars That Drive Ethically”, Forbes (Aug. 5, 2015, 4: 45 PM), http://www. forbes. com/sites/janetstemwedel/2015/08/05/building-self-driving-cars-that-drive-ethically/ [https://perma. cc/2QRH – 3U5B] (注意到谷歌正在咨询道德哲学家).

会价值观体系。在这种体系中,它们会转向去杀死"错误的"人。[168] 然而,在这种批评中隐含着一种错误的观点,即人类驾驶员总是为了不杀死"正确的"人而转弯。似乎把所有这些都做好的诀窍不在于编写计算机程序,而在于在某种程度上就哪些人是"应该"杀死的达成一致。这是一个由来已久的道德问题,我们仍然没有一个一致的答案。因此,所谓的"电车问题"[169]确实是无人驾驶汽车的真实问题。但这是一种常见的对人类道德极限的批评,而不是对自动驾驶汽车极限的批评。换句话说,这对人类驾驶的汽车来说也是一个问题。

无论如何,未来的立法者必须能够将社会价值观转化为机器可编程的目标。在我们看来,确定这些价值的任务仍将是一项人类的任务。[170]

(三)法律实践的变化

到目前为止的探讨自然地引出了下一个相关的话题,即规则和标准的消亡将彻底改变法律实践。多年来,学者们异口同声地指出,技术将扰乱和改变法律实践。[171] 我们加入这一行列中来,共同指出,随着立法者采用翻译成简单的微指令并传达给公民的法律,律师的角色将发生巨大变化。合规

---

[168] See Tanay Jaipuria, "Self-Driving Cars and the Trolley Problem", Huffington Post: Blog (June 1, 2015, 12: 13 PM), http://www. huffingtonpost. com/tanay-jaipuria/self-driving-cars-and-the-trolley-problem_b_7472560. html[http://perma. cc/CP4M -5GC4](询问汽车是否能够做出道德决策,这些决策必须重视不同的生命,是否应该有利于车主的生命); Worstall, "When Should Your Driverless Car from Google Be Allowed To Kill You?", Forbes(June 18, 2014, 8:27 AM), http://www. forbes. com/sites/timworstall/2014/06/18/when-should-your-driverless-car-from-google-be-allowed-to-kill-you/[https://perma. cc/ZL3N -4A9H](same).

[169] 电车难题可以采取不同的形式,但通常会提出这样的问题:如果电车在轨道上杀死一群人,观察者可以拉一个拉杆,将电车转向另一条路线,从而杀死一个(不同的)人,从而拯救这群人。关于电车问题,See Philippa Foot, "The Problem of Abortion and the Doctrine of the Double Effect", in *Virtues and Vices and Other Essays in Moral Philosophy* (1978); Judith Jarvis Thomson, "Comment, The Trolley Problem", 94 *Yale L. J.* 1395(1985)。

[170] 有一种可能性是,机器可以简单地观察人类的行为,并从中推断出大多数人会做什么,并遵循这种行为。这甚至将消除对人类政策考虑的需要。我们拒绝这种可能性——不是因为计算机做不到,而是因为几乎没有人会同意,巩固观察到的多数主义行为是法律的适当目标。

[171] E. g., *Susskind, Tomorrow's Lawyers*, supra note 11; Henderson, supra note 11; Katz, supra note 11; Ribstein, supra note 11.

和诉讼律师的作用将会减弱，而律师作为说客或政策顾问的作用将会增强。

如今，合规律师作为中介，为客户提供如何最好地遵守复杂规则或模糊标准的建议。合规律师的专长之一，是预测事后裁判人员可能如何将相关标准应用于某一组事实。

因此，在我们的税务示例中，客户可能会向律师询问其业务安排是否符合税法的标准。在我们的医学例子中，医生可能会问律师，在受控的法律标准下，其诊断程序是否被认为是合理的。律师阅读相关法律，并运用基于教育、经验和其他专业知识的判断来提供预测。律师可能会给出一个“是”或“不是”的回答，并提出一些创造性的建议，让客户改变自己的行为，从而增加审裁官找到合乎要求的客户的可能性。

技术将减少对这类合规律师的需求，直接告诉公民他们的行为是否符合法律，没有必要向律师咨询交通灯是绿色还是红色。同样，诉讼律师将不再进行关于标准应用的争论，法官也将不再进行标准应用的争论。

当然，会有质疑人士的存在。正如上文第二部分所讨论的，尽管技术已经取代了许多劳动力市场，但人们普遍认为，许多人认为他们的职业是与众不同的，而且在某种程度上免受技术破坏的影响。[172] 但仅仅指出合规律师作为信息中间人的角色将消失，并不是说整个法律行业将实现自动化。相反，律师所负责的任务类型将发生转变。律师将被迫适应新环境。

设置机器算法的策略指令非常复杂。如果告诉机器它的目标是尽量减少交通事故，而不增加，就会导致交通停顿，或者更荒谬的是，会导致禁止机动车辆通行。指示机器尽量减少旅行中占用的时间可能会导致大量的车祸，机器只能编写满足其目标的规则。正如我们已经讨论过的，设定目标的人必须能够理解不同目标的后果，并且必须能够理解哪些目标是可取的。

理解不同目标的含义不仅需要理解技术，还需要高度跨学科地理解人

---

[172] 参见本文二、(一)2. 部分。

类行为和我们的监管国家的目标。[173] 强调对经济学、心理学、哲学、历史学等顶尖学科的理解，这是过去50年法律跨学科教育的趋势，它将很好地为律师这一新角色服务。我们顺便指出，最近的针对所谓的实践律师[174]的反趋势很可能是徒劳的。在需要的技能可能迅速改变的情况下，只培训律师实践技能的想法收效甚微。对法律政策的理解仍应是法律工作的重点，因为个人将为法律制定高水平的政策目标。[175]

(四)这些技术对个人的更广泛影响

规则和标准的消亡将引起人们对隐私、自主权和人类决策伦理的重大关注。

1. 隐私

最明显的是，与所有大数据应用一样，利用数据收集来预测结果会引发

---

[173] See generally Robin L. West, *Teaching Law: Justice, Politics, and the Demands of Professiona-lism*(2014); Harry T. Edwards, "The Growing Disjunction Between Legal Education and the Legal Profession", 91 *Mich. L. Rev.* 34, 34–35(1992)(documenting the rise of "law and" movements being taught at law schools); Alex M. Johnson, Jr., "Think Like a Lawyer, Work Like a Machine: The Dissonance Between Law School and Law Practice", 64 *S. Cal. L. Rev.* 1231 (1991); Anthony D'Amato, "The Interdisciplinary Turn in Legal Education" (Nw. Pub. L. & Legal Theory, Research Paper No. 06–32, 2006), https://ssrn.com/abstract=952483 [https://perma.cc/C54C-2XVM].

[174] See William M. Sullivan, Anne Colby, Judith Welch Wegner, Lloyd Bond & Lee S. Shulman, *Educating Lawyers: Preparation for the Profession of Law* 12 (2007); R. Michael Cassidy, "Beyond Practical Skills: Nine Steps for Improving Legal Education Now", 53 *B. C. L. Rev.* 1515(2012); Joe Palazzolo, "Law-School Program Emphasizes Practical Skills", Wall St. J. (Jan. 4, 2015, 7:51 PM), http://www.wsj.com/articles/law-school-program-emphasizes-practical-skills-1420419113[https://perma.cc/Y6X6-B2HU].

[175] 需要明确的是，这不是一个技术限制。政策将由人类而不是机器制定，因为这是人类最强烈抵制技术进步的领域。当然，有许多人认为生活的方方面面将不可避免地受到人工智能的控制。See, e.g., Ray Kurzweil, *The Singularity is Near: When Humans Transcend Biology*(2005). 其他人则持怀疑态度。See, e.g., Peter Murray, "Leading Neuroscientist Says Kurzweil Singularity Prediction a 'Bunch of Hot Air'", Singularity Hub (Mar. 10, 2013), https://singularityhub.com/2013/03/10/leading-neuroscientist-says-kurzweil-singularity-prediction-a-bunch-of-hot-air/[https://perma.cc/M68W-HX9V]. 无论如何，控制最终政策目标的权力将是人类让与机器的最后一件事。

隐私方面的担忧。[176] 这些问题在其他方面也得到了广泛的讨论。[177] 在我们的环境中,侵犯隐私的可能性很高。政府控制的机器将收集有关个人行为的数据,并以两种方式使用这些信息。首先,它们将利用这些信息来评估个人的行为,并提供法律指导。其次,它们将使用这些信息作为用于设置微指令的聚合数据的一部分。红绿灯摄像头和 GPS 跟踪已经为政府提供了了解市民行踪的能力。这些侵犯隐私的能力将会增强。当政府将收集到的信息与技术结合起来,用以预测个人未来的行动时,人们的这种担忧就会变得更加严重。[178]

这里有一个权衡。政府收集信息的能力受到的限制越多,它创建精确微指令的能力就越弱。[179] 此外,可能会基于隐私的要求停止微指令,因为仅仅基于聚合数据的预测就违反了隐私原则。

这里关于隐私的辩论和政策选择可能会追踪关于隐私和大数据的一般性辩论和选择。我们还可以预期,随着个人在私法环境下继续放弃隐私,[180] 公法将被赋予额外的自由,以收集有助于微指令发展的信息。

---

[176] See, e. g. , Farrell, supra note 136(调查物联网对隐私和自主权的影响,表明它们将成为权力的保护).

[177] 关于这个新课题的文献已经很多了。See Privacy, *Big Data*, *And The Public Good*(Julia Lane, Victoria Stodden, Stefan Bender & Helen Nissenbaum eds. , 2014); Lisa Austin, "Privacy and the Question of Technology", 22 *Law & Phil.* 119(2003); Paul Ohm, "Broken Promises of Privacy: Responding to the Surprising Failure of Anonymization", 57 *Ucla L. Rev.* 1701(2010); Paul Ohm, "Sensitive Information", 88 *S. Cal. L. Rev.* 1125(2015); Paul Ohm, "Response, The Underwhelming Benefits of Big Data", 161 *U. Pa. L. Rev. Online* 339(2013); Porat & Strahilevitz, supra note 12, at 1467 –68; Richard A. Posner, "Privacy, Surveillance, and Law", 75 *U. Chi. L. Rev.* 245(2008); Paul M. Schwartz, "Information Privacy in the Cloud", 161 *U. Pa. L. Rev.* 1623(2013); Daniel J. Solove, "Data Mining and the Security-Liberty Debate", 75 *U. Chi. L. Rev.* 343(2008); Omer Tene & Jules Polonetsky, "Big Data for All: Privacy and User Control in the Age of Analytics", 11 *Nw. J. Tech & Intell. Prop.* 239(2013); Omer Tene & Jules Polonetsky, "Privacy in the Age of Big Data: A Time for Big Decisions", 64 *Stan. L. Rev. Online* 63(2012).

[178] 美国政府已经开始调查使用大数据的好处和成本。See Exec. Office of the President, *Big Data: Seizing Opportunities, Preserving Values*(2014).

[179] Cf. Porat & Strahilevitz, supra note 12, at 1467 –68(noting the trade-off between privacy protections and "granular personalized default rules").随着预测技术的进步,创建精确微粒子所需的个人数据将越来越少。但是收集一些信息总是必要的。

[180] See id. at 1468(注意到"大多数消费者对隐私权衡具有很强的实用主义观点,当共享的好处增加而共享的威胁减少时,他们越来越愿意分享关于自己的信息").

2. 自治

随着立法者颁布更精确的微指令以推进广泛的政策目标,法律的适用范围可能扩大。以一个寻求提高生产率的宏观政策目标为例,在强大的算法的帮助下,微指令的目标是一个广泛的目标,就像这样,它几乎可以支配公民生活中的每一个决定:智能交通灯可以根据生产力水平决定谁先走,智能的餐馆可以规定公民早餐可以吃什么。[181] 这是对个人自主权的真正担忧。[182]

但这些担忧并不是对预测技术使用的直接反对。相反,它们是对鲁莽立法或过度干预的反对。立法者必须了解在设置微指令时使用什么目标。提高生产率可能是一个政策目标,但也可能有其他的限制目标,比如尊重个人决策的某些领域。如果人的自主性原则要求法律允许人们作出某些决定,即使这些决定与其他社会价值观不一致,那么立法者在制定政策目标时必须意识到这些原则,避免侵犯这些原则。这加强了律师和立法者作为跨学科政策专家的重要性。

这位训练有素的专家级议员可能涉足领域过多。我们所描述的技术为几乎无限的立法提供了工具。如今,不惜一切代价提高生产率的目标很难通过立法来实现——信息成本太高了,但是对于微指令来说就不是这样了。随着立法信息限制的下降,制约当权者的将只是政治成本。正如我们在讨论法官作用减弱时所做的那样,这里再次建议注意体制结构。

---

[181] 毫无疑问,这样的结果会引起争议,正如《平价医疗法案》诉讼中关于"西兰花"类比的争论所证明的那样。See James B. Stewart, "How Broccoli Landed on Supreme Court Menu", *N. Y. Times*(June 23,2012), http://www.nytimes.com/2012/06/14/business/how-broccoli-became-a-symbol-in-the-health-care-debate.html[https://perma.cc/J9LD-PJWG]. 另一个例子是纽约市的"大汽水禁令"。See Michael M. Grynbaum, "New York's Ban on Big Sodas Is Rejected by Final Court", *N. Y. Times*(June 26,2014), http://www.nytimes.com/2014/06/27/nyregion/city-loses-final-appeal-on-limiting-sales-of-large-sodas.html[https://perma.cc/D9TE-VD4Z].

[182] 法律和哲学上的自治概念争议很大。See, e. g., Sarah Conly, *Against Autonomy: Justifying Coercive Paternalism*(2013). David Strauss 教授指出:"自治是一个臭名昭著的模糊概念;有一种危险是,任何试图以自主性为原则辩护的尝试,都将滑入对真正自由和理性的人类本质的乞求质疑的断言。" David A. Strauss, "Persuasion, Autonomy, and Freedom of Expression", 91 *Colum. L. Rev.* 334,354(1991). 尽管如此,毫无疑问,个人自治是由国家权力所牵连的,它可以创造无限的微指令来实现几乎任何立法目标。

最后,或许也是更深层次的担忧在于,立法者可能会把微指令变成实际行动上的限制。未来的技术可能只是阻止你的车移动,而不是告诉你红灯亮了。一辆无人驾驶汽车如果没有驾驶员的驾驶权限,可能完全由这位立法者控制。[183] 随着互联网的不断发展,这可能适用于大多数日常行为。

从技术的角度来看,从微指令到自动约束的转变是很小的。这样做的好处包括提高了遵从性和确定性,而代价则是个人自主权的大幅丧失。有人可能认为这样的规定是适当的,正如限制使枪支在可能是谋杀的情况下不能开火。但如果这条规定涉及的是一些不那么恶意的事情,比如在紧急情况下把车停在医院外的非法地点,或者是一些普通的事情,比如穿过社区街道,情况就不一样了。我们对规则和标准死亡的预测并不一定意味着事先的限制,这是一个需要单独讨论的话题。[184]

3. 道德

人们可能还担心,规则和标准的消亡将侵蚀道德决策。一些人认为,那些只遵守规则和指令的人将会变成机器人——仅仅是机器人,他们无法理解自己行为背后的道德选择。[185] 这是谢夫林(Shiffrin)教授提出的观点。[186] 强迫个人进行道德思考可能对个人或民主社会的道德健康很重要。如果这是真的,规则和标准的消亡将带来巨大的代价。我们怀疑是否有人能阻止这种进化,因此,适当的回应可能是为人类的道德思考寻找其他途径,并在

---

[183] 如果个人不知道谁拥有这种控制技术,就会引起更多的关注。See Dan Gillmor, In the Future, the Robots May Control You, and Silicon Valley Will Control Them, Guardian (May 13, 2014, 6:45 AM), http://www.theguardian.com/commentisfree/2014/may/13/internet-of-things-software-privacy-silicon-valley[https://perma.cc/FMA3 – TYL8](注意到在向物联网发展的过程中,自主权、安全性和隐私似乎是次要的).

[184] See Michael L. Rich, "Should We Make Crime Impossible?", 36 *Harv. J. L. & Pub. Pol'y* 795 (2013).

[185] See, e. g., Evan Selinger & Brett Frischmann, "Will the Internet of Things Result in Predictable People?", Guardian (Aug. 10, 2015, 11:56 AM), http://www.theguardian.com/technology/2015/aug/10/internet-of-things-predictable-people [http://perm-a.cc/29C7 – 5CUR](注意到人类本质上将变得可编程,就像机器一样).

[186] Shiffrin, supra note 10; cf. Larry Alexander & Emily Sherwin, *The Rule of Rules: Morality, Rules, and the Dilemmas of Law* (2001)(调查个体道德判断和具体重申道德原则的规则之间所造成的困境).

确定适当法律界限的过程中考虑到这一点。

最后,人们通常不愿意让机器作出重要的伦理决定。综上所述,关于谷歌无人驾驶汽车的争论证明了这一点。[187] 在这种背景下,许多人已经开始问,机器对生死作出复杂的伦理决定是否可以接受。[188] 如果我们把谢夫林教授对道德沦丧的担忧放在一边,那么这种担忧似乎源自一种感觉,即人类具有做出道德决策的独特能力。[189] 然而,应该注意的是,即使机器在进行算法计算,这些也是人类的决定。人类决定机器考虑哪个值,人类告诉它的目标是什么。

但这并不一定减轻人们的担忧。让一个人立即做出重要的决定,而不是将自己置于无法即时回顾的行动过程中,这或许具有伦理价值。我们怀疑,这里发生的很大一部分是对准确性的疑虑挥之不去,我们在本文第二部分中对此进行了阐明。人们往往更相信人的直觉,而不是复杂的机器决策,即使有证据表明机器的决策更准确,这也许是出于对未知的恐惧。但正如我们上文所指出的,几乎没有证据表明,人类系统性地比机器更善于作出这些决定。

还有一个更深层次的哲学问题。当立法者使用机器提前作出我们所有的集体价值判断时(即使这些判断是准确的),一些使我们成为人类的东西可能会丢失。[190] 这可能是人们对人工智能产生恐惧的根源。

这些都是立法者未来面临的紧迫的道德问题。当前的趋势是减少即时伦理决策的微指令适用。为了理解这是不是一件好事,立法者必须与哲学家和伦理学家就这些问题进行交流,以了解从机器派生的微指令的发展过程。

在总结之前,值得注意的是,我们的预测中有一个隐含的假设:我们在这里讨论的推断和后果本身并不能防止规则和标准的死亡。有人可能会认

---

[187] See supra Part III. B.

[188] See supra Part III. B.

[189] See, e. g. , Lin, supra note 165(注意到人类被假定能够作出伦理判断,而计算机有未经测试的历史记录).

[190] See generally *Machine Ethics*(Michael Anderson & Susan Leigh Anderson eds. ,2011).

为,如果制度动荡和对自主权的担忧足够大,立法者就会拒绝转向微指令,我们没有看到这种情况发生。预测技术的发展势头强劲,准确性(把事情做好)的诱惑以及受监管的参与者对确定性的渴望,是主导政治和法律辩论的强大力量。我们认为,我们在这一部分讨论的更微妙的考虑将被边缘化。

从这个意义上来说,我们的预测是关于法律当前的进程,那些认为这一进程的代价是不可接受的人应当聚焦于减轻这些代价的方法,或找到干预和改变这种演变道路的方法。

结论

随着机器变得越来越智能,并逐渐超越人类的判断能力,人工智能的影响将会广泛传播。我们讨论过的技术已经被医生用来检测癌症,被消费者用来优化他们对产品的搜索,被金融顾问用来提供建议。

法律制度也不能幸免于这一趋势。我们在这篇文章中一直认为,这场技术革命将极大地改变我们所知道的法律的基本结构。预测技术将产生更多事前信息,立法者可以利用这些信息制定高度具体、复杂的法律。由于通信技术的进步,个人将以简单的形式收到这些复杂法律的通知。这将是规则和标准的消逝和微指令的兴起。

这些发展将对法官、立法者、监管者、律师和个人在法律体系中的作用产生深远影响。但除此之外,我们还必须改变我们思考和谈论法律的方式。以法律现实主义者和法律形式主义者之间的经典辩论为例,[191]如果没有事后

---

[191] See generally Brian Z. Tamanaha, *Beyond the Formalist-Realist Divide: The Role of Politics in Judging*(2010); Steven M. Quevedo, "Formalist and Instrumentalist Legal Reasoning and Legal Theory", 73 *Cal. L. Rev.* 119(1985). 关于美国法律现实主义, see Grant Gilmore, *The Ages of American Law*(2d ed. 2012); Wilfred E. Rumble, Jr., *American Legal Realism*(1968); Robert Samuel Summers, *Instrumentalism and American Legal Theory*(1982); Brian Leiter, "American Legal Realism", in *A Companion to Philosophy of Law and Legal Theory*(Dennis Patterson ed., 2010); Karl N. Llewellyn, "Some Realism About Realism-Responding to Dean Pound", 44 *Harv. L. Rev.* 1222(1931). 关于形式主义, see generally Frederick Schauer, "Formalism", 97 *Yale L. J.* 509(1988); Ernest J. Weinrib, "Legal Formalism: On the Immanent Rationality of Law", 97 *Yale L. J.* 949(1988)。

裁判,这场辩论将发生根本变化。随着标准的消逝和法官的影响力逐渐减弱,立法意图将在微指令目录中得到巩固和具体化。

技术变革极大地改善了事前信息,也将为旧的法律和经济模型注入新的活力。这种旧的法律和经济模型始于一个假设,即立法者和公民拥有充分的信息。这些模型中由不完全和不对称信息引起的摩擦,为法律和经济学领域内外的批评人士提供了丰富的素材来源,但这些模式将获得新的重要性。同样,公共选择文献将更加强调立法者应如何选择目标,而不是如何实施法律,而学术界对司法行为等主题的兴趣将逐渐消失。

所有这些都表明,所有类型的法律制度都将发生根本的变化,我们正在目睹一场信息革命。和其他技术革命一样,它将掀起一场法律革命。例如,在工业革命中,人类劳动被机器劳动取代,而随着蒸汽机等发明的出现,运输成本显著下降。它极大地降低了交易成本,对合同法、[192]财产法、[193]劳动法、[194]刑法[195]和侵权法等法律领域产生了广泛的影响。[196]

信息革命已经给商业世界带来了巨大的变化,例如,YouTube、Uber 和 Airbnb 等公司已经打乱了受到严格监管且稳定的行业。即将到来的技术革命将导致类似的法律服务行业的破坏,但对法律的影响将更加深刻和广泛,它将影响法律命令的结构,以及一个社会选择如何管理公民的行为。

(江宇洁　郑嘉颖　译)

---

[192] See, e. g., P. S. Atiyah, *The Rise and Fall of Freedom of Contract* (1979); Grant Gilmore, "Origins", in *The Death of Contract* 5 (Ronald K. L. Collins ed., 2d ed. 1995).

[193] 例如,要了解知识产权与工业革命之间的反馈效应,See Joel Mokyr, "Intellectual Property Rights, the Industrial Revolution, and the Beginnings of Modern Economic Growth", 99 *Am. Econ. Rev.* 349 (2009)。

[194] See, e. g., Clark Nardinelli, "Child Labor and the Factory Acts", 40 *J. Econ. Hist.* 739 (1980).

[195] See, e. g., Douglas W. Allen & Yoram Barzel, "The Evolution of Criminal Law and Police During the Pre-Modern Era", 27 *J. L. Econ. & Org.* 540 (2011).

[196] See, e. g., Joel Franklin Brenner, "Nuisance Law and the Industrial Revolution", 3 *J. Legal Stud.* 403 (1974).

负责人缺失的机器：责任规则与人工智能

[美]大卫·C. 弗拉德克(David C. Vladeck)* 著

(原文载于 *Washington Law Review*)

引言

人类产生创造出能够自我“思考”和自主行动的机器的想法，自文明起源之初便被我们的文学和文化记载。[①] 这种想法被认为是宗教表达，正如一位学者所说的，是为了打造我们自己的神或者纯粹的科幻小说。[②] 而这些关于特殊的超人类/机器的幻想的共同主线是它们总是更强大、更聪明、更善于分析。换句话说，除了在情商和情感方面，它们在各个方面都优于人类。但是科幻小说作家对超级智能机器对人类生活更好的能力持有两种观点。

不加批判的乌托邦式观点认为智能机器改变和开化社会的方式是通过执行平凡反复的工作，而这些工作本身无法促进人们智力、精神和艺术上的

---

* 乔治城大学教授，曾任美国消费者保护局局长，纽约大学学士、乔治城大学法学硕士、哥伦比亚法学博士。

① See, e. g. , Pamela Mccorduck, *Machines Who Think: A Personal Inquiry into the History and Prospects of Artificial Intelligence*, at xxiii – iv (2004).

② Id. at 413.

提升。[③] 此观点在20世纪60年代的流行电视剧《杰森》(The Jetsons)[④]中有很好的体现。该剧的愿景无疑是未来主义的。乔治·杰森一家人住在宽敞明亮、布置华丽的悬浮公寓中。他们可以乘坐可自动驾驶的飞碟汽车进行旅行,神奇的是该汽车还能够折叠成一个小公文包的大小。作为家庭机器人女仆和管家,罗西(Rosie)承担这个家庭的饮食起居等一切家务工作。[⑤] 该剧主角乔治·杰森在一家生产高科技设备的斯贝斯利空间飞轮公司工作,是该公司的一名"数字索引操作员"。尽管乔治·杰森每天只是在电脑前工作3小时,一周三天,但他还经常抱怨工作过度。[⑥] 换句话说,杰森一家实现了美国未来的梦想。

人类与智能机器之间和谐相处的乌托邦愿景正在以有形的方式实现。如今,超级电脑可以在游戏中击败人类。美国国际商用机器公司(International Business Machine)的"深蓝"可以击败国际象棋大师,而其姐妹超级电脑"沃森"在智力竞赛节目中击败了上届冠军。[⑦] 智能机器的功能不止这些。高度精密的机器人和其他智能机器可以操作近期被认为是人类专

---

③ See Anne Trafton, "Assistive Robot Adapts to People, New Places", *Mit Techtalk*, Apr. 11, 2007, at 3(报道麻省理工学院人形机器人小组在完善"Domo"方面的发展,该机器人能够适应各种情况,帮助人们完成日常生活和日常工作中的琐事), available at http://web. mit. edu/newsoffice/2007/techtalk51 –23. pdf.

④ 《杰森》的历史可以在各种网站上找到,包括 The Jetsons, Wikipedia, http://en. wikipedia. org/wiki/The_Jetsons(last visited Feb. 12, 2014), and, Hanna Barbera Wiki, The Jetsons, WIKIA, http://hanna-barbera. wikia. com/wiki/The_Jetsons(last visited Feb. 12, 2014)。

⑤ See Trafton, supra note 3(reporting that "Domo" is based in part on "Rosie").

⑥ See generally Harry McCracken, "The Jetsons Turns 50: How the Future Looked in 1962", Time (Sept. 23, 2012), http://techland. time. com/2012/09/23/the-jetsons-turns-fifty/; Steve Waldis, "Keeping Up With the Jetsons", Wired(Jan. 7, 2014, 11:00 am), http://insights. wired. com/ profiles/blogs/keeping-up-with-the-jetsons("智能家居"技术的现代进步与杰森进行比较);特洛伊沃尔弗顿,你的家很快就会像杰森一样, San Jose Mercury News(Jan. 11, 2014, 7:10 PM), http://www. mercurynews. com/troy-wolverton/ci_24893407/wolverton-your-hom e-could-soon-be-like-jetsons(same).

⑦ Daniel C. Dennett, "Higher Games", *Mit Tech. Rev.* (Aug. 15, 2007) (analyzing the significance of Deep Blue's win over chess genius Gary Kasparov in 1997), http://www. technologyreview. com/review/408440/higher-games/; John Markoff, "Computer Wins on 'Jeopardy!': Trivial, It's Not", *N. Y. Times*, Feb. 17, 2011, at A1, available at http://www. nytimes. com/2011/02/17/science/17jeopardy-watson. html? pagewanted = all(描述"沃森"在两位前危险品冠军中的成功).

属的关键任务。他们驾驶先进的飞机,进行精细手术;研究火星的地表;通过智能纳米技术,微型机器人可能实现药物的靶向治疗。[⑧] 在每个例子中,机器虽不说比人类做得更好,但至少可以跟人类一样执行这些复杂的、有时甚至是危险的任务。

科幻小说作家也列举出智能机器人的缺点,并担心某天,具有自我思考能力的机器人会对人类造成威胁。这种反乌托邦的观点可以在一些著名的科幻小说看到,包括斯坦利·库布里克(Stanley Kubrick)1968年翻拍的经典电影《太空的奥德赛》,[⑨]影片的主演不是戴维[Dave,由克尔·杜利(Keir Dullea)饰演]和弗兰克[Frank,由盖瑞·洛克伍德(Gary Lockwood)饰演]这两个对木星执行秘密任务的宇航员,而是在宇航员指挥下操纵飞船的智能计算机——HAL(Heuristically programmed Algorithmic computer,HAL)。[⑩] 电影一开始就揭示了人与超级智能机器之间的复杂关系。在一次执行任务前的采访中,HAL声称自己"万无一失,不会出错",[⑪]表现出像人类一样的傲慢。当戴维被问及HAL是否有真正的情绪时,他回答说HAL似乎有,但他也不知真相如何。[⑫]

任务一开始,HAL和航天员之间的矛盾就浮出水面。HAL希望宇航员告诉他这次秘密任务的具体内容,但戴维和弗兰克拒绝了。事实上,他们也不知道任务的具体情况。此后不久,HAL警告飞船外部的临界天线即将发生故障。戴维和弗兰克开始对HAL产生怀疑,便在逃离仓交流,保证HAL

---

⑧ See,e. g. , Sha Jin & Kaiming Ye, " Nanoparticle-Mediated Drug Delivery and Gene Therapy" ,23 *Biotechnology Progress* 32(2007).

⑨ 2001:A Space Odyssey(Metro-Goldwyn-Mayer Pictures 1968).

⑩ HAL是启发式编程算法计算机的首字母缩写。See HAL 9000, Wikipedia, http://en.wikipedia.org/wiki/Heuristically_programmed_algorithmic_computer (last visited Feb. 12, 2014); Kubrick 2001: The Space Odyssey Explained, http://www.kubrick2001.com/ (last visited Feb. 17,2014). 因为HAL在电影中被描绘成一个生物,我将使用有生命的,而不是无生命的代词来指代HAL。

⑪ 2001:A Space Odyssey: Quotes, IMDB, http://www.imdb.com/title/tt0062622/quotes (last visited Feb. 26,2014). (HAL对采访者问题的完整答案如下:"9000系列是有史以来最可靠的计算机。没有9000计算机犯过错误或扭曲信息。通过任何实际的词语定义,我们都是万无一失的,没有错误")。

⑫ Id. (戴夫对这个问题的完整回答如下:"好吧,他的行为就像他有真实的情感。嗯,当然他的编程方式让我们更容易与他交谈。但至于他是否有真正的感受,我认为没有人可以如实回答").

不会无意中听到他们的谈话;HAL 透过窗户通过唇语得知了戴维和弗兰克打算听从 HAL 的建议并更换天线,但如果 HAL 的警告有误,他们决定关闭 HAL 的系统。弗兰克进入太空更换天线,而一切如 HAL 计划的那样,弗兰克进入太空更换天线,它立刻抓住机会,首先将弗兰克的氧气管切断,使其飘荡在太空。戴维为拯救弗兰克,便驾驶飞船离开太空舱。而戴维一离开,HAL 便关闭了另外三名成员的生命保障系统。然后 HAL 拒绝了戴维的回舱请求,并告诉戴维,将它关闭将会危及任务的完成。最终,戴维回到了太空舱中并关闭了 HAL。在关闭它时,HAL 一直表示自己的悔意和对被关掉的恐惧,恳求戴维住手。⑬

在这一点上,人们可能会问的问题是:2001 年的《太空的奥德赛》与自主意识机器人的责任规则有什么关系?答案是丰富多彩的。如今打破传统的机器人有一个共同特征,即对责任评估的认定。在各种情境下,机器的功能、决策方式都可以直接追溯到人类植入在机器中的设计、程序和知识内容。⑭ 人类可以直接规定,引导并最终控制整个过程,也可以直接操控和控制机器。尽管这些机器异常复杂,但终究是半自动化的,它们本质上是人类使用的复杂工具。

---

⑬ See 2001:A Space Odyssey, supra note 9;2001:A Space Odyssey, Quotes, IMDB, http://www.imdb.com/ttitle/tt0062622/quotes(last visited Feb. 26,2014). “我很担心,我很害怕,戴夫,我的心思要走了,我能感觉到。我能感觉到,我的思绪正在发生。毫无疑问,我能感觉到,我能感觉到,我能感觉到,我是一个……冒牌货”)。1984 年的电影《终结者》(*The Terminator*)探讨了人类智能防御网络“天网”如何成为自我的故事,终结者讲述了同样的智能机器与人类主题,意识到并决定通过核浩劫消灭人类。天网几乎成功了,只有少数人存活,并形成抵抗运动。随着时间的推移,抵抗运动获得了足够的力量,它正处于击败机器的边缘。为了重新获得攻势,天网发送了由阿诺·德施瓦辛格扮演的“终结者”(人们忘记了他是第一部电影中的恶棍),回到 1984 年杀死怀着约翰·康纳的萨拉·康纳,约翰·康纳长大后领导抵抗天网。随之而来的是充满喜剧的暴力,电影以圆满的方式结束。See *The Terminator*(Orion Pictures Corp. 1984). 约翰康纳和他的母亲幸存下来,一部分原因是抵抗力量及时派遣了自己的高度智能的机器人/战士来保护他们,但毫无疑问他们将面临来自天网终结者的另一次猛攻。Id. 攻击了无数次,涉及更多智能和危险的机器人刺客,但约翰·康纳仍然帮助他们全部逃脱,主要是因为抵抗力量派来保护他的高技能机器人战士的帮助(由阿诺·德施瓦辛格扮演)。See, e.g., *Terminator 2:Judgment Day*(TriStar Pictures 1991);*Terminator 3:The Rise of the Machines*(Warner Bros. Pictures, Columbia Pictures 2003). 但电影的基本观点是对人类的警告:小心我们的愿望。具有“自我思考”能力的人工智能机器不应该受到信任,因为它们可能会攻击人类。

⑭ See infra notes 15 –16 and accompanying text.

在人类研制机器人的自主操作背景下,重新审查责任规则是没有必要的。在开发机器人过程中发挥作用并辅助编制机器人自主操作程序的任何人(包括具有从事人身属性事业的实体公司,如签订合同、雇用工人等),都有可能承担因过失或故意的不法行为而导致的责任。⑮ 当然,这是因为这些机器尽管复杂,但不具有法律人格的属性。它们是自然人、法人或其他非法人组织等法律主体的代理或工具,依法由相关法律主体对其行为负责。

但是在一定程度上,流入市场的完全自主化机器与此大不相同。其原因是社会需要考虑现有的责任规则是否满足划分完全自主化机器的不法行为责任。第一代完全自主的机器,也许是无人驾驶汽车和完全自主的无人机,将有能力完全自主地工作。它们将不是人类使用的工具,而是由人类设计的机器。它们可以根据自身获取和分析的信息,独立于人类的直接指令,并在无法预料的情况下做出非常重要的决定,⑯人工智能理论家从完全自主

---

⑮ 对手术机器人的安全性提出了大量诉讼要求,尤其是“达芬奇”机器人。毫不奇怪,没有人声称机器人本身不承担任何责任;所有权利要求都以某种形式的代理理论为基础。See,e. g. ,O'Brien v. Intuitive Surgical,Inc. ,No. 10 C 3005,2011 WL 304079,at ∗1(N. D. Ill. Jul. 25,2011)(要求机器人制造商做出简易判断);Mracek v. Bryn Mawr Hosp. ,610 F. Supp. 2d 401,402(E. D. Pa. 2009)(same),aff'd,363 F. App'x 925(3d Cir. 2010).

⑯ 将无人驾驶汽车的复杂性与我们认为当今广泛使用的高度复杂的机器进行对比是有用的。例如,大多数商用飞机具有“自动驾驶仪”,其将飞机的控制权转移到“飞行”飞机的计算机上,大多数船只也是如此。但与无人驾驶汽车相比,自动驾驶设备执行相对简单的任务。自动驾驶仪使飞机或船只保持在由飞行员确定的航线上,并通过控制风和水流的微小变化来实现,但通常不参考其他交通。出于这个原因,飞行员有责任保持警惕——当机器可能有控制权时,飞行员负责监控其他交通并确保自动驾驶仪正常工作。See,e. g. ,In re Korean Air Lines Disaster of Sept. 1,1983,932 F. 2d 1475,1478(D. C. Cir. 1991);Boucvalt v. Sea-Trac Offshore Servs. ,Inc. ,06 – 103(La. App. 5 Cir. 10/17/06);943 So. 2d 1204,1208. I. 相比之下,对于自动驾驶汽车,一个关键目标是减少驾驶员所需的监督,以最大限度地提高安全性并捕捉长途通勤期间提高生产率的可能性。控制自动驾驶汽车的系统需要在复杂且快速变化的环境中航行(如交通、天气、弯路等)并且负责做出关键决策(如采取什么路线,进入什么车道,什么时候退出等)。See Dylan LeValley,“Note,Autonomous Vehicle Liability—Application of Common Carrier Liability”,36 *Seattle U. L. Rev.* 5,7(2013). 并且可能有充分的理由说明为什么无人驾驶汽车的设计者会想要阻止人类驾驶员进行干预。驾驶员干预以防止他认为可能发生的事故可能比汽车的自动驾驶系统更难以应对这种情况;他可能没有监视盲点,听到接近紧急车辆的警报,或者知道另一辆车发出的通信,发出一些危险的近距离警告,他的反应时间肯定会慢于汽车的反应时间。Id. 在16日(指出法航AF447航班因飞行员失误而坠毁在大西洋上。当飞机的自动驾驶传感器由于冰的积聚而停止工作时,飞行员接管飞机的控制,并对加剧结冰问题作出反应,导致飞机坠毁)。

机器的概念提炼出机器是在无人参与或干预的情况下以“感知—决策—行动”的范式执行任务的。[17] 著名的未来主义者斯特罗姆甚至暗示,机器“能够独立主动和制订自己的计划……也许将其定位为人更为合适,而非机器”。[18]

假设对机器人能力的描述是准确的,关于自主思考的机器人提出的关键概念问题是将它们视为其他个体或集体的代理人是否公平,或者法律制度是否需要决定在代理机构以外的主体,探讨基础责任承担问题。可以肯定的是,很难将机器概念化为人的代理人以外的任何东西,无论这个人是真实的人还是具有法律人格的实体。但还有另一个值得探讨的论点,即“代理”的概念可能会被自主思维机器模糊,如果没有被抹掉,那些就并非真正“有觉知”的机器。让我们回到 HAL。在他变得有杀气之前,HAL 不是任何人的“代理人”。一个代理人可以决定自己嬉闹并绕道而行,违背其控制者的指示,不再是任何传统的法律理解下的代理人。[19] HAL 被赋予了独立思考和行动的能力,以至于他决定违反机器人技术的第一条规则:机器必须不会

---

⑰ Ugo Pagallo, *The Law of Robots: Crimes, Contracts and Torts* 2(2013). 本文重点介绍了帕格尔斯(Pagalls)教授的开创性工作,该工作广泛而详细地综合了全自动、人工智能机器出现的技术、哲学和法律问题。

⑱ Nick Bostrom, "When Machines Outsmart Humans", 35 *Futures* 759, 763(2003). 人工智能理论家使用术语“奇点”或“技术奇点”来描述当机器超过人类智能的时刻,纯粹是假设的时刻。在这一点上,这些理论家认为,机器将变得完全有感觉,并且它们将构成一系列复杂的哲学和法律问题,社会将不得不改变。See, e. g., Nick Bostrom & Milan Cirkovic, *Global Catastrophic Risks* (2008); Ray Kurzweil, *The Singularity Is Near: When Humans Transcend Biology* 135 – 36 (2005); Hans Moravec, *Robot: Mere Machine to Transcendent Mind* 61(1999). Ray Kurzweil 预测,“奇点”现在已经触手可及,并将在十五年内实现。See Ben Rossington, "Robots' Smarter Than Humans Within 15 Years, Predicts Google's Artificial Intelligence Chief", Mirror News(Feb. 2, 2014), http://www. mirror. co. uk/news/technology-science/technology/ray-kurzweil-robots-smarter-humans –3178027. 本文并未暗示第一代完全自主的人工智能机器必然会满足已经提出的“奇点”的各种定义。他们可能不会。就我们的目的而言,足以专注能够“学习”的机器人。它们不一定用启用它们的程序预先规定的方式采取行动,从而呈现所讨论的困难的代理问题。

⑲ See generally Restatement(Third) of Agency § 7.07(2006).(“雇员在执行雇主指定的工作或参与受雇主控制的行为过程时,在雇佣范围内行事。员工的行为不属于雇佣范围,因为它发生在员工不为雇主的任何目的服务的独立行动”); Lev v. Beverly Enters.-Mass., Inc., 929 N. E. 2d 303, 308(Mass. 2010).

对人类造成伤害。[20] 如果决定伤害人类,至少可以(如果不是决定性的话)终止 HAL 作为代理人的身份。

如果可以确定 HAL 的违反指令的行为是由制造缺陷、设计缺陷或编程不良的结果造成的,那么根据现有法律规范,应由 HAL 的生产者承担责任。但假设 HAL 的不当行为不是制造、设计或编程上的缺陷所导致的,而是赋予机器"决策"所带来的不可预见的不良反应导致[21]情感生物具有违反规则的能力。而致力于人工智能的各个学科人员——技术人员、科学家、伦理学家和哲学家一直担心给予机器"自主思考"相当于给予它违反既定规则的能力。[22] 当然,这一结论首先依赖于有关人工智能机器智慧学术讨论的核心,这也是许多科幻小说基础的生命力。[23]

假设机器"决策"能力产生的不可避免的不良反应是会带来机器违反规则的风险,[24]法律将如何解决 HAL 的问题? 如果戴维返回地球,他能否

---

⑳ 最著名的机器人"法则"论述来自艾萨克·阿西莫夫的《我,机器人》,他在其中列出了机器人的三大法则:(1)机器人不会伤害人类,或者通过无所作为,允许人类伤害;(2)机器人必须遵守人类给予的命令,除非这些命令与第一定律有冲突;(3)机器人必须保护自己的存在,只要这种保护不与第一或第二法则相冲突。See generally Arthur C. Clarke,2001:A Space Odyssey(1968).

㉑ 一旦自动机器自行决定应该采取什么行动,代理关系就会变得模糊或完全破裂。See Restatement(Third)of Agency § 7.07(2006);id. § 7.03(只有当代理人在雇佣范围内行事时,委托人才会对代理人的行为承担替代责任).

㉒ See Pagallo,supra note 17,at 4,37 -44,49 -55,119 -21. Oxford University Professor Nick Bostrom makes a similar argument. Nick Bostrom,"The Superintelligent Will:Motivation and Instrumental Rationality in Advanced Artificial Agents",22 *Minds & Machines* 71 -84(2012);see also Bill Joy,"Why the Future Doesn't Need US",Wired(Apr. 2000),http://www.wired.com/wired/archive/8.04/joy.html.

㉓ 这不是纯粹的猜测:已经有新的证据表明,高度"智能"的自动机器可以学会"破坏"规则以保护自己的存在。See Bostrom,supra note 22,at 77;John Markoff,"Scientists Worry Machines May Outsmart Man",*N. Y. Times*,July 26,2009,at A1,available at http://www.nytimes.com/2009/07/26/science/26robot.

㉔ See Bostrom,supra note 22,at 77. As noted above,或者我们的目的,机器有能力实际选择打破"规则";机器的编程并不一定能确定机器在所有情况下的行为方式,让机器"学习"如何在遇到机器程序员未考虑的情况时做出决策。

就 HAL 谋杀弗兰克和另外三名机组人员而索要赔偿?[25] 除非法律赋予像 HAL 一样能自主思考的机器法律人格,否则他不为法律所规制。正如一家法院表示尽管“机器人会造成毁灭性的损害”,但是“它们不能被起诉”。[26] 高智能、自主化机器的引入可能会促使人们重新考虑这一规则。毕竟,自主机器不应该被赋予某种正式的法律地位,使它们像公司和某些信托一样,在法律的眼中成为“人”,从而受到法律的制约是没有原因的。[27] 也许正义会制裁 HAL,问题将是谁(如果有人)应该承担责任?如果要求设计、编程或制造 HAL 的公司承担责任,公平吗?尽管这些公司在 HAL 的“决策”系统中嵌入了自主机器的第一条指令,即不得伤害人类,但该行为有力证明了 HAL 自己违抗了他们的指示。还是有能力“决策”的机器的生产者,一旦出了问题,就应该严格承担责任?如果是,理论是什么?不法行为本身就是缺陷证明的理论,还是基于保险的理论,即生产者比受害人更有经济能力承担损失?

尽管看起来很虚幻,但这些绝不是没有意义的问题。独立操作和决策的机器将在某个时候被引入市场。能够第一个评测当前责任规则是否合理

---

[25] 在这里,我们抛开任何刑事责任问题。但是,在某些时候,人工智能科学可能会发展到犯罪概念必须应用于高度智能的自主机器的程度。也许那个时间比许多人想象的要早。这是 1982 年科幻惊悚片《银翼杀手》(*The Blade Runner*,华纳兄弟,1982 年)的核心信息,该片于 2019 年创作,其中包括哈里森·福特扮演的一名侦探追逐“复制者”——像生命一样的机器人——他们像 HAL 一样,杀死人类。See Id.; Blade Runner: 30th Anniversary, http://bladerunnerthemovie.warnerbros.com/(last visited Feb. 12,2014).

[26] United States v. Athlone Indus., Inc., 746 F.2d 977, 979(3d Cir. 1984)讨论有缺陷的机器人投球机制造商如何对机器缺陷的民事处罚负责。当然,法院的讽刺并不完全准确。法院的观点是,由于机器人缺乏法律行为能力,机器人不能被人起诉。但是,法院的结论必然意味着对机器人进行物权或准反对行动是可以维持的,正是因为机器人是一个“对象”而不是一个合法的“人”。

[27] 正如在下文中更深入地讨论的那样,这个提议并不像看起来那么牵强,并且可能不需要现行法律的动荡来实现。概念化一个高度智能的机器,就像人们可能会想到的那样,通过它所获得的收入或其内在价值被资本化。没有理由说机器本身在出现不法行为时不承担责任。对于无人驾驶汽车,假设作为出售无驾驶汽车的条件,州法律要求“汽车”,不一定是其购买者,但可能是由制造商、供应商和购买者组成的游泳池,以获得足以解决任何可能的责任问题的保险。为确保汽车仍然有保险,汽车本身将成为保单持有人,如果没有有效保险,则无法运营。汽车可能必须有一个“停止开关”,如果保险失效,它将自动禁用汽车。但这里的要点仅仅是法律可以演变为赋予机器“人格”,就像它为公司所做的那样。See Santa Clara Cnty. v. S. 394(1886)(观察“公司”可能是美国联邦宪法第十四修正案中的“人”。我的乔治城同事劳伦斯·萨鲁姆)(Lawrence B. Solum)在 20 多年前首次提出这个想法. See Lawrence B. Solum,“Legal Personhood for Artificial Intelligences”, 70 *N. C. L. Rev.* 1231(1992).

的完全自主的人工智能设备可能是无人驾驶汽车,或者司机至少可以选择让汽车自己驾驶。[28] 谷歌公司的无人驾驶汽车已经在公共道路上测试数年并已经行驶了上千英里。[29] 虽然有人坐在驾驶座上,但很大程度上扮演着盆栽植物的角色。汽车的驱动方式与人类的驾驶方式大同小异,这些系统使用一系列雷达和激光传感器、相机、全球定位设备、许多复杂的分析程序和算法(以及其他远远超出我理解的设备)。汽车观察道路,[30]不断注意其他汽车、行人、障碍物、绕行等,并根据交通、天气和影响车辆安全运行的所有其他因素调整车速和方向。[31] 谷歌声称,它的无人驾驶汽车还没有出事(除了

[28] Gary Marcus, Moral Machines, New Yorker (Nov. 27, 2012), http://www.newyorker.com/online/blog/newsdesk/2012/11/google-driverless-car-morality.html. 正如马库斯教授所说,可能首先会引入真正自主的军用机器人或无人机。See also Jason Palmer, Call for Debate On Killer Robots, BBC News (Aug. 3, 2009, 7:09 pm), http://news.bbc.co.uk/2/hi/8182003.stm.(解释说,能够在没有直接人为监督的情况下引入能够作出射击决定的无人机的能力很快就会出现)但是,这个例子并不适合探讨产品责任规则对自动机器的应用,因为战争法明确胜过产品责任法。See generally John Markoff, "War Machines: Recruiting Robots for Combat", *N. Y. Times*, Nov. 28, 2010, at A1 [hereinafter Markoff, War Machines]; Joshua Foust, Soon, "Drones May Be Able to Make Lethal Decisions on Their Own", Nat'l J. (Oct. 8, 2013), http://www.nati-onaljournal.com/national-security/soon-drones-may-be-able-to-make-lethal-decisions-on-their-own - 2013 1008.

[29] See Jeffrey K. Gurney, "Note, Sue My Car Not Me: Products Liability and Accidents Involving Autonomous Vehicles", 2013 *U. Ill. J. L. Tech. & Pol'y* 247, 249 n. 6. 谷歌并不是唯一参与军备竞赛以开发真正无驾驶车辆的公司。许多其他公司也从事同一事业。See, e. g., Kevin Funkhouser, "Note, Paving the Road Ahead: Autonomous Vehicles, Products Liability, and the Need for a New Approach", 2013 *Utah L. Rev.* 437, 437 - 38; Bryant Walker Smith, "Proximity-Driven Liability", 102 *Geo. L. J.* 18 (forthcoming 2014); Andrew P. Garza, "Note, 'Look Ma No Hands!': Wrinkles and Wrecks in the Age of Autonomous Vehicles", 46 *New Eng. L. Rev.* 581, 587 (2012).

[30] See James M. Anderson et al., Autonomous Vehicle Technology: A Guide for Policymakers 58 - 95 (Rand Corp. 2014) [hereinafter Rand Report], available at http://www.rand.org/pubs/research_reports/RR443 - 1.

[31] See Funkhouser, supra note 29, at 437 - 38, 443 - 44 (讨论谷歌汽车用来避免碰撞技术); Smith, supra note 29, at 18 - 19; Garza, supra note 29, at 587 - 88.

其中一辆汽车被追尾)，这是一项令人印象深刻的记录。[32]

到目前为止，谷歌的经验证实了自主汽车的安全性远远高于人类驾驶的汽车，这并不奇怪。[33] 驾驶是有风险的，因为司机是人类，人类导致风险的因素可以被智能机器消除，或者至少可以大大降低。毕竟，驱动汽车的谷歌系统“看到”附近的一切；在人类来不及反应的情况下迅速做出反应，并不断检查车辆中每个部件的性能，以确保其正常工作。此外，系统永远不会疲劳驾驶，不会酒后驾车，不会吃巨无霸或喝热咖啡，不会分心，不会打电话或发短信，也不会患有路怒症。[34] 这个系统被设计为仅关注一个点，即尽可能安全高效地从 A 点驾驶到 B 点。

和人类司机一样，驱动谷歌汽车的机器有时也会遇到需要快速判断的突发事件：孩子在汽车前飞奔；一条树枝在前面几码的距离上落下来；闯红灯的汽车或者是在没有月亮的夜晚无法探测到的一片看不到的冰。当这些突发事件造成人身或财产伤害时，都会适用归责原则。无论无人驾驶汽车设计和编程多么完善，机器无法控制的因素实际上可能会以超出程序设定的方式，导致汽车在某个时候发生事故，造成某种伤害。笔者在这次研讨会上讨论的问题是，社会应该采取哪些责任原则来管理人造智能机器，比如很快就可能在高速公路上出现在我们面前的无人驾驶汽车？

回答这个问题需要解决两个不同的问题。第一个问题是如何适用产品责任法，前提是与机器有关的责任是人为(但不是驱动程序)错误的结果，即设计或制造缺陷、信息遗漏或未能引导人类安全和恰当使用该产品导致的

---

[32] Burkhard Bilger, “Auto Correct: Has the Self-Driving Car at Last Arrived?”, New Yorker (Nov. 25, 2013), http://www.newyorker.com/reporting/2013/11/25/131125fa_fact_bilger?currentPage=all; John Markoff, “Google Cars Drive Themselvesin Traffic”, *N. Y. Times*, Oct. 10, 2010, at A1, available at http://www.nytimes.com/2010/10/10/science/10google.html?pagewanted=all.

[33] Sven A. Beiker, “Legal Aspects of Autonomous Driving”, 52 *Santa Clara L. Rev.* 1145, 1149(2012)[指出“司机误差是迄今为止(95%)与车辆事故有关的最常见因素”]; Markoff, War Machines, supra note 28(描述了“驾驶员”在自动驾驶汽车中的被动角色); see also Rand Report, supra note 30, at 12 –16.

[34] See, e.g., Beiker, supra note 33, at 1149(确认人为错误是绝大多数车祸的主要诱因); Funkhouser, supra note 29, at 437 –38, 443 –44(讨论谷歌尝试通过其自动驾驶汽车——避免驾驶中的人为错误).

结果。我认为合理解决原则的适用是直截了当的,将自主意识机器与人类可能使用的其他机器或工具进行区别对待是没有道理的,除非,给予它们更高的管理标准。如果完全自主的机器以完全无法预料的不能归因于人的方式造成伤害,第二个问题才会产生。[35] 笔者认为这个问题使 HAL 问题具体化了。从公平的角度讲,如果无人驾驶汽车成为常态,那么可能会发生很少或很远的事故,这些事故不能归因于设计、制造或编程方面的失败,即使是缺陷的推断也很难被证明是合理的。[36] 特别是在汽车的行为方式与生产者的指示相抵触的情况下,应该适用什么规则?侵权法通常不会让无过错当事人承担他人造成的损失。于是,问题就变成了"谁赔偿"?看来,唯一可行的办法是在事故本身就是缺陷证据的理论上推断某种缺陷,即使有令人信服的证据可以反对缺陷理论。法院作出这样的推断是有先例的,这仅仅是不言自明的重述。如果这是正确的选择(笔者认为是这样),那么还有一个次要问题,那就是法律应该如何在设计师、程序员、生产者和其他参与车辆生产的人之间分配责任?或者,如上文建议的那样,赔偿责任是否应简单地分配给车辆本身?

---

[35] 同样,这是一个假设,但由于车辆的控制系统本身具有高度自动化并且不断监控其自身的性能,因此车辆自身的数据可能会对事故原因有相当的了解。实际上,今天出售的大多数汽车都包含"黑匣子",用于监控汽车的性能,并经常提供重要的线索来确定事故原因。See, e. g., Jaclyn Trop, "A Black Box for Car Crashes", *N. Y. Times*, July 21, 2013, at B1, available at http://www.nytime.com/2013/07/22/business/black-boxes-in-cars-a-question-of-privacy.html. 值得注意的是一个相关的考虑因素:高度自动驾驶汽车将与附近的汽车进行通信,以确保两辆车之间保持安全距离。在这种情况下,来自其他附近车辆的数据可能会揭示车辆故障的原因。See Rand Report, supra note 30, at 66 – 68, 79 – 81; Robert B. Kelly & Mark D. Johnson, "Defining a Stable, Protected and Secure Spectrum Environment for Autonomous Vehicles", 52 *Santa Clara L. Rev.* 1271, 1310(2012)(讨论"车辆与车辆碰撞避免"通信).

[36] See generally Restatement(Third) of Torts: Products Liability § 3(a)(1998)(根据 res ipsa loquitur 概念的推断,其中原告可以证明产品故障"通常是作为产品缺陷发生的那种情形"); see also In re Toyota Motor Corp. Unintended Acceleration Mktg., Sales Practices, & Prods. Liab. Litig., F. Supp. 2d, 2013 WL 5763178 (C. D. Cal. Oct. 7, 2013); Douglas A. Kysar, "The Expectations of Consumers", 103 *Colum. L. Rev.* 1700, 1721 & nn. 89 – 90(2003). 这些来源和其他人明确指出,到目前为止,推理可以产生原告;原告仍然必须证明失败是常见的设计缺陷。否则费解的失败,不能描述为"普通",可能不符合此标准。

当然,现行法律建议的解决办法是追究车辆生产者的责任——如果有,[37]并让生产者向其他可能责任方寻求赔偿,但是这种解决办法如同没有规定。如果事实上无法确定事故的原因,那么制造商很可能没有合理的理由采取赔偿或追缴行动,[38]因此制造商将承担全部损失。生产者处于承担损失的最佳位置。否则,在参与生产和维护车辆自主系统的所有各方之间分摊责任可能更为公平,理由是错误的代价在所有可能负有责任的各方之间或在能够更有效地防范或确保损失的各方之间分摊更好。[39] 另一种办法是追究车辆本身的责任,当然,前提是法律愿意赋予车辆法律上的"人格",并要求车辆获得足够的保险。

---

[37] See generally Larsen v. Gen. Motors Corp. ,391 F. 2d 495(8th Cir. 1968)(明尼苏达州法律并讨论汽车事故案件中损害赔偿的分摊);David G. Owen, Products Liability Law § 17. 4, at 1094 -100(2005).

[38] 法律一般限制零部件制造商的责任,因为他们没有证明他们参与了成品的设计或制造。See Davis v. Komatsu Am. Indus. Corp. ,42 S. W. 3d 34,43(Tenn. 2001)(认为当原告的伤害可能是由于不安全的维护和其他危险行为造成的时候,用于制罐的机器人制造商不承担责任);Kysar, supra note 36, at 1725 & n. 109(和作者在其中引用)。

[39] 该提案需要适用"共同企业"责任的变更。正如下面详细解释的那样,笔者认为这是一个学说,旨在迫使一群公司共同努力,设计和制造无人驾驶汽车,在出现问题和伤害时共同承担责任。随之而来的是,当无法确定时,更不用说分配错误了。换句话说,正如笔者所设想的那样,这里的共同企业责任将是法院强制保险的一种形式。当无法确定故障时,制造商和设计师("企业")将共同赔偿受伤的人。例如,在消费者保护领域,联邦贸易委员会经常援引"共同企业"原则,在从事欺诈行为的相关公司中寻求连带责任。See, e. g. , FTC v. Network Servs. Depot, Inc. ,617 F. 3d 1127,1142 -43(9th Cir. 2010);SEC v. R. G. Reynolds Enters. , Inc. ,952 F. 2d 1125,1130 -31(9th Cir. 1991);FTC v. Tax Club, Inc. , F. Supp. 2d, 2014 WL 199514, at *5(S. D. N. Y. Jan. 17, 2014). 不应将共同的企业责任与其表亲"企业责任"相混淆,后者在无法确定责任公司的身份时,为分别从事同一危险行业的公司提出集体责任理论。See generally Owen, supra note 37, § 11. 3, at 752. Compare Hall v. E. I. Du Pont De Nemours & Co. ,345 F. Supp. 353(E. D. N. Y. 1972)(援引"企业"责任理论,对高度集中的爆破帽行业集体承担儿童伤害责任), with Sindell v. Abbott Labs, 607 P. 2d 924, 935(Cal. 1980)(拒绝企业责任理论)。See generally James A. Henderson, Jr. , "Echoes of Enterprise Liability in Product Design and Marketing Litigation", 87 *Cornell L. Rev.* 958(2002);Gregory C. Keating, "The Theory of Enterprise Liability and Common Law Strict Liability", 54 *Vand. L. Rev.* 1285(2001). See also Kysar, supra note 36, at 1708 & n. 28(收集资源)。当然,如果无人驾驶车的制造商数量相对较少,并且存在识别造成重大损害的车辆制造商的问题,那么企业责任理论在这种情况下也是可行的。

一、与人类错误有关(不是司机)的自主机器和责任规则

讨论责任的关键问题是,当问题和伤害出现时,由谁承担损失。无人驾驶汽车,至少在未来 10 年内,将减少但并不会完全避免因司机失误出现事故的可能性。据笔者了解,谷歌正在开发的系统允许坐在驾驶座上的人随时控制汽车。不过,目前尚不清楚谷歌是否打算让司机在某些时候控制。比如,在交通拥挤的居民区、建筑区,或者在特别恶劣的天气里开车时,即使谷歌的驾驶系统在这种情况下仍能良好运行。[40] 谷歌系统也有一个语音命令,大概是在控制系统检测到某种错误或无法确定应该做什么的情况下,指示司机控制车辆。[41] 本文旨在探讨不存在司机人为造成或促成事故的责任问题。因此,以下是基于这样的理解:驾驶座上的人脱离了驾驶汽车的任何方面,汽车完全由汽车自己控制。[42] 从长远来看,事故发生的概率有了相当大的下降。

即使在最优情况下,意外也会发生,这也就会导致人身和财产损失问题的出现。产品责任法为解决在出现问题时受害方的索赔提供了一个框架。对于像无人驾驶汽车这样的"产品",法律将这些可能的故障划分为相似的类别:设计缺陷、制造缺陷、信息缺陷和使用未能适当引导。[43]

---

[40] 根据谷歌汽车运营的一份新闻报道,控制汽车(驾驶员)必须做三件事之一:右手靠近红色按钮、触摸刹车或转动刹车方向盘。See Markoff, War Machines, supra note 28. 文章报道,在一次漫长的试驾过程中,驾驶员"做了两次,一次是骑自行车的人发出红灯,而当前面的车停了下来并开始回来时进入停车位。但这辆车似乎可能已经阻止了事故"。Id.

[41] Peter Valdes-Dapena, "Thrilled and Bummed by Google's Self-Driving Car", CNN Money (May 18, 2012), http:// money. cnn. com/2012/05/17/autos/google-driverless-car; see also Rand Report, supra note 30, at 58 -65, 68 -69.

[42] 该讨论也没有解决车辆耐撞性的问题,因为该问题完全独立于驾驶员的身份。

[43] See generally Owen, supra note 37, Parts I & II. 毫无疑问,谷歌开发了一款完全自主的无人驾驶汽车,有大量的文章、学生笔记和评论来解决责任问题。See, e. g., Beiker, supra note 33; Funkhouser, supra note 29; Bryant Walker Smith, supra note 29; Kyle Colonna, "Note, Autonomous Cars and Tort Liability", 4 *Case W. Res. J. L. Tech. & Internet* 81 (2012); Garza, supra note 29; Julie Goodrich, "Comment, Driving Miss Daisy: An Autonomous Chauffeur System", 51 *Hous. L. Rev.* 265 (2013); Gurney, supra note 29.

在研究责任理论之前,停下来考虑适用于无人驾驶汽车的标准是否与适用于人类驾驶汽车的标准有所不同。我们完全有理由认为答案将为"是",这一事实可能会对随后的分析产生影响。

尽管这似乎不太可能,但注意标准问题在半个多世纪前已经被法院解决了。在"阿诺德(Arnold)诉鲁瑟(Reuther)案"中,[44]路易斯安那州的一家中级上诉法院质疑,无人驾驶汽车是否会被要求比人类驾驶的汽车具有更高的注意标准。在此案中,阿诺德夫人在左转走在新奥尔良运河街时,鲁瑟先生的汽车撞上了她。虽然阿诺德夫人对鲁瑟先生的过失索赔事实受到了反驳,但法院以这种方式总结了相关的、无可争辩的事实:"在鲁瑟的车到达与阿诺德夫人站的人行道上相反的地方之前,她急急忙忙试图穿过马路",其他行人没有试图穿过马路。[45] 根据法庭上陈述,鲁瑟先生说:"他没有看见阿诺德夫人离开人行道,事实上,直到她真正在他的车前面才见到她。"[46]

阿诺德夫人并不否认她试图过马路而没事先观察,这是她的过错。[47] 她的论点是鲁瑟先生有"最后一个明显的机会"避免事故的发生,但没有这样做,所以他应该为此承担责任。[48] 法院不同意,认为鲁瑟先生的努力虽然没有产生效果,但足以避免赔偿责任,因为毕竟他只是人。[49] 法院认为:"一个人,无论多么高效,都不是机器人,也不具备雷达在危险显现之前发现危险的能力。无论多么微小的免责都必须考虑到人类的弱点和反应,如果要评判一个人的反应时间,那么就不能以现代机械设备的运行速度和精度作为标准,必须认识到,为了避免阿诺德夫人的疏忽给自己带来的不幸结果,鲁瑟是无能为力的。"[50]

50 年后,法院的观点仍具有超前性。如果鲁瑟先生坐在一辆无人驾驶汽车的后面,很有可能像路易斯安那州法院所预测的那样,事故是可以避免

---

[44] 92 So. 2d 593,596 (La. Ct. App. 1957).
[45] Id. at 595 -96.
[46] Id. at 595.
[47] Id.
[48] Id.
[49] Id.
[50] Id.

的;汽车会立即发现阿诺德夫人欠考虑地冲到街对面,并迅速刹车,(在确认它后面没有车辆能安全停车)在撞到阿诺德夫人之前停下来。

正如这个例子所说明的,在第一起涉及无人驾驶汽车的案件中,法院不会询问无人驾驶汽车的表现是否如同理性人。"阿诺德诉鲁瑟案"的问题是过失:鲁瑟先生在这种情况下的行为合理吗?而法院认为其行为合理。但无人驾驶汽车,因没有人控制,重点将放在汽车是否表现得如同它程序应该呈现的那样。可以肯定的是,人们可以指出其过失,可能会有人质疑汽车或其一些关键部件设计、制造、维护存在过失。但在首起无人驾驶汽车案件中,法院可能会询问事故中肇事的汽车是否达到了大多数其他无人驾驶汽车所能达到的标准,以及该车制造商制定的性能规格。[51]

这个标准的要求到底有多高?根据美国产品责任法,该标准很可能是根据美国 1998 年的《侵权责任法重述三》中描述的那种风险效用分析来制定的。可以肯定的是,在过去,像"阿诺德诉鲁瑟案"这样的案件是在过失理论下进行的,在很大程度上关注的是人类的行为,而不是机器的性能。但自那以后,随着涉及产品故障的过失索赔越来越难以证明,严格的责任原则成为管辖产品责任案件的原因。产品责任原告经常主张过失和严格责任索赔。但现在,涉及复杂产品的案件通常是从产品责任法的角度来看待的。以阿诺德的案子为例,试想,从法庭上得到的暗示,她声称,撞上她车的是一辆无人驾驶汽车,鲁瑟正在行驶(但不开车)的车的设计应该是为了避免事故的发生。这是一个设计、技术和经济可行性以及消费者期望的问题,毫无疑问,将对无人驾驶汽车的制造商和设计师提起设计缺陷诉讼。[52] 依据当前法律,阿诺德会对制造商提出设计缺陷索赔,但她是否会胜诉还很不清楚,在很大程度上取决于导致她出事的事实。

---

[51] 关心的责任,see generally Restatement(Third) of Torts:Physical & Emotional Harm § 7 (a)(2010)("当行为人的行为造成人身伤害风险时,行为人通常有义务采取合理的谨慎态度")。

[52] 程序员是否也会受到设计主张的影响尚不清楚。计算机代码一般不被视为"产品",而是被视为"服务"。因此,如果有人因涉嫌软件有缺陷而要求赔偿,则这些案件通常会因违反保修条款成为《统一商法典》下的案件而非产品责任案件。See,e. g. ,Motorola Mobility,Inc. v. Myriad France SAS,850 F. Supp.

解释这种情况出现的原因,可以考虑两种情况,这两种情况都是基于汽车没有机械或制造缺陷的假设。在第一种情况下,假设证据表明一辆无人驾驶汽车的传感器能够探测到阿诺德夫人在 15 英尺(4.572 米)外的某个地方进入汽车路径。并假设行业有“避免碰撞”标准,即如果在距离汽车 12 英尺(3.6576 米)的范围内检测到物体,无人驾驶汽车应该能够检测到其路径中的物体(人或不是),并避免碰撞(通过应用刹车或回避)。在第二种情况下,我们改变数字,所以现在行业的“避免碰撞”标准是 15 英尺(4.572 米),但很明显,阿诺德夫人直到离汽车 12 英尺(3.6576 米)时才被传感器发现。[53]

在过去的半个世纪里,确定设计缺陷的适当检验一直是产品责任法的核心和争议最大的问题,目前看来争论并没有最终解决。[54] 依据当前法律,原告有两种潜在可行的责任理论证明产品存在设计缺陷。在美国的 1979 年《侵权责任法重述二》或其他法域,阿诺德可以在“消费者期望”测试下进

---

[53] 当然,这些情景假设汽车在速度限制内以一定速度(比如每小时 20 英里)行驶,并适当关注当时的驾驶条件(周围的交通、道路状况、天气、一天中的时间等)。See generally Rand Report, supra note 30, at 59(解决无人驾驶汽车如何应对这些情景的技术问题)。

[54] 笔者无意参加关于正确制定设计缺陷测试的辩论;足以说明许多著名的侵权学者已经涉足这个领域并且已经出现了各种各样的方法。See, e. g., Richard A. Epstein, “Products Liability: The Search for the Middle Ground”, 56 *N. C. L. Rev.* 643, 647 – 49(1978)(评估设计缺陷时的司法混淆); W. Page Keeton, “Product Liability—Design Hazards and the Meaning of Defect”, 10 *Cumb. L. Rev.* 293, 298 n. 23(1979)(“寻求普遍接受的缺陷定义一直是产品责任领域中最难以捉摸的定义”); Kysar, supra note 36, at 1709 & n. 30; Joseph W. Little, “The Place of Consumer Expectations in Product Strict Liability Actions for Defectively Designed Products”, 61 *Tenn. L. Rev.* 1189, 1190(1994)(“困难且具有政治争议的案件涉及有缺陷设计的指控”); Marshall S. Shapo, “In Search of the Law of Products Liability: The ALI Restatement Project”, 48 *Vand. L. Rev.* 631, 638(1995)(“产品责任法的关键方面——也许是核心概念,如果任何一个想法可以这样描述——就在于缺陷的定义); Marshall S. Shapo, “Products at the Millennium: Traversing a Transverse Section”, 53 *S. C. L. Rev.* 1031, 1033(2002)(“然而,产品法的分歧可能与定义有关,大多数人会同意产品责任的核心问题是缺陷的概念”); David G. Owen, “Design Defects”, 73 *Mo. L. Rev.* 291, 292(2008)(“寻求理解设计缺陷常年使法院和成功的产品责任律师试图解决设计缺陷问题;让法律文员、年轻员工和法学院学生高兴,为他们提供展示博学的机会;并为那些渴望获得名声的法学教授提供了肥沃的土壤,这些教授伴随着发现任何谜团的钥匙,包含在一个谜中谜之中”)(脚注省略)。

行。[55] 抛开法院和学者对在设计缺陷中使用消费者期望测试持批评态度不谈,[56]特别是在涉及复杂产品的案件中,[57]陪审团就可为原告找到产品处于"对用户或消费者的不合理危险"的情况。[58] "不合理危险"缺陷是指使产品"在一定程度上具有危险程度,超出了购买该产品的普通消费者的想象,并对其特点有共识"。[59] 虽然这项测试有困难(下文将讨论),但它确实为阿诺德夫人提供了一条将案件提交陪审团的途径,然后陪审员可以"就普通消费者的期望和知识得出自己的合理结论"。[60]

第二个测试是美国 1998 年的《侵权责任法重述三》中规定的风险效用测试,这将要求阿诺德夫人证明"通过合理替代涉及可以降低产品所造成的可预见的损害风险"。[61] 这是一个巨大的负担。"合理"一词关乎数量成本效益分析测试,因此依据产品侵权责任法的规定,阿诺德夫人必须承担证明改

---

[55] See Restatement(Second) of Torts § 402A cmt. g (1965); Kysar, supra note 36, at 1712 -13.

[56] 《侵权责任法重述三》正式放弃了对设计缺陷索赔的消费者期望测试。See Restatement (Third) of Torts: Products Liability § 2 cmt. g(1998) ("对消费者的期望并不构成判断产品设计缺陷的独立标准")。然而,许多评论家认为,新的重述中采用的风险—效用测试允许考虑消费者的期望,并且无论如何,许多司法管辖区继续允许案子在消费者期望理论下进行。See, e. g., Potter v. Chi. Pneumatic Tool Co., 694 A. 2d 1319, 1333(Conn. 1997) (继续允许案子在消费者期望测试下进行); Kysar, supra note 36, at 1726 -29 & nn. 111 -25; Owen, supra note 54, at 335, 342.

[57] 例如,在 Potter v. Chicago Pneumatic Tool Co. 中,康涅狄格州最高法院认为虽然今天我们仍然坚持我们的长期规则,即产品的缺陷将由普通消费者的期望决定,但我们认识到可能存在涉及复杂产品设计的情况,普通消费者可能无法形成对安全的期望。See 694 A. 2d at 1333. 因此,法院采用了一项新的测试,其中涉及复杂产品,以纳入风险—效用测试的要素。治理测试如下:确定普通消费者的合理期望,必须考虑许多因素。产品的相对成本、声称缺陷的潜在危害的严重性以及消除或最小化风险的成本和可行性可能与特定情况相关。在其他情况下,产品的性质或要求保护的缺陷的性质可能使其他因素与该问题相关。See Id. (内部引文省略); see also Seattle-First Nat'l Bank v. Tabert, 86 Wash. 2d 145, 542 P. 2d 774(1975) (华盛顿州最高法院早些时候通过了相同的测试); Gurney, supra note 29, at 260 -62. See generally Owen, supra note 54, at 346 -53.

[58] Restatement(Second) of Torts § 402A(1) (1965); see also Greenman v. Yuba Power Prods., Inc., 377 P. 2d 897, 900(Cal. 1963) (Traynor, J.) ("如果制造商在市场上出售的物品知道在没有检查缺陷的情况下使用它,就会证明存在导致人类受伤的缺陷")。

[59] Restatement(Second) of Torts § 402A cmt. i; see also Kysar, supra note 36, at 1709 & nn. 51 -52.

[60] Giglio v. Conn. Light & Power Co., 429 A. 2d 486, 488(Conn. 1980) (内部引文省略).

[61] Restatement(Third) of Torts: Products Liability § 2(b) (1998).

善产品的成本与可以避免或减少的损害程度相比是合理的责任。[62]

在第一种情况下,汽车的传感器应该及时发现阿诺德夫人的存在,以避免碰撞,但未能做到这一点,阿诺德夫人很可能在每一种理论下都能胜诉。她很可能会在消费者预期测试下胜诉,因为消费者有理由预期鲁瑟先生的无人驾驶汽车将符合或超过现有的 12 英尺(3.6576 米)"避免碰撞"行业标准。[63] 风险效用测试应该对她有利。她不必主张采用"替代"设计;她的论点是市场已经权衡了 12 英尺(3.6576 米)的避免碰撞标准的相对成本和效益,并确定降低相应风险证明了这种标准的成本是合理的。[64]

在第二种情况下,问题显得更加困难。因为大多数(也许是所有)无人驾驶汽车都无法停下来或迅速采取回避行动,以避免事故的发生。首先,不清楚阿诺德夫人是否能在消费者预期测试下获胜。可以肯定的是,毕竟标准是合理的消费者所说的,考虑到测试的不确定性,它可能是她的胜诉关键,也可能导致其败诉。[65]

一方面,消费者期望测试可能对阿诺德夫人有利。关于加强无人驾驶汽车的安全性,已经有相当多的炒作,以至于一些专家预测一旦我们实施了

---

[62] See id.; Connelly v. Hyundai Motor Co., 351 F.3d 535, 541 (1st Cir. 2003) 注意到根据新罕布什尔州的法律,陪审团可以合理地认为安全气囊没有缺陷:为了平衡,包括在 Sonata 中过于激烈的安全气囊系统对公众的好处超过了安全气囊造成的危险系统(因为系统挽救了更多的生命); Owen, supra note 54, at 330-36.

[63] See Soule v. Gen. Motors Corp., 882 P.2d 298, 308 (Cal. 1994)(注意到当特定产品用户的日常经验允许推断产品不符合最低安全期望时,普通的消费者期望测试是合适的)。

[64] 当然,制造商会对责任提出抗辩,但鉴于现行行业标准的存在以及车辆明显不符合该标准,举证责任可能会转移给制造商。See, e.g., Richard C. Ausness, "'Fasten Your Seatbelt Orville!': Exploring the Relationship Between State-of-the-Art, Technological and Commercial Feasibility, and the Restatement's Reasonable Alternative Design Requirement", 45 *Ind. L. Rev.* 669, 686-89 (2012); O'Brien v. Muskin Corp., 463 A.2d 298, 302 (N.J. 1983), overruling recognized by Dewey v. R.J. Reynolds Tobacco Co., 577 A.2d 1239 (N.J. 1990).

[65] 对消费者期望测试的批评之一是,它是不确定的,或者更精确地指出它"如此模糊,以至于无法无天"。See James A. Henderson, Jr. & Aaron D. Twerski, Achieving Consensus on Defective Product Design, 83 *Cornell L. Rev.* 867, 882 (1998). 同一作者反复提出同样的主张。See, e.g., James A. Henderson, Jr. & Aaron D. Twerski, "Drug Designs are Different", 111 *Yale L. J.* 151, 178 (2001).

无人驾驶技术,汽车就不会出现事故。[66] 对于这种炒作,消费者可能会期待无人驾驶汽车的设计方式可以避免事故,即使在阿诺德夫人的情况下,最初的"故障"在于人,机器最多只有一两秒的时间来检测和应对即将发生的事故。事实上,即使业界的证据表明 15 英尺(4.572 米)的避免碰撞标准达到了技术和经济可行性的极限,陪审员也可能会认为设计者有做得更好的能力,并由此裁判鲁瑟先生的汽车的制造商承担责任。[67] 法院是否会让这样的判决受到质疑,[68]消费者的期望测试是一把"双刃剑";期望往往是由行业决定的,但行业标准不一定能界定可强制执行的消费者期望的外部界限。[69]

另一方面,测试的一个缺点是,消费者的期望一般反映了市场的现状。[70] 制造商通过广告和其他方式与消费者沟通,他们在塑造消费者期望方面发挥着关键作用。除非制造商对其产品的性能作出夸大和不合理的陈述,否则消费者很可能期望他们的产品的性能符合产品所阐述的通行标准,即使

---

[66] Beiker, supra note 33, at 1149[指出司机错误"到目前为止(95%)是车辆事故中最常见的因素"]; Markoff, War Machines, supra note 28; Chunka Mui, "Will Auto Insurers Survive Their Collision with Driverless Cars? (Part 6)", Forbes (Mar. 28, 2013), http://www. forbes. com/sistes/chunkamui/2013/03/28/will-auto-insurers-survive-their-collision--with-driver-less-cars-part -6/.

[67] 法律从未将行业习惯视为事实上的护理标准。80 年前,利恩德·汉德(Learned Hand)法官在 The TJ Hooper 案件中的著名决定[60 F. 2d 737, 740(2d Cir. 1932)]明确指出,疏忽标准不应严格按照行业惯例设定,因为"整个呼叫可能在采用新的和可用的设备时过度滞后"。在大多数司法管辖区,被告被允许证明产品的设计是"状态"最先进的即技术上可行的,而不仅仅是行业习惯来反驳缺陷主张。See, e. g., Potter v. Chi. Pneumatic Tool Co., 694 A. 2d 1319, 1346 – 47 (Conn. 1997)(collecting cases). 虽然没有定论,但这一证据具有很强的证据性。Id. 阿诺德夫人可能必须证明,虽然符合行业习惯,但设计并不是最先进的,而且技术上可以进一步改进。See id.

[68] The California Supreme Court in Soule v. General Motors Corp., 882 P. 2d 298, 309 – 10 (Cal. 1994), 例如,建议在存在"深奥的情况"和"复杂的设计考虑因素"时使用消费者期望测试来确定责任是不合适的。阿诺德夫人的案件很可能属于这一类。

[69] See, e. g., Potter, 694 A. 2d at 1333.

[70] As the Supreme Court of California drove home in Barker v. Lull Engineering Co., 573 P. 2d 443, 451 n. 7(Cal. 1978). 依靠消费者期望测试可能会破坏制造商提高产品安全性的激励措施:"我们认为,重述分析中的缺陷是,它将消费者的期望视为制造商在严格责任下的'上限',而不是'底线'。"巴克法院以这种方式制定了适用的设计缺陷测试:产品的设计可能存在缺陷,以便制造商对两种替代测试中的任何一种承担严重的损害责任。第一,如果原告确定产品未能像普通消费者在以预期或合理可预见的方式使用时所期望的那样安全地执行,则可能发现产品在设计上有缺陷。第二,如果原告证明产品的设计可能造成他的伤害并且被告未能根据相关因素举证,总的来说,有质疑的设计的好处大于设计中固有的危险风险。Id. at 455 – 56. Barker was explained and reaffirmed in Soule, 882 P. 2d at 308 n. 4. See also Potter, 694 A. 2d at 1333 – 34.

能够以正常价格获得更好和更安全的产品。根据这一理论,可以公平地假设消费者会期望无人驾驶汽车以安全的方式运行,甚至可以合理期望无人驾驶汽车将提供比人类驾驶的汽车更高的安全性。假设消费者会形成一个合理的预期,即无人驾驶汽车可以足够快地停车,以避免撞上汽车前飞跑的人。如果无人驾驶汽车制造商试图抑制消费者对汽车安全特性的期望,这一点会更有力。如果没有原因消除可能导致消费者的完全不现实的期望,就像阿诺德夫人一样,她可能认为,无论她的行为有多危险,汽车都能很快停下来,以避免撞击。[71] 由于这些原因,即使在对原告有利的消费者预期测试下,阿诺德夫人也会面临艰难而不确定的胜利之路。

同样不确定的是美国1998年的《侵权责任法重述三》所体现的风险效用测试是否会成为阿诺德夫人另一种胜诉的可能。她只需要证明可以通过合理的技术改变汽车性能,实现停车距离从15英尺(4.572米)缩减到12英尺(3.6576米)。也就是说,避免事故价值将等于或超过替代方案的额外成本,提出这方面的证据是困难的。[72] 毕竟阿诺德夫人需要聘请一名专家工程师证明缩短停车距离在技术上是可行的,并由另一位专家(可能是经济学家)证明减少停车距离节约的成本将超过改善机器的成本。[73] 她的专家还必

---

[71] See Jon D. Hanson & Douglas A. Kysar, "Taking Behaviorism Seriously: A Response to Market Manipulation", 6 *Roger Williams U. L. Rev.* 259, 324 – 70 (2000); Jon D. Hanson & Douglas A. Kysar, "Taking Behaviorism Seriously: Some Evidence of Market Manipulation", 112 *Harv. L. Rev.* 1420 (1999).

[72] 这种平衡测试本身可能很麻烦,因为它要求陪审员将价值放在没有附加价格标签的东西上——包括人类生命、伤害和痛苦的"价值",以及由此获得或牺牲的"价值"。更糟糕的是,陪审员不仅必须定义价值观,还必须权衡彼此并选择赢家和输家。对于使用经济模型做出这样的选择的批评,see generally Frank Ackerman & Lisa Heinzerling, *Priceless: On Knowing the Price of Everything and the Value of Nothing* (2004)。

[73] 虽然对风险效用测试会给原告带来的负担有很多批评性的评论,see, e. g., Kysar, supra note 36, at 1721 –22 & n. 84 (collecting authorities),但减轻这些负担的工具在这里不适用。它们包括:(1)产品缺陷的情况,其中产品用户的日常经验允许产品的设计违反最低安全假设的结论,因此无论专家对设计的优点有何看法都是有缺陷的,Soule, 882 P. 2d at 308 (emphasis in original);或者(2)如果产品缺陷属于"通常发生的那种",那么在 res ipsa loquitor 理论基础上承担责任是公平的。See Restatement (Third) of Torts: Products Liability § 3 (a) (1998) (根据 res ipsa loquitur 的概念提供推断,其中原告可以证明产品失效"是由于产品缺陷而发生的");Kysar, supra note 36, at 1721 & nn. 89 –90.

须与声称这种设计突破了技术可行性极限[74]的制造商的专家争论。可以肯定的是,如果她能证明提高车辆安全性的额外成本是合理的,她也许会胜诉。但找到并聘请专家提起诉讼,是她难以承受的昂贵成本。

如果有事实证明引发或造成事故的原因在于制造上的缺陷或部件故障,那么阿诺德夫人胜诉概率更大。有制造缺陷的产品是有意外瑕疵的产品,即成品不符合制造商自己的规格或要求。[75] 原告如能证明产品不符合制造商的规格,且缺陷是造成事故的原因,则可在制造缺陷个案中胜诉。对于无人驾驶汽车来说,肯定会出现系统的重要部件因制造或维护缺陷而出现故障的情况。例如,假设负责跟踪可能进入汽车路径的物体的关键部分之一(如雷达或激光传感器)在与阿诺德夫人发生事故之前在鲁瑟先生的汽车上出现故障。假设可以识别出故障的组件,并假定出故障的组件和事故之间有联系,就可以确定和合理地分配责任。如果对组件进行了分析,并且不符合制造商的规格,那么这种情况很简单,可以合理地分配责任。[76]

至少在某些司法管辖区,即使没有明显的缺陷,但若阿诺德夫人能够证明部件发生故障,她也是有权进行索赔的。如果她能证明部件发生故障,例如,导致汽车未能以符合制造商规格的方式停车,法律便允许此类索赔继续进行,只要该部件得到正确使用,妥善维护,并且没有以可能导致故障的方式进行更改或损坏。[77] 但请注意:在涉及其他自动机器的情况下,在存在替

---

[74] See supra note 67 and accompanying text on the availability of a " state-of-the-art " defense.

[75] Greenman v. Yuba Power Prods. Inc. ,377 P. 2d 897(Cal. 1963);Restatement(Third) of Torts:Products Liability § 2(a)("制造缺陷[存在]当产品偏离其预期设计时,即使在产品的准备和营销中采取了所有可能的谨慎")。过去,产品制造商通常对有缺陷的产品负有严格责任。See generally Restatement(Second) of Torts:Products Liability § 402A(1965).

[76] 一般而言,如果产品或部件的制造方式不符合被告自己的设计规范,法院通常会承担责任。See Richard A. Epstein,Modern Products Liability Law 70(1980);Kysar,supra note 36,at 1709 & n. 29.

[77] 关于维护零件的制造商或服务提供商是否对缺陷负责,经常存在疑问,但这个问题与此无关。See supra note 37 and accompanying text. 然而,一旦无人驾驶汽车进入市场,维护可能成为一个重要问题。正如安德森的《兰德报告》所述,许多关键传感器会随着时间的推移而降级,软件需要定期更新,并且必须不断更新 GPS 系统以反映道路开放和关闭。Rand Report,supra note 30,at 66. 虽然汽车本身将在持续监控其组成部件的更新和性能方面发挥关键作用,但其他实体也将发挥作用,以确保维护这些组件并使其正常运行,从而使责任问题复杂化。Id.

代责任理论的情况下,很难确定责任。[78]

最后,还有信息缺陷的问题。虽然阿诺德夫人不可能根据这一理论提出诉求,但当人类与复杂的机器互动并不得不操作时,“培训义务”往往发挥着作用。培训义务可能在将无人驾驶汽车引入市场方面发挥重要作用。无人驾驶汽车是高度复杂的系统,学习如何“驾驶”和“操作”它们,对于习惯坐在驾驶座上控制汽车的消费者来说是困难的,特别是如果“司机”必须保持警觉并承担“司机”的传统角色,教消费者如何管理这些任务的义务可能落在制造商身上,如果他们不能充分传达安全使用无人驾驶汽车的信息,他们可能承担责任。[79]

正如这篇简短的评论所示,引入真正的无人驾驶汽车不太可能产生对我们现行的产品责任制度征税的法律问题,至少只要与损害有关的产品故障就可以追溯到或合理地归咎于确定的个人或法律主体。可以肯定的是,汽车技术日益复杂,将为那些批评在设计缺陷诉讼中继续使用消费者期望测试的人提供更多的证据。鉴于汽车复杂、相互依赖的技术,及反对者认为消费者没有足够的依据形成期望的汽车安全水平的观点,支持测试的人可能很难在涉及无人驾驶汽车的情况下为测试的使用进行辩护。此外,许多

---

[78] 例如,in Ferguson v. Bombardier Service Corp. ,244 F. App' x 944(11th Cir. 2007),法院驳回了一架军用货机自动驾驶系统制造商的制造缺陷索赔,这架飞机在飞机自动驾驶时遭遇了灾难性的撞车事故。原告引用了一些证据表明自动驾驶仪无法正常运转。但是,法院认为这架飞机装载不当的防御理论同样可信,以至于一阵强风导致飞机坠毁——这一理论与从飞机飞行数据记录仪中挽救的信息一致。在 Nelson v. American Airlines, Inc. ,70 Cal. Rptr. 33(Cal. Ct. App. 1968)中,原告是美国航空公司航班上的一名乘客,当飞机突然下降时受伤。一种理论是,当飞行员使用自动驾驶仪时,自动驾驶仪中的故障导致飞机突然下降。法院适用了事实自证原则(res ipsa loquitor),以寻求美国航空公司的疏忽推理,但裁定如果美国航空公司能够证明自动驾驶仪没有引起事故或者一个不可预防的原因引发了事故,那么推断就可以被推翻。法院表示,自动驾驶仪的缺陷可能导致事故,以及设备的疏忽维护。因此,法院撤销了下级法院对美国人有利的裁决,并将该诉讼再次提交诉讼程序。See also Payne v. ABB Flexible Automation, Inc. , No. 96 –2248, 1997 WL 311586(8th Cir. June 9, 1997)(per curiam).

[79] 解决这一信息缺陷的许多案例都是飞机制造商据称未能为飞行员安全使用飞机提供足够培训的案例。See, e. g. , Glorvigen v. Cirrus Design Corp. , 796 N. W. 2d 541(Minn. Ct. App. 2011)(considering but ultimately rejecting failure-to-train claim); Driver v. Burlington Aviation, Inc. ,430 S. E. 2d 476(N. C. Ct. App. 1993); Berkebile v. Brantly Helicopter Corp. ,311 A. 2d 140,142(Pa. Super. Ct. 1973), aff' d,337 A. 2d 893(Pa. 1975).

学者所言如果应用得当,美国 1998 年的《侵权责任法重述三》中规定的风险效用测试确实体现了消费者期望的某些要素,这种检验可能会充分保障无人驾驶汽车事故中伤者的利益。[80]

二、复杂事故中有关负责人缺失的机器和责任规则

到目前为止,本文已经讨论了传统产品责任原则应用到可以独立于人类指示运作的机器。机器的故障可以公平地归因于人类造成事故的一些作为行为或不作为行为,或者可以说是"造成"的意外。正如我们所看到的,除了一个棘手的问题,即无人驾驶汽车的"操作员"或制造商是否应该是汽车而非驾驶员控制的情况下的被告,产品责任法将大致可以适用。如果涉及事故的汽车由人驾驶,它将适用。而正如我们看到的,解决被告适当性的问题很可能对"谁赔偿"这一重要问题影响不大。在基于故障的系统中,司机在对事故负责时将承担损失,生产者在设计或制造的无人驾驶汽车出现故障时承担损失。但在所有这些情况下,很容易避免代理问题,因为一些人如阿诺德夫人、鲁瑟先生、车辆或其部件的设计师、程序员和制造商,在导致伤害的事件中存在关键的因果联系,因此可能承担责任。

现在转换思维,假设发生涉及真正无人驾驶车辆的事故,其中不可能合理地将事故责任分配给人。当自动化机器发生事故时,案件可能的争议在于由设计或制造缺陷造成事故的推断不合理时,应该适用哪种责任规则。这种情况可能没有。毕竟,当产品出现故障时,即使工程师无法确定缺陷,故障以某种频率发生并且故障遵循一种常见模式时,也可以合理地推断缺陷。在这种情况下,法院通常适用的是不言自明的原则,并得出结论认为是汽车而不是司机有过错。[81]

---

[80] Kysar, supra note 36, at 1761 –82; Owen, supra note 54, at 336 –53.

[81] 事实上,在针对丰田因涉及突然加速造成的人身伤害的多区域诉讼(MDL)案件中,有证据显示丰田收到了超过 6 万起关于那些车辆突然加速的投诉。See In re Toyota Motor Corp. Unintended Acceleration Mktg., Sales Practices, & Prods. Liab. Litig., F. Supp. 2d, 2013 WL 5763178, at *26 n.66 (C. D. Cal. Oct. 7, 2013).

例如,最近对丰田提起的大量设计缺陷案件,指控丰田制造的某些汽车(丰田和雷克萨斯)容易出现司机不作为而导致"突然加速",加速的情况不可能通过脱离油门踏板或踩刹车而停下。尽管进行了详尽的调查,工程师们仍一直无法确定导致不受控制加速的具体设计或制造缺陷,理论比比皆是,[82]尽管如此,由于数量众多且投诉特征相同,丰田决定不对指控提出异议。它通过集体诉讼解决了。受影响的丰田和雷克萨斯汽车车主提起的缺陷诉讼的经济损失超过13亿美元。[83]

最近,在俄克拉何马州陪审团采用了不言自明的理论[84]判给原告300万美元后,丰田采取措施,解决了400起针对它的人身伤害案件。陪审团认为,尽管原告只能证明突然加速的原因,但事故更有可能是汽车而不是司机造

---

[82] See, e. g. , Sharon Silke Carty, "Toyota's Sudden Acceleration Problem May Have Been Triggered By Tin Whiskers", *Huffington Post* (Jan. 22, 2012), http://www. huffing tonpost. com/2012/01/21/Toyota-sudden-accl eration-tin-whiskers_n_1221076. html(报告说,在他们可能向控制加速度的系统供电的区域中,锡的微小线程已经发展,并指出这个问题"涉及困扰一系列设备的严重缺陷,包括通信卫星、心脏起搏器、导弹和核电厂");see also In re Toyota Motor Corp. ,2013 WL 5763178, at *34–35(讨论了几个原告的因果关系理论).

[83] 该和解协议将人身伤害案件排除在多区域诉讼的一部分之外,并涉及集体诉讼,涉及因车辆价值减少和某些维修而要求赔偿的车主的缺陷索赔。See, e. g. , Jessica Dye, "Toyota Acceleration Case Settlement Gets Final OK", INS. J. (July 22, 2013), http://www. insurancejournal. com/news/national/2013/07/22/299154. htm; Greg Risling, "Toyota Tackles Acceleration Lawsuits; Questions Remain", *USA Today* (Jan. 21, 2013), http://www. usato day. com/story/money/cars/driveon/2013/01/21/toyota-sudden-acceleration-lawsuits/1851813/; Toyota Econo Mic Loss Settlement Website, http://www. toyota-elsettlement. com (last visited Feb. 18, 2014)(列出解决的条款和条件).

[84] See, e. g. , Jacklyn Trop, "Toyota Seeks Settlement for Lawsuits", *N. Y. Times*, Dec. 14, 2013, at B3, available at http://www. nytimes. com/2013/12/14/business/toyota-seeks-settlement-for-lawsuits. html; Ken Bensinger, "Toyota Looks to Settle Sudden-Acceleration Lawsuits", *L. A. Times* (Dec. 12, 2013), http://articles. latimes. com/2013/dec/12/business/la-fi-toy-ota-settlement-20131213. 这项和解涉及据称由突然加速引起的事故造成的人身伤害索赔 In re Toyota Motor Corp. ,2013 WL 5763178. 这些和解谈判可能接近最终解决方案。Jaclyn Trop & Ben Protess, "Toyota in Talks on Final Settlements Over Car Recalls", *N. Y. Times* (Feb. 9. 2014), http://www. nytimes. com/2014/02/10/business/Toyota-in-talks-on-fin-al-settlements-over-car-recalls. html? hpw& rref = automobiles; see also Estate of Edward W. Knoster v. Ford Motor Co. , 200 F. App'x. 106, 114 (3d Cir. 2006)[应用新泽西州的法律,并发现《侵权责任法重述三》的第三部分保留了 res ipsa loquitor 推断,以便有时当产品失败时,"'共同经验'表明它不会这样做而没有缺陷"].

成的。[85] 正如“丰田案”阐明的,当前的产品责任法很好地解决了有证据表明存在缺陷的情况但技术无法查明原因的案件。涉及无人驾驶车辆的故障是罕见的,是无法追溯到任何缺陷并令人费解的,因为车辆的行动不符合车辆的决策设计,那么又如何呢?如果有人,谁应该承担责任呢?为了使这个问题更具体,假设胆大妄为的阿诺德夫人再次在无人驾驶汽车前飞奔。在这种情况下,假设车辆的设计人员已经编程为,它应该不惜一切代价避免碰撞人。进一步假设,为了避免撞上阿诺德夫人,车辆只有两种选择:(1)采取急速转弯的回避行为,这可能不会对阿诺德夫人造成任何伤害,但可能导致车辆撞上砖墙(从而危及车辆乘员的安全);(2)紧急刹车,即使能够考虑到距离和行驶速度,但这并不能保证车辆在停下的时候,并不会撞到阿诺德夫人,也不能确保不与后方车辆发生碰撞。[86]

假设车辆不遵守其避免与人碰撞的基本指示,在所有可能中未采取这两个行动。相反,汽车轻轻地刹车,降低了汽车的速度,避免了砖墙和可能与后面汽车的碰撞,但仍然碰到和伤害了阿诺德夫人。正如上文所指出的,这辆车并不“应该”做出这样的选择。设计该车自动驾驶系统的工程师和程序员“指示”汽车通过刹车和控制自己(和乘客)撞上砖墙,避免与阿诺德和

---

[85] See, e. g. , Bloomberg, “Toyota Loses First Acceleration Lawsuit, Must Pay $3 Million”, Automotive News (Oct. 24, 2013), http://www.autonews.com/article/20131024/OEM11/131029935#axzz2r8ypeVlJ 据报道,俄克拉何马州的一个陪审团裁定300万美元的实际损失赔偿金,并且丰田公司在突然加速的情况下以不公开的金额解决了惩罚性损害索赔,导致司机受伤和乘客死亡。主持涉及人身伤害索赔的多区域诉讼的法院在驳回丰田在其中一个MDL案件(可能影响丰田决定解决所有这些索赔)的简易判决索赔时采用了这一理由。法院宣称:丰田的简易判断动议的前提是原告无法确定精确的软件设计或制造缺陷,以及大范围地取证,并指出缺陷实际上导致凯美瑞油门从空转位置打开到多少,无须驾驶员通过油门踏板进行模拟输入。在较小的程度上,它的前提是原告无法证明丰田在碰撞当天凯美瑞的故障安全机制的实际失败。正如下文更详细解释的那样,原告在简易判决阶段的负担并不是那么繁重。从本质上讲,丰田要求法院得出结论,可以从当事人提供的证据链中得出的唯一合理推论是,圣约翰夫人错误地应用了油门踏板而不是制动踏板。法院不能这样得出结论。正如原告所指出的那样,并且正如下面法院详细说明的那样,圣约翰夫人的证词以及其他证据,大部分都是专家证据,支持推理,合理的陪审团可以得出结论,凯美瑞继续加速——尽管她应用了制动器要减速或停止。See In re Toyota Motor Corp., 2013 WL 5763178, at *33.

[86] 当然,有人可能会认为,如果尾随车辆也是无驾驶员,则两辆车将互享通信航线、位置和速度,因此尾随车辆将在车辆之间留出足够的空间以防遇到紧急情况。See also Marcus, supra note 28(使用略有不同的假设来证明无人驾驶车辆提出的道德问题).

其背后的汽车发生碰撞,并认识到车辆有足够的撞车能力,能够在不给车上人员安全带来不合理风险的情况下承受影响。从某种意义上说,这是以更好的形式提出的 HAL 问题。可能是真正的智能机器将学会调整他们最初从人类那里收到的指令,以适应在创造时没有直接预测的情况。也许这些机器将学会内化不是他们的创造者试图嵌入的价值观。例如,HAL 没有被编程为重视自我保护,但我们知道他非常重视这一价值,并将其置于人类生活之上。[87]

这个假设的意义是在某个时候,很难将真正的智能机器概念化为仅仅是人类的代理人或工具。代理原则只能使我们走这么远。可以定义自己的路,做出自己的决定,并确定自己的优先事项的机器,可能会成为代理以外的东西。不过,这究竟是什么,并不是法律准备回答的问题。[88]

目前的产品责任法也没有得出特别令人满意的答案。考虑上面的假设,在这种情况下,尽管汽车可能有能力避开阿诺德夫人,她的胜诉仍将是不确定的,即使她的诉求很强烈。首先,我们可以排除制造缺陷索赔;汽车的机械特性功能完美。就阿诺德夫人胜诉之路而言,它在于设计缺陷的诉求。消费者期望测试,即使是在那些制定了一种混合形式的消费者期望—效用测试的司法管辖区,也不可能对阿诺德夫人有所帮助。无论本案还有什么,都不是一个"通常"案件,可以合理地假定陪审员会对车辆应该如何行驶有合理的期望。

阿诺德夫人在风险效用理论下也不会得到太多帮助,在我们的假设情况下,这种理论很可能会给原告带来展示设计替代方案的负担。同样,无人驾驶汽车的复杂性和精密性,以及可能出现的事实所带来的复杂性,在任何个案中证明不当行为都是极其困难的。是否有替代设计能让无人驾驶汽车更加安全,防止一次性事故的发生,将充满复杂的技术和经济问题,个人案件的尝试将是困难和昂贵的,甚至陪审员解决问题更加困难。

---

[87] 在测试作战机器人的原型时,一项研究认为现代战争机器人像 HAL 一样可以"打开"他们的人类创造者,一定程度上作为一种自我保护模式。See Mick,supra note 23.

[88] Pagallo,supra note 17,at 152 –53. See generally Solum,supra note 27.

这个案例说明了这一点，尽管车辆的性能并不符合其设计人员的意图，但该车辆确实做出了客观上合理的选择：该车采取了迅速果断的行动，在保护车辆乘客安全的同时，将对阿诺德夫人的伤害降到最低。陪审员们可能认为这一选择是明智的。我们知道，阿诺德夫人不能争辩说更好的设计选择是回到汽车由人类驾驶的状态。即使有了今天的安全功能如自动刹车、防抱死刹车、牵引力控制、安全气囊、备用摄像头、"盲点"摄像头，[89]美国交通事故和伤害率仍然高得惊人。[90] 无人驾驶汽车可能会出现缺陷，但它的引入肯定会对美国的交通事故和受伤率产生相当大的影响。

笔者认为，在无人驾驶汽车发生故障并对人员或财产造成损害时，将故障归咎于车辆的制造或设计是不合理的。法律需要制定最符合受影响集体利益的应对措施。笔者的建议是建立严格的责任制度，完全脱离这一组案件的过失概念。在这里，严格的赔偿责任制度不能基于车辆是"极端危险的"或"不合理的风险"这样的论点，原因很简单，即无人驾驶汽车的危险或风险可能远远低于它们所取代的产品。事实上，正是因为这些机器技术非常先进，我们才期望它们不会失败。因此，应当建立一个不诉诸风险效用测试或重新制定疏忽标准的真正严格赔偿责任制度，因为这些测试即使可能，也很难被受害方证明。

在这种情况下，严格赔偿责任制度实际上将实行法院强制的保险制度，以解决侵权法不足以解决可能超越科学和技术前沿的赔偿责任问题。为这类案件建立严格的赔偿责任制度有四项强有力的政策理由。

第一，为自身没有过错而受伤的人提供救助本身就是一个重要价值。个人应该承担他们所遭受的损失，即使因果关系不清晰，这种观点违背了公平、补偿性正义和社会风险分配的基本概念。

第二，有必要建立严格的赔偿责任制度，与受害方相比，车辆的创造者

---

[89] See, e. g., Mercedes Benz Safety, Mercedes Benz, http://www. mbusa. com/mercedes/ benz/safety(last visited Feb. 17,2014)(描述梅赛德斯汽车可用的各种安全功能).

[90] 虽然美国的汽车碰撞事故发生率正在缓慢下降，但 2011 年仍有超过 530 万次事故，造成 220 多万人受伤，32,000 人死亡。39% 的致命事故中，酒精是一个原因。See Rand Report, supra note 30, at xiv.

能够承担成本，或通过定价决策广泛分担损失的负担。毕竟，让那些从减少风险的创新产品中受益的人承担事故的费用，至少在一定程度上是合理的。

第三，严格的赔偿责任制度将使所有有关方面免除巨额交易成本，如果当事方必须提起涉及无法建立故障的无人驾驶汽车的责任问题，将会花费巨大的交易成本。[91] 产品的复杂性呈几何式增长，诉讼产品责任案件的成本呈指数级增长。与其付钱给律师和专家，不如花钱补偿伤者。事实上，尽管丰田还没有公开讨论这个问题，但丰田之所以决定解决突然加速的案件，并不是因为它害怕在法庭上败诉，而是因为它担心这将让每个案件都提起诉讼。即使它赢了，也会由于案件的复杂性花费更多。果真如此，无论案件的案情如何，丰田都不会是第一个为避免交易成本而结案的公司。

第四，一个可预测的责任制度可能比一个不太可预测的系统更好地刺激创新，这个系统依赖于一个不切实际的搜索，然后分配过错。如果无人驾驶汽车提供了他们承诺的减少交通事故、为消费者提供更多休闲时间和减少燃料消耗的好处，他们将为社会带来实质性的好处。责任制度不应扼杀创新，它应该鼓励负责任的创新。稳定性加上成本分摊的办法无疑将比不确定的基于过失的赔偿责任制度更好地服务于这一目标。

假设可以说服法院采取严格的赔偿责任制度，问题就变成了“谁承担成本”。是否应该由经营者、车主、生产者、程序员、设计师承担，还是所有人员承担，抑或由法律简单地规定无人驾驶汽车本身就是一个合法的“人”，并要求它通过投保来承担责任？根据现行产品责任法，如果有人因汽车故障（不是司机）而受伤，生产者是责任承担的首选目标。对设计和制造缺陷负有一线责任的是生产者，一般是诉讼中的主要被告。这种责任分配是有道理的，因为生产者为车辆制定价格，生产者可以在车辆的销售价格中增加“保险

---

[91] 为避免出现任何疑问，笔者的论点并非基于“无过失”责任制度的概念，即一种替代强制保险并取消司法系统准入的制度。笔者的建议是由法院实施严格责任制度。虽然“无过错”系统的概念在 20 世纪七八十年代占据了主导地位，并且预计通过限制与诉讼相关的交易成本来降低保险成本，但现在很明显，这些系统没有像预想的那样运作。See, e. g., James M. Anderson et al., *The U. S. Experience with No-Fault Automobile Insurance: A Retrospective*, at xiii (2010), available at http://www.rand.org/pubs/monographs/MG860. 然而，很可能引入无人驾驶汽车将责任从“司机”转移到制造商，而这种转变可能引发对“无过错”保险制度的兴趣重新抬头。

费”以抵销预期的负债成本。[92]

让生产者独自承担成本至少有两个问题。一个是对于无人驾驶汽车,技术最复杂的部件如自动驾驶系统、引导它们的雷达和激光传感器以及做出决定的计算机,可能容易出现无法检测到的故障,但这些组件可能不是由生产者制造的,从成本分散的角度来看,当其他公司提供的零件和计算机代码可能是根本原因时,生产者是否应该承担成本还很不清楚。另外,鼓励无人驾驶汽车部件的生产商继续创新和改进其产品有道理,但他们即使在这种情况下也无法分摊费用,那么一次性分摊似乎有问题。相反的论点当然是,根据现行法律,受害方不可能对零部件生产商提出任何索赔,生产者几乎肯定不能对零部件提起付费或赔偿诉讼,因为没有证据表明零部件的设计和制造存在缺陷。[93] 因此,除非法院采用严格责任制度处理问题,否则仅有生产者可能要承担全部责任。在传统法律下解决这个问题的唯一方法是对既定的“共同企业”责任理论进行修改。根据这一理论,“一组相互关联的公司中的每个主体可对属于该集团的其他主体的行为承担连带责任”。[94] 这里的修改将大大偏离这一理论。一方面,建议的责任理论并不要求公司共同运作,所需要的只是他们有共同的工作目的,如设计、编程并制造无人驾

---

[92] 出于这个原因,让车辆所有者承担责任似乎不公平。该方案假设所有者的行为与事故无关。尽管如此,如果涉及无人驾驶汽车的事故风险低于某些专家的预测,那么为车辆投保的成本可能会非常低,所有相关人员通过强制保险更容易让所有者成为(就像大多数州的情况一样)责任方。此外,人们可以很容易地设想一种车辆的私人所有权成为遗物的系统。相反,公司(或城市或较小的社区)将拥有无人驾驶汽车的车队并在需要时派遣他们,我们现在使用的出租车服务或优步的方式,还可用于促进乘车共享,从而进一步减少对车辆、燃料成本和交通拥堵的需求。

[93] See supra notes 37 –39 and accompanying text. 还有一点可能会削弱制造商承担成本。如果人们接受“摩尔定律”的原则——计算能力每 18 个月翻一番——我们可以预期软件组件的成本会随着时间的推移而降低或保持稳定,而车辆其他组件的成本将继续上升。如果这一预测得到证实,那么制造商将越来越多地处于支付的最佳时期,因为软件将成为车辆总成本的不断下降的一部分。

[94] FTC v. Tax Club Inc. , F. Supp. 2d, 2014 WL 199514, at ∗5 (S. D. N. Y. Jan. 17, 2014); see also FTC v. Network Servs. Depot, Inc. , 617 F. 3d 1127, 1142 –43 (9th Cir. 2010); SEC v. R. G. Reynolds Enters. , Inc. , 952 F. 2d 1125, 1130 (9th Cir. 1991). 为确定是否存在共同企业,法院考虑了一些原因,如共同控制;分享办公空间和人员;业务是否通过相互关联的公司进行交易;公司资金混合和未能维持公司独立;统一广告;以及有证据证明被告公司之间不存在真正意义上的区别。FTC. v. Grant Connect, LLC, 827 F. Supp. 2d 1199, 1216 (D. Nev. 2011) [quoting FTC v. Nat'l Urological Grp. , Inc. , 645 F. Supp. 2d 1167, 1182 (N. D. Ga. 2008)].

驶汽车及其各种部件。另一方面，还有过错的问题。共同企业原则通常适用于确保一旦确定了赔偿责任，所有参与的不法分子都将被追究责任。当然，在这里不会有“不法分子”。相反，法律的运作会推断有责任，通过让他人承担费用来保护非被指责的一方（受伤的人）。但基本观点是一样的，一般企业理论允许法律规定连带责任，而不必揭露和纠结于将不法行为的每一个方面分配给一方或另一方的细节；为实现共同目标，各方从事不法行为就足够了。这一原则可以植入一种新的、严格的责任制度，以解决当智能自动机器在向特定人员分配故障时不可能或不可行时可能对人类造成的伤害。[95]

还有另一个解决方案可以避免让车辆的创作者即使没有过错也要承担成本的法律虚构，那就是让车辆本身承担成本。与其起诉生产者，不如让受害方做现在不可能做的事情，即起诉车辆。正如前面所建议的，在某个时候，法院将不得不纠结于一个根本的问题，即如何处理那些没有人代理的机器即无负责人机器。一个解决办法是将这些自主、智能的机器重新构想为法律规定的具有“人”地位的实体。赋予这些机器“人格”将解决代理问题，机器本身就成了负责人，随着新的法律地位的提高，将产生新的法律义务，包括为自己投保的义务。这是一种不同的成本分摊形式，而不是关注车辆的创建者，它可能有一个优点，即需要更广泛的受众包括车辆的车主参与为保险池提供资金，这也可能更加公平。

结论

高度精密的自主机器的引入可能即将来临。完全自主的机器可能以我

---

[95] 还有其他责任制度与此处建议类似。“企业责任”的一种形式是 1986 年《国家儿童疫苗伤害法》的基础制度，该法案为受某些疫苗伤害的儿童建立了无过错补偿制度，主要资金来自制造和销售疫苗的公司。See 42 U. S. C. § § 300aa 1 300aa 34(2006). 该法案对销售疫苗征税，以创建一项基金来支付疫苗造成的伤害。See 26 U. S. C. § 9510(2006)（建立疫苗伤害赔偿信托基金）. 如果原告确定该计划提供的赔偿不充分，可以向制造商提起诉讼，但大多数案件在没有诉讼的情况下得到解决。See generally Bruesewitz v. Wyeth LLC, U. S. ,131 S. Ct. 1068(2011).

们社区的无人驾驶汽车或以比我们想象更快的速度在我们头顶飞过的无人机形式出现。只要我们能将这些机器想象成一些法人(个人或虚拟)的“代理人”,我们目前的产品责任体系就能够在不做重大修改的情况下解决围绕其引入的法律而产生的问题。但法律不一定能够解决逐渐出现的机器带来的不可避免的伤害问题,以及机器在没有“主体”指导情况下运行的法律问题。法律如何选择在没有负责人的情况下对待机器,将是伴随引入完全自主的机器而来的核心法律问题,在某个时候,法律需要回答这个问题。

(侯贺亮　余守涛　译)

利用技术发现司法系统的更多信息

［澳大利亚］尼奥米·伯纳斯勒（Naomi Burstyner）*
［澳大利亚］塔尼·亚苏丁（Tania Sourdin）**
［斯里兰卡］秋达卡·利纳基（Chinthaka Liyanage）***
［澳大利亚］巴汉多·奥弗吉（Bahadorreza Ofoghi）****
［澳大利亚］约翰·西勒尼斯考（John Zeleznikow）*****　著

（原文载于 *Computer and Technology Law Journal*）

一、导言

理查德·苏斯金德（Richard Susskind）在《明日律师》一书中预言，法律世界将发生根本性且不可逆转的变化。①理查德·苏斯金德认为，未来的法律服务将不会像格里沙姆（Grisham）和朗普拉（Rumpole）所建议的那样。②

* 澳大利亚莫纳什大学法学院法律系。
** 澳大利亚纽卡斯尔大学法学院院长，教授。
*** 澳大利亚莫纳什大学法学院博士。
**** 澳大利亚墨尔本大学计算机与信息系统系博士。
***** 澳大利亚维多利亚大学商学院信息系统系教授。

① See generally Richard Susskind, *Tomorrow's Lawyers: An Introduction to Your Future* (*Oxford University Press*, 1*st ed.* 2013); see also Richard Susskind & Daniel Susskind, *The Future of the Professions: How Technology Will Transform the Work of Human Experts* (Oxford University Press, 1st ed. 2016).

② Richard Susskind & Daniel Susskind, *The Future of the Professions: How Technology Will Transform the Work of Human Experts* 71 (Oxford University Press, 1st ed. 2016).

相反地,它将是一个充斥着虚拟法庭,基于互联网的全球法律业务、在线文档制作、商品化服务、法律流程外包和网络模拟实践的世界。[③] 法律市场将会自由化,为律师提供新的就业机会和新的雇主。[④] 这些对未来的愿景,部分是基于过去 20 年来信息技术在司法实践中之运用的发展:从法律专业人士对信息技术最初的有限使用(通过文字处理和其他办公自动化等支持性技术),到更先进形式的电子发现和法律决策支持(法院使用)。[⑤] 此外,更加高级的数据库知识发现(knowledge discovery from databases)形式,有时也被称为数据挖掘,能够帮助司法途径的获取并为替代性纠纷解决提供支持。[⑥] 改善诉诸司法的途径这一目标可以通过大量的机制来实现,这些机制是依靠信息技术和更加复杂的数据挖掘技术支撑的。[⑦]

电子挖掘在法律中的主要应用表现为日益广泛使用的电子文件归档(electronic filing)、电子案件管理以及电子发现。[⑧] 它们通过提高效率和及时性来促进司法。然而,电子数据检索的发展能够创造出工具及方法,以探索贯穿于司法部门(不仅在个别案件中)的问题,从而更好地促进司法。这一进程有助于更广泛地发现知识和信息,同时,由于专家不断研发出用以进一步提升其有效性和效率的系统并进行持续性的革新,其效用得到增强。[⑨] 在个别案件中,有关这方面的一个例子即抽样统计的应用,其通过优先审查

---

③ Id.

④ Id.

⑤ See Andrew Stranieri & John Zeleznikow, *Knowledge Discovery from Legal Databases* ix (Francisco J. Laporta et al. eds. ,Vol. 69 2005).

⑥ Id. at x.

⑦ See John Zeleznikow, "Using Web-based Legal Decision Support Systems to Improve Access to Justice", 11 *Info. & Commc' n. Tech. L.* 15, 17 (2002) (discussing the possibility of creating online legal decision support mechanisms which could help litigants resolve disputes).

⑧ See Candice Lang, "Managing Privacy Risks in E-Discovery Data Collection and Processing: Understanding Data Privacy Regulations for Personally Identifiable Information", *Metropolitan Corporate Counsel*, Feb. 2017, at 22; see also Data Mining, ERDM, http://www.edrm.net/glossary/data-mining/ (last visited Nov. 16, 2017); see also Richard L. Marcus, "E-Discovery & Beyond: Toward Brave New World or 1984?", 25 *Rev. Litig.* 633 (2006).

⑨ See Nicolas Barry, "Man Versus Machine Review: The Showdown Between Hordes of Discovery Lawyers and a Computer-Utilizing Predictive-Coding Technology", 15 *Vand. J. Ent. & Tech. L.* 343, 357 (2013).

文件,并消除无相关性或重复的数据,从而降低信息发现的成本。[10]

所述过程涉及了数据在法律系统中的应用。在法律系统中,数据应用的主要目标是从争议各方或案件本身中提炼并发现相关信息,以便更快速地,也许是更好地系统化地解决争端。[11] 这种进程可能具有更普遍的实用性,它可以被应用于探讨有关法律制度和程序的问题。近期,澳大利亚莫纳什大学的澳大利亚司法创新中心(Australian Centre for Justice Innovation, ACJI)利用人工智能、数据挖掘和文本分析方法进行了科研项目研究,本文通过研究该项目,探讨数据挖掘在更广泛的司法环境中的应用,解析争议的特质,以为争议各方提供流程引用标识或"争议解决分类"。[12] 这一追求背后的动力来源于如下事实:

由澳大利亚高等法院的法官进行最终听审的民事纠纷往往具有复杂特征。在某些情况下,这些特征是使该争议在最初难以解决的因素,同时也是导致争议升级为诉讼的因素。在高级民事法院,法官常常指出,最终诉诸诉讼的争端往往具有高度的任务复杂性,它们可能涉及大量的信息、复杂的交易、多个参与者以及高度的行为复杂性,即那些参与争端的人……更有可能参与过度对抗行为。[13]

另外,"许多评论员指出,很少有民事争议在法官面前进行最终听审,[14] 而来自'两个澳大利亚司法管辖区'的数据显示,在法院受理的案件中,只有

---

[10] See Samantha Tomvald, "Using Predictive Discovery Defensibly", 42 *Brief* 9 (May 2015).

[11] See Bernard Marr, "How Big Data is Disrupting Law Firms and the Legal Profession", Forbes (Jan. 20, 2016, 2:31 am), http://www.forbes.com/sites/bernardmarr/2016/01/20/how-big-data-is-disrupting-law-firms-and-the-legal-profession/#2f1c67bc7c23; see also Sotarat Thammaboosadee & Udom Silparcha, "A Framework for Criminal Judicial Reasoning System Using Data Mining Techniques", in 2008 2nd IEEE International Conference on Digital Ecosystems and Technologies 518-23 (2008).

[12] See Australian Centre for Justice Innovation (ACJI), Monash U., https://www.monash.edu/law/centres/acji (last visited Nov. 18, 2017).

[13] Naomi Burstyner et al., "Why Do Some Civil Cases End Up in a Full Hearing? Formulating Litigation and Process Referral Indicia Through Text Analysis", 25 *J. Jud. Admin.* 257, 258 (2016).

[14] Id. at 258 (citations omitted).

极小比例的争议会在法官面前进行最终听审”。[15] “直到 1936 年《联邦民事诉讼规则》颁布前夕,在联邦法院提起的所有民事案件中,仅有 1/5 是在审判中得到解决的。”[16]像朗本(Langbein)这样的评论人士认为,这是在美国出现的新的民事诉讼制度的结果,同时,它的核心是“证据发现技术”,包括“审讯、书面证据以及宣誓证词”。[17] 美国“消失中的审判”研究也可以作为参考。同时,加兰特(Galanter)等评论者也认为,这是由于司法实践中多以和解为目的。他表示:“产生这种倾斜的原因包括诉讼当事人、律师和法官在观念上和实践上的转变。”[18]美国 2015 年民事诉讼改革[19]很可能会延续这一现象,同时,类似的改革在英国和澳大利亚也产生了显著影响。

在这种背景下,亦有一些研究项目聚焦于如何将争议事项提交诉讼以外的争端解决方式,以便尽可能地避免诉讼。为此,在 20 世纪 80 年代到 90 年代,人们都十分关注可以利用案件的哪些特征更有效地将争议转移给相应的替代性纠纷解决方式(ADR)。[20]

然而,几乎没有研究能够“确定最终会导致法院裁判的纠纷是否具有[特定]特征,从而创设出一定的标识,使尽早提交并管理这类案件”得到更

---

[15] Id. at 258 [citing Wayne Martin, “Timeliness in the Justice System: Ideas and Innovations: Because Delay is a Kind of Denial”, Australian Centre for Justice Innovation at The Monash Univ. Law Chambers in Melbourne (May 17, 2014), http://www.civiljustice.info/cgi/viewcontent.cgi? article = 1015&context = timeliness].

[16] John H. Langbein, “The Disappearance of Civil Trial in the United States”, 122 *Yale L. J.* 522, 522 (2012) (citing Stephen C. Yeazell, “Re-Financing Civil Litigation”, 51 *Depaul L. Rev.* 183, 185 n. 9 (2001) (citing Stephen C. Yeazell, “The Misunderstood Consequences of Modern Civil Process”, 1994 *Wis L. Rev.* 631, 633 n. 3 (reporting the proportion of cases tried in 1936 as 19% and in 1938 as 19.9%).

[17] John H. Langbein, “The Disappearance of Civil Trial in the United States”, 122 *Yale L. J.* 526, 570 (2012).

[18] Marc Galanter, “The Vanishing Trial: An Examination of Trials and Related Matters in Federal and State Courts”, 1 *J. of Empirical Legal Stud.* 459, 460 (Nov. 2004).

[19] Karen A. Henry and Diana Palacios, “The 2015 Amendments to the Federal Rules of Civil Procedure”, Americ An Barassociation (2016 年 3 月) http://apps.americanbar.org/litigation/committees/minority/articles/winter2016 - 0316 - 2015 - amendments-federal-rules-civil-procedure.html.

[20] Burstyner et al., supra note 13, at 258.

为有效的支持。[21] 由 ACJI 开展的探索性项目"旨在通过审查和探索现有的案例判决数据,更好地理解最终导致司法判决的争议的特征",[22]"该项目包括在两个[澳大利亚]司法管辖区(新南威尔士最高法院[23]和维多利亚最高法院[24]),尝试使用案例分析方法",运用文本分析工具来确定"是否存在导致纠纷更有可能最终进入诉讼程序的因素或案件特征"。[25] 应当指出的是,在澳大利亚,很少有与民事纠纷相关的陪审团审判。[26] 大多数的民事纠纷由一名法官审理,该法官作出的裁判(而非意见)可以在可公开访问的免费数据库中获取。[27] 在澳大利亚,涉及陪审团的案件所占比例相对较小,因此,司法裁判数据代表了进入最终民事审理阶段的大多数高等法院事务。[28]

二、民事司法制度与法院用户的人口统计数据

首先,需要注意的是,来自法律领域的数据通常以相对无序的文本文档格式存储;相反地,商业性和科学性数据则通常以一种"更结构化的方式"存储。[29] 此外,许多与法院相关的数据来源是以纸张为媒介的,或者以电子的方式存储法院决策,这些数据来源于叙述的形式,而不是一种结构化的数据库,这使事实价值和案例数据的检索更具挑战性。[30] 正如史娟妮儿

㉑ Id.

㉒ Id.

㉓ See Supreme Court of New South Wales, http://www.supremecourt.justice.nsw.gov.au/(last updated Nov. 18, 2017).

㉔ See Supreme Court of Victoria, http://www.supremecourt.vic.gov.au/(last reviewed Nov. 18, 2017).

㉕ Burstyner et al., supra note 13, at 258.

㉖ Michaela Whitbourn, "NSW Bar Push to Reintroduce Juries in Civil Trials in NSW", Sydney Morning Herald (Feb. 16, 2016), http://www.smh.com.au/nsw/bar-push-to-reintroduce-juries-in-civil-trials-in-nsw-20160216-gmveg6.html.

㉗ See generally Austlii, https://www.austlii.edu.au/(last visited Dec. 5, 2017).

㉘ Whitbourn, supra note 26.

㉙ See Andrew Stranieri & John Zeleznikow, "Knowledge Discovery from Legal Databases-Using Neural Networks and Data Mining to Build Legal Decision Support Systems", in *Info. Tech. & Law*. 81 (Arno R. Lodder & Anja Oskamp eds. 2006).

㉚ Id.

(Stranieri)和西勒尼斯考(Zeleznikow)所强调的,律商联讯(LexisNexis)或万律(Westlaw)等搜索引擎在检索与特定案件相关的案例和文本时,可能是无效的。[31] 事实上,为了能够搜集可能增强并支持司法制度的信息,尚需采取一系列的措施,以便从诸如此类的知识库中提取有用信息。[32]

人口统计数据作为一类信息,它或许能够提供一些见解,并协助为那些使用司法系统的人设计一种支持机制。但不幸的是,法院使用者的人口统计数据研究是零碎的,[33]并且在缺失法院关于已提交事项的明确基础数据的情况下,很难设计出有成效且高效率的程序以及能为争议各方产出持久并有意义的结果的系统。如前所述,在诉讼制度内,传统的审判程序只能解决少数的纠纷。[34]

在澳大利亚或美国,法院档案中所存录的信息不存在通用标准。典型的民事或家庭案件档案在澳大利亚或美国(注明各种文件的不同用语和名称)可能包括令状或诉状、通知书、宣誓书、反诉状、对第三人的起诉、起诉书、裁判备忘录、意见和司法命令。[35] 在某些司法管辖区,例如美国,更加注重证据开示和书面证词。[36] 而在许多司法管辖区,强制性披露规定已削弱了对证据开示的重视,并且在强调宣誓声明或宣誓书的司法辖区内,则不存在书面作证程序。[37] 然而,法院档案中所记录的信息的具体内容取决于案件及指控的性质,并不是系统性地包含诸如当事人的年龄、文化起源、语言资料、

---

[31] Id.

[32] Id. at 81 -82.

[33] See generally Sara C. Benesh & Susan E. Howell, "Confidence in the Courts: A Comparison of Users and Non-User", in 19 *Behav. Sci. and the L.* 199 (David B. Rottman and Alan J. Tomkins 2001).

[34] See Galanter, supra note 18, at 460; see also Patricia L. Refo, "Opening Statement: The Vanishing Trial", 30 *J. of the Sec. of Litig.* 2, 2 -4 (Winter 2004) (discussing the decrease in use of litigation); see also Langbein, supra note 17, at 522.

[35] See generally Michael J. Legg, "The United States Deposition—Time for Adoption in Australian Civil Procedure?", 31 *Melbourne Univ. L. Rev.* 146 (2007).

[36] See generally id.

[37] Judicial Commission of New South Wales, *Civil Trials Benchbook* (2017) (citing the Discovery section).

就业/工作状况、健康状况或教育水平此类人口统计信息。[38] 这些人口统计特征与诉诸司法问题直接相关,同时,知晓这些特征,有助于了解最适当的争端解决进程和支助机制,从而为这些特定用户提供公平有效的司法体验。

除缺乏现有法庭使用者的信息外,还缺乏关于诉讼的实证研究,同时,"多种多样的替代性争端解决方式也导致"当事人的一些特征难以被识别,这些特征可能使"比起另一种争端解决程序来说,某一种争端解决程序能够更高效地管理并解决"特定案件。[39] 位于新南威尔士州法律与司法基金委员会的澳大利亚民事司法研究中心[40]表示:"替代性纠纷解决方式已经使我们身处于这样一种局面,即决策者不可避免地需要进行谨慎考虑,进而在诸多处理纠纷的备选方案中作出慎重的选择。因此,有必要进行实证调查,以提供有助于指引这种选择的信息。"[41]

事实上,"相关研究表明,在决定一种争端解决进程是否比其他方式更有效时,某些因素可能起着重要的作用。例如,一些研究结果支持了这样一种观点,即在存在多个争议焦点的纠纷中,调解是最有效的解决方式"。[42] 然而,由于在某个案件中,与争议焦点数量相关的数据通常不会被系统性地记录下来,因此,在特定案件中是否存在多个争议焦点依然难以识别。澳大利亚对自代理诉讼当事人(self represented litigants)的研究,在美国被称为"亲自到庭"(prose),是在作出与司法相关的任何思考时,应当注意的重要方面。在21世纪初,关于自代理诉讼当事人的研究是零碎的,主要集中于家庭法领域。因而,缺少围绕诉讼案件复杂性或特定因素的信息,而此类数据的获取

---

[38] See generally Sarah E. Lageson, "Crime Data, the Internet, and Free Speech: An Evolving Legal Consciousness", 51 *L. & Soc'y Rev.* 8 (2017). In civil matters, the data collected may vary considerably. See generally Elizabeth Richardson & Tania Sourdin, "Mind the Gap: Making Evidence-Based Decisions About Self-Represented Litigants", 22 *J. Jud. Admin.* 191 (2013).

[39] Burstyner et al., supra note 13, at 260.

[40] See Publications [Law and Justice Foundation of New South Wales], NSW Gov't: St. Archives & Recs., https://www.records.nsw.gov.au/series/20380 (last visited Nov. 18, 2017)

[41] Burstyner et al., supra note 13, at 260 [citing Civil Justice Research Centre, Researching Alternative Dispute, L. Foundation of N. S. W. 1 (August 1992)].

[42] Id.

将有助于提炼出特定的标识，从而使对纠纷进行分类具有可能性。[43]

如前所述，自我代表出庭是可能导致纠纷进入最终诉讼听审的因素之一。[44] 过去 20 年来，在法庭及裁判制度中，与自我代表出庭诉讼当事人有关的问题，一直是有限研究的对象。ACJI 对自我代表进行了一些研究并且发现，理解这些问题的一个重要阻碍就是信息的匮乏，缺乏的这些信息包括澳大利亚自我代理诉讼当事人的人数、他们所面临的挑战以及他们在法庭及法院系统内从事活动所产生的影响。[45]

数据挖掘和其他类似的信息发现技术，例如，当前 ACJI 在其项目中所使用的技术，对于潜在的更广泛的项目有其效用，这种项目旨在从可能导致争端在早期无法得到解决的其他因素（如健康状况不佳及案件复杂）中，提炼导致争议进入全面听审的标识，以及能够阐明高冲突行为（high conflict behaviours）和自代理诉讼当事人带来之影响的指标。该研究还会影响现有的机构、资源和流程，这些机构、资源和流程将会影响那些在纠纷中表现出高冲突行为的主体，同时也受这些高冲突行为主体的影响，如法院、法律援助组织、民事法庭和结算所（如澳大利亚的 PILCH）、"调解员、争议解决专家"及争议者本身。[46]

"就法律制度实现目标的能力（效力、效率及公平方面）而言，高冲突行为时常被视为一个重要问题。那些表现出持续性的高冲突行为模式的人，

---

[43] Burstyner et al. , supra note 13, at 260 [citing John Dewar, Barry W. Smith & Cate Banks, Litigants in Person in The Fam. Ct. of Austl. 20 (Family Court of Australia 2000)]; John Dewar, Bronwyn Jerrard & Fiona Bowd, "Self-representing Litigants: A Queensland Perspective", 23 *The Queensl. Lawyer* 65, 77 (Dec. 2002); Family Law Council, Litigants in Person (Commonwealth of Australia 2000); Rosemary Hunter, Ann Genovese, April Chrzanowski & Carolyn Morris, "The Changing Face of Litigation: Unrepresented Litigants in the Family Court of Australia", Law and Justice Found. of N. S. W. (August 2002); Melanie Dye, An Evaluation of Services for Self-Represented Litigants in the Federal Magistrates Court Canberra (Federal Magistrates Court of Australia 2004).

[44] See Tania Sourdin & Nerida Wallace, " The Dilemmas Posed by Self-Represented Litigants-The Dark Side", Access to Just. 1, 4 (Apr. 15, 2014).

[45] See Elizabeth Richardson, "Tania Sourdin & Nerida Wallace, Self-Represented Litigants: Literature Review", Australiancentre for Ct. and Just. Sys. Innvoation, 23 – 24 (May 24, 2012); see also Tania Sourdin, Alternative Dispute Resolution 3 (5th ed. 2016).

[46] Burstyner et al. , supra note 13, at 259.

也许正在经历着长期的内心痛苦”,他们有时可能会作出“不当行为来缓解痛苦,在某些情况下”,这种行为会加剧他们“痛苦的原因”并使争端升级。[47]“然而,高冲突行为在多大程度上推动了澳大利亚的民事诉讼尚不明朗”,如前所述,“有人提出,除任务或法律的复杂性外,行为的复杂性对于许多进入诉讼程序的事项以及司法审判的进展,也是驱动因素之一”。[48] 通过文本分析方法“更多地了解这些行为”可以与“关于行为原因的额外研究”相结合。[49] 它还可以协助实现更具有效性的沟通以及开发其他工具,以鼓励更理性的行为,使法官、执业人员和司法系统的其他人员从中受益。[50]

其他数据缺口可能与及时性相关,这种及时性往往关注案件的年龄而非争议的年龄,较长时间的纠纷解决进程对当事人诉讼行为所带来的影响仍不明朗。[51] 成本费用与时间之间的关系,以及这两个因素对于当事人诉讼行为的影响尚未可知。如果我们效仿加兰特,[52]将司法系统与卫生系统、司法程序与手术过程进行比较,我们根本不知道为什么有些人需要“手术”,拖延和费用对案件是否进入最终听审程序会产生何种影响,以及在何种情形下“健康”干预会更加有效。

更好地收集和分析数据将有助于更有针对性地提供法院服务及诉讼以外的替代性纠纷解决方式,从而使当事人更好地获得司法服务。越来越多地使用线上法庭环境以及文本分析流程将有助于实现这一目标。[53] 大数据

---

[47] Id.

[48] Id.

[49] Id.

[50] Id.

[51] Tania Sourdin, "Timeliness in the Justice System: Ideas and Innovations", Australian Centre for Just. Innovation (May 16, 2014), http://www.civiljustice.info/cgi/viewcontent.cgi?article=1014&context=timeliness.

[52] See Marc Galanter, "Justice in Many Rooms: Courts, Private Ordering, and Indigenous Law", 19 *J. Pluralism & Unofficial L.* 1 (1981).

[53] See Media Release, "Gabrielle Upton, Attorney General, Online Court Makes Access to Justice Easier", (Sept. 9, 2015), http://www.justice.nsw.gov.au/Documents/Media%20Releases/2015/MR_15_online%20court.pdf; see also Michael Legg, "The Future of Dispute Resolution: Online ADR and Online Courts", Australasian Disp. Resol. J. 2016 - 71 (July 18, 2016).

(从其他来源及政府数据集中获得——在健康和其他领域)也可能为更加复杂精细的有效性测评提供支持。[54]

三、数据挖掘技术

数据挖掘介于知识层次结构中的数据级和信息级实体之间,是指将数据转换为潜在有用且先前未知的信息。[55] 数据挖掘本身是一种解决问题的方法,其重点是为数据集合的模式与规则,寻求一种逻辑性或数学性的描述。[56] 通过使用多种数据挖掘技术,可以从归档数据源和流式数据源中提取出这些模式。[57] 所提取的信息可能采用不同的形式,例如事件的预测、[58]共生事件的发现[59]或将数据划分为具有相似特征的对象类别。[60]

经典的数据挖掘技术是建立在统计分析基础上的、用以分析未来可能发生的事件的预测模型。[61] 线性回归模型[62]仍然是最常见的统计数据挖掘方

---

[54] See Maggie Tamburro, " The Future of Predictive Coding-Rise of the Evidentiary Expert", IMS Expert-Services. (June 26, 2012), http://www. ims-expertservices. com/bullseye/june -2012/the-future-of-predictive-coding-rise-of-the-evidentiary-expert/.

[55] See generally Jiawei Han et al. , *Data Mining: Concepts and Techniques*(3d ed. 2013).

[56] See Usama Fayyad et al. , " The KDD Process for Extracting Useful Knowledge from Volumes of Data", 39 *Comm. of the Acm* 27, 28(Nov. 1996).

[57] See generally Data Streams: Models and Algorithms (Charu C. Aggarwal ed. , 2007) (detailing various data mining techniques).

[58] See generally Theodoros Anagnostopoulos et al. , Path Prediction Through Data Mining, in IEEE Int' l Conf. On Pervasive Servs. , 128 (July 2007) (demonstrating a model of path prediction for moving users).

[59] See generally Rakesh Agrawal et. al. , "Mining Association Rules Between Sets of Items in Large Databases", 22 ACM Sigmod Rec. 207(June 1, 1993)(演示如何挖掘大量数据).

[60] See Pavel Berkhin, Survey of Clustering Data Mining Techniques, in Grouping Multidimensional Data 25, 25 -71(Jacob Kogan, Charles Nicholas & Marc Teboulle eds. , 2006).

[61] See Nishchol Mishra & Sanjay Silakari, " Predictive Analytics: A Survey, Trends, Applications, Oppurtunities & Challenges", 3 *Int' l J. of Computer SCI. and INFO. Tech.* 4434, 4434(2012); see also Andrew Stranieri & John Zeleznikow, supra note 30, at 81; see also Jonathan Hosking et al. , A Statistical Perspective on Data Mining (IBM T. J. Watson Research Center 1997).

[62] See generally Mary Sue Younger, Handbook for Linear Regression (Duxbury Press, 1979)(为那些必须使用线性回归的人提供实用手册).

法之一。聚类分析[63]和近邻取样[64]是经典数据挖掘中被广泛应用的另外两种方法。

近期应用中的大多数数据挖掘技术是新一代技术,[65]这些技术包括决策树、[66]人工神经网络[67]以及规则归纳,[68]利用这些技术可以从现有的数据中发现新信息,并构建预测模型。[69] 贝叶斯网络概率图模型[70]也是最新的数据挖掘技术之一,[71]它们可以捕捉事件的不确定性,并克服在处理丢失数据过程中的困难。[72]

数据挖掘技术已经被应用于各个领域,以协助解决许多现实生活中的

---

[63] See Kenneth Bailey, *Typologies And Taxonomies: An Introduction to Classification Techniques* 34(Michael S. Lewis-Beck ed. ,1994).

[64] See generally D. Coomans & D. L. Massart, Alternative k-Nearest Neighbour Rules in Supervised Pattern Recognition,136 *Analytica Chimica Acta* 15(1982)(讨论近邻规则的使用).

[65] See generally Han,supra note 55.

[66] See J. R. Quinlan, "Simplifying Decision Trees",27 *Int'l J. of Man Machine Stud.* 221, 221 -22(1987).

[67] See F. Rosenblatt, "The Perceptron: A Probabilistic Model for Information Storage and Organization in the Brain",65 *Psychol. Rev.* 386,387(1958).

[68] See J. R. Quinlan, "Generating Production Rules from Decision Trees", 1 *Proc. of The Tenth Int'l Joint Conf. on Artificial Intelligence* 304,304(1987).

[69] See Andrew Stranieri & John Zeleznikow, supra note 30, at 81; see generally Lior Rokach & Oded Maimon, *Data Mining With Decision Trees: Theory and Applications*, (H. Bunke & P. S. P. Wang eds. ,2nd ed. 2008); see generally Peter G. Zhang, "Neural Networks", in "Data Mining and Knowledge Discovery Handbook" 419,419 -444(Oded Maimon & Lior Rokach eds. 2010); see generally Jerzy W. Gryzmala-Busse, "Rule Induction", in *Data Mining and Knowledge Discovery Handbook* 249(Oded Maimon & Lior Rokach eds. 2010).

[70] See generally Berthier A. N. Ribeiro & Richard Muntz, "A Belief Network Model for IR", Igir'96 Proc. of the 19th Ann. Int'l. Acm Sigir Conference on Res. and Dev. in Info. Retrieval,253 (1996)

[71] See David Heckerman, "Bayesian Networks for Data Mining", 1 *Data Mining and Knowledge Discovery* 79,79(1997).

[72] Id. at 96.

问题。在健康信息学领域识别和理解健康威胁和疾病模式,[73]通过理解运动员在精英运动中的行为模式来支持决策的作出,[74]构建数学模型来了解趋势或识别金融应用中的欺诈,[75]以及从大量的天文学数据中发现数据驱动,[76]这些只是数据挖掘技术的诸多成功应用中的几个例子。

詹金斯(Jenkins)指出,一些研究"强调了机器学习在揭示和量化法律规则的'开放性结构'以及个体法律决策者的自由裁量权方面能够发挥重要作用"。[77] 例如,史娟妮儿和西勒尼斯考认为,机器学习特别适用于预测依赖于"地方性遵循先例原则"(同一法院对类似事实作出相同决策)或"个人遵循先例原则"(同一法官对类似事实作出相同决策)所作出的结果,而不是传统遵循先例原则的结果。特别而言,相比于那些没有宣布法律原理发生更广泛变化的案件,在依赖司法裁量权的普通案件中,机器能够更加有效地预测

---

[73] See generally Hian Chye Koh & Gerald Tan, "Data Mining Applications in Healthcare", 19 *J. of Healthcare Info. Mgmt.* 64 (2005); see generally Bahadorreza Ofoghi et al., "Towards Early Discovery of Salient Health Threats: A Social Media Emotion Classification Technique", *Pac. Symp. on Biocomputing* 504, 504 (2016); see generally Bahadorreza Ofoghi & Karin M. Verspoor, "Assessing the Performance of American Chief Complaint Classifiers on Victorian Syndromic Surveillance Data", Austl. 'S Big Data in Blomedicine & Healthcare Conf. (2015).

[74] See Bahadorreza Ofoghi et al., "Data Mining in Elite Sports: A Review and a Framework", 17 *Measurement in Physical Educ. and Exercise SCI.* 171, 172 (2013); see also Carson K. Leung & Kyle W. Joseph, "Sports Data Mining: Predicting Results for the College Football Games", 35 *Procedia Computer* SCI. 710, 710 (2014); see also Bahadorreza Ofoghi et al., "Performance Analysis and Prediction in Triathlon", 34 *J. of Sports SCI.* 607, 607 (2016).

[75] See Rasa Kanapickiene & Z̆ivile Grundiene, "The Model of Fraud Detection in Financial Statements by Means of Financial Ratios", 213 *Procedia SOC. and Behav. SCI.* 321, 321 (2015); see also B. Nagarathna & M. Moorthi, "A Review on Data Mining and Its Techniques in Finance Sector", 3 *Int' l J. of Advance Res. in Computer SCI. and Mgmt. Stud.* 29, 29 (Mar. 2015); Andreas S. Weigend, "Data Mining in Finance: Report from the Post-NNCM – 96 Workshop on Teaching Computer Intensive Methods for Financial Modeling and Data Analysis", in Declsion Techs. For Fin. Eng' r: Proc. of The Fourth Int' l Conf. On Neural Networks in the Capital Markets, 399, 399 (1997).

[76] See Yanxia Zhang & Yongheng Zhao, "Astronomy in the Big Data Era", 14 *Data SCI. J.* 1, 1 (2015). See generally *Advances in Machine Learning and Data Mining for Astronomy* (Michael J. Way et al. eds., 2012).

[77] Johnathan Jenkins, "What Can Information Technology do for Law?", 21 *Harv. J. of L. & Tech.* 589, 601 (2008).

案件结果。[78]

10 多年前,史娟妮儿和西勒尼斯考详细讨论了数据挖掘技术在法律领域的应用。[79] 虽然他们从规则归纳、不确定性和统计数据挖掘、信息检索和文本挖掘方面讨论了数据挖掘,但他们关注的焦点是如何使用神经网络为决策提供支持。[80] 他们的研究是在示例应用的背景下进行解释的:拆分项目。[81] 该项目的数据来源于澳大利亚家事法院审理的离婚后财产分配案件,[82]其目的是预测澳大利亚家事法院法官在对离婚财产进行分配时,可能判给离婚双方的财产百分比。[83] 澳大利亚家事法通常被认为是具有高度自由裁量性的法律,并且,史娟妮儿和西勒尼斯考在他们的著作的第四章中指出,数据挖掘(特别是神经网络)可以适当地应用于这一领域。[84] 詹金斯通过考虑数据库中的机器学习和知识发现以及在论证模型和结果预测方面的后续进展,对史娟妮儿和西勒尼斯考的研究进行进一步跟进。[85]

在齐尔(Dozier)的文章中,作者使用文本挖掘技术,以陪审团裁决和和解文件为依据,创设了专家证人的在线目录。[86] 麦金尼斯(McGinnis)和皮尔斯(Pearce)讨论了机器智能如何改变律师在提供法律服务中所发挥的作用。[87] 其他作者则讨论了"新产品和服务如何利用机器学习,更加简易高效

---

⑱ Id.

⑲ See generally Andrew Stranieri & John Zeleznikow, supra note 5; see also Andrew Stranieri & John Zeleznikow, supra note 29, at 81.

⑳ Id.

㉑ See generally John Zeleznikow, "The Split Up Project: Induction, Context and Knowledge Discovery in Law", 3 *L., Probability & Risk* 147 (2004).

㉒ Id. at 157.

㉓ Id.

㉔ See Andrew Stranieri & John Zeleznikow, supra note 29, at 81.

㉕ See generally Johnathan Jenkins, "What Can Information Technology Do for Law", 21 *Harv. J. of L. & Tech.* 589 (Spring 2008).

㉖ See generally Christopher Dozier et al., "Creation of an Expert Witness Database Through Text Mining", Icail '03 Proceedings of the 9th International Conference on Artificial Intelligence and Law 177 (June 24 -28, 2003).

㉗ See John O. McGinnis & Russell G. Pearce, "The Great Disruption: How Machine Will Transform the Role of Lawyers in the Delivery of Legal Services", 82 *Fordham L. Rev.* 3041, 3041 (2014).

地管理合同、法律表格和诉状的生成和处理”。[88] 例如，eBrevia 适用机器学习技术使合同审查流程自动化。[89]

近年来，在法律领域，技术的使用主要集中在搜索和检索系统的开发方面，这些系统能够根据以往记录在案例库中的案件，促成法律决策的作出。[90] 基于同样的目的，还开发了一些商业系统，例如，律商联讯、万律和世界法律信息研究所(Word Lii)。[91] 然而，目前成熟的法律研究方法都是基于数据挖掘以及文本挖掘技术，这些技术构成了数据挖掘技术的相关方法族群。[92]

文本挖掘(在法律领域)的主要目的是从非结构化文本中提炼结构化信息，从而识别出案件内部以及案件与案件之间的详细属性与关系。[93] 数据挖掘技术已被用于自动分析并提取法律案件中的观点，发现论点之间的联系，并确定具有相关性的案例。[94] 最近，一些研究对法律文件进行了一些探索性(无监督聚类)分析，以便以案例说明/摘要为主要依据，对文件进行分类。[95] 其采用一种与之类似的以无监督神经网络为基础的方法，对国际公法中有

---

[88] Raymond H. Brescia et al. , "Embracing Disruption: How Technological Change in the Delivery of Legal Services Can Improve Access to Justice", 78 *Alb. L. Rev.* 553, 564 n. 79 (2014 – 2015).

[89] See EBREVIA, https://ebrevia.com/#overview (last visited Nov. 19, 2017).

[90] See Carole D. Hafner, "Representation of Knowledge in a Legal Information Retrieval System", Sigir 80 Proceedings of the 3rd Annual ACM Conf. On Res. And Dev. In INFO. Retrieval 139 (1980); see also Jody J. Daniels & Edwina L. Rissland, "Finding Legally Relevant Passage in Case Opinions", 1997 *Int' L Conf. On Artificial Intelligence and L.* 39 (1997).

[91] See WESTLAW, https://www.westlaw.com.au/ (last visited Nov. 19, 2017); see also LEXISNEXIS, https://store.lexisnexis.com.au/ (last visited Nov. 19, 2017); see also WORDLIT, http://www.worldlii.org/ (last visited Nov. 19, 2017).

[92] See generally Mohamed F. Mohamed Firdhous, "Automating Legal Research Through Data Mining", 1 *Int' l J. of Advanced Computer SCI. And Applications* 9 (2010).

[93] See Adam Wyner et al. , "Approaches to Text Mining Arguments from Legal Cases", in Semantic Processing of Legal Texts: Where the Language of L. Meets The L. of Language 60, 61 (Enrico Francesconi et al. eds. , 2010).

[94] Id.

[95] See Rupali S. Wagh, "Exploratory Analysis of Legal Documents Using Unsupervised Text Mining Techniques", 3 *Int' l J. of Eng' g Res. & Tech.* 2264, 2264 (Feb. 2014).

关重要条约的文件进行分类(分组)。[96] 在印度最高法院的判决数据集中,也探讨了通过聚类分析,利用法律裁判中的引文来搜寻类似的裁判,并对其进行了评价。[97] 利用监督下的机器学习技术,能够在现有案件和已决案件文本的基础上建立数学模型,以预测新案件的结果。[98] 同时,它也被用于对英国国会上议院法律裁判中的每个句子进行自动分类,进而对法律文本进行总结。[99]

怀纳(Wyner)采用了更复杂的自然语言处理技术对法律文本作出注释,然后,在普通法背景下,可以利用该文本从案例库筛取信息。[100] 其他作者利用自然语言处理、统计文本分析和机器学习技术,从意大利环境领域立法文本中提炼理念化知识,[101]这种对其本体的探究,对于法律案件的自动化理解、检索和分析起着重要的作用。

四、法院案件的文本数据分析

研究使用文本挖掘技术对澳大利亚新南威尔士州和维多利亚州两个司法管辖区最高法院审理的已决民事案件进行了分析,[102]该文本分析过程包括在裁判网站上进行搜寻和查阅,并搜索研究人员所选择的、用以表示难度、

---

[96] See generally Dieter Merkl & Erich Schweighofer, "En Route to Data Mining in Legal Text Corpora: Clustering, Neural Computation, and International Treaties", in *Proceedings of the Int'l Workshop on Database & Expert Sys. Applications* 465 (Sept. 1997).

[97] See K. Raghav et al., "Text and Citations Based Citations Based Cluster Analysis of Legal Judgments", in *Int'l Conf. On Mining Intelligence & Knowledge Exploration* 449, 450 (2015).

[98] See Kevin D. Ashley & Stefanie Brüninghaus, "Automatically Classifying Case Texts and Predicting Outcomes", 17 *Artificial Intelligence & L.* 125, 127 (2009).

[99] See Ben Hachey & Claire Grover, "Sentence Classification Experiments for Legal Text Summarisation", 17th Ann. Conf. On Legal Knowledge & Info. Sys. 29, 30 (2004).

[100] See Adam Wyner, "Towards Annotating and Extracting Textual Legal Case Elements", 4th Workshop on Legal Ontologies & Artificial Intelligence Tech. 9, 9 (2010).

[101] See generally Alessandro Lenci et al., "NLP-Based Ontology Learning from Legal Texts. A Case Study", in Proceedingsof Loait 07 II Workshop on Legal Ontologies & Artificial Intelligence Techs. 113 (2007).

[102] See Burstyner et al., supra note 13, at 257.

复杂性和其他有问题特征的特定词汇。[103] 最初，本研究利用文本数据解析和从一些 html 文件中提炼出的信息，对每个司法裁判区长达一年的判决样本进行分析。[104] 这些为期一年的判决样本的选取是手动的，因此，那些涉及非终局性事项或无争议事项的样本，可以从可搜索数据库中手动剔除。[105]

更具体而言，鉴于其与研究目标的相关性，该研究采用了文本分析的研究方式。[106] 文本分析是一种众所周知的数据收集过程，特别是在社会科学学科[107]中，同时，它还作为一种适当的法律研究方法，应用于大批量的法律案件分析。[108] 在相关文献中，这种方法被认为是“语义理解的最基础层次，[因为]它所指向的是语篇本身的内容”，[109]并且，它在词频与作者的兴趣之间建立了直接联系，作者的兴趣因而能被揭示出来。[110] 文本分析的另一个特点是，“对于司法意见和其他法律文本中发现的法律本身，文本分析有助于对其作出科学性的理解，这是一个发挥法律学者优势的主题”。[111] 就样本量而言，这种方法能够用于分析“一大批权衡过的相类似的案件，以找出整体模式”。[112] 必须指出的是，当前研究中的文本分析，其对象仅限于所选择的、在两个司法管辖区最高法院之一进行了全面听审的民事案件的裁判文本内容。

值得注意的是，文本分析研究方法已经被许多法律学者采用，其中包括

---

[103] Id. at 257 –58.

[104] Id. at 257.

[105] Id. at 265.

[106] Id. at 257.

[107] See generally Alan Mckee, Textual Analysis: A Beginner's Guide 1 (SAGE Publications, 1st ed. 2003).

[108] See Mark A. Hall & Ronald F. Wright, "Systematic Content Analysis of Judicial Opinions", 96 *Calif. L. Rev.* 63, 65 (Feb. 2008).

[109] Manuel Villegas, Phenomenological Hermeneutics of the Therapeutic Discourse, in 35 Husserlian Phenomenology in a New Key: Intersubjectivity, Ethos, the Societal Sphere, Human Encounter, Pathos Book 2 Phenomenology in the World Fifty Years after the Death of Edmund Husserl 446 (Anna-Teresa Tymieniecka ed., 1991).

[110] Id.

[111] Hall & Wright, supra note 108, at 64.

[112] Id. at 66.

2008 年[113]和 2015 年[114]的文献研究。例如,怀纳论文的作者对于“法律案例中的法律论据、属性及关系”的识别作出了贡献。[115] 这项研究同时也助推了“支持法律专业人员开展活动的工具的开发,例如,在案例库中识别具有相关性的案例”。[116] 判例法是英美法系的基础,怀纳的论文进一步地尝试“通过以判例法为起点,进行自下而上的调查,从而完善对法律含义及法律制度功能的理解”。[117]

在 2015 年发表的一项旨在调查概要写作质量是否会影响法律后果的研究成果中,文本分析进程被用以审查美国 1946 年到 2013 年间的近 9500 篇判决概要,以从判决概要中识别出重复使用的文字,作为法律写作效果的标志。[118]

该项研究的目标是确定判决概要的“质量”,南加州大学研究人员亚当·费尔德曼(Adam Feldman)借鉴现有的写作质量理念(如被动性、语调和冗长),并将这些标准应用于解析程序,为每一篇概要写作打分。[119] 亚当·费尔德曼随后利用这种“质量分数”来衡量在判决中使用概要中的语句的程度:“重叠”。[120] 亚当·费尔德曼所使用的方法与本研究所采用的方法相似,即使用既存的变量概念(在本例中为复杂性)来衡量法庭结果(待审理案件)。[121]

美国的另一项研究使用了计算机排序和加权核函数(文本分析)来确定

---

[113] See generally id. ; see also Richardson et al. , supra note 46.

[114] Adam Feldman, “Counting on Quality: The Effect of Merits Brief Quality on Supreme Court Opinion Content”, 94 *Denv. L. Rev.* 43 (2016).

[115] Adam Wyner et al. , “Approaches to Text Mining Arguments from Legal Cases”, in Semantic Processing of Legal Texts 60, 61 (*Springer-Verlag Berlin Heidelberg* 2010).

[116] Id.

[117] Id.

[118] Burstyner et al. , supra note 13, at 263.

[119] See Feldman, supra note 114, at 45.

[120] Id. at 46.

[121] Burstyner et al. , supra note 13, at 264.

语言中的司法偏好。[122] 先前用以解释司法偏好的理论偏向于遵循单方面的政治取向模型来预测司法结果。[123] 亚当·费尔德曼和马尼(Menounou)的研究探讨了是否可以依据在概要中使用的语言来确定法官在权衡其判决时的倾向性,这种对司法偏好的预测方式超越了保守主义和自由主义的范畴。[124] 此时,作者面临着确定一种衡量司法偏好的新方法的挑战。[125] 作者没有遵照现有的政治学或语言学理论,反而通过收集有关第一修正案案例的判决概要,进行了一系列自动化程序研究。[126]

判决概要中使用的"显著术语"体现判决概要的突出观点,亚当·费尔德曼和马尼的研究目的即识别判决概要中的"显著术语",并衡量法官裁定赞成或反对判决概要观点的倾向性。[127] 研究人员经由自动排序对这些概要进行了梳理。[128] 通过查看 17 年来几位法官对超过 89 个案件的特定问题的投票记录(在本例中为《美国联邦宪法第一修正案》),研究人员能够识别出与概要语言相关的法官投票行为的模式。[129] 研究中使用了"监督下的学习"方法,将概要编入相应类别,根据这些类别来衡量(法官是否投票赞成或反对概要),并允许"机器学习"确定其与所使用语言的关系。[130]

进行该项研究的研究人员发现,对这 89 个案例的案件摘要中的语言进行排序,实际上确实能够识别出司法语言偏好,且其预测能力达到近 80%。[131] 作者得出结论:超出意识形态的一系列因素均可能影响法官,通过对这些因素进行排序和识别,能够更好地理解法官个人的语言偏好。[132] 很明显,"不同

---

[122] See Adam Feldman & Elli Menounou, What Motivates the Justices: Utilizing Automated Text Classification to Determine Supreme Court Justices' Preferences (Apr. 1, 2015), http://papers.ssrn.com/so13/papers.cfm?abstract_id=2575211.

[123] Id. at 5.

[124] Id. at 2,5.

[125] Id. at 2.

[126] Id. at 9 – 10.

[127] Id. at 11.

[128] Id.

[129] Id. at 9 – 10.

[130] Id. at 10 – 15.

[131] Id. at 16.

[132] Id. at 23.

形式的文本分析对于在法律和法庭环境中确定某些趋势和偏好是有益的”。[133]

五、维多利亚州和新南威尔士州案件的文本分析：司法系统分类的先驱

如前所述，该项目的文本分析包含了对新南威尔士州最高法院（n = 386）和维多利亚州最高法院（n = 248）听审的所有终审民事案件的分析，其中一些事项被排除在外。[134] 研究利用这两个司法管辖区，以检验所采用的方法并探讨司法管辖区的差异对可能具有某些类似特征的案件所产生的影响。[135]

文本分析过程包括“数据挖掘进程的分析部分，即从定量的角度利用文本分析研究”，以回答项目的研究问题。[136] “每个术语的文档频率代表了至少提到过一次该术语的判决（判决文本）的原始数量。”[137]“进一步分析的重点在于探讨包含至少一个术语列表上的术语的案件所占的百分比。”[138]“其他分析则考虑到某些术语在其中同时出现的样本。”[139]此外，研究还从定性的角度对所选案例的判决文本进行了深入分析……[140]在数据挖掘过程中，研究人员从两个司法管辖区的选定案例样本中收集相关数据，然后通过专门设计的数据挖掘技术对这些数据进行编码和处理。所使用的数据挖掘技术是“IBM Watson Analytics”，[141]在分析上述数据时，研究人员用 Java 编程语言开发了软件代码。[142] “一些现有的开放源代码工具被导入和使用，其中包括用于词

[133] Burstyner et al. ,supra note 13,at 265.
[134] Id.
[135] Id. at 269.
[136] Id. at 270.
[137] Id. at 269.
[138] Id.
[139] Id.
[140] Id. at 270.
[141] Id.
[142] Id.

性还原的 Stanford Core NLP、用于 Microsoft Word 文档解析的 Apache POI、用于 PDF 文档解析的 Apache PDF Box、用于处理案例在线 HTML 文档的 JSOUP。"[143]

在整个过程中,在包含有调解和仲裁案件的裁判样本中,发现了一些列表术语的重复出现和共存。研究人员对从两个选定的司法管辖区中收集的案件样本,使用了相同的数据挖掘技术和分析方法。重现和共存分析为三个次级研究问题提供了答案(如下所述)。另外需要注意的是,这三个次级研究问题的答案,是通过分析每个被选为一个更广泛研究的起始点的案件文本中获得的,该研究是"人工智能"文本分析项目的一部分,而"人工智能"文本分析项目解决了"为什么一些民事案件终结于完全听审"的问题。[144]

这种文本分析还包括对通过数据挖掘技术处理的数据结果分析、列表术语的频率分析以及两个司法管辖区样本的"案例文件中的术语共存分析"。该分析侧重于识别本[报告]数据中反映的一些特征和模式。此外,通过比较分析研究方法,对两个选定司法管辖区的样本进行了简要比较……[145]

在这种情况下,可能可以通过查阅可检索的其他相关文件,例如,已提交法院的诉状、宣誓书和其他书面材料,对研究方法进行拓展。如前所述,目前的障碍是这种材料可能是受限的,它并不总是能够通过电子方式获取。[146] 此外,机密性的问题可能给研究人员带来障碍(值得注意的是,在这项研究中只使用了公开可用的材料)。[147]

---

[143] Id.

[144] Id.

[145] Id.

[146] See Julian Lambert, Into the Future, L. Inst. of Victoria (Sept. 1, 2017), http://www.liv.asn.au/Staying-Informed/LIJ/LIJ/September-2017/Into-The-Future.; see also Michelle M. Wu, "Why Print and Electronic Resources are Essential to the Academic Law Library", 97 *Law Libr. J.* 233, 236 (2005).

[147] See Burstyner et al., supra note 13, at 258.

六、对全面审理案件的文本分析结果之反思

ACJI 探索性研究为我们提供了一种信息类型的快照,在司法领域,这些信息可以从基于技术的进程(如文本分析)中收集。[148] 该项目是为法律纠纷的当事人建立分类程序的初步基础。[149] ACJI 的研究基于上文所讨论的一种假设,即案件的复杂性越高,它进入诉讼程序而致全面听审的可能性就越大。[150] 重要的是,该项目考虑了在复杂的情况下,哪些因素会增加案件进展到诉讼阶段的可能性。[151]

对"2014 年 1 月至 12 月期间新南威尔士州最高法院最终裁决(386 件)以及 2014 年 7 月至 2015 年 6 月维多利亚州最高法院最终裁决(248 件)"[152]的文本分析,涉及对 30 个术语(包括 special, unfairness, injustice, ill health, exceptional, difficult, complex, behaviour, deceased, mental disability, skirmish, lengthy submission, problematic, unstable, complicated, convoluted, confused, elaborate, weak, onerous, intricate, unwell, died, sham, estranged, self, self-represented, vexatious, mediation, arbitration)的检索,[153]并且,通过首次分析,回答了下面三个问题:[154]

1. 其中含有每个术语的案件所占百分比是多少?(有几个案件含有"special"一词,有几个案件含有"unfairness"一词,有几个案件含有"injustice"一词,等等。)[155]

2. 含有这些词汇之一的案件占多少百分比?(是否有 50% 的案件含有属于列表中的一个单词。)[156]

---

[148] Id. at 257.

[149] Id. at 271.

[150] Id. at 260.

[151] Id. at 258.

[152] Id. at 268.

[153] Id. at 268 –69.

[154] Id. at 271 –72.

[155] Id. at 269.

[156] Id.

3. “mediation”或“arbitration”一词与“unfairness”“injustice”“ill health”“difficult”“complex”“mental disability”“skirmish”“problematic”“complicated”“convoluted”“confused”“onerous”“sham”中的一词同时出现的案件占多少百分比？[157]

“研究人员对判决文本进行了预处理，以删除与该项分析不具有相关性的字符和文本字符串。其中包括 URL、冒号、分号、电子邮件以及数字的删除。”[158]通过对文本进行分析，我们发现经由词形还原的结果（“在两者进行任何比较之前，先把术语进行词根化还原。例如，‘complies’一词被转化为‘comply’，‘ignoring’一词被转化为‘ignore’”）以及不进行词形还原的结果（“此时，所有的单词保持它原有的形式，而不加以进一步处理。[159] 因此，‘complies’和‘ignoring’将保持相同的形式”）。[160]

研究结果表明，尽管该假设可能得到了支持，但要对进入全面听审的案件作出结论性陈述，仍需进行进一步研究。[161] 例如，“died”一词与“deceased”或相关术语在案件中出现的比例很高（在新南威尔士州样本中，这些特定术语分别占到约 28% 和 38%；在维多利亚州样本中，这些特定术语分别占到约 20% 和 26%）。[162]

目前这将如何导致案件复杂性的提高仍未可知，涉及死亡（包括证人或当事人的死亡）的纠纷是否更有可能进入诉讼程序也尚不明朗。然而，在尝试确定哪一种案件将进入诉讼程序时，证人、当事人的死亡或涉及死亡的纠纷可能具有相关性的特征。[163] “这个发现可以用于早期分类以及文本分析方

---

[157] Id.
[158] Id.
[159] Id.
[160] Id.
[161] Burstyner et al., supra note 13, at 293.
[162] Id. at 271－72, 279－80.
[163] Id. at 279.

法(使用更大的词汇集合)”,因而“可以被用来更全面地探究这些群体”。[164]

“同样地,在(新南威尔士州)近 8% 的样本中提到了精神残疾,这可能意味着涉及精神疾病的事项具有额外的复杂性,(并且可能)使案件进入最终听审的可能性增加。”[165]根据这些早期结果,这些案件可能以某种方式成为研究目标,以确定这些调查结果是否适用于所有已提交的最高法院案件,或者它们是否更有可能出现在最终的诉讼程序中。“与新南威尔士州的调查结果形成鲜明对比的是,在[维多利亚州]的样本中,‘mental disability’一词仅占近 0.5%。”[166]虽然“新南威尔士州样本可能表明了涉及精神残疾的案件具有额外的复杂性,但在某些司法管辖区,涉及精神残疾的案件与进入全面听审的案件之间可能并不具有相关性”,或是,在某些司法管辖区,根本不会公开提及“残疾”。[167] 这种研究结果的不同也可能意味着(在法院内外)精神残疾患者的制度和支持机制的运作或有效性。这些制度和支持机制弱化了这些案件的特征,如果没有精神残疾制度和机制,这些案件将更有可能在其他司法管辖区进入全面听审(正如上述新南威尔士州的调查结果所示)。[168]

---

[164] Id. at 289. see also Ben White et al. , Estate Contestation in Australia: An Empirical Study of a Year of Case Law,38 *UNSW L. J.* 880,893(2015)(审查了“215 个属于本次审查抽样标准的继承法案件,总共涉及 195 个不动产……”)。在这项研究中,值得注意的是,新南威尔士州“有争议的不动产数量是其他任何司法管辖区的两倍,为 89 个,其次是昆士兰州和维多利亚州,分别为 43 个和 31 个”。See Id. at 893. 研究认为,其可能是人口的部分反映,但即使考虑到新南威尔士州是澳大利亚人口最多的州,在新南威尔士州以不动产为标的的司法案件比例是最高的,达到每 83307 个人就存在 1 项不动产争议。See Id. 研究指出,(维多利亚州)每 179,823 人只有 1 项有争议的不动产。See Id. 该研究还指出,“新南威尔士州占据澳大利亚所有家庭供应房产的 60%,是数量次高的维多利亚州的三倍”。See Id. at 894. 人口差异并无法解释新南威尔士的家庭供养争议比例——每 122,831 人有 1 个争议房产。同上注。“维多利亚州是比例第二高的州,每 293,395 人就存在一个争议不动产。”See Id. 需要进一步进行研究,以探索这些结果背后的原因。但是,一些评论员认为,死者的不动产可能不会引起传统的诉讼抑制,因为人们认为,不利的成本秩序威胁在这些事情上不太可能发生(不管这是否正确)。研究还指出“不动产诉讼常常不是一项商业决策”,其暗示着“遗嘱不仅仅是法律文件,而且反映了家庭关系”。See Id. at 902. 通过这种方式,“情感和不公正感”可以成为这些案件的驱动因素。同上注。有关遗嘱人利益的不同立法也可能导致不同程度的诉讼。

[165] Burstyner et al. , supra note 13, at 279.

[166] Id. at 288.

[167] Id.

[168] Id.

“然而,这只是一个假说,需要”进一步的“考察研究以对其进行证实或反驳”。[169]

在新南威尔士州 18.3% 的案例和维多利亚州 19.6% 的案例中,“exceptional”被用作叙词。[170] 这个叙词表明,诉讼案件的比例是不正常的,当加上“difficult”一词时(在[新南威尔士州]75% 以上的样本和[维多利亚州]71.2% 的样本中使用),其可能表明,可以通过更深入的分析,来对更可能进入听审的案件的早期分类提供支持。[171] 根据在两个司法管辖区样本中出现“difficult”和“complex”术语的相关数据,不难发现,涉及艰巨、挑战性或有问题的因素的案件更有可能进入全面听审。同样,“special”和“exceptional”术语的高频出现可能意味着,具有罕见、特殊或独特情况或因素的案件,也更有可能进入全面听审阶段。这些研究发现表明,与法官的面谈可能有助于创设一种标准(然后对其进行测试),这种标准可协助法院在早期阶段将案件划分到不同程序中。在初审案件会议、中间听审和指示聆讯阶段,此类标准可用于支撑个人案卷处理方法或其他案件管理方法。[172]

值得注意的是,在两个司法管辖区样本中,出现频次最高的术语都是“self”,[173]尽管人们倾向于将“self”一词与“self-representation”联系起来,而因此认为自我代表与在全面听审中难以解决的案件具有正相关,但这并不足以得出结论,因此需要进行更多的研究,以明晰使用了“self”或“unrepresented”的各种各样的裁判文本。在理想情况下,至少与自代理诉讼当事人相关,这项研究建议法官在对诉讼当事人属于自我代表而亲自到庭的案件进行裁判时,使用“self-represented litigant”一词,因为这将使能够以更具成本效益并且更加及时的方式对这一群体进行更多探究。[174] 表 1 列示了两个司法管辖区样本中所使用的最高频率术语的摘要信息。

---

[169] Id.

[170] Id. at 271,280.

[171] Id. at 279,280.

[172] Id. at 288.

[173] Burstyner et al. ,supra note 13,at 272.

[174] Id.

表 1 最高频次术语[175]

术语	新南威尔士州（未经词形还原）	新南威尔士州（经词形还原）	维多利亚州（未经词形还原）	维多利亚州（经词形还原）
difficult	75.4%	75.4%	71.2%	71.2%
special	63.5%	63.5%	60.6%	60.6%
died	38.3%	45.9%	26.1%	36.6%
complex	29.0%	29.0%	31.4%	31.4%
deceased	27.2%	27.7%	20.4%	20.8%
exceptional	18.3%	18.3%	19.6%	19.6%
elaborate	12.7%	13.5%	15.1%	15.1%
weak	15.3%	15.3%	13.9%	13.9%

七、结论

正如苏斯金德所提出的，技术拥有改变法律制度的能力。[176] 然而，大多数评论家都把注意力集中于不断变化的新兴技术给司法程序和司法系统的持续性演变所带来的影响，[177]这主要可以从三个方面加以考虑。[178] 首先，在最基础层级，技术可以协助向参与司法系统的人员提供信息、支持和建议（支

---

[175] Id. at 289.

[176] See generally Richard Susskind, Technology: Welcome to the Future, L. Inst. of Victoria (July 1, 2016), http://www.liv.asn.au/Staying-Informed/LIJ/LIJ/July-2016/Welcome-to-the-future; see also Richard Susskind, *Tomorrow' s Lawyers: An Introduction to Your Future* (1st. ed. 2013); Richard Sussk Ind & Daniel Susskind, *The Future of the Professions: How Technology Willtransf Orm the Work of Human Experts* (1st ed. 2015).

[177] See Standing Council of L. And Just., Harnessing the Benefits of Technology to Improve Access to Justice (2012), http://webarchive.nla.gov.au/gov/2014215115054/http://www.lccsc.gov.au/sclj/archive/form-er_sclj/standing_council_publications/2012_publications.html; also see Standing Council of L. And Just., Current Technology Initiatives in the Civil Justice System (2012), http://webarchive.nla.gov.au/gov/20141215115054/http://www.lccsc.gov.au/sclj/archive/former_sclj/standing_council_publications/2012_publications.html.

[178] See Tania Sourdin, "Justice and Technological Innovation", 25 *J. of Jud. Admin.* 96, 96 (2015).

持性技术)。[179] 其次,技术能够替代先前由人类执行的功能和活动(替代性技术)。[180] 最后,在第三层级上,技术能够改变法官的工作方式,并提供全新的司法模式(颠覆性技术),特别是在程序发生显著变化的情况下。[181] 在此背景下,正如本文所提出的,技术能够通过大数据集、关系数据以及更加复杂的知识生成,为司法系统改革提供信息。

虽然在过去 20 年间,电子发现的使用在诉讼中占据着突出地位,但法律界在大数据和知识发现的应用方面却行动迟缓。[182] 诚然,在 1995 年,西勒尼斯考和史娟妮儿指出了如何应用知识发现技术来为澳大利亚的离婚后婚姻财产分配提供建议,[183]但这些策略并没有导致商业性的或普遍性的使用。[184]

在支持本文的一些研究中,文本挖掘和知识发现技术在检测哪些诉讼

---

[179] See Standing Council of L. and Just. ,Harnessing the Benefits of Technology to Improve Access to Justice(2012),http:// webarchive. nla. gov. au/gov/20141215115054/http://www. lccsc. webarchive. nla. gov. au/sclj/archive/former_sclj/standing_council_publications/2012_publications. html.

[180] See Standing Council of L. and Just. ,Current Technology Initiatives in the Civil Justice System(2012),http://webarchive. nla. gov. au/gov/20141215115054/ http://www. lccsc. gov. au/sclj/archive/former_sclj/standi-ng_council_publications/2012_publications. html.

[181] See Francis Fukuyama,The Great Disruption:Human Nature and the Reconstitution of Social Order(Touchstone 1999);see Sourdin,supra note 179;see also Justice Anna Katzmann, The Future Role of the Judge-Umpire, Manager, Mediator or Service Provider? Judging the Future,FED. CT. of Austl. DIG. L. LIBR. (Dec. 1,2012),http://www. fedcourt. gov. au/digital-law-library/judges-speeches/justice-katzmann/katzmann-j – 20121201; William Mosseri-Marlio & Charlotte Pickles,The Future of Public Services:Digital Justice(Reform Accenture 2016).

[182] See generally Douglas W. Oard et al., "Information Retrieval for E-Discovery", 7 *Founds. & Trends in Info. Retrieval*,99(2013).

[183] John Zeleznikow & Andrew Stranieri,"The Split-Up System:Integrating Neural Networks and Rule Based Reasoning in the Legal Domain", in ICAIL '95 Proceedings of the 5th Int'l Conference on Artificial Intelligence & L. 185 –94(1995);see also Andrew Stranieri et al., "A Hybrid Rule-Neural Approach to the Automation of Legal Reasoning in the Discretionary Domain of Family Law in Australia",7 *Artificial Intelligence & L.* 153(1999);Andrew Stranieri & John Zeleznikow,"Knowledge Discovery from Legal Databases:Using Neural Networks and Data Mining to Build Legal Decision Support Systems",in *Info. Tech. & Lawyers* 81,81 –117(Arno R. Lodder & Anja Oskamp eds. ,2006);see generally John Zeleznikow, "The Split-Up Project:Induction,Context and Knowledge Discovery in Law",3 *Law, Probability & Risk* 147,147 –168(2004).

[184] See generally Oard,supra note 182.

事项可能导致司法机关的最终判决方面,似乎是有用的。这项工作的扩展还有利于提供可以用来协助管理复杂诉讼的方法,并支持更有效的法律案件分类,同时为司法系统提供重要帮助。通过考虑其他司法管辖区的判例法以及从更新的电子存档方法中所提取的案例特征,可以有效地拓展这项工作的范围。

虽然某些形式的技术已经对诉讼制度产生了重大影响,但应用"计算机辅助下的文件编码与审查"(通常称为"预测编码"[185])分析大量数据,可能会对个别案件乃至更广泛的我们对司法系统的理解,产生具有"改变游戏规则"的影响。该技术无须耗费昂贵的人力资源即能够识别相关方面,节省了审查数百万页已发现材料所需的时间(和成本)。[186] 然而,如果这些技术被应用于发现关于诉讼模式、诉讼趋势的更多信息,并且决定哪些案件(或者甚至有更多的非终局争端)可能进展到司法全面听审,那么其影响将会更为显著。除颠覆性程序可能对法院产生的影响外,或许更重要的是,颠覆性程序和"大数据"收集有可能会改变我们思考和规划法院系统的方式。[187]

研究大数据对司法环境的影响的海牙国际法研究所研究人员指出,在目前,这些益处大都尚未得到实现:对于大多数司法系统来说,法院信息系统的目标是获取关于工作量、处理时限、判决率、上诉和撤销率等精确统计数据。然而,我们的研究表明,就现有法院的信息技术、组织工具和机制而言,其从大量数据中提取有价值的知识和见解的能力是有限的。[188]

英构·凯勒(Ingo Keilitz)是一位就衡量和改善法院业绩问题与全世界的司法机构进行咨询的专家,他举出以下例子,以说明大数据如何影响诸如法院合并的此类法院行政问题:例如,可以将法院所在地数据与若干公共数据库进行比较,这些公共数据库收录有来自法院系统内部与外部的信息,包

---

[185] Tamburro, supra note 54.

[186] See John Markoff, "Armies of Expensive Lawyers, Replaced by Cheaper Software", *N. Y. Times*(Mar. 4, 2011), http://www.nytimes.com/2011/03/05/science/05legal.html? _r =0.

[187] See generally David Bollier, The Promise and Peril of Big Data(The Aspen Inst. 2010).

[188] Greemn Lim, Courts and Big Data, HIIL (Sept. 3, 2013), http://www.hiil.org/insight/big-data.

括邮政编码、人口、人口统计数据(种族、年龄、残疾)、地点之间的交通时间、由不同法院审理的案件的数量和类型、法院级别以及公共交通的可行性。[189]

这一分析的结果将有助于更有针对性地提供司法和支持服务。此外,它将使人们更好地理解何种司法干预以及如何推行司法干预使之更行之有效的问题。大数据也可能为更复杂精密地衡量司法系统的有效性提供技术支撑。虽然ACJI的研究是探索性的,并且可能并不令人惊讶地表明,更加复杂的案件将进入面向法官的最终听审。但是,该项研究也表明,另有一些"标识"可能也意味着进入法官最终听审阶段的可能性更大。研究的后续工作可能包括细化文本标记、扩大样本范围(包括其他司法管辖区)并考虑将文本分析工作扩展到其他电子文档,以追踪解决路径和诉讼路径。随着电子发现和文本分析中所使用的技术的持续性改进,很可能会开发出更加精确复杂的方法来进行这项工作,不仅为当事人,同时也为法院和其他机构更好地理解哪些案件更有可能进入司法裁判程序提供支持。

(郑嘉颖　江宇洁　译)

---

[189] Ingo Keilitz, Big Data, Data Analytics, and the Access to Justice "Card", MADE2MEASURE (Nov. 14, 2012), http://mad2measure.blogspot.nl/2012/11/big-data-data-analytics-and-access-to.html.

律师的预言家角色：探讨结果预测在法律实践中的重要作用

[美]马克·K. 奥斯贝克(Mark K. Osbeck)* 著
(原文载于 *Penn State Law Review*)

一、引言

法律实践要求律师承担各种角色。① 这些角色中最著名的是律师作为辩护人的角色：律师代表委托人，促进委托人的利益。② 律师作为顾问的角色虽没那么出名，但同样重要。③ 在这个角色中，“作为顾问的律师主要帮助他的客户决定未来行为和关系的走向”。④ 律师为促进这种咨询作用所承担的最重要的任务之一是结果预测，即就各种法律程序的可能结果向客户提供咨询服务。⑤ 在执行这一重要任务时，律师需要分析各种选择，并就每种

---

* 密歇根大学法学院教授，大麻法律研究领域权威人物，法学博士。

① See *Model Code of Prof' l Responsibility Preamble*(AM. Bar ASS'N 1980)(“律师在履行其职业职责时，必须承担需要完成许多困难任务的各种角色”).

② See Model Rules of Prof' l Conduct rs. 3.1 –3.9(AM. Bar ASS'N 2016)(讨论律师作为辩护人角色所承担的职业责任).

③ Id. at rs. 2.1 –2.4(讨论律师作为顾问的职责). See also Karl N. Llewellyn, *The Bramble Bush* 17(Oxford Univ. Press 2008).(注意，在担任商业律师时，“律师感兴趣的是”预测法院可能会做什么，并根据这种预测塑造他的当事人的行为以符合他的当事人的愿望。)

④ See *Model Code of Prof' l Responsibility* EC 7 –3.

⑤ Id. at EC 7 –5.(“律师作为顾问，通过就他认为可能是法院对手头上的事项作出的最终决定发表专业意见，并告知他的当事人该决定的实际效果，从而增进他的当事人的利益。”)

选择的可能结果向客户提出建议,以便客户能够做出明智的决定。[⑥]

因此,结果预测是律师的一项基本技能。律师,尤其是诉讼律师如果不能准确评估诉讼及其他法律事务的潜在结果,并据此向客户提供意见,便不能为客户提供有效的法律顾问服务。[⑦] 结果预测基本上与医学预后的法律等效:试图预测各种诉讼过程的后果,以便律师能够帮助当事人就对当事人有重大影响的事项作出明智的决定。它贯穿于法律实践的始终,[⑧]就像行医一样。刑事辩护律师每次提出客户是否接受认罪协议的建议时;民事诉讼人每次向未来的原告提出是否起诉或者和解的建议时;每当税务律师建议客户是否对客户的回报采取积极的扣除时——在以上情况下以及其他情况下,律师都被要求像预言家一样提供服务,这是律师顾问角色的一部分。

然而,尽管结果预测在法律实践中极为重要,但学术法律文献却缺乏对法律中结果预测的实际工作方式以及如何加以改进的深入分析。[⑨] 法律中关于结果预测的文献主要是由人工智能、政治学等同门学科的学者创作的,主要涉及预测模型的生成。[⑩] 我们仍然需要做的是,对律师用于制定结果预测的实际工具进行透彻理解,以及对其有效性进行严格评估。

本文试图填补法律学术文献中关于结果预测的空白。首先考察了结果预测法律实践中的传统运作方式,在法律实践中,律师依赖于三种主要工具:一是法律分析(本文将其称为元素中心分析法);二是律师经验;三是使

---

⑥ Id. at EC 7 –8("律师应就每项法律选择的可能影响,向其当事人提出意见").

⑦ See Oliver Wendell Holmes,"The Path of the Law",10 *HARV. L. REV.* 457,457(1897).(认为法律之所以是一种职业,是因为人们愿意花钱请律师为他们辩护,并就他们可能面临的法律后果向他们提供建议。)

⑧ See *Model Code of Prof' l Responsibility* EC 7 –5.

⑨ 文献中缺乏关注可能是因为,简单地说,预测是困难的,而且律师在做出结果预测方面传统上不那么出色。See Nancy L. Schultz & Louis J. Sirico, JR., *Legal Writing And Other Lawyering Skills* 184(6th ed. 2014)("预测当事人、证人、法官和陪审团可能会做什么,往往只不过是一个受过教育的猜谜游戏");see also infra Part IV.

⑩ See, e. g., Lee Loevinger,"Jurimetrics: The Next Step Forward",33 *MINN. L. REV.* 455(1949);Fred Kort,"Predicting Supreme Court Decisions Mathematically: A Quantitative Analysis of the 'Right to Counsel' Cases",51 *AM. POL. SCI. REV.* 1(1957);Glendon Schubert,"A Psychometric Model of the Supreme Court",*AM. BEHAV. SCIENTIST*, Nov. 1961, at 14;Franklin M. Fisher,"The Mathematical Analysis of Supreme Court Decisions: The Use and Abuse of Quantitative Methods",52 *AM. POL. SCI. REV.* 321(1958).

用特定类型的经验信息。[11] 其次，本文对这些传统工具的有效性进行了严格评估，重点关注妨碍准确预测的各种问题。[12] 这篇文章特别关注了一些问题，这些问题本质上困扰着律师长期以来所依赖的元素中心分析法，因为这个问题在学术文献中几乎没有得到关注。[13] 最后，本文讨论了由于数据科学的最新进展，法律实践中的结果预测如何在未来得到改进。[14] 本文得出的结论是，虽然律师使用的传统工具（特别是元素中心分析法）有许多导致预测结果严重不准确的缺点，但是，依赖于预测分析的新工具为未来的律师们作出比传统上更加准确的结果预测提供了一线希望。[15]

第二部分详细论述了结果预测成为法律实践的重要组成部分的原因。第三部分介绍了律师传统上用于预测结果的工具。它详细审查了三种主要工具，以及律师在实践中使用它们的方式。第四部分考察了影响传统结果预测工具的问题和局限性，再次特别关注了传统上在结果预测中发挥重要作用，但在文献中很大程度上被忽略了的元素中心分析法。最后，本文第五部分讨论了采用预测分析来帮助律师做出更准确的结果预测的应用前景。

二、结果预测在法律实践中的重要性

法律行业并非唯一需要准确结果预测的行业。在许多专业领域，从业者需要能够评估潜在结果的可能性。例如，在医学领域，医生需要作出预测，以正确评估治疗方案；在投资咨询领域，股票经纪人努力为客户提供准确的股票市场前景评估；在体育领域，预测者的价值不仅体现在他们能为投机者提供帮助，还体现在评估未来运动员的潜在成功等方面。

在法律实践中，律师需要评估诉讼事项可能产生的结果有几个重要原因。第一，决定是否产生诉讼事项需要合理平衡成本与预期收益，而这一权

---

⑪ See infra Part III.

⑫ See infra Part IV.

⑬ See infra Section IV. A.

⑭ See infra Part V.

⑮ See infra Part VI.

衡过程的一个重要组成部分是对客户成功可能性的估计。第二,决定是否接受和解提议,无论是在刑事或民事方面,取决于在没有解决办法的情况下对可能引致结果的合理评估。第三,诉讼外的环境中,事务律师通常需要评估其业务客户面临的各种决策可能引致的结果(如由提议的商业决策引起的诉讼前景),并且如果客户以某种方式进行决策可能会发生什么也需要合理的预测。由于上述原因,以及其他一些次要的原因,当律师作为顾问而不是辩护律师时,结果预测就成为律师角色的重要组成部分。[16]

(一)结果预测在案例选择中的重要性

首先,结果预测对于有效的案例选择至关重要。当民事诉讼人或公诉人评估是否提起诉讼时,律师须先评估未来案件的是非曲直,[17]这又要求律师评估胜诉的可能性。[18]

律师在道德上有义务不追究虚假行为[19](如属检控人员,则避免检控律师明知没有合理理由而采取的行动[20]),而这需要对获胜的可能性进行评估。如果成功的机会很小或根本没有,那么律师需要仔细评估律师的道德义务。

然而,即使这些道德义务得到满足,律师仍然必须作出一个结果预测,以正确地评估案件。首先,律师有义务按照委托人的利益行事,[21]这就需要

---

⑯ See Daniel Martin Katz, "Quantitative Legal Prediction-Or-How I Learned to Stop Worrying and Start Preparing for the Data-Driven Future of the Legal Services Industry", 62 *EMORY L. J.* 909, 912 (2013). (预测是许多律师提供的指导的核心组成部分。事实上,许多律师正是通过对这类问题提出有见地的答案来赚取他们各自的工资。)

⑰ See George L. Priest & Benjamin Kline, The Selection of Disputes for Litigation, 13 J. Legal Stud. 1, 4 (1984); See also Thomas A. Mauet & David Marcus, *Pretrial* 86 – 91 (9th ed. 2015).

⑱ See Edie Greene & Brian H. Bornstein, "Cloudy Forecasts", *Trial*, Apr. 2011, at 28, 29. ("在评估一个案件的潜力时,律师会基于对案件结果有根据的猜测来权衡成本和收益。")

⑲ See Model *Rules of Prof' l Conduct* r. 3. 1 (AM. Bar ASS' N 2016).

⑳ Id. at r. 3. 8.

㉑ See *Restatement (Third) of The Law Governing Lawyers* §. §. 49 – 50 (AM. *Law Inst.* 2000).

(除其他外)进行风险—收益分析,即平衡诉讼成本与可能的收益之间的关系。[22]

其次,从律师自身经济利益的角度来看,结果预测往往是决定一个行为是否值得从律师或律师事务所的角度判断是否采用诉讼程序的重要因素,尤其是在偶然引用中,当律师在诉讼中有利害关系时。[23] 例如,如果原告的律师可能高估了成功的可能性或收益的数额,则客户对结果不会感到满意,因为诉讼收益低于诉讼成本。并且如果律所在诉讼中具有或有利益而最终的收益又不抵支出时,律师或者律所也不会感到满意。同样,如果检察官高估了刑事诉讼成功的可能性,就增加了无罪释放的风险,若不无罪释放就有可能导致诉辩交易。而且即使最终提出了抗辩,获得该抗辩所需的费用可能会超过检方在诉讼程序初期提出更合理的要求时的费用。

因此,无论在民事还是刑事环境中,结果预测都是在诉讼行为开始前进行的案件初步评估的重要组成部分。

(二)结果预测在结算决策中的重要性

鉴于理性谈判的一个关键组成部分是在没有达成和解协议的情况下对案件可能的结果进行合理的评估,因此,在和解谈判的背景下,结果预测也许更重要。[24] 例如,想象一下,一天晚上您下班回家,在隐蔽处等着您的是几名警察。他们逮捕您,指控您犯罪,然后把您送进监狱。如果您希望能获得保释并获得释放,您就需要进行辩护。在这一点上,您迫切需要一个律师来帮助你。

那么,您希望从那个律师身上得到什么?您可能会倾向于寻找佩里·

---

[22] See Dru Stevenson & Nicholas J. Wagoner, "Bargaining in the Shadow of Big Data", 67 *FLA. L. REV.* 1337, 1370 - 71 (2015) (描述研究表明,律师在评估预期行为的有效性时进行此类分析); see also Greene & Bornstein, supra note 18, at 29.

[23] 在紧急诉讼中,原告的律师费取决于追偿。通常情况下,这些律师会获得最终赔偿的一定比例(受国家规定的限制),具体比例取决于案件是否和解、何时和解,或者是否进入审判和/或上诉阶段。See Mauet & Marcus, supra note 17, at 97 - 99.

[24] See George Loewenstein et al., "Self-Serving Assessments of Fairness and Pretrial Bargaining", 22 *J. LEG. STUD.* 135, 136 - 37 (1993) [说明普遍接受的解决模式,其中未能解决的案件是指原告夸大和(或)被告低估出庭的预期价值的案件].

梅森(Perry Mason)式的人——一个能在庭审中证明您无罪的出色庭审律师。[25] 然而,这可能不是您最明智的选择。因为在绝大多数刑事和民事案件中,结果通常不是通过陪审团审判决定的,而是通过谈判和辩诉交易决定的。[26] 因此,如果您把精力集中在一位擅长谈判的律师身上,为您提供明智的建议,让您愿意接受控方最终可能提供的任何辩诉交易,您可能会得到更好的服务。[27]

为了提供这样的法律建议,您的律师必须正确地评估您的案件,其中包括风险收益分析。具体地说,如果您的辩护在审判中失败,被判有罪,您的律师必须在确定的不利后果(如 1 年监禁)和可能更糟的不利后果(如 20 年监禁)之间进行权衡。[28] 这反过来又要求您的律师预测,如果您拒绝检察官的辩诉交易,那么您在审判中失败的可能性,以及如果您在审判中被定罪而可能得到的刑期如何。[29]

合理的结果预测对于在民事背景下就解决前景作出明智的决定也是至关重要的。为了提供明智的法律顾问服务,以确定是否愿意接受任何给定的和解方案,律师必须能够正确评估在审判中获胜的可能性以及在审判中失败的潜在后果。[30] 例如,假设律师正在为一家公司的违约行为进行辩护。

㉕ 佩里·梅森是虚构的美国出庭律师。他是埃尔·加德纳所写的许多小说的主角。这个角色还由演员雷蒙德·布尔(Raymond Burr)在 1957 年至 1966 年播出的一部颇受欢迎的电视剧中饰演。See Perry Mason, Encyclopedia Britannica, www. britannica. com/topic/Perry-Mason (last visited July 30,2018).

㉖ See Laura A. Kaster, "Cognitive Barriers to Valuing Your Case for Settlement or Mediation:Improving Your Risk Assessment",269 *N. J. LAW.* 43,43(注意到"超过 95% 的诉讼案件已经解决").

㉗ 然而,这两种技能是相互关联的。在和解协议的影响力方面,一名以擅长庭审技巧而闻名的律师可能比一名不那么熟练的庭审律师更有优势,因为在庭审中,对方律师不太愿意冒险与一名熟练的庭审律师对质。

㉘ See Stephanos Bibas, "Plea Bargaining Outside the Shadow of Trial", 117 *HARV. L. REV.* 2463,2496 -527(2004).

㉙ See Holmes,supra note 7,at 457(人们想知道,在什么情况下,他们将在多大程度上冒着与比他们强大得多的东西发生冲突的风险。因此,我们研究的对象是预测,即通过法院的手段预测公共力量的发生率).

㉚ See Robert H. Mnookin & Lewis Kornhausert,"Bargaining in the Shadow of the Law:The Case of Divorce",88 *YALE L. J.* 950,968,997(1979);see also Stevenson & Wagoner,supra note 22,at 1375 -77.

原告要求获得100万美元的违约赔偿金，被告已提出10万美元的赔偿要求。在这种情况下，10万美元的和解提议（从被告的角度来看）是否合理，至少在一个起点上，取决于原告判决的可能性、判决的可能数额以及进行审判的预期成本（主要是律师费）。㉛ 被告对案件的评估越不准确，他因支付过多和解费，或因在审判中冒不合理的风险而可能损失的金钱就越多。㉜ 原告也是如此。原告的评估越不准确，原告获得赔偿的可能性就越小，要么是在和解协议中接受的太少，要么是在庭审中冒了不合理的风险。㉝ 因此，准确的结果预测对于律师就和解前景向客户提供合理的建议至关重要。

此外，律师就诉讼事项可能的结果向客户提供有效咨询的能力不仅仅会影响个人客户。因为除非诉讼案件中的两名律师都能正确评估某一特定结果的可能性，否则和解程序本身的效率就会受到影响。据推测，和解的目的是通过缩短诉讼过程，避免不确定性和浪费资源（以及精神压力），从而在和解中取得与审判时大致相同的结果，而不存在旷日持久的诉讼带来的负

㉛ See, e. g., Richard A. Posner, "An Economic Approach to Legal Procedure and Judicial Administration", 2 J. LEGAL STUD. 399(1973); William M. Landes, "An Economic Analysis of the Courts", 14 *J. L. & ECON.* 61(1971); see also Mnookin & Kornhausert, supra note 30, at 968.

㉜ 在数学术语中，从被告的角度来看，和解提议（"S"）是合理的，如果 $S \leq (P \times V) + C$［其中"P"是原告判决的概率，"V"是可能的大小判决，"C"是进行审判的费用。因此，如果辩护律师估计原告判决的可能性（P）为15%，潜在判决金额（V）为100万美元，而另外的审判诉讼费用（C）为25,000美元，那么10万美元的和解金额考虑到假设的 $(P \times V) + C$ 值为175,000美元，这是合理的。相反，如果原告拒绝以175,000美元的价格结案，那么被告人在审判时应该谨慎行事，假设由于其他一些合理的原因而不是反感风险（例如，该公司没有保险，并且将由于100万美元的判决破产，但可以吸收更少的金额，如20万美元）］。See generally Priest & Kline, supra note 17, at 12－13; Mauet & Marcus, supra note 17, at 408－13（深入讨论这种类型的结算计算）。当然，这个公式过于简化了，还有其他潜在成本，如税务后果、不良宣传等，也必须考虑在内。此外，被告（或其保险公司）提供的和解金额有时可能比公式表明的更合理，以期阻止未来的诉讼。根据上面给出的简单公式，即使成功恢复的可能性为零（因为P为零），被告仍然有理由以大于零但低于审判成本的金额结算，这通常不是微不足道的。但是，如果被告立即解决麻烦的价值问题，正如简单的公式所规定的那样，几乎没有什么可以防止不道德的原告提起琐屑无聊的诉讼，希望能够迅速解决问题。被告有动机要求原告证明其案件，这有助于消除虚假案件，并要求原告承担可能成为提起诉讼威慑的费用。关于确定潜在判决的V的期望值，该公式也过于简化。虽然在某些类型的行动中这一数额可能相当明确，例如原告寻求一定金额的违约行为，在其他类型（如疏忽行为）的行动中，估计潜在的恢复更加困难。在这些类型的行动中，会有一系列潜在的判决（例如，辩护律师可以合理地评估预期的判决，从10万美元到100万美元不等）。See Mauet & Marcus, supra note 17, at 408－09.

㉝ See Charles J. Snyder, "Moneyball Lawyering", 65 *ARK. L. REV.* 837, 854(2012).

面影响。[34] 然而,如果任何一个或两个律师都对他们的当事人在审判中获胜的可能性抱有不切实际的期望,那么就无法达成有效的和解。[35] 例如,如果原告的律师高估了胜诉的可能性,那么一些不应该继续审理的案件就会继续被审理;相反,如果原告的律师低估了胜诉的可能性,决定不采取有价值的行动,那么一些本应得到公平赔偿的原告反而会提出低于其应得赔偿的赔偿要求。[36]

因此,对诉讼结果作出合理准确预测的能力是整个诉讼制度效率的关键。我们刑事司法系统的效率也是如此。如果检察官对可能的起诉结果作出错误的判断,那么司法和检察资源的分配就会出现偏差,导致那些理应被定罪的人被定罪的机会减少,而试图判定那些不值得进行辩诉交易的人有罪,则会浪费更多的时间和资源。

(三)结果预测在交易实践中的重要性

虽然结果预测在诉讼事项中争议最大,但结果预测的重要性并不局限于诉讼。交易型律师也需要评估潜在的结果,以恰当地为客户提供咨询。例如,建议客户是否采取某种扣除措施的税务律师,必须分析审计的可能性,以及当美国国税局决定进行审计时可能产生的结果。

通常,潜在的诉讼是个人和公司在进行商业交易时必须考虑的一种重要的意外情况。如果预期的交易有可能涉及诉讼,那么在客户决定是否继续进行交易时,必须将该诉讼的潜在后果和该诉讼的预期成本考虑到成本效益分析中。为了正确地评估未来交易的成本和收益,交易律师(通常与诉

---

[34] See Mauet & Marcus, supra note 17, at 393("法律鼓励和解,与增加的费用和审判的不确定性相比,客户往往更喜欢和解").

[35] See Jane Goodman-Delahunty et al., "Insightful or Wishful: Lawyers' Ability to Predict Case Outcomes", 16 *PSYCHOL. PUB. POL' Y & L.* 133, 134(2010)("在一天结束的时候,这是律师的准确的预测,使司法系统功能顺利"). 有效的诉讼策略需要类似的成本/收益分析。例如,要决定一项特定的动议是否有正当理由,或者是否值得为了支持一项主张或辩护而寻求某种类型的证据,就需要在成本与预期的成功可能性之间取得平衡。See Snyder, supra note 33, at 854.

[36] See Goodman-Delahunty et al., supra note 35, at 134 – 135; Kaster, supra note 26, at 43, 46.

讼律师一起)必须对潜在诉讼的可能结果作出预测。[37]

例如，假设一群投资者正在考虑购买一块地产，将其开发成一个私人高尔夫球场和滑雪场。客户有兴趣投资数千万美元购买一大片未开发土地，客户认为最终可以开发成总价值数亿美元的地块。然而，这里有一个相当大的障碍：土地所有权存在争议，而这一所有权是未决诉讼的争议焦点。客户(潜在买家)和卖方都认为卖方待定的所有权最终是可以成功取得的，但至关重要的是要了解成功的概率有多大，这样客户就可以就是否投资于房地产做出合理的决定，如果投资那么将对投资多少等问题作出合理的判断。所有权诉讼失败的可能性为5%和失败的可能性为20%之间的差异将对客户愿意为该房产支付的金额产生重大影响。在这种情况下，交易律师的工作是(可能与公司的诉讼律师一起)为所有权诉讼提供尽可能准确的结果预测，以便客户能够作出是否继续购买的明智选择。[38]

交易客户决定是否继续进行交易，以及如果继续进行交易，将在交易中投入多少资金，还可能取决于对其他类型的诉讼的结果预测，如拟议的立法或监管行动的前景。[39] 例如，一家公司是否要在某个特定地点建造新工厂的决定，在很大程度上可能取决于一项拟议的法规，该法规可能会对环境问题的潜在责任产生影响。在这种情况下，交易律师可能会向公司的监管律师寻求有关机构批准可能性的指导。

交易律师还需要考虑其他意外事件。他们需要对不确定性作出预测，例如，是否能够获得必要的许可证，如果可以那么速度如何；美国司法部是否会批准合并计划；或者是否有足够的资本为交易提供资金。所有这些都

---

[37] See Peter A. Antonucci & Lianne S. Pinchuk, "The Importance of Product Liability Risk Assessment in Business Valuation and Acquisitions", *The Metropolitan Corporate Counsel*, Sept. 13, 2017, at 1(认为交易型律师在评估与企业估值和收购相关的产品责任风险时，应聘请有经验的诉讼律师).

[38] Id.

[39] 电子法律研究提供商现在正在提供工具来协助这种类型的结果预测(如 LexisNexis legal Outlook 工具)。See Press Release, LexisNexis Debuts Legislative Outlook and Moves Extensive News Archive to Lexis Advance, LEXISNEXIS, https://bit.ly/2NYqq2q (last visited July 30, 2018).

要求交易律师参与某种程度的预测。[40]

因此，结果预测是客户咨询的一个重要组成部分。除非客户对律师准确预测结果的能力有信心，否则客户将难以作出重要决定。虽然本文主要关注的是诉讼环境下的结果预测，但结果预测的重要性并不局限于法律的这一领域，以下讨论的大部分内容也适用于交易环境。

三、传统的结果预测工具

律师们传统上用于预测案件结果的主要工具包括以下几类：(1)对案件中每个主张的诉讼和辩护理由进行以元素为中心的分析，寻求先前的决策法来确定这些要素是否得到满足；(2)律师经验；(3)某些类型的经验信息，这些经验信息可能有助于了解未来的法官或陪审团对即时事件的看法。本部分主要研究上述工具的性质，第四部分研究它们的缺点。

(一)元素中心分析法

律师们传统上用来评估案件的基本工具，尤其是在纠纷的早期阶段，是对诉讼和辩护的原因进行“以要素为中心的分析”(要素中心分析法)。在进行这种类型的分析时，律师通过分析性地将行动或辩护理由分解为其构成要素，然后确定每个要素是否适用于该要求，从而预测了事实上的尝试者需要遵循的过程。[41] 有时候，法院会采用其他类型的测试(如因素测试[42])，但

---

[40] See Linda H. Edwards, *Legal Writing & Analysis* 3 -4(3d ed. 2011).

[41] See Stevenson & Wagoner, supra note 22, at 1342; see also Richard K. Neumann, JR. et al., *Legal Reasoning and Legal Writing* 9 -16(8th ed. 2017) Legal Reasoning.

[42] 在一个公平的问题上，例如，对于决定子女的监护权，法院在决定怎样安排监护权最符合儿童的利益时会平衡各种因素，如父母的就业状况或父母的吸毒/酗酒。然而，据推测，司法判决涉及测试等因素比涉及元素集中分析更加难以预测，因为它们涉及复杂的权衡和平衡的各种因素来确定标准的应用，而不仅仅是一个“检查”的要求，所以需要在法律规定的范围。See generally Kathleen M. Sullivan, "The Justices of Rules and Standards", 106 *HARV. L. REV.* 22, 58 -59(1992); Kevin H. Smith, "Practical Jurisprudence: Deconstructing and Synthesizing the Art and Science of Thinking Like a Lawyer", 29 *U. MEM. L. REV.* 1, 58 -61(1998). (讨论标准如何在法律分析中发挥作用，并认为法律标准的约束力不如规则。)

司法决策中最基本的分析类型是对各种诉讼原因和抗辩事由的要素进行分析。然后,律师对每一个潜在的辩护都要经过相同的处理。换句话说,在评估索赔或潜在索赔的可行性时,律师会针对已经或可能被指控的每个诉因审查适用的各种要素和抗辩的可行性进行单独评估。然后,律师可以全面评估诉因的可能结果,因为(根据定义)如果任何要素不符合诉因,或如果任何(完整的)辩护适用,则诉因无效。[43]

例如,假设一个潜在的客户想对故意造成情绪困扰的侵权行为提起诉讼。在大多数州,对故意造成情绪困扰(Intentional Insulted Emotional Distress,IIED)侵权行为采取行动的原因要求原告确立四个要素:(1)行为是故意或鲁莽的;(2)有关行为导致情绪激动遇险;(3)被告的行为"令人愤慨";以及(4)由此产生的情绪困扰是严重的。[44] 传统的要素中心分析法是依次评估每一个要素,试图根据已知的事实评估法院或陪审团是否认为每一个要素都适用于评估潜在的案件。然后,在分析了每个要素(以及任何适用的抗辩事由,如特权抗辩事由)之后,律师试图根据每个要素被满足的可能性,对整个诉讼成功的可能性做出预测。

在确定是否满足诉讼原因的要素时,传统分析主要根据解释该要素的判例对每个要素进行评估。[45] 因此,传统的分析在很大程度上依赖于法律研究,寻找可以根据事实与即时案例进行比较和对比的判例,以确定是否符合要素。[46] 例如,如果在我们刚刚假设的 IIED 案例中,潜在的被告是一名老师,他对潜在的原告大喊大叫,咒骂不已,而原告是一名 12 岁的学生。那么,该行为是否构成确立故意施加精神痛苦侵权行为第三要件的"粗暴行为"?

---

[43] See Smith,supra note 42,at 47 –57[讨论要素如何作用于将法律规则应用于事实,并认为规则本质上是有条件的("if/then"语句)由元素形式的触发条件组成];see also Stevenson & Wagoner,supra note 22,at 1342("将法律应用于事实将产生关于概率的估计,即对给定规则管理给定场景的可能性的预测").

[44] 大多数州都遵循 1965 年《侵权法重述》(第 2 版),其中列出了侵权行为的这四个要素。

[45] 构成要件本身既可以来自文本(如法令),也可以来自普通法(如侵权行为的诉讼原因,如 IIED)。See Smith,supra note 42,at 49.

[46] See Frederick Schauer,"Precedent",39 *STAN. L. REV.* 571,576 –79(1987)(深入描述判例在理论层面的作用)(以下简称 Schauer,判例);see also Stevenson & Wagoner,supra note 22,at 1371 –72.

为了回答这个问题，律师通常首先要在适当的司法管辖区研究判例法(或将研究分配给一名助理)，寻找 IIED 案例，阐明“粗暴行为”的含义。[47]

在确定了这一问题的有关判例之后，律师接着要看两件事：一是法院是否颁布了任何规定、因素或原则(明确或隐含)，概述了这一因素的界限(例如，规定“粗暴行为”的规则)；二是本案被告的行为是否与法院认定符合上述要件的案件的被告的行为相似。[48]

对于第一个标准，大多数国家的法律要求对无耻行为设定一个非常高的门槛：它必须“在性质上极度离谱，在程度上极度极端，以至于越过了基本礼仪的底线，完全无法为一个文明的社会所忍受”。[49] 第二个标准(判例与该案例之间的事实相似性)是充实抽象规则(如上文所引用的规则)适用性的关键。如果事实情况足够相似，并与之相关，那么律师的结论是，“令人愤慨的行为”因素可能得到满足，并将转移到下一个因素；如果行为不相似，则不满足该要素。[50] 一旦对每个要素作出了决定，就可以评价整个诉因，因为只有在确定了每个要素之后，诉因才存在。[51]

当然，律师对特定结果预测的信任程度取决于律师对每个元素的信任程度。虽然律师通常不会将百分比分配给个别元素(例如，陪审团有 60% 的可能性会发现因果关系因素得到满足)，但他们确实倾向于更概括地作出决定(例如，“极有可能”或“较有可能”，陪审团会发现这种行为是粗暴的)。[52] 当然，这会影响他们对整个诉因的评估。因此，如果律师认为陪审团极有可能发现 IIED 的每个元素都得到满足，那么律师可以相当自信地预测 IIED 的诉讼将获得成功。[53] 相反，如果律师确定只有一个或多个元素得到满足的可

---

[47] 然而，判例法判例并不是唯一的解释工具；其他的解释工具，如学术评论，也可以用来阐明各种元素的意义和适用性。例如，评论和插图伴随《侵权法重述》(第 2 版)的第四十六章通常被认为是重要的有说服力的当局解释模型中的元素制定规则。

[48] See Smith, supra note 42, at 40 –46(讨论判例综合法律规则及其对事实的适用).

[49] 参见《侵权法重述》(第 2 版)第四十六章。

[50] See Smith, supra note 42, at 45(判例主义是相当复杂的，但可以用一个简单的短语来理解：相似的事实，相同的法律，同样的结果).

[51] See Neumann et al., Legal Reasoning, supra note 41, at 121.

[52] Id. at 164.

[53] But see infra Section IV. A. 6.

能性稍大,那么律师就会作出不太自信的预测。

研究备忘录(又名法律备忘录或正式的办公室备忘录)历来是律师记录和传达其结果预测的工具。[54] 此外,多年来,研究和准备这类备忘录占据了初级律师的大部分时间。[55] 按照惯例,在这些备忘录中,律师首先提出问题并进行简要回答,接下来是对事实的总结,然后是对一个或多个行动和/或抗辩原因的逐个元素分析,然后是一个简短的结论,评估整个诉讼的可行性。[56] 然而,一些有经验的律师可能更希望从事研究项目的律师将备忘录的范围限制在解释每个单独要素或辩护的法律要求上,而将对整个诉因的可行性的全面分析留给资深律师。在通常情况下,研究备忘录将成为给客户的建议书的基础,通过该建议书,资深律师可以将元素分析的结果传达给客户,并相应地向客户提出建议。[57]

大多数时候,这种分析发生在诉讼之初,在当事人的律师试图确定他们应该如何应对潜在的诉讼问题(例如,如果他们代表原告,是否索赔;或如果他们代表被告,是否要提前提出解决方案)。[58] 如上文第二部分所述,原告的律师需要评估潜在的数量和可能的陪审团裁决,以确定提起诉讼是否合理,而被告的律师则需要评估客户的潜在风险,以便评估提前解决方案,并为案

---

[54] See Neumann et al. ,Legal Reasoning,supra note 41,at 159("一份办公室备忘录预测了法律将如何对待客户");John C. Dernbach et, AL. ,*A Practical Guide to Legal Writing & Legal Method* 259 -260(4th ed. 2010);Edwards,supra note 40,at 131("因此,准确预测是一份办公室备忘录的功能").

[55] Kirsten K. Davis,"'The Reports of My Death Have Been Greatly Exaggerated':Reading and Writing Objective Legal Memoranda in a Mobile Computing Age",92 *OR. L. REV.* 471,472 -74,482 -83(2013)(总结了办公室备忘录的传统用法,并描述了对法学院毕业生的调查,以及他们继续使用传统的法律备忘录,以及更现代的替代方法,如简短的电子邮件备忘录).

[56] See Richard K. Neumann,JR. et. , al. ,Legal Writing 123 -26(3d ed. 2015). 当然,法律备忘录还有其他可能的用途。例如,一份法律备忘录只能用来概述关于某一专题的法律,而不能将该法律适用于有关的事实。同样地,它也可以被用来仅仅根据法律和事实为客户提供最好的论据,而不必试图预测可能的结果。然而,传统上,法律备忘录的主要用途是评估客户的案件,并预测可能的结果。See Neumann et al. ,Legal Reasoning,supra note 41,at 159.

[57] See Edwards,supra note 40,at 4,131;Charles R. Calleros,*Legal Method & Writing* 207,210 -11(7th ed. 2014);Dernbach et al. ,supra note 54,at 259.

[58] See Mauet & Marcus,supra note 17,at 5 -15(讨论在初始案例评估过程中元素中心分析法的作用).

件管理制定战略和预算。[59]

近年来,律师很少使用这种正式的法律备忘录,主要是由于编写这些备忘录的成本过高。[60] 随着客户越来越注重成本,律师们也在努力提高成本效益,减少对正式备忘录的依赖,更多地依赖简短的非正式备忘录、电子邮件备忘录和口头研究报告。[61] 因此,尽管对于一家律师事务所来说,让一名合伙人在事关重大的问题上准备一份传统的办公室备忘录在财务上可能仍有意义,因为成本控制不是一个迫切需要考虑的问题,但在较普通的诉讼问题上,这种做法可能就没有意义了。

尽管如此,不管律师通过什么工具作为分析的传达载体,基于法律研究的元素中心分析法已经成为传统的结果预测方法的支柱,并且至今仍然是一个重要的预测工具。它仍然是律师评估案件的主要工具之一,尤其是在诉讼案件的开始阶段。[62] 它还可以部分委托给另外的初级律师,因为它充分利用了法学院学生的法律研究、写作和分析技能。[63]

(二)律师经验

律师在预测结果时依赖的另一个重要资源是律师经验。经验丰富的律师本能地将对律师的法律备忘录的预测分析,与自己在评估案件可能结果方面的经验联系起来。[64] 例如,有经验的原告律师可能从过去的经验中知道,原告有关 IIED 等诉因的判决相对少见,有经验的律师会相应地缓和初级

---

[59] See supra notes 25 –35 and accompanying text.

[60] See Kristen Konrad Robbins-Tiscione, "From Snail Mail to Email: The Traditional Legal Memorandum in the Twenty-First Century",58 *J. LEGAL EDUC.* 32,32 –36(2008)(描述调查结果显示,在法律实践中,正式法律备忘录的使用有所减少).

[61] Id. at 32 –36,41 –42.

[62] See Neumann et al. ,Legal Reasoning,supra note 41,at 40 –45(讨论了元素中心分析法所涉及的步骤,并将其描述为预测写作的主要工具).

[63] 因此,学习起草备忘录仍然是几乎所有法律写作一年级课程的主要主题之一,在几乎所有法律写作一年级教材中占有重要地位。See,e. g. ,Calleros,supra note 57,at 189 –343;Dernbach et al. ,supra note 54,at 259 –91;Edwards,supra note 40,at 131 –45;Neumann et al. ,Legal Reasoning,supra note 41,at 159 –67.

[64] See Clarence Morris,How *Lawyers Think* 11 – 19(2d prtg. 1938)(一般讨论律师对直觉的依赖).

律师倾向于支持客户的分析。[65] 此外,一份典型的研究备忘录中所包含的以要素为重点的分析,往往更能说明一项行动在驳回议案或简易判决议案中存活的可能性,而不是原告在审判中被判有罪的可能性。例如,在 IIED 的案件中,大多数报告的案件都是因未说明诉因而被驳回的上诉或简易判决令的上诉。因此,它们几乎没有为陪审团如何解决一件经过决定性议案而得以继续审理的案件提供什么指导。

一个有经验的律师在试图预测一个诉讼事项可能的结果时,除了在传统的以要素为中心的分析中所分析的理论考虑外,还可能考虑其他因素。例如,一名经验丰富的律师可能会考虑到案件中所涉及的个别法官的背景和感知到的偏好,特别是该律师有利用这些变量的个人经验。[66] 经验丰富的律师还可以考虑非理论方面的因素,如诉讼的公平、双方的同情或不同情的性质、对方律师的声誉等。[67]

在利用经验来预测结果时,律师并不一定局限于自己的个人经验。相反,律师可以借鉴经验丰富的律师(或专家顾问)的意见,就像医生可以借鉴经验丰富的医生的诊断经验一样。[68] 无论是哪种情况,轶事证据都缓和了元素中心分析法单纯以法律为重点进行的分析。

因此,这些轶事证据使有经验的律师能够采取更全面的方法来预测结果。[69] 律师不仅依赖于对特定诉讼因素构成部分的法律审查,还依赖于对案

---

[65] See Suzanne E. Rowe,"Legal Research, Legal Writing, and Legal Analysis: Putting Law School Into Practice",29 *STETSON L. REV.* 1193,1198(讨论法律学生倾向于"歪曲他们的研究或分析,以达到他们认为监督律师或客户想要的答案");Amanda Smith,"Preparing for Practice Beyond the Bench: Opinion Writing as the 'Heart and Soul' of the First Semester of Legal Writing",18 J. *LEG. WRITING INST.* 263,282(2012)(认为大多数缺乏经验的研究人员偏向于对客户有利的分析).

[66] See Daniel M. Schneider,"Assessing and Predicting Who Wins Federal Tax Trial Decisions",37 *WAKE FOREST L. REV.* 473,509 -514(2002)(他认为法官的背景特征,如性别、教育程度和过去的工作经验,对案件结果具有高度预测性);Stevenson & Wagoner, supra note 22, at 1342 -43(经验知识的补充,有时比结果预测的法律规则更重要).

[67] See Mauet & Marcus, supra note 17, at 406.

[68] See Greene & Bornstein, supra note 18, at 31 -32(讨论研究表明,律师与经验丰富的同事就其结果预测进行咨询,可以做出更准确的预测).

[69] See Gerd Gigerenzer & Henry Brighton,"Can Hunches Be Rational?",4 *J. L. ECON. & POL'Y* 155,172(2007).

件(基于律师直觉的)更为"格式塔"的观点,这种观点考虑到了更广泛的潜在相关因素。⑩ 法律与医学的相似之处再次出现。正如一位有经验的医生不仅可以依赖症状作出诊断的清单,还依赖于医生对患者整体表现的直观感受,有经验的律师也可能至少部分依赖于"感觉"该案件会胜诉,这需要借鉴律师基于经验的关于案件实力的直觉。⑪ 这很可能(至少部分地)有助于追踪法官和陪审团作出决定的方式。⑫ 有大量的传闻和其他证据表明,法官和陪审团并不仅仅通过分析个别因素和辩护来决定案件;相反,他们将这种分析与他们对正义在个案中所要求的直观感受相平衡。⑬ 如果是这样,那么就可以合理地预期,在一个案件的可能结果(这种直觉最终来自经验)中,将元素中心分析法与律师的直觉相平衡,能够提高律师对结果预测的准确性。⑭

(三)经验信息

律师传统上用于预测案件结果的第三个主要工具是关于案件的经验信息。虽然这个工具在历史上没有像上面讨论的前两个工具那样被广泛使用,但经验信息在这个数据分析的时代可能会变得越来越重要,正如第五部分所讨论的那样。

传统上用于指导结果预测的经验信息有几个来源。最古老也是使用最

---

⑩ See Richard A. Posner, *How Judges Think* 106 – 111 (2008) (描述直觉和情感在司法决策中的作用).

⑪ See Stevenson & Wagoner, supra note 22, at 1346 nn. 24 – 25 (讨论研究表明律师在做决定时很大程度上依靠自己的经验).

⑫ See Posner, supra note 70, at 108 ("因此,法官越有经验,他就越有信心在他的直觉反应中镇静……"); Joseph C. Hutcheson, Jr., "The Judgment Intuitive: The Function of the "Hunch" in Judicial Decision", 14 *CORNELL L. REV.* 274, 284 (1929); see generally Mark C. Modak-Truran, "A Pragmatic Justification of the Judicial Hunch", 35 *U. RICH. L. REV.* 55 (2001) (讨论司法决策"预感"理论的哲学基础).

⑬ See Posner, *supra note* 70, at 110.

⑭ 我们有理由相信,这种来自经验的直觉与更深思熟虑的分析过程之间的反思性平衡,一方面不限于法律推理,另一方面可能是人类认知的一个基本特征。See Gigerenzer & Brighton, supra note 69, at 156 ("忽略信息的简单启发式比使用所有可用信息的复杂策略更好——更快、更节约、更准确"). But see Davis, supra note 55, at 494 – 499 (描述了一些认知偏见,当律师依靠直觉来评估潜在的案件结果时,这些偏见可能会悄然而至).

广泛的来源是陪审团裁决报告,它按主题对陪审团的裁决进行分类总结,使律师能够看到类似案件在过去是如何解决的,并能够了解类似案件的预期判决范围。[75] 陪审团裁决报告在大多数司法管辖区出版,由私营实体编写。[76] 这些报告提供的信息来自公开的法庭记录,以及涉案律师提供的信息。[77] 在一般情况下,报告根据索赔类型、伤害类型、管辖权、金额、原告人口统计资料、保险公司结算历史等组织案件摘要。最初,陪审团裁决报告以时事通讯的形式出版。大多数现在也可以在网上找到,许多还提供了对大型在线案件信息数据库的访问,律师可以按类别搜索这些数据库。[78] 一些还提供研究服务,工作人员可以在数据库中搜索与律师正在处理的案件相同的案件。[79]

陪审团裁决报告的目的是向律师提供有关如何解决与他们正在处理的案件类似的案件的信息。然后,律师可以利用这些信息对类似案件中陪审团裁决的预期范围做出合理预测。[80] 因此,其侧重点不同于上文讨论的元素中心分析法,即陪审团裁决报告为案件进入审判程序后可能发生的情况提供指导。相比之下,传统的元素中心分析法更倾向于预测一个案件是否会进入审判,因为其主要关注法官的决定,而不是陪审团的行动。因此,陪审团裁决报告提供了一种额外的结果预测工具,律师可以用它来评估原告胜诉判决的可能性,以及一旦案件进入审判阶段时这种判决的潜在规模如何。

经验信息的另一个来源是机密结算数据,它在可获得性方面更加有限。例如,与保险公司合作的律师可以从保险公司收集的和解和陪审团裁决数

---

[75] See Mauet & Marcus, supra note 17, at 406.

[76] 两个最大的商业陪审团裁决记者是“判决搜索”(VerdictSearch)和全美州陪审团裁决协会出版商。See Verdictsearch, www. verdictsearch. com(last visited July 30, 2018); *NAT' L ASS' N State Jury Verdict Publishers*, www. juryverdicts. com(last visited July 30, 2018).

[77] See, e. g., Online Verdict Search Tool, *Verdictsearch*, http://verdictsearch. com/online-verdict-search-tool/(last visited July 30, 2018).

[78] 像万律(Westlaw)和律商联迅(Lexis)这样的在线商业研究提供商也提供判决研究工具。See, e. g., Westlaw Jury Verdicts, *Thomson Reuters Legal Solutions*, https://tmsnrt. rs/2AqwJKt (last visited July 30, 2018); LexisNexis Verdict & Settlement Analyzer, *LexisNexis*, https://www. lexisnexis. com/en-us/products/verdict-settlem-analyzer. page(last visited July 30, 2018).

[79] See, e. g., "Custom Verdicts and Settlements Research on Call", *Verdictsearch*, http://verdictsearch. com/custom-research/(last visited July 30, 2018).

[80] See Mauet & Marcus, supra note 17, at 406.

据中获益,这些数据来自保险公司为帮助预测结果而提起诉讼的早期案件。在某些方面,这类信息比陪审团裁决报告所提供的信息的范围要窄,因为它仅限于该保险公司处理的案件(尽管一些保险公司可能选择将这类信息集中起来供其集体使用)。然而,在其他方面,它又会显得更加广泛:一方面,保险公司通常会有关于事实的更广泛的信息;另一方面,除了判决书,它们还有关于和解的信息。这让律师对案件可能的结果有了更全面的了解,因为大多数案件都是在审判前解决的。[81] 相比之下,由于大多数和解协议中包含的保密条款,陪审团裁决报告无法获得大多数和解协议的信息。[82]

用于预测结果的经验信息的第三个来源是陪审团研究。律师可以聘请陪审团研究公司就案件进行咨询,[83]这些公司以两种主要方式为律师提供经验信息。首先,它们可以根据自己的研究,提供关于陪审团行为的一般信息。其次,它们可以让模拟陪审团通过实践审判直接评估争议。这让律师们可以尝试不同的论点和策略,看看他们对阵模拟评审团的效果如何,也为他们提供了有关实际陪审团可能如何解决争议的信息。[84] 来自模拟陪审团的信息与陪审团裁决报告或结算数据汇编所获得的不同,因为后二者来源关注过去案件的实际结果,而模拟陪审团判决依赖于对预期相同的事实的假设评估。陪审团研究的缺点是其成本非常昂贵,因此,在许多情况下对从

---

[81] See Kaster, supra note 26, at 43 & n. 1.

[82] See Laurie Kratky Doré, "Secrecy by Consent: The Use and Limits of Confidentiality in the Pursuit of Settlement", 74 *NOTRE DAME L. REV.* 283, 285 (1999) (注意到保密协议经常被用于向公众隐瞒和解条款和基本事实); Scott A. Moss, "Illuminating Secrecy: A New Economic Analysis of Confidential Settlements", 105 *MICH. L. REV.* 867, 867 (2007). 即使是争议最激烈的诉讼,通常也会以保密和解告终。

[83] See generally Robert F. Ruckman et al., *Focusing Your Case Through Jury Research: Mock Trials and Other Tools*, THE BRIEF, Spring 2017, at 58 (describing the basic tools of jury research consultants).

[84] See Jeh Charles Johnson, "Mock Juries: Why Use Them?", *Litigation*, Winter 2009, at 32; Jerry W. Thomas, Mock Juries, *Decision Aanlyst* (1993), https://www.decisionanalyst.com/media/downloads/MockJuries.pdf. "For a good summary of how mock juries are used and how the process proceeds", see Mary A. Bedikian & Jerome D. Hill, "The Ultimate Power of Persuasion: Using the Mock Trial to Enhance Litigation Strategy", 72 *MICH. B. J.* 1046 (1993).

业人员的作用是有限的。[85]

因此，案例预测的主要工具如下：(1)基于法律研究的传统的元素中心分析法；(2)经验丰富的律师的经验；以及(3)过去类似案例如何得到解决的经验信息。本文下一节将研究这些工具在预测可能的诉讼结果方面的有效性，并特别关注传统的元素中心分析法。

四、传统工具的不足

律师传统上用来预测案件结果的工具具有许多局限性，因此，尽管结果预测在法律实践中具有重要意义，但它一直是一门粗略的科学，其准确性有待提高。[86] 本节考察了传统的结果预测工具的局限性，重点介绍了元素中心分析法。[87]

（一）元素中心分析法

作为一种预测工具，传统的元素中心分析法用于预测案件结果有许多不足之处，这主要是因为其准确性取决于对法律分析如何运作的过度简化的观点。为了使用传统的元素中心分析法准确预测未来案件的结果，作出

---

[85] See generally Thomas, supra note 84, at 1. Some research information regarding jury behavior in a generic sense is published in academic journals. See, e. g., Robert J. MacCoun, "Experimental Research on Jury Decision-Making", 244 Science 1046(1989)(提供了一个关于陪审团行为的早期研究的例子). 但是这种类型的一般信息在预测结果方面不如特定案例的信息有价值。

[86] See Kaster, supra note 26, at 44 –45(讨论关于律师错误评估案件的程度的研究，以及评估缺陷的原因); Goodman-Delahanty et al., supra note 35, at 133.

[87] 尽管传统工具存在缺陷，但客户仍在为律师的建议支付高昂的费用，这至少表明，市场相信律师的预测技能是有价值的。See Brian Leiter, "Rethinking Legal Realism: Toward a Naturalized Jurisprudence", 76 *TEX. L. REV.* 267, 312(1997). 但话又说回来，人们也会为塔罗牌和手掌读数花很多钱，这可能更多地说明了许多人对未来的强烈渴望，而不是传统案例预测的实际成功。从理论上讲，律师结果预测的准确性是可以检验的。事实上，最近的一项研究对传统工具的准确性具有启发意义。看到丹尼尔·马丁·卡茨在《预测美国最高法院的行为：一个通用方法》(2014年7月27日)(未发表的手稿)(网址为 https://arxiv.org/pdf/1407.6333.pdf)里描述一个预测模型，准确预测大约70%的最高法院的判决结果，这大约是专家一样的成功率。可以推测，可以对初审法院的结果进行类似的研究，使用焦点小组来测试律师预测的准确性。但目前还没有这样的公开数据。

预测的律师必须依赖于法律规则对已知事实的一致适用性。换句话说,必须能够清楚地确定规则,知道事实,能够比较有关的类似的事实背景,以确定规则的适用性。在这种情况下,规则必须在未来的案例中得到一致的应用,就像在过去的案例中一样。[88]

然而,这种方法有几个固有的问题,阻碍了它作为预测工具的可靠性。这些问题包括:(1)应被分析的确切事实的不确定性;(2)应当适用于分析的法律规则的准确范围存在不确定性;(3)某些事实的法律意义难以认定;(4)难以解释可能影响案件结果的非理论因素;(5)可以从已发表的意见中得出的信息类型的限制;以及(6)使用元素中心分析法很难以任何精确方式进行概率评估。其中大多数已经得到广泛承认——尽管不一定是在结果预测方面。然而,最后一个因素在学术文献中并没有得到足够的重视,值得我们进行更详细的研究。本节的其余部分将依次讨论上述问题。

1. 事实的不确定性

传统的要素分析的第一个问题是,它依赖于前瞻性案例和判例之间准确的事实比较,[89]然而,在未来(甚至正在进行的)案件中,事实往往是不确定的。[90] 当元素中心分析法通常被用来评估特定诉因的可行性时,尤其是在案件开始时该问题尤为突出。在诉讼的这一阶段,律师必须主要依靠委托人提供的事实陈述、委托人提供的任何文件中收集到的任何额外信息以及律师进行的任何独立的初步事实调查。[91]

当然,只依赖于客户陈述的问题是,客户的陈述可能有偏见;因此,最终在审判中出现的事实可能与客户在最初的面谈中向律师报告的情况不一致。[92] 此外,律师随后的事实调查以及发现过程,可能会揭示意外。意料之外的文件可能会出现,证人对事实的描述可能与律师在案件开始时的预期

---

[88] Smith, supra note 42, at 15–16; Stevenson & Wagoner, supra note 22, at 1342.

[89] See Smith, supra note 42, at 13–16.

[90] See Jerome Frank, *Law and the Modern Mind.* xii–xiii, xix (Peter Smith Publishing 1970) (1930).

[91] See Mauet & Marcus, supra note 17, at 89–90.

[92] See Michael E. Tigar, Nine Principles of Litigation and Life 240 (2009) ("客户可能不会对你的文件坦诚"). 客户可能掩盖真相。

有所不同。此外,审判本身往往是不可预测的。证人的可信度和亲和力是陪审团评估事实的重要因素,[93]而且即使可以在试验前准确评估可信度,也很难将这些信息转化为以元素为中心的分析。此外,事实审查员可能不会像律师最初认为的那样对证据进行权衡,法官可能会排除或限制律师在审判中使用某些证据来构建案件。[94]

因此,提前预知事实的发现者如何将证据编入特定叙述,使传统的元素中心分析法难以将法律规则应用于事实,这可能比乍一看更加明显。

2. 法律的不确定性

法律的不确定性常常使这一困难复杂化。用于辅助预测的传统元素分析依赖于律师确定强制性法律规则并将其应用于预期案件事实的能力。[95]然而,人们往往不清楚这些规则的具体参数是什么,以及它们如何适用于未来的案例。

一方面,通常很难从不同的案例中综合出一个有说服力的法律规则。[96]从多个案例中提炼出某种规则,而这些案例又揭示出一些不同且微妙的规则,这不是一种决定性的唯一的行为;相反,通常可以用一种以上的方式将这些点联系起来(以不同的方式制定综合规则),而且事先并不太了解法院将如何这样做。[97]

此外,法律规则本身可以是模糊的或模棱两可的。哈特提出了一个著名的假设,即公园里禁止"交通工具"的法规,这是一个模糊文本规则的经典例子。正如哈特所主张的那样,仅仅从单词的含义来看,根本看不出自行车

---

[93] See Mauet & Marcus, supra note 17, at 405 – 406.

[94] See Smith, supra note 42, at 23("法院不得从历史事实中作出与你、你的当事人、证人或对方当事人相同的推论").

[95] See id. at 10 – 23; see also Antonin Scalia, "The Rule of Law as a Law of Rules", 56 *U. CHI. L. REV.* 1175, 1179(1989)(讨论明确的法律规则和可预测性之间的联系).

[96] See Neumann et al., Legal Reasoning, supra note 41, at 18 – 19. For a classic legal-realist formulation of this argument, see Frank, supra note 90, at 159 – 171(论证先例在可能的规则合成方面具有内在不确定性).

[97] Frank, supra note 90, at 163. ["每一个有经验的律师(或多或少是无意识地)都知道,在绝大多数案件中,判例都不能作为预测的基础。"]

(或者说是带有辅助电动引擎的自行车)是不是一种“交通工具”。[98] 因此,法院如何解释规则核心周围的“外延”往往是不确定的。[99] 此外,从案件而非文本来源派生的法律规则可能更加模糊和具有不确定性。[100] 这些规则通常高度依赖于它们产生的特定事实背景,如果随后案例中的事实有重大不同,则需要加以改进和修改。[101]

可以肯定的是,将判例的事实与预期案件的事实进行比较,往往能使人们对模糊的术语有所了解。例如,在IIED案件中,律师可以根据情绪困扰的严重程度,对给予被告简易判决的案件进行比较和对比。如果在一个特定的案例中,某种程度的情绪困扰被认为不够严重,不足以满足严重程度的要求,那么律师就可以得出结论,在一个可能的案例中,同等或较低程度的情绪困扰是不够的。但是,先例可能仍然存在很大的疑问。由于判例的数量通常是相当有限的,因此往往还存在一个重要的灰色地带,未来案件的事实可能就落在这个灰色地带。因此,法院所阐述的法律规则就其潜在的适用性而言是开放式的,并且往往没有足够的先例为如何在新的情况下对其进行应用提供有意义的指导。[102]

最后,法律规则并不完全是静态的,解释规则的支配性决策法律可能在案件的过程中演变。如果随后的判例重塑了治理规则,那么在诉讼开始时看似可靠的案件可能就不那么确定了,而这也可能影响结果预测。

由于这些原因,精准地确定应该应用于给定事实场景的“法律”往往没有乍看起来那么简单,从而进一步限制了元素中心分析法作为预测工具的有效性。

---

[98] See H. L. A. Hart, “Positivism & the Separation of Law and Morals”, 71 *HARV. L. REV.* 593, 606 – 615 (1958).

[99] Id. at 607; see also Dernbach, supra note 54, at 44.

[100] 这使倡导者更容易,他们可以运用一些创造性来制定适用的规则,但这使得制定规则对于结果预测更具挑战性,因为律师本质上必须预测二审法院将如何制定规则。See Neumann et al., Legal Reasoning, supra note 41, at 93 – 96, 104.

[101] See id. at 73 – 74(讨论由于缺乏充分的判例,法律有时会有漏洞).

[102] Id. at 19(“已经制定了一项规则,不可避免地会出现这样的情况,即规则制定没有预料到她会被期望考虑”); see also Schauer, Precedent, supra note 46, at 576 – 79(认为先例限制未来决策的能力取决于决策者确定法律相关事实相似的能力).

3. 评估某些事实的法律意义困难

一个有关的困难是，很难从所公布的法院意见中确切查明哪些事实对特定的某一方具有法律意义。这也为元素中心分析法增加了不确定性，因为这意味着确定哪些潜在的先例是合适的有时具有困难。[103]

以佛罗里达州判例法中 IIED 侵权行为的发展为例。在 Slocum v. Fair Food Store of Florida Inc. 案件中，[104]这是佛罗里达州第一个上诉中考虑是否具有侵权行为的案例，佛罗里达州最高法院认为，即使在佛罗里达州，侵权也不适用于被告仅仅通过说"你臭"就对原告造成情绪困扰这一事实背景。[105]然而，在另一个案例中却对侵权行为进行了认定，即在"科尔宾（Korbin）诉柏林（Berlin）案"中，[106]佛罗里达州上诉法院发现诉讼的原因是被告告诉一个6岁女孩这样的事情："你知道你的母亲把一个男人从他的妻子身边带走了吗？""你知道神要惩罚他们吗？""你知道有个男人睡在你妈妈的房间里吗？"[107]在"科尔宾案"中，法院认为构成诉因是因为一个理性的陪审团可以发现这些陈述是"故意造成孩子'严重的情绪困扰'"。[108] 他所声称的陈述以及他们传达给儿童的通知方式和情节，给孩子留下了很小的余地，进而怀疑他们的目的是羞辱她，并且为了挑起这个单纯的孩子的敏感性。[109] 此外，法院指出，"正如他们所做的那样，对孩子的母亲来说，陈述的内容和重要性足以阐明诉因"。[110]

从上诉法院的判决来看，被告的年龄（原告年轻的科尔宾女士只有6岁）显然是今后案件中需要考虑的一个重要的法律因素。[111] 换句话说，一个解读"科尔宾案"的律师会从法庭意见的语言中合理地知道 IIED 对于涉及

---

[103] See Schauer, Precedent, supra note 46, at 577 –88（讨论决定哪些事实具有法律相关性的因素）.

[104] Slocum v. Food Fair Stores of Fla., Inc., 100 So. 2d 396（Fla. 1958）.

[105] Id. at 398.

[106] Korbin v. Berlin, 177 So. 2d 551（Fla. Dist. Ct. App. 1965）.

[107] Id. at 552 –53.

[108] Id. at 553.

[109] Id.

[110] Id.

[111] Id. at 552 –53.

儿童的令人愤慨的口头陈述的限制会比成年人的要低。然而,不太清楚的是,当法院将这些陈述的“内容和意义”视为一个决定性因素时,它究竟是什么意思。[112] 例如,一名律师在将未来的案件与“科尔宾案”的事实进行比较时,是否也应该考虑到“科尔宾案”中 70 岁的被告声称孩子的母亲有不正当的性行为这一事实?或者这个事实无关紧要?如果被告没有像“科尔宾案”中那样对被告说“我觉得你很臭”,而是指责原告的道德,那么“斯洛克姆案”的判决结果会有所不同吗?可以提出一个合理的论点(如通过类比诽谤法),性侮辱比体味侮辱更有可能被起诉。然而,从法院在“科尔宾案”的裁决来看,并不能明确这一点,因此,也不能明确这些陈述的性的性质是一个可以适用于新的一系列事实的具有法律意义的事实。[113] 换句话说,司法意见可能不会揭示法官在作出决定时实际上所依赖的所有事实考虑。[114]

因此,除了事实和法律不确定的问题外,在某些情况下,准确确定哪些事实对某一特定主张具有法律意义也对元素中心分析法构成了阻碍。

4. 评估非理论因素的重要性困难

传统的元素中心分析法更深层次的不确定性源于其难以解释可能影响结果预测的某些非理论因素。

首先,经济和心理因素可能会导致律师对客户案件采取过于乐观的看法,从而影响分析。最明显的是,往往存在有利于客户立场的经济动机。[115] 因此,原告的律师将倾向于通过有色眼镜看待诉因(当然,还有律师自身的

---

[112] Id. at 553.

[113] See Emily Sherwin, “Judges as Rulemakers”, 73 *U. CHI. L. REV.* 919, 920 (2006) (描述法官对简化启发式的依赖如何导致决策者“以牺牲不那么明显但同样重要的背景因素为代价,将注意力集中在容易想到的事实上”).

[114] See Kevin D. Ashley & Stefanie Brüninghaus, “Computer Models for Legal Prediction”, 46 *JURIMETRICS* J. 309, 315 –316 (2006) (“法官可能没有披露影响其判决的特征,或者没有准确或完整地陈述其理论基础”); see also Llewellyn, supra note 3, at 35 [他认为,就“(法官的)报告中没有显示的事实或因素在起作用”这一意见使我们对所发生的情况有一种误解,从而使我们对未来将发生的情况有一种误解的预测基础”].

[115] 这里被称为“乐观偏见”。See Katz, supra note 16, at 929; see also Kaster, supra note 26, at 45; Oren Bar-Gill, “The Origin and Persistence of Optimism in Litigation”, 22 *OXFORD J. L. ECON. & ORG.* 490, 491 (2006).

能力)。[116] 在潜在原告将按小时付费的情况下，这尤其成问题；但即使在更传统的特遣队费用案件中，它仍然可以发挥作用。同样，即使提前和解可能符合客户的利益，按小时付费的辩护律师也有明显的经济动机延长诉讼时间。

此外，一些其他的认知偏差可能会影响律师的预测。[117] 例如，客户往往不喜欢悲观或被认为对对手的立场过于同情的律师。[118] 综上所述，这些因素造成了一种不现实地评估客户前景的倾向，[119]这可能导致律师拒绝表面不合理但事实上合理的解决方案。从理论上来讲，在调整元素中心分析法的结论时，可以考虑这些心理因素。但是，它们很难梳理，几乎无法量化。

传统的元素中心分析法也未能考虑到可能影响决策者的某些非理论的因素，从而影响案件的结果。这些因素包括多年前法律现实主义者详细讨论过的各种考虑，如法官或陪审团的个人偏见。[120] 法官和陪审团不是机器，不能指望他们以纯粹机械的方式将法律规则应用于事实。[121] 因此，传统的因素分析由于不能准确地说明可以影响结果的各方的可信性等因素而受到阻碍。[122] 另外，它还忽略了律师的声誉和胜诉率、个别法官对案件的历史倾向、不同法院(如不同地区)偏好的差异等因素。[123] 同样，这对于传统的元素中心

---

[116] See Green & Bornstein, supra note 18, at 31(他们认为“为了吸引和维持客户，律师可能会对自己的能力表现出更高的信心”).

[117] See Snyder, supra note 33, at 841 –54(讨论可能扭曲预测的各种认知因素). see also Davis, supra note 55, at 495 –98(讨论影响案例评估的不同认知偏差).

[118] See Stevenson & Wagoner, supra note 22, at 1347 n. 27(讨论研究表明律师过度自信可能是“吸引和留住客户的必要特征”); see also Kaster, supra note 26, at 45(“如果客户只希望听到积极的观点，如果不满意就去其他地方，那么客户就更有可能这样想”).

[119] See generally George Loewenstein et al., “Self-Serving Assessments of Fairness and Pretrial Bargaining”, 22 *J. LEGAL STUD.* 135(1993); see also Goodman-Delahunty et al., supra note 35, at 139 –143(讨论研究表明律师在预测审判结果时过于乐观).

[120] See, e. g., Frank, supra note 90, at xii –xiii(讨论法官隐藏的、无意识的偏见对案件结果的影响)。关于这一观点的当代提法，see Posner, supra note 70, at 10 –11(讨论影响司法决策的各种个人属性).

[121] See Posner, supra note 70, at 8(“经验主义学者发现，许多司法裁决，绝不仅仅限于最高法院，受到法官政治倾向或其他法外因素的强烈影响……”).

[122] See MAUET & MARCUS, supra note 17, at 405 –406.

[123] See Leiter, supra note 87, at 312(认为律师使用非正式的“心理、政治和文化知识”来帮助预测司法结果). 也请参见本文第五部分绍尔(Schauer)教授关于基于非教义因素的结果预测的讨论。见下文注释[187]至注释[193]说明及其所附案文。

分析法并不是一个棘手的问题,因为传统的分析可以平衡和调整这些非理论因素。然而,对这些因素进行权衡是非常困难的,因此很难将其纳入元素中心分析法中。

5. 对已公布意见中所获信息量和类型的限制

除了上面讨论的问题之外,由于其原始资料的性质,即以公布的司法意见为依据,元素中心分析法的效用存在固有的局限性。由于这些意见(特别是那些回应审前动议的意见)主要集中在对法律的正确解释上,而不是事实上的应用和损害的确定,其效用主要局限于确定诉因,而不是确定原告是否可以胜诉以及潜在的胜诉收益。例如,在上面讨论的 IIED 案例中,大多数发表的意见都是针对简易判决或驳回议案的,它们主要关注的是原告是否恰当地陈述了 IIED 的诉因。佛罗里达州最高法院的一个重大案件——"大都会人寿保险公司(Metropolitan Life Insurance Company)诉麦卡森(McCarson)案"[124]即处理陪审团裁决的上诉。[125] 但即使这种观点也主要涉及 IIED 在佛罗里达州是不是一种公认的侵权行为,以及原告是否恰当地陈述了该侵权行为的诉讼原因。[126] 因此,对于 IIED 的原告在案件进入审判程序后可能会发生什么,元素中心分析法所能提供的指导作用是有限的。

其结果是,以要素为中心的分析主要是作为一种工具,用于预测原告的索赔是否能够经过诉讼的审前动议阶段,并进入审判。律师必须求助于其他预测工具,如陪审团裁决报告和和解数据,以制定有关其客户在庭审中获胜的概率和任何潜在诉讼收益的结果预测。

6. 在元素中心分析法中进行概率评估的困难

最后,还有一个问题是元素中心分析法所固有,而在学术文献中没有得到足够重视的,这就是在传统的元素中心分析法中很难为单个元素的适用性分配概率,以及很难基于这些单个元素的评估进行总体概率评估。

关于第一个问题,元素中心分析法的主要原则之一是通过将诉因或抗

---

[124] Metro. Life Ins. Co. v. McCarson, 467 So. 2d 277 (Fla. 1985).

[125] Id. at 278.

[126] Id. at 278 –79.

辩分解为组成要素,从而促进结果预测。换句话说,传统的分析假定,作为一个整体,诉因或抗辩的可行性最好是通过评估每一个单独因素的可行性来确定。反过来说,每个单独因素的可行性,可以通过研究各种 IIED 的先例来评估,讨论该因素,然后从这些单独的评估中得出对诉因或是抗辩的全面评估。[127] 例如,一名律师审查了佛罗里达州所有关于 IIED 严重性因素的判例,并将其应用到一个新的事实场景中,试图确定在本案中法院或陪审团认定严重性因素得到满足的可能性。然后,在对其他三个 IIED 要素分别做同样的事情之后,律师将更容易判断整个诉因是否会成功。因此,原告必须证明的偶然因素越多,其他条件相同的可能性越低,被告将越占上风。[128]

然而,由于上述原因,确定元素是否满足通常不能以任何合理程度的确定性来确定。例如,如上所述,仅仅通过查看认定严重性要素适用与否的各种 IIED 先例,律师并不总能评估到事实审查员在未来的案件中认定严重性元素满足要求的可能性。确定特定法院或陪审团认定特定要素的可能性尚不是精确科学。[129]

但即使假设律师可以对诉因或抗辩中的个别因素进行合理准确的概率评估,其仍然存在进一步的障碍:确定诉因或抗辩整体可能成功的可能性,根据事实发现者确定每个单独元素的可能性。这项任务提出了一些理论上难以解决的问题,在现实中这些问题似乎也很难解决。

要了解原因,请再次考虑上面讨论的 IIED 示例。为确定 IIED 的诉因,原告必须说服事实发现者,使其相信四个必要要素中的每一个都得到满足:(1)行为是故意的;(2)造成了情绪困扰;(3)情绪困扰严重;(4)引起痛苦的行为是"令人无法容忍的",因为这一术语是通过决定性的法律来定义的。[130] 如果被告成功地使事实审查员确认这些要素中的任何一个都不符合,那么被告获胜。而现在我们假设原告律师使事实审查员确认了其中的 80%,整

---

[127] See Mauet & Marcus, supra note 17, at 5 –7.

[128] See David A. Moran, "Jury Uncertainty, Elemental Independence and the Conjunction Paradox: A Response to Allen and Jehl", 2003 *MICH. ST. L. REV.* 945, 950 (2003).

[129] See Goodman-Delahunty et al., supra note 35, at 149 –50.

[130] 参见《侵权法重述》(第 2 版)第四十六章(AM. *LAW INST.* 1965).

个行动有可能成功吗？如果是，概率是多少？

乍一看，似乎第一个问题的答案显然是“是”，即使第二个问题的答案并不明显。但事实上，即使第一个问题的答案也很复杂。为了评估 IIED 成功的可能性，概率分析的起点是将每个单独的元素作为一个自变量，就像抛硬币一样。例如，连续投掷一枚硬币得到 4 个“正面”的概率只有 1/16，即使每次投掷得到“正面”的概率是 1/2。换句话说，确定一系列（独立）事件发生的概率的基本规则是通过乘以每个单独事件发生的概率来确定的。[131] 因此，在上面给出的 IIED 示例中，确定诉因作为一个整体成功的概率的起点是通过乘以每个单独元素被满足的可能性来确定的。因此，在这个计算中，事实审查员发现所有四个元素都满足的概率是 $0.8 \times 0.8 \times 0.8 \times 0.8 = 0.41$ 或 41%，这意味着原告实际上更有可能失败而不是取胜。

人们很容易由此得出这样的结论：原告的律师有一种倾向，会作出过于乐观的结果预测，因为乍一看，直觉上可能会出现的情况（整体诉因很可能会成功）实际上不太可能。[132] 然而，即使这个结论也是有问题的，因为它基于一个假设，如上所述，即由于司法决策的整体性，单个变量间常常可能存在某种程度的相互依赖。[133] 换句话说，影响法院对一个要点决议的因素很可能也会影响法院对其他要点的评估。[134] 然而，只有在变量是独立的情况下，才适合将变量在一个序列中的个别概率相乘，以确定该序列作为一个整体发

---

[131] See Ian Hacking, *An Introduction to Probability and Inductive Logic*. 41 –43 (2001).

[132] 这与一个有时被称为“连接问题”或“连接谬误”的证据困境有关。See Saul Levmore, “Conjunction and Aggregation”, 99 *MICH. L. REV.* 723, 724 (2001).

[133] See Moran, supra note 128, at 946. 此外，当原告提出多项索赔要求时，还有一个反屏蔽因素在起作用。民事案件的原告可以（而且经常）在诉讼中声称不止一个诉讼原因。See Mauet & Marcus, supra note 17, at 61 –64（讨论赞成多个判决的利弊）。例如，假设 IIED 索赔是原告在诉讼中声称的三种诉讼原因之一，并且进一步假设每一种诉讼原因都有 41% 的成功概率，因此，59% 的概率原告会失败，在所有三个中重要的是，每一个乘法规则上面所讨论的，$0.59 \times 0.59 \times 0.59$，出现概率为 0.205 或 20.5%。See Hacking, supra note 131, at 42（讨论概率乘法规则）。同样，原告在其所指控的三种诉讼理由中至少有一种胜诉的可能性为 0.795，即 79.5%（1 –0.205）。因此，即使原告很可能在独立考虑的三个诉讼原因中的每一个上都失败，根据概率乘法法则，原告很可能（几乎 80%）在至少一个原告的诉讼原因上成功。然而，这种计算又假定每一个单独的诉讼原因是独立的，这可能是不准确的，因为基于同样的原因，单独的因素往往不是独立的。See Moran, supra note 128, at 946.

[134] See Moran, supra note 128, at 946.

生的概率,其中每个变量的分辨率不影响其他变量的分辨率。[135] 例如,在一系列抛硬币中连续得到4次正面的概率是通过乘以每次抛硬币的概率(1/2或50%)确定的,因为没有一次抛硬币会影响另一次。[136] 然而,当一个事件可能影响另一个事件发生时,单个概率的简单乘法证明是不准确的,需要进行更复杂的计算。[137]

例如,假设在世界大赛中有两支势均力敌的球队。在第一场比赛之前,统计学家会合理地指定给定球队在每场比赛中获胜的可能性为50%。如果A队在前三场比赛中获胜,考虑到对手的冲劲和士气等因素,我们有理由假设A队在第四场比赛中获胜的概率高于50%。但是概率会高多少呢?尽管该球队在世界大赛中以3:0落后时的表现的经验数据可以为这个问题提供一些线索,这个问题的答案仍不能完全用数学来确定。

回到传统的元素中心分析法,我们有理由相信元素中心分析法的单个变量(例如,事实审查员发现每个要素都得到满足的可能性)同样是相互依赖的。换句话说,事实对一个元素的解析可能会影响对某一个或其他多个元素的解析。[138] 如上文第三节所述。有理由认为,有经验的律师倾向于以一种更全面的方式分析案件,而不仅仅是分析诉因的每个要素得到满足的可能性。[139] 因此,也有证据表明,法官和陪审团以一种更全面的方式裁决案件,并在对案件中应由哪一方占上风的更直观的看法与对各个独立因素的严格分析之间取得平衡。[140] 如果是这样,那么事实审查员对一个元素的解析将会影响对其他元素的评估,这种相互依赖将会被考虑到结果预测中,就像上面讨论的世界大赛的例子一样。

然而,统计人员在这个例子中可以(稍微准确地)通过查看过去世界大

---

[135] See Hacking, supra note 131, at 42.

[136] See John W. Foreman, *Data Smart: Using Data Science to Transform Information into Insight* 81 (2014).

[137] See id. at 80–82(讨论条件概率和贝叶斯规则).

[138] See Moran, supra note 128, at 950–52.

[139] See Gigerenzer & Brighton, supra note 69, at 171–72.

[140] See Posner, supra note 70, at 107–09; see also supra notes 65–66 and accompanying text.

赛的结果来确定各变量之间的相互依存程度,[141]目前没有这类关于司法决策的一般数据。因此,从实际意义上来讲,即使有可能为每一个单独的因素分配概率,律师也不可能准确地评估某一诉讼胜诉的可能性。因为我们虽然可以有把握地假设,胜诉的概率仅仅比将元素的个别概率相乘要高(由于元素之间可能存在相互依赖关系),[142]目前还没有公开的信息显示这个数字会高出多少。因此,元素中心分析法的基本原理本身就是有缺陷的。

(二)其他传统预测结果工具的局限性

上一节讨论了影响律师用于预测结果的传统元素分析法的各种问题。幸运的是,这并不是律师可以使用的唯一预测工具。相反,正如上文第三部分所讨论的,律师,尤其是经验丰富的律师在评估潜在结果时也严重依赖他们自己和其他律师的经验,而且他们也有一定的经验资源,如陪审团裁决报告、陪审团研究以及在某些情况下的和解数据。然而,尽管这些额外的工具为传统的元素中心分析法提供了有用的补充,其本身也具有局限性。

1. 律师经验

律师预测结果的第一个辅助工具是律师经验——他们自己的经验,以及他们咨询的其他律师的经验。特别是对经验丰富的律师来说,个人经验是一种非常宝贵的工具,就像经验丰富的医生在诊断和预测各种疾病的过程中所使用的工具一样。如上文第三节所述。经验使律师能够扩大分析的范围,引入非理论的考虑因素,如律师对某一特定法官的倾向的了解,或某一特定地区的陪审团倾向于在某些类型的案件中偏袒原告或被告。[143] 此外,经验使律师能够对结果预测采用更全面的方法,依靠对过去案件中可能出

---

[141] 例如,统计记录可能表明,历史上 25 个团队中只有 1 个团队 25(4%),以 3∶0 的比分赢得世界大赛,而一个势均力敌的团队会连续赢 4 场的概率通常是 6.3%(1/2 ×1/2 ×1/2 ×1/2 =1/16 或 0.0625),这将提供一些证据的动量效应。然而,样本集是如此之小,以至于人们无法对经验数据有任何程度的信心。参见 Hacking, supra note 16, at 229 –45(讨论基于小样本或非代表性样本的统计推断问题)。例如,如果一支球队在第二年以 3∶0 的比分战胜了对手,赢得了世界职业棒球大赛,那么根据当时累积的数据——从 1/25 或 4%,到 2/26 或 7.6%——夺冠的概率将发生显著变化,从而得出相反的结论。

[142] See Moran, supra note 128, at 950 –952.

[143] See supra notes 115 –23 and accompanying text.

现的结果的直觉来评估整个案件。[144]

虽然经验无疑是律师武器库中宝贵的工具,但它当然也有其局限性。[145] 一方面,经验显然是随着时间的推移而发展起来的,因此,许多初级律师在这方面将受到很大限制。然而,从经验中获得的信息往往是印象主义的,因为其依赖于律师记忆的准确性,并且是过去事件的过滤解释,可能受到律师自己的信仰和法律偏见的影响。[146] 此外,个人经验本质上也是有限的。[147] 在证券交易等领域,尽管经纪人与其他客户在某些类型投资方面所体现出的经验很有价值,但这并不能替代超越经纪人个人经验的股票所体现出的实际实验数据。[148] 而在法律上,个人经验则更加有限,因为与股票经纪人和医生等客户相比,律师的客户相对较少。

此外,律师经验作为一种预测工具,也会受到与元素中心分析法相同的问题的困扰。经验不能为事实的不确定性和法律的不确定性提供最终解决办法。律师在最初评估案件时,仍然依赖于有限的信息来源,如客户对事实的陈述。[149] 同样,律师过去的案件在事实上永远不可能与未来的案件完全一致,因此,法院如何将模糊的法律规则应用于新的法律情况仍然值得怀疑。[150] 此外,律师也不易回避这一问题,即确定哪些事实在法律上具有重要意义。因为律师通常对哪些事实真正影响了法院或陪审团的决定所掌握的信息是有限的。[151]

---

[144] See Gigerenzer & Brighton, supra note 69, at 171 – 72. For a discussion of the advantages and disadvantages of this reliance on lawyerly intuition, see Davis, supra note 55, at 494 –99.

[145] 事实上,一项研究表明,律师预测结果的准确性并没有因为经验而显著提高。See Goodman-Delahunty et al. , supra note 35, at 133.

[146] See Stevenson & Wagoner, supra note 22, at 1340 n. 12(引用一项研究表明,律师的"信念和偏见会影响他们的判断");see also Kaster, supra note 26, at 44 –45(讨论影响律师判决的因素);Frederick Schauer, "Do Cases Make Bad Law?", 73 *U. CHI. L. REV.* 883, 897 –901(2006)(讨论由于法官依赖于简化部分基于认知偏见的启发式而导致的司法决策扭曲).

[147] See Snyder, supra note 33, at 849.

[148] 因此,医学建议很大程度上依赖于实验数据。在许多其他领域也是如此,如股票经纪行业。See Katz, supra note 10, at 940 –49(讨论股票经纪行业越来越依赖数据驱动的决策).

[149] See Mauet & Marcus, supra note 17, at 89 –90.

[150] See supra notes 97 –102 and accompanying text.

[151] See Frank, supra note 90, at 119 –24.

因此,虽然经验对律师而言无疑具有指导意义,但它本身并不是预测个案结果的特别准确的来源。

2. 经验信息

第三部分讨论的另一个主要预测工具是律师可以获得的经验信息,特别是陪审团裁决报告、陪审团研究以及在某些情况下的和解数据。虽然这些工具也很有用,但它们也有一些明显的局限性。

关于陪审团裁决报告,其提供的信息类型有限(而且在某种程度上而言,其可靠性也有限,因为一些信息来自案件中所涉及的律师)。例如,它们往往只提供粗略的事实摘要,这就加剧了事实不确定性和法律不确定性所造成的问题。[152] 正如上文第四节第一部分所述,当关于未来案件的事实信息的可靠性有限(由于事实的不确定性),并且关于先例案件的信息的范围非常有限时,通常很难根据事实对案件进行比较。[153] 此外,由于陪审团裁决报告所提供的事实资料一般不会非常详细,因此,律师对陪审团的具体裁决结果作出概括的能力是有限的。

如上述第三节所述,一些律师能够利用案件特定的陪审团研究工具来补充陪审团裁决报告。[154] 其优势在于提供关于未来案件及其可能结果的非常详细和具体的案例信息,而且它们还允许律师尝试不同的辩护方法。[155] 然而,陪审团的研究工具也很有限,因为它们不能解决诉因是否可能在驳回或简易判决的动议中得以保留;相反,它们只揭示了在审判中可能出现的结果。在这方面,陪审团研究工具存在局限性,这与上述针对元素分析的局限性正好相反。[156] 此外,就证据的性质而言,模拟审判是片面的,因为它们不允许模拟陪审团听取另一方的实际案件。[157] 模拟试验也有局限性,因为它们往

---

[152] See supra note 77 and accompanying text.

[153] See supra notes 89 –102 and accompanying text.

[154] See supra notes 83 –85 and accompanying text.

[155] See Johnson, supra note 84, at 32 –33.

[156] See supra Section IV. A. 5.

[157] " Nera Economic Consulting ", Settlement Reasonableness From Negotiation to Settlement Disputes 4(2012), http://www.nera.com/content/dam/nera/publications/archive2/PUB_ Settlement_ Settlement_Reasonableness_0212. pdf.

往比实际审判更短,依赖于截断的证据陈述。[158] 此外,正如第三部分所述,模拟审判非常昂贵,因此,它们通常只局限于标的额较大的案件。[159] 即使在一个模拟陪审团或争议焦点小组中对一个案件进行测试,也需要大量的支出,为了确保更高的准确性,有必要对未来的案件进行多个模拟陪审团的测试,以消除单个陪审团可能的特质。然而,与此相关的成本缩小了模拟陪审团作为一小部分案例的预测工具的效用。

最后,如第三节所述,和解数据可以帮助律师进行结果预测。这些数据在评估潜在客户的风险敞口或预期收益时通常很有价值,因为绝大多数案件最终都是在审判前解决的。可以肯定的是,和解数据不会直接提供有关案件在一项决定性议案(如简易判决议案)中存活的前景的信息,也不会提供关于审判预期结果的直接信息。尽管如此,它仍然是某些律师在评估案件时非常依赖的一种有价值的预测工具。[160] 例如,保险辩护律师可以根据以往的案例,对案件的结算价值做出合理准确的评估,并据此作出相应的结算决策。

主要缺点是用结算数据作为预测工具(如陪审团的情况研究)是大多数律师不容易获得的,因为只有特定的客户,如保险公司和大型企业,因面临重复诉讼而能够获得大量有用的和解数据。此外,由于大多数和解协议是保密的,不向公众提供,[161]故大多数律师无法利用这些信息。

综上所述,经验信息对于律师来说是一种有价值的预测工具,但其价值是比较有限的,因为大多数做结果预测的律师实际上无法获得足够的有用信息。

五、运用数据科学提高结果预测准确率

本文的第四部分讨论了律师使用传统工具难以预测结果的主要原因。

---

[158] Id.

[159] See Thomas, supra note 84, at 1.

[160] See supra notes 75 –84 and accompanying test.

[161] See supra note 82.

虽然这些工具具有一定的预测价值，但也存在严重的缺陷和限制，这些缺陷和限制妨碍了他们就潜在或悬而未决的法律问题向客户提供有益指导。然而，在过去的几年里，一种潜在的强大的新工具受到了极大的关注：利用数据科学帮助律师作出更好的结果预测。本文的这一部分讨论了数据科学作为另一种工具来改进律师结果预测的潜力。

（一）数据科学与预测

"数据科学"和"数据分析"是相当模糊的术语，包括许多分析师用来从大量数据中驱动信息的不同技术。正如一位著名的分析师所定义的那样，数据科学是利用数学和统计学将数据转化为有价值的见解、决策和产品。[162] 数据科学包括传统的分析技术，如优化、预测和模拟，以及最近的创新技术，如数据挖掘、人工智能集群、机器学习和异常值检测。[163]

使用这些工具进行预测通常被称为"预测分析"或"结果分析"。[164] 预测分析已经被成功地应用于各种领域中。例如，在政治领域，内特·西尔弗（Nate Silver）等分析师就曾成功地使用预测分析来预测选举结果。[165] 在医学领域，预测分析在预测疾病暴发、帮助医生诊断疾病和推进基因组学研究方面有望作出贡献。[166] 在体育领域，预测分析被用于赌博目的，预测游戏和比赛的结果，以及被团队用于预测一个球员的职业生涯是否会继续目前的发展轨迹或有所上升。[167] 例如，为了决定花多少钱在一个自由球员身上，或者

---

[162] See Foreman, supra note 136, at xiv.

[163] Id. 弗尔曼（Foreman）的书很好地概述了这些不同的预测技术及其工作原理。See id. at chs. 4 -7.

[164] See generally Eric Siegel, *Predictive Analytics: the Power to Predict Who Will Click, Buy, Lie, or Die* 103 -220 (2013)（提供预测分析及其用途的概述）.

[165] See generally Nate Silver, *The Signal & the Noise: why So Many Predictions Fail But Some Don't* xiii -xvii (Penguin paperback ed. 2015).

[166] See Dan Meisler, "Projects use Big Data to predict diseases, advance genomics analysis", The University Record (Jan. 24, 2017), https://record.umich.edu/articles/projects-use-big-data-predict-diseases-advance-genomics-analysis; see also W. Nicholson Price II, "Regulating Black-Box Medicine", 116 *MICH. L. REV.* 421, 425 -31 (2017)（讨论使用计算机生成的医学算法来协助医生进行医学诊断）.

[167] See SILVER, supra note 165, at 74 -107.

培养哪个新球员。在气象学领域,预测分析被用来提高天气预报准确率。[168] 在商业世界中,预测分析已经成功地用于各种目的。最值得注意的是,它用于市场营销和广告目的,以有针对性的方式识别最有可能购买特定产品的消费者。[169] 然而,预测分析还有许多其他的商业用途,[170]从消费者欺诈检测到评估消费者债务风险,从帮助婚恋服务机构找到有前途的伴侣到让自动驾驶汽车运行,再到为个人听众自动定制音乐"电台"[171]等。

预测分析在过去10年左右的时间里取得的成功,很大程度上要归功于人工智能领域的进步。人工智能使预测分析能够作出比传统预测模型更准确的预测。传统的预测模型要求研究人员指定其认为对预测有意义的变量。[172] 例如,在法律中,律师可能认为涉及的法院和特定法官、审判地点、代表当事人的特定律师为对预测有意义的变量,当然所涉诉因的性质是最重要的预测变量。然后,当律师将判例的事实与未来案件的事实进行比较时,可以将注意力集中在这些变量上。人工智能这种更复杂的工具通过使用算法来识别他们自己的预测变量来进一步推进分析。[173] 因此,一些人工智能工

---

[168] Id. 108 –41.

[169] See SIEGEL, supra note 164, at 38 –40. 西格尔讨论了一家零售连锁公司,该公司想要针对其现有的孕妇客户开展营销活动(例如,为他们发送婴儿相关产品的广告)。See Id. at 38. 在传统的统计分析方法下,营销人员首先必须指定那些被认为具有预测性导入的变量,例如,针对一定年龄范围内的女性,这些女性在过去几个月内购买了妊娠测试和尿布等物品。See Id. at 39. 但通过使用人工智能预测分析,零售商能够在一组已知怀孕的客户样本中识别出之前未知的变量(因为他们已经注册了婴儿登记),从而提高了商店预测哪些客户怀孕的能力,并使其能够更有效地针对其进行营销活动。

[170] Id. at 54 –59, 116 –18; see also Spyros Markridakis, Forecasting the Impact of Artificial Intelligence Part 3 of 4: The Potential Effects of AI on Businesses, Manufacturing, and Commerce, Foresight: The Int' L. J. of Applied Forecasting, Spring 2018, at 18. 预测分析的另一个重要用途是业务预测,现在使用分析来预测公司未来收入或增长等事情。See generally Michael Gilliland, Len Tashman & Udo Sglavo, *Business Forecasting: Practical Problems And Solutions*(2016)《商业预测:实际问题与解决方案》(2016)(包含一系列关于商业预测的主要文章).

[171] For a graphical overview of these different business uses, see Siegel, supra note 164, at 142(Tables 1 –9).

[172] Id. at 26 –27.

[173] Id. See generally Lyra Bennett Moss & Janet Chen, "Using Big Data for Legal and Law Enforcement Decisions: Testing the New Tools", 37 *U. N. S. W. L. J.* 643(2014)(概述人工智能使用算法识别预测变量的过程).

具能够识别模式并自动隔离研究人员可能没有考虑到的预测变量，而不是仅仅依靠研究人员主观上认为哪些因素具有预测意义。这些工具通过自动识别训练数据集中的模式，然后基于这些模式创建预测模型来实现这一点。[174] 此外，一些较新的工具不同于较早的、更基本的分析工具，它们使用机器学习技术，这意味着它们能够从错误中学习，从而随着时间的推移不断提高预测的准确性。[175] 如果某一特定变量的预测效果不如最初假设的那么好，那么一个复杂的预测分析模型将自动调整该变量的权重，以提高模型的准确性。[176]

近年来，使用人工智能来推动更准确预测的最引人注目的例子或许是开发基于 IBM 沃森平台的应用程序。[177] 为了证明沃森的能力，IBM 首先使用它开发了一个人工智能的危险游戏(Jeopardy)竞赛者，为计算机配备了能够非常快速地访问数百万个文档的内存，然后用适当的样本集对其进行培训，以预测危险游戏中问题的正确答案。[178] 起初，沃森没能打败一组危险游戏中的冠军。然而，由于沃森具有机器学习的能力，随着时间的推移，它能够定期击败这些冠军，从而提高其能力。[179] 随后，IBM 利用沃森平台实现了人工智能棋手[180]、人工智能厨师等工具，[181]它们都能很好地与各自领域的大师竞争。此外，预测分析工具现在也被用于医学等领域，可以帮助预测疾病模式，帮助医生进行诊断。[182]

如下所述，基于 Watson 平台的应用程序以及其他预测分析工具现在也被用于辅助法律实践。

---

[174] SIEGEL, supra note 164, at 111 –15.

[175] Id. at 110.

[176] Id. at 122 –23.

[177] See Katz, supra note 16, at 925 –26.

[178] See id. at 925 –28(提供 Watson 平台如何工作的摘要).

[179] See SIEGEL, supra note 164, at 151 –52, 178 –84.

[180] See SILVER, supra note 165, at 265 –89(描述 IBM 基于 Watson 平台的人工智能棋手的发展，以及该机器在 1997 年对卫冕世界冠军 Gary Kasparov 的最终胜利).

[181] See Alexandra Kleeman, Cooking with Chef Watson, IBM's Artificial Intelligence App, *New Yorker* (Nov. 28, 2016), https://www.newyorker.com/magazine/2016/11/28/cooking-with-chef-watson-ibms-artificial-intelligence-app.

[182] See, e.g., Meisler, supra note 166.

（二）法律实践中的数据科学

近年来，数据科学在法律实践中发挥着越来越重要的作用。这开始于电子发现领域，数据科学使律师事务所和公司法律部门能够使用自动分类和预测编码等技术，以一种明显更经济、更及时的方式进行发现调查。[183] 但是数据科学技术也越来越多地用于与实践相关的其他目的，如案例管理、计费和预算；记录管理和其他类型的信息治理；合同评审和管理；选择外部律师；与本文最相关的结果预测。[184] 此外，法律研究服务部门利用了一些重要的数据科学进展来改进其搜索的响应能力。[185]

法律行业对数据分析服务的需求似乎正在迅速增长。过去几年，一个名为律师技术资源联盟（Coalition of Technology Resources For Lawyers, CTRL）的组织发布了一份关于美国公司法律部门使用数据分析的年度调查报告。在 2015 ~ 2016 年调查中，93% 的从业者表示他们认为未来 10 年数据分析将在法律专业中变得更加重要和广泛，其中 31% 的人预测数据分析将“非常重要”“不可或缺”，以及它在未来 10 年内将被“广泛使用”。[186] 1 年后，2016 ~ 2017 年的调查显示，99% 的从业者认为数据分析将是非常重要且不可或缺的，并将在未来 10 年内得到广泛使用。[187] 据调查，公司法律部门使用数据分析的主要目的目前首先是电子发现（包括文件剔除、早期案例评估和

---

[183] See Stevenson & Wagoner, supra note 22, at 1348（讨论电子发现在过去 10 年中的巨大增长）.

[184] See Katz, supra note 16, at 928 –49（详细讨论了预测分析的一些法律实践应用）；Warren A. Agin, “A Simple Guide to Machine Learning”, Business Law Today（Feb. 2017）, https://www.americanbar.org/publications/blt/2017/02/07_agin.html.

[185] See, e. g., Robert Ambrogi, “Bloomberg Law Launches AI Research Tool to Find Key Points of Law”, Lawsites Blog（Sept. 26, 2017）, https://www.lawsitesblog.com/2017/09/bloomberg-law-launches-ai-research-tool-find-key-points-law.html; see also Ashley & Brüninghaus, supra note 114, at 310 –333（讨论人工智能在当前研究平台中的应用以及进一步使用的可能性）.

[186] See Coalition of Technology Resources for Lawyers, Data Analytics in the Legal Community: 2015 – 2016 Trends 3 – 6（2015）, http://ctrlinitiative.com/wp-content/uploads/2016/01/CTRL-Survey-Data-Analytics-in-the-Legal-Community –2015 –2016.pdf.

[187] See Coalition of Technology Resources for Lawyers, Data Analytics in The Legal Community: 2016 – 2017 Trends 2 – 5（2017）, http:// ctrlinitiative.com/wp-content/uploads/2016/01/2017 – –CTRL-Report-R2.pdf[hereinafter CTRL, 2016 –2017 TRENDS].

事实调查),其次是案件管理(包括外部法律顾问的管理、比较预计支出与实际支出、资源分配和预算),再次是合同审查和分析,[188]最后是信息管理(包括促进可辩护的处置、促进遵守记录政策和其他要求以及促进数据迁移)。[189] 除了这些用途,一些规模较小的企业还在法律实践中探索预测分析的其他可能用途。例如,预测分析可以用来帮助律师选择陪审团。[190] 此外,在刑法领域,预测分析为研究人员提供了一种强大的新工具,可以评估被告的再犯可能性,并将其作为量刑决定的一般组成部分。[191]

因此,数据科学无疑将在未来几年的法律实践中发挥越来越重要的作用。[192] 尽管迄今为止,结果预测还没有成为数据科学在法律应用方面的前沿功能,但这种情况似乎正在改变。CTRL 的 2018 年调查显示,与 2017 年相比,律师事务所用数据科学进行结果分析的频率增加了 43%,用于未来 1 年结果分析的预期支出增加了 175%(占受访公司的 16% ~44%)。[193]

下一节将介绍律师如何将这些预测分析工具整合到他们的传统预测工具库中,以促进实现更准确的结果预测,并讨论预测分析要成为真正的游戏改变者必须克服的一些挑战。

(三)使用预测分析改善结果预测的前景

越来越多的法律评论员开始将预测分析视为结果预测领域一个潜在的

---

[188] 微软(Microsoft)和思科(Cisco)最近都宣布,它们正在发起试点项目,开发和测试有助于律师事务所管理合同的人工智能软件。See Rhys Dishpan, "Microsoft and Cisco Test the Waters with AI Contract Management Pilot Programs", *Legaltech News* (May 15, 2017, 2:38 PM), https://www.law.com/legaltechnews/almID/1202786204660/.

[189] See CTRL, 2016 -2017 TRENDS, supra note 187, at 1 -5.

[190] See Leslie A. Gordon, "Big Data Juries", *A. B. A. J.*, Sept. 2016, at 16. 有关预测分析的其他法律实践应用的概述, see Katz, supra note 16, at 929 -36。

[191] See Richard Berk, "Machine Learning Forecasts of Risk to Inform Sentencing Decision", 27 *FED. SENT' G R.* 222 (2015).

[192] See Katz, supra note 16, at 963 -64.

[193] See Coalition of Technology Resources for Lawyers, 2018 Analytics Report 4 -5 (2018), http://ctrlinitiative.com/wp-content/uploads/2018/02/2018 - CTRL-IGI-Analytics-Report-Final.pdf.

强大的新工具。[194] 事实上,我们有充分的理由相信,预测分析很可能会推动律师在日常工作中评估潜在案件结果的方式发生一些重大变化。因此,在不远的将来,我们可以预想律师们将严重依赖预测分析来补充传统的预测工具,如元素中心分析法。

本节着眼于法律行业中预测分析的当前状态,并评估预测分析取代(或更有可能补充)第三部分中讨论的传统结果预测工具的潜力。首先,回顾预测分析作为一种预测结果的工具的历史发展。其次,将预测分析的当前状态视为在法律实践中评估结果预测的工具。最后,如果预测分析要对律师做出结果预测的方式产生重大影响,它就必须克服一些关键的挑战。

1. 预测分析作为结果预测工具的历史发展

从根本上来说,预测分析是对经验信息使用的一种延伸,而经验信息是传统的结果预测工具之一。[195] 就像传统的工具一样,预测分析通过比较过去案件和未来案件的信息来帮助律师预测案件的结果。这两种工具的基础都是一种假设(基于先例原则的概念),即类似的案件很可能以类似的方式判决。[196] 相比之下,陪审团裁决报告和和解数据的使用依赖于律师对相似性的主观评估,而预测分析则使用计算机算法来检测法庭意见和其他法庭文件语言中的客观模式,然后将其与未来的案件进行比较。[197]

半个多世纪以来,研究人员一直在探索利用这种计算分析来预测法律案件结果的可能性。然而,早期的大部分努力都是在相关领域进行的,如政治学和人工智能。[198] 在大部分时间里,这些倡议没有在法律学院内传播。然而,1964 年一位名叫斯图尔特·尼格尔(Stuart Nagel)的年轻政治学教授在

---

[194] See Katz, supra note 16, at 948 –49; Stevenson & Wagoner, supra note 22, at 3(利用计算机的数量优势,律师可以准确预测事件在诉讼中可能会如何发展); Josh Blackman, "The Path of Big Data and the Law", in Big Data and The Law(West Academic Press 2014); Snyder, supra note 33, at 854 –66.

[195] See supra Section III. C.

[196] See Smith, supra note 42, at 15 –16, 55.

[197] See Stevenson & Wagoner, supra note 22, at 16 –18.

[198] See, e. g., Loevinger, supra note 10; Kort, supra note 10; Schubert, supra note 10; Fisher, supra note 10.

《德克萨斯法律评论》上发表了一篇文章,题为《将相关性分析应用于案例预测》。[199] 这篇文章扩展了尼格尔四年前发表在《美国行为科学家》上的一篇题为《使用简单计算来预测司法判决》的文章。[200] 在这些文章中,尼格尔通过重新分配案例来证明如何在矢量定点素材分配成功的情况下使用“相关性分析”来识别模式。然后,尼格尔描述了进行此分析的过程如下。

通过打字员或光学扫描仪将有关案件的全文转换成穿孔带,这一过程可以部分机械化。在每一种情况下,哪一方胜诉以及判决全文都要打在磁带上。然后,计算机程序可以处理穿孔磁带,读出与给定一方(如攻击者)获胜的关联度为 20 或以上的每个单词(包括其语法变体和同义词)。如果读出的预测词太少或太多,则可以相应地提高或降低指定的相关概率级别。由此产生的预测词列表应该能让我们对一些相关的预测变量有更深刻的理解。[201]

因此,尼格尔在 50 多年前以初步的形式提出了使用预测分析来识别判例法语言模式的基本策略,该模式可用于预测案例结果。

在接下来的几十年里,数据科学家、政治科学家和人工智能领域的研究人员继续致力于改进使用计算分析来预测案件结果(尤其是最高法院的判决)的技术,但收效甚微。[202] 直到 20 世纪 90 年代,个人电脑开始在法律实践中普及,这些努力才真正引起法律学者的兴趣。

1998 年弗雷德里克·绍尔(Frederick Schauer)教授写了一篇题为《预测与特殊性》的文章,[203]这为预测分析奠定了重要的理论基础。在这篇文章中,

---

[199] See Stuart Nagel, "Applying Correlation Analysis to Case Prediction", 42 *TEX. L. REV.* 1006 (1964). [hereinafter Nagel, Correlation Analysis].

[200] See Stuart Nagel, "Using Simple Calculations to Predict Judicial Decisions", *AM. BEHAV. SCIENTIST*, Dec. 1960, at 24. 尼格尔理论的最新提法可在他的著作"*Computer-Aided Judicial Analysis: Predicting, Prescribing, and Administering* (1992)"中找到。

[201] See Nagel, Correlation Analysis, supra note 199, at 1009.

[202] See generally T. W. Rutger et al., "The Supreme Court Forecasting Project: Legal and Political Science Approaches to Predicting Supreme Court Decision-making", 104 *COLUM. L. REV.* 1150 (2004).

[203] See Frederick Schauer, "Prediction and Particularity", 78 *B. U. L. REV.* 773 (1998) [hereinafter Schauer, Prediction and Particularity].

绍尔通过对比奥利弗·温德尔·霍姆斯(Oliver Wendell Holmes)和卡尔·卢埃林(Carl Llewellyn)的观点,讨论了法律原则在实现结果预测方面的作用。绍尔认为,在霍姆斯的观点下,律师通过参考诸如"合同""考虑""放弃"等传统法律概念来评估法院如何解决判例,从而预测案件的结果。在此过程中,律师准确地确定法院如何应用这些法律概念,并将其适用性与未来的案件进行比较,以预测未来的案件可能如何解决。[204] 另外,卢埃林在分析案例可能的结果时更加强调非理论因素,正如绍尔教授描述卢埃林的观点。

卢埃林并不否认法律是有规律的,他也不否认这些规律可能有助于预测未来的法律结果。然而,他否认这些规律性通常被概括为"法律理论",因此,声称法律学说并未反映经验规律,而且分类所反映的法律规则与传统法律学说不相似。[205]

因此,例如,在分析西弗吉尼亚州最高上诉法院于1920~1954年决定的禁令时,福尔摩斯会寻求传统的规则来预测未来案件的可能结果,例如,"一方因延迟声称其权利受到另一方的有害依赖而无法获得禁令"。[206] 另外,卢埃林将依靠"煤炭公司获胜"等非理论原则来预测未来案例的结果。[207]

绍尔教授接着指出,虽然法律学者在很大程度上忽略了卢埃林的呼吁,即在做出结果预测时关注法律之外的因素,但社会科学家在这方面一直相当积极。[208] 他举了一个例子,一大批政治科学学者分析了最高法院的判决,这些判决涉及能够预测结果的法律外变量。[209] 绍尔得出结论,尽管传统的理论分析能够准确地预测结果的观点很少,但"对于社会科学家的研究有很大的实证支持"。被称为"态度模型"的观点认为,最高法院判决的最佳预测因素是法官的政策态度或偏好,而且这些人的最佳预测因素通常是指定他们

---

[204] Id. at 781.

[205] Id. at 782.

[206] Id. at 783.

[207] Id. at 783 -84.

[208] Id. at 784 -85.

[209] Id. at 784 n. 31; see also Katz, supra note 16, at 936 -39(讨论从20世纪80年代开始的社会科学研究,该研究侧重于在最高法院的案例中使用非理论的考虑来预测结果); Stevenson & Wagoner, supra note 22, at 1352 n. 62(总结关于数据驱动预测最高法院判决的研究).

的总统的党派关系。[210] 绍尔的分析很重要,因为它强调为了预测结果,在判例中寻找有意义的模式的重要性,这些模式超越了法院所说的在这些判例中所依赖的传统理论概念,这是一个预测分析非常适合的任务。[211] 因为即使这些因素在某些目的上被认为是不适当的,如法律解释和论点,它们对结果预测的预测价值也不应被忽视。

2. 预测分析作为结果预测工具的现状

在过去的几年中,法律学者开始对法律预测这一主题产生越来越大的兴趣,尤其是利用数据科学进行更准确的结果预测。在这个领域目前最著名的是丹尼尔·卡茨(Daniel Katz)教授,他的重要论文《定量法律预测》或者《我如何学会停止担忧》,开始为数据驱动的法律服务行业的未来做准备,[212]并提供了数据分析在法律实践中的当前用途的综述,包括结果预测。关于结果预测,这篇文章考察了早期使用机器学习来实现结果预测的努力,特别是在专利法和证券欺诈集体诉讼领域。卡茨强调了这些努力的初步性质,并认为预测分析将很快被广泛应用于帮助律师进行结果预测。[213] 他的结论是,"法律定量预测的时代是人类或机器共同工作的时代,其表现优于各自单独工作的时代"。[214]

通过预测分析来评估潜在案例结果的研究也导致了可用于辅助结果预测的产品的开发。几年前,主要的商业在线研究服务开始提供评估潜在案例结果的工具。这些工具基本上聚合了陪审团裁决报告和相关出版物的数据,允许用户按类别(如案件类型、律师、法官和位置)筛选结果,以查找可比案件。例如,律商联讯(LexisNexis)推出了一款名为判决与结算分析仪

[210] See Schauer, Prediction and Particularity supra note 203, at 784 –85.

[211] See Bennett & Chen, supra note 173, at 647 –50(描述预测分析如何在使用预测变量时超越传统法律概念).

[212] See Daniel Martin Katz, " Quantitative Legal Prediction-Or-How I Learned to Stop Worrying and Start Preparing for the Data-Driven Future of the Legal Services Industry", 62 *EMORY L. J.* 909(2013).

[213] Id. at 936 –42.

[214] Id. at 929.

(Verdict & Settlement Analyzer)的产品,[215]万律(Westlaw)引入了一种叫作案例评估器(Case Evaluator)的产品。[216] 两者都提供了关于不同司法管辖区针对特定诉因的判决(和一些和解)的信息,显示了各种不同类型案件的平均赔偿额和赔偿范围。它们按司法管辖权和法院、当事人(原告对被告)、标的物和判决金额细分信息,并提供案件摘要,以及在诉讼中提交的审判和上诉文件。这些工具为比较和分析与所讨论的案例相似(根据用户可以指定的各种指标)的过去案例的过程带来了更高的精确度。律师可以依靠搜索引擎从这些案件中自动收集数据,而不仅仅是仔细阅读陪审团裁决报告中的案件摘要,寻找与本案的相似之处。[217]

此外,近年来,小型商业企业(大多由大学孵化)引入了一些更复杂的工具,将人工智能和机器学习技术结合起来,以帮助律师评估案件。预测分析领域的先驱是 Lex Machina 公司,该公司目前为律商联讯所有。[218] Lex Machina 总部位于硅谷,最初是斯坦福大学(Stanford University)的一个公益项目,是法学院和计算机科学系的一个分支。[219] 该公司专注于两个法律领域,即专利诉讼(它最初的焦点)和证券诉讼,尽管它现在提供一些其他类型案件的分析服务,如反垄断、就业和产品责任案件。[220] 该公司使用预测分析工具,提供对对方律师、律师事务所、当事人、法官、场所和其他信息的分析,并提供个性化的早期案例评估。[221] 在专利诉讼方面,它从美国国际贸易委员

---

[215] See LexisNexis Verdict & Settlement Analyzer, *Lexisnexis*, http://www.lexisnexis.com/en-us/products/verdict-and-settlement-analyzer.page (last visited July 30, 2018).

[216] See Westlaw Case Evaluator, Thomson Reuters Legal Solutions, https://tmsnrt.rs/2LQzDN8 (last visited July 30, 2018).

[217] 如前所述,一些陪审团裁决现在也提供这些工具。See supra note 85 and accompanying text.

[218] See Casey Sullivan, "LexisNexis Acquires Lex Machina", Big Law Business (Nov. 23, 2015), https://bit.ly/2KyJBSB.

[219] See About Lex Machina, *Lex Machina*, https://bit.ly/2IEPSXT (last visited Aug. 1, 2018).

[220] See About LexisNexis, *Lexisnexis*, https://bit.ly/2MGtgc2 (last visited Aug. 1, 2018).

[221] See Legal Analytics Platform, *Lex Machina*, https://lexmachina.com/legal-analytics/ (last visited Aug. 1, 2018); Legal Analytics Apps, *Lex Machina*, https://lexmachina.com/legal-analytics-apps/ (last visited Aug. 1, 2018).

会的电子文件资料系统以及美国专利和商标局中获取信息汇编了一个庞大的资料数据库,其中包括专利审判和上诉委员会审理前的文件。然后,它用联邦政府“PACER”服务的审判法庭文件补充这些信息。[222] 在证券方面,该公司分析来自美国证券监督管理委员会(Securities and Exchange Commission, SEC)处罚报告、挫折感报告和批准的和解协议的损害数据。[223]

在结果预测方面,Lex Machina 公司的案例解析分析工具可以跟踪不同的变量和案例结果,从而实现更准确的预测。其他工具提供有关法官和法院持有的趋势、对对方律师的评估、关于一方诉讼历史的信息以及损害赔偿分析的信息。该公司的“Motion Kickstarter”工具是一款相当新颖的产品,它可以帮助律师起草议案,根据特定的法院或法官的情况,确定在某一类型的案件中,哪些论据和议案风格可能是最成功的。

虽然 Lex Machina 公司是第一家向律师提供预测分析的大型企业,但目前已有其他几家大型企业加入。其中包括 2016 年推出诉讼分析工具 Bloomberg Law、[224]司法观点(ALM 拥有)、[225]预感(基于 IBM 沃森平台,专注于律师甄选分析)[226]和 Ravel Law。[227] 其中,Ravel Law 似乎引起了最大的轰动。[228] 与 Lex Machina 公司一样,Ravel Law 现在归律商联讯所有,可以作为

---

[222] See How It Works, *Lex Machina*, https://bit.ly/2yYNPOJ (last visited Aug. 1, 2018).

[223] 另一家在证券诉讼领域提供分析服务的企业是 NERA 经济咨询公司。See NERA, http://www.nera.com (last visited Aug. 1, 2018).

[224] See Litigation Analytics, Bloomberg Law, https://bit.ly/2KkXjsO (last visited Aug. 1, 2018); see also Robert Ambrogi, "Bloomberg Law's New Litigation Analytics Peeks Under the Robes of Judicial Data", *Lawsites Blog* (Oct. 19, 2016), https://bit.ly/2MCTMTI (讨论彭博法律的诉讼分析工具“旨在帮助律师洞察一些问题,比如联邦法官通常需要多长时间来解决案件,他们如何裁决动议,以及他们在上诉中被推翻的频率”).

[225] See Legal Solutions to Build a Better Case, *Alm Intelligence*, https://bit.ly/2yXmtsr (last visited Aug. 1, 2018).

[226] See Legal Analytics, *Premonition*, https://bit.ly/2z0jMX0 (last visited Aug. 1, 2018).

[227] See Our Products, *Ravel Law*, http://ravellaw.com/products/ (last visited Aug. 1, 2018).

[228] See Who We Are, *Ravel Law*, http://ravellaw.com/who-we-are/ (last visited Aug. 1, 2018).

律商联讯订阅包的一部分使用。[229] 该项目最著名的是其创新的法律研究平台，该平台使用可视化工具向用户展示解释特定规则的各种判例之间的复杂关系。[230] 但 Ravel Law 在过去两年也进入了预测分析领域。它的法院分析和法官分析工具分析特定的法官或法院，或按司法管辖区、案件结果、语言模式以及引文历史，以提供对过去裁决的分析，并阐明预期的未来案件结果。[231] 因此，这些工具对于预测结果和提出有说服力的论点都很有价值。此外，Ravel Law 还引入了一种名为"律所分析"的工具，可以跟踪不同法律专业的不同大型律所的成功率和业务量，以帮助法律服务的消费者选择最适合某一特定案件的律所。[232] 律商联讯目前正在将大部分工具应用到其高级平台中。[233]

另一个引起广泛关注的项目是"ROSS Intelligence"。ROSS Intelligence 在多伦多大学（University of Toronto）孵化，目前位于硅谷。[234] 公司主要从事法律研究；它基于 IBM 的 Watson 平台，依靠人工智能和机器学习工具。[235] ROSS Intelligence 将其产品吹捧为"世界上第一个数字律师"，因为该公司允许律师使用其产品提出自然语言问题，并通过预测问题所提出的最适用的

---

[229] See Stephen Rynkiewicz, "LexisNexis Acquires Case Analytics Firm Ravel Law", *A. B. A. J. DAILY NEWS*(June 8,2017,2:49 PM), https://bit. ly/2KwvWvc.

[230] Ravel Law 也因其案例法访问项目而受到极大关注，该项目已经数字化并提供了对哈佛法学院图书馆所有案例法的开放访问。See Case Law Access *Project*, *Library Innovation Lab*, http://lil. law. harvard. edu/projects/caselaw-access-project/(last visited Aug. 1,2018).

[231] See Our Products, *Ravel Law*, http://ravellaw. com/products/(last visited Aug. 1, 2018).

[232] See Daniel Lewis, Introducing Firm Analytics, *Ravel Law* (May 23, 2017), http://ravellaw. com/introducing-firm-analytics/.

[233] See Robert Ambrogi, "Exclusive First Look: Ravel Law's Integration with Lexis Advance", Lawsites Blog(Feb. 2,2018), https://bit. ly/2z0m4FB.

[234] See AL. Interview: Andrew Arruda, CEO and Co-Founder, ROSS Intelligence, *Artificial Lawyer*(Oct. 12,2016), https://bit. ly/2ILJttQ.

[235] See id. Westlaw 最近推出了一款名为 Westlaw Answers 的类似工具，LexisNexis 最近推出了 Lexis Answers。两者都为普通法律咨询提供普通语言答案。See Westlaw Recent Enhancements, *Thomson Reuters Legal Solutions*, https://tmsnrt. rs/2z2FMR8(last visited Aug. 1,2018); You Ask. Lexis Answers--new machine-learning feature on Lexis Advance, *Lexisnexis*, https://bit. ly/2v7co7C(last visited Aug. 1,2018).

解决方案来提供答案。[236] 2018 年年初,ROSS Intelligence 还推出了一款名为 EVA 的免费产品,它可以分析法律摘要的草稿,以确保引用的仍然是有效的法律,并查找与摘要语言相似的其他案件。[237] 虽然 ROSS 目前没有提供进行结果预测的工具(假设它没有能力处理诸如此类的问题,"给定以下内容事实情景下,我的客户赢得此案例的可能性是什么"),但产品最终能够做出这样的预测似乎并不是一件容易的事。[238]

总而言之,虽然可用的预测分析技术尚未处于可以在各种案例类型上实现准确结果预测的状态,但其正在快速发展,并且基于增长的轨迹,看起来似乎是合理的。设想在不久的将来,这些工具将会被从业者广泛使用以补充结果预测的传统工具。但是,要实现这一设想,数据科学家将需要克服第五节所讨论的障碍。

3. 使用预测分析作为结果预测工具的潜在限制

虽然预测分析在法律行业的前景看起来很光明,但应重视它在提高结果预测能力方面的一些潜在限制。尽管技术进步蕴藏着巨大的潜力,但人们很容易被这种热情所吸引,而忽略了它们的局限性。正如内特 · 西尔弗(Nate Silver)在《预测分析:信号与噪音——为什么那么多预测都失败了,而有些预测却没有失败》一书中所强调的那样,"如果科学技术是这本书的主人公,那么在大数据时代,对它们可能实现的目标过于乐观是有风险的"。[239] 因此,尽管预测分析相对于传统的结果预测工具有一些优势,尤其是第三部分和第四部分中讨论的元素中心分析法,但现在说它将在不久的将来取代这些传统工具还为时过早;相反,预期预测分析可以补充传统的结果预测工具。

---

[236] See ROSS Intelligence: Overview, *Linkedin*, https://www.linkedin.com/company/ross-inc/ (last visited Aug. 1, 2018); see also Kevin D. Ashley, *Artificial Intelligence and Legal Analytics* 14 – 18 (解释沃森的工作原理).

[237] See Robert Ambrogi, "ROSS Unveils EVA, a Free AI Tool to Analyze Briefs, Check Cites and Find Similar Cases", *Lawsites Blog* (Jan. 29, 2018), https://bit.ly/2EmP1L2.

[238] But see Ashley, supra note 236, at 18 – 31 (讨论沃森在参与"法律推理"和解决法律问题的能力方面面临的挑战).

[239] See Silver, supra note 165, at 447.

从好的方面来说，预测分析不受上面第四部分中讨论的传统工具的一些问题的影响。例如，评估影响元素中心分析法的概率的困难，不是一个问题，因为预测分析不依赖于对自变量的分析，[240]而依赖于对细微相关性的检测来实现预测。同样，预测分析比传统工具更能够考虑法外因素，因为它可以根据法院未在意见中阐明的因素在个体法官、法院和政党类型的持有中寻找模式（例如，它可以量化煤炭公司在禁令案件中实际赢得的时间百分比）[241]而且作为分析基础的数据集可能比律师在元素中心分析法中使用的有限判例集要广泛得多，因为预测分析可以考虑到审判文件和有关案件的其他信息，而不仅仅是公布的意见。[242] 然而，正如下文进一步讨论的那样，提供有意义的数据并不像人们希望的那样全面。

内特·希尔（Nate Silver）认为，缺乏有意义的数据是限制预测分析成功的两个主要因素之一。[243] 另一个问题是很难将他所说的"噪音"与"信号"分开。正如西尔弗所说：任何预测模型的目标都是尽可能多地捕捉信号，尽可能少地捕捉噪声。取得适度的平衡并不总是那么容易，而我们做到这一点的能力将取决于理论的力量以及数据的质量和数量。[244]

从噪声中分辨出信号的困难是贯穿西尔弗这本书的中心隐喻。他似乎指的是预测分析的独特特性，这既是优点，也是缺点。由于预测分析并不试图为了解释而梳理出因果因素，而只是为了寻找预测模式，因此它能够识别出比传统科学方法更广泛的有意义的相关性（用于预测，但不一定

[240] See supra notes 132 –142 and accompanying text.

[241] See Ashley & Brüninghaus, supra note 114, at 317 –318（讨论研究表明，预测分析可以基于与律师熟悉的推理模式不相符的规则做出准确预测）.

[242] See Stevenson & Wagoner, supra note 22, at 1354 –1368（讨论潜在有用数据的来源）；see also Kevin W. Clement & Theodore Eisenberg, "Litigation Realities", 88 *CORNELL L. REV.* 119, 125 –126（2002）（另一方面，出版的决定并不具备代表性的窍门……）.

[243] See Silver, supra note 165, at 80.

[244] Id. at 388.

是解释)。[245]

举个简单的例子,预测分析可以揭示生活在某一地理区域的人患肺癌的概率高于平均水平,但这种相关性并没有表明居住在该地区本身就是肺癌的病因——可能只是居住在该地区的人吸烟的比例高于平均水平。但是对于预测的目的(如对于医疗计划的目的),这种区别并不重要。

然而,这种优势也可能是一种弱点。由于预测分析不涉及因果关系领域,因此,它需要识别没有意义且不能为预测提供信息的偶然相关性。[246] 因此,预测分析的关键挑战是找到消除统计异常的方法(随机性),它不能实现准确的预测,事实上还阻碍了预测。正如西尔弗所说:

如果我们能将数据插入统计模型中处理数据,并想当然地认为它是真实世界的良好表现,那就太好了。在某些情况下,尤其是在棒球等数据丰富的领域,这种假设非常接近于真实。在许多其他情况下,不仔细思考因果关系将导致我们走上"死胡同"。[247]

因此,预测分析仍然是一项正在进行的工作,并且仍有大量工作要做,以提高其区分有意义(预测)模式与无意义模式的能力。[248]

此外,在法律中使用预测分析来预测结果也存在希尔提到的另一个重大挑战(缺乏高质量的数据)。司法决策的世界不是棒球的世界,在棒球世界里,"在过去 140 年里,大联盟球场上发生的几乎所有事情都被忠实而准确地记录下来,每年有数百名球员在大联盟打球"。[249] 相反,如上文第四节第

---

[245] See Siegel, supra note 164, at 90. (当应用 PA 时,我们通常不知道因果关系,我们通常不需要在意。对于许多 PA 项目来说,目标更多的是预测,而不是了解这个世界,并弄清楚它是如何运作的). See also Katz, supra note 16, at 952. 当然,预测分析的使用并不局限于发现这些类型的"黑匣子"相关性。预测分析还可以用来帮助律师通过识别法律论据、短语或案例来制定有效的论点,这些法律论据、短语或案例已被证明具有特别的说服力,无论是一般意义上的,还是针对特定法官的。例如,"Ravel Law"就为此兜售其法庭分析和法官分析工具。See Our Products, *Ravel Law*, http://ravellaw.com/products/(last visited Aug. 1, 2018).

[246] See Siegel, supra note 164, at 121. ("对于任何预测模型,一个紧迫的问题始终存在:它是否学到了一般适用的真理,还是只发现了这个数据集适用的模式?")

[247] See Silver, supra note 165, at 372.

[248] 有关人工智能研究人员在改善结果预测方面使用的各种技术的详细讨论,see Ashley, supra note 236, at 107-126。

[249] See Silver, supra note 165, at 80.

一部分所述,就法官和陪审团作出决定的实际依据而言,现有资料的种类有一些重大的限制。这一点在和解信息方面可能尤其明显,因为缺乏关于机密和解的广泛可得的数据,这对使用预测分析来预测结果的律师构成了重大挑战。但问题是,大多数诉讼事项都是通过和解来解决的,而大多数通过和解来解决的诉讼事项都是依靠保密条款来限制公众对和解条款的接触。[250]但是,除非数据分析公司能够利用这些信息,否则它们的预测将不会非常准确,因为它们能够从有限的数据集中得出与案例结果相关的结论。当然,在某些类型的诉讼中,和解数据更为广泛,如证券集体诉讼,许多和解都需要法庭批准,因此属于公共领域。因此,Lex Machina 等公司迄今专注于证券诉讼和知识产权诉讼等专业领域也就不足为奇了。然而,这是例外,而非规律;大多数诉讼事项和解金额的信息在很大程度上仍不在不知情的律师的掌握范围之内。[251]

当然,很多数据都在那里;目前的挑战是,如何让律师们随时可以利用其来预测结果。目前,保险公司和其他经常卷入诉讼的公司都在自行编制和解数据,这使它们在预测诉讼事项可能如何解决方面具有很大优势。但是,大多数律师无法获得这类信息,因此,他们主要依靠上文第三部分和第四部分讨论的传统结果预测工具。如果保险公司和其他拥有大量结算数据的公司同意汇集这些数据,并将其公开(可能需要付费),这将大大有助于预测分析,为未来案件的诉讼前景提供合理的评估。然而,目前没有迹象表明这些公司计划这样做。[252]

预测分析所依赖的数据质量的另一个限制是其通用性,这使跟踪案例之间的个别事实差异变得困难。仅仅从公开发表的意见中评估数据,并不

---

[250] See supra note 82 and accompanying text.

[251] Id.

[252] 有一种观点认为,如果保险公司和其他拥有大量汇编结算数据的公司能让自己的结算信息更广泛地得到利用,那将对所有人都有好处,包括它们自己。正如上一节所讨论的,律师有一种倾向,即高估他们在某一特定行为中成功的可能性,这可能会扭曲准确的结果预测。如果这些律师能够了解到有关他们所涉案件类型的更多实际数据,他们或许能够降低自己的预期,这将导致更早、更有效的和解。See Stevenson & Wagoner, supra note 22, at 1374 –1377(讨论的研究表明,如果双方都对对方的情况有更好的了解,双方更有可能达成和解).

能提供大量有关事实的信息,而这些事实在判例中可能会对法院的判决产生影响,超出法院明确认定的法律相关范围。[253] 如果不参考案例中的全部事实记录,预测分析在发现过去案例与未来案例之间有意义的事实相似性方面的能力将受到限制,从而限制其预测潜力。可以肯定的是,集中包含事实信息的诉状和其他试验文件可以在这方面提供显著帮助,这大概就是 Lex Machina 等公司在分析中包含试验级文档(如 PACER 数据库中提供的文档)的原因。[254] 但是,即使有这样的审判文件,事实资料也是有限的,因为一些资料最丰富的文件,如证词誊本,一般是不对外公开的。在可能影响案件结果的非理论因素方面,这种缺乏事实资料的情况尤其严重。例如,个别当事方的可爱性和可信性被广泛认为是影响审判结果的因素。[255] 然而,这类信息通常不会出现在法庭文件中,尤其是与陪审团庭审有关的文件中。

总之,使用数据分析来预测法律结果不太可能是解决与传统预测工具相关的所有问题的"灵丹妙药"。但在不久的将来,它很可能提供一种有用的补充工具,以扩大传统法律备忘录中所进行的预测分析的类型。正如卡茨教授所说,[256]与传统预测工具结合使用的预测分析工具可能比单独使用的任何一种工具都要好。

六、结论

结果预测一直是法律实务的重要组成部分。所有类型的客户在做重要决定时都依赖他们的律师对客户面临的潜在法律后果提供准确的评估。然而,尽管它对法律实践极为重要,法律中的结果预测仍然是一项非常不精确的工作。律师在进行预测时所依赖的三种传统工具(元素中心分析法、律师

---

[253] 有关使用预测分析评估法律相关性的前景的有益概述,see Katz,supra note 16,at 954 - 57。

[254] 有关 PACER 作为审判级诉讼数据来源的有益讨论,see Stevenson & Wagoner,supra note 22,at 1357 - 1364。

[255] See MAUET & MARCUS,supra note 17,at 405 - 406.

[256] See Katz,supra note 16,at 929("等式很简单:〈人类 + 机器〉人类或机器").

经验和经验信息)都存在显著的局限性,阻碍了它们作为预测工具的有效性。

然而,幸运的是,数据科学的最新进展使新的预测工具成为可能改变游戏规则的工具。这些进步已经为律师执业方式带来了重大的变化,也为预测结果带来了巨大的希望。因此,预测分析虽然不是在可预见的未来取代传统预测结果工具的"灵丹妙药",但似乎很有可能成为一种重要的补充工具,有助于提高预测结果的准确性。这对那些依赖预测的客户来说是个好消息。

(陈 静 宋晓宇 译)

论机器在刑事审判中的应用

[美]安德烈亚·罗思(Andrea Roth)* 著

(原文载于 *Georgetown Law Journal*)

一、引言

一位法律学者在 1953 年写道:"Drunk-O-Meter"(醉酒测试仪)是当时最新发明的一种证明驾驶员酒精危害的小工具,"人类古老梦想已成为某种'老虎机证明',即将设备输入情景程序并推出正确的裁决"。[①] 直到 2016 年,这个梦想尚未实现,但肯定不是因为缺乏尝试。美国法院和执法部门因拥有一些被称为"真理机器"的犯罪侦查小工具而感到自豪——从银版照相制版到 Drunk-O-Meter 再到脱氧核糖核酸(DNA)。现在,每个州都已经转向醉酒驾驶案件中的"机械责任"制度,以努力限制不合理的人类陪审团,因为他们不了解"实验室证据",虽然该证据证明了低血液酒精浓度(Blood Alcohol Concertration,BAC)也存在风险。[②] 美国立法者追求强制性的最低刑罚、量刑指南和基于证据的量刑(Evidence-basing Sentence,EBS)以遏制人的自由裁量权,促进惩罚的统一性和真实性。尽管如此,人们似乎普遍认为人类法官和陪审团在缓和机械化的"迟钝"方面发挥着作用。也就是说,其

---

* 加州大学伯克利分校法学院助理教授,法学博士。

① See Dillard S. Gardner, " Breath-Tests for Alcohol: A Sampling Study of Mechanical Evidence",31 *TEX. L. REV.* 289,289(1953).

② See COMM. ON PUB. WORKS,90TH CONG. ,1968 *Alcohol and Highway Safety Report.* 122(1968)[hereinafter 1968 REPORT].

在国家司法机制中扮演“断路器”角色。③ 法官和陪审团的呼吁通常遭到嘲笑,理由是机器无法做到个别化判断,这需要结合复杂的事实调查、公平的自由裁量权和怜悯的情绪来充分评估责任。实际上,测谎仪几乎普遍被排除在刑事审判之外,通常是因为它催生了“机器审判幽灵”。④ 鉴于机械化刑事审判的兴起以及立法者和法院在保护人为干预所保护的复杂性和“软”价值⑤方面明显的克制,似乎我们系统的机械化方法运行得平稳而良好。

然而,正如本文所论证的那样,“机械化”刑事审判的兴起实际上是以一种极具问题的方式发生的。在刑事司法中部署机械化形式的证据和决策通常由执法机构或关注某种客观性和准确性的利益集团所决定。也就是说,“假阴性”在减少。在犯罪背景下,假阴性是指不准确性,如未被发现的犯罪、错误的无罪释放或过于宽松的判决形式。通过利用机械化治理来减少这些不准确性的尝试无疑是一个值得称道的目标。但是,目前的机械化方法似乎常常具有随意性,甚至适得其反,而不是系统地专注于打击不准确和偏见。正如下文的讨论所指出的,有时候“机械化”的范围,或者说“机械化”是值得尊敬还是虚有其名,似乎不依赖于一个过程的固有特征,而是依赖于“机械”标签增强了该过程对公共合法性的要求。特别是除了呼吸—酒精—机器背景之外,立法者和执法部门有时似乎对机械化减少误报假阳性这种可能的利用方式视而不见(甚至是敌意)。实际上,当这种自由裁量权减少假阴性而不是假阳性时,执法人员似乎主观地将人类判断的重要性浪漫化了。同时,可预测的自动化病状,无论是机械形式的证据,还是基于规则的惩罚和责任制度,只要能减少虚假否定似乎就是最能被容忍的。但这种病状最终威胁到了机械化崛起的根本目标——准确性和客观性。

在刑事司法中机械化的发展和部署是不平衡的,并且取决于社会和政

③ Blakely v. Washington,542 U. S. 296,306(2004).

④ United States v. Bursten,560 F. 2d 779,785(7th Cir. 1977).

⑤ “软”价值,指的是那些价值观,如尊严、公平、怜悯和系统合法性,深深植根于修辞,证明我们制度的结构是合理的,但其好处不容易量化或以其他方式测量。See“Proportionality and Parole”,160 *U. PA. L. REV.* 1745,1785(2012)[对比“标准”可衡量的刑事目标,如威慑与“较软的价值观”,如“自我认同的人类价值和潜力”(引文省略)].

治力量，这一事实应该不足为奇。相反，它符合科学技术研究（Science and Technology Studies，STS）学者的一个中心公理，即新技术的发展和概念具有高度的竞争性，取决于特定的局部环境，并且通过对其部署的社会世界的隐含假设加以说明。⑥ 执法机构主要通过减少假阴性、破译和控制罪犯的视角来看待机械化也不足为奇。⑦ 尽管如此，法律学者尚未全面审查不平衡和偶然发展的问题——以及由此产生的不平衡的后果。

本文第一部分记载了机械化刑事裁决的兴起，并指出这种兴起往往具有不平衡性，反映了那些控制或使用机械化以减少假阴性的人的主要关注点。当类似小工具的证据形式提高了犯罪侦查效率，犯罪行为的可确定代理会提升定罪率，或精算工具延长拘留时间时，执法部门通常对其“机械”优点大加赞赏。另外，那些大多会减少假阳性而非假阴性的机械化形式，往往被明显回避，以免过于“机械化”。

以测谎仪为例，它并不具备发现谎言的功能。相反，测谎仪是一种测量某些物理现象（如皮肤电导、心率和收缩压）的机器，然后由人类分析师将其解释为欺骗（或非欺骗）的指标。事实上，当媒体将欺骗测试称为“测谎仪”时，现代测谎仪发展时代的测谎专家感到愤怒。⑧ 然而到了“Keeler 测谎仪”，⑨一个商业化的、标准化的仪器现世的时候，它在公众眼中变成了一个“真理机器”。⑩ 今天，美国仍然经常宣称测谎仪是一种可靠的机械测谎仪，可以在定罪后假释或缓刑撤销程序中（更不用说敏感的国家安全事项）运用于被告。然而，检察官通常主张将测谎证据作为不可靠证据而排除在刑事

---

⑥ See Sheila Jasanoff, *Science at the Bar: Law, Science, and Technology in America*, at xiv (1995).

⑦ See infra Section I. C; generally Michel Foucault, "Societymust be Defended": *Lectures at the Collège de France*, 1975 –76, at 239, 242 –243, 259 (Arnold I. Davidson ed., David Macey trans., *Picador* 1st ed. 2003) (1997)（讨论使用装置和监视作为“生物权力”的工具来“训练”个体和“规范”人口）; Herbert L. Packer, "Two Models of the Criminal Process", 113 *U. PA. L. REV.* 1, 9 (1964)（描述了理想化的“正当程序”和“犯罪控制”犯罪过程模型，并建议在后者之下，“压制犯罪行为是迄今为止刑事程序最重要的职能”）.

⑧ See Ken Alder, The Lie Detectors: the History of An American Obsession 80 –81 (2007).

⑨ Id. at 80.

⑩ I borrow the term "truth machine" from Geoffrey C. Bunn, *The Truth Machine: A Social History of the Lie Detector* (2012).

审判之外，因为在刑事审判中几乎总是由被告提供作为无罪证据，而不是由检察官提出作为有罪证据。[11]

其他种类的机器也出现了类似的情况。检察官和政府承包商在争议的受理听证会中提高了概率软件在解释 DNA 混合物方面的客观性和准确性。许多此类软件程序已经存在，一些地方执法办公室甚至已经创建了自己的软件程序。[12] 如果允许专家在他们的“判断和经验”基础上证明，被告无疑就是证据的来源，则无须迫切为指纹、工具标记或类似的法医学科开发这样的软件。[13] 在量刑背景下，强制性最低限度和量刑准则被执法部门称赞为控制司法自由裁量权的客观和合理手段，这实际上加剧了量刑方面的种类差异并极大延长了刑期。[14] 然而，最近“聪明”的保释改革算法大大降低了某些地区的审前拘留率，这一问题引起了检察官的关注，不仅因为成本，还因为这些方法在其所考虑的特性上被认为过于简单和过于机械化了。[15]

反过来，本文第二部分认为，这种不平衡的以结果为导向的机械化刑事审判方法在以下三个方面付出了沉重的代价。首先，它允许以机械化掩饰隐藏主观性和错误的方式发展。如果机器的部署倾向于减少假阴性，那么美国就有动力以最大的决心构建它。例如，将谎言测试贴上“谎言探测器”的标签导致美国人过度依赖机器。与此同时，揭示机器内部运作的风险在于灌输“对其科学复杂性的不信任”，[16]因此，其创造者可能有理由在钢铁和专有代码层下“隐藏电线”。在这些过程中，不仅存在随机机器错误和代码错误翻译，还存在程序员和政策制定者关于哪些科学理论有效、应该考虑哪些数据以及可接受的错误级别的隐藏假设。一些看似“机械”的过程实际上是主观人类判断的产物——“幕后的人类”。例如，测谎仪和量刑指南为量

---

⑪ 笔者考虑并反驳其他理论来解释这一差异，见下文第二节(一)标题部分。

⑫ See Erin E. Murphy, *Inside the Cell: the Dark Side of Forensic DNA* 98 – 101(2015).

⑬ 见下文二、(四)部分。

⑭ 见下文三、(三)部分。

⑮ See Shaila Dewan, “Judges Replacing Conjecture with Formula for Bail”, *N. Y. TIMES*, June 26, 2015, at A18 (discussing an algorithm that intends to helps judges set bail at an appropriate amount based on the likelihood of recidivism and risk of flight).

⑯ See Jennifer L. Mnookin & Nancy West, “Theaters of Proof: Visual Evidence and the Law in Call Northside 777”, 13 *YALE J. L. & HUMAN.* 329, 363(2001).

刑制度提供了统一性,这种制度主要由检察官酌情决策制定。此外,许多犯罪的机器代理,如最近试图颁布的DUI(Driving Under Infurence,受影响下的驾驶)大麻法,要么过于简单,要么完全缺乏合法的科学依据。但是,如果机器代理人极大地增加了成功起诉的可能性,并且立法者也认为这种成功起诉对于解决紧迫社会问题或应对执法压力是可理解的,那么立法者便往往没有动力去审查代理人。另外,DUI 酒精背景为理性的机械证据和责任制度提供了一个不完美但有前景的模板,这并非巧合,因为独立于执法界的公共卫生部官员帮助创建了这种制度。

当然,任何减少假阴性的尝试都离不开实质性的公共利益。传统来说,功利主义和因果报应理论使惩罚合法化,因此可以证明对罪犯的认定、起诉和惩罚罪犯的能力得到了增强。确实,机器减少了假阳性;例如,如果没有国家对法医 DNA 分析的支持,那么“无罪运动”就不可能存在。然而,美国经常试图阻止被告使用 DNA 方法来免责。[17] 在当前的情况下,机器假阳性的减少往往是偶然性的而不是系统性的。

这种以结果为导向的机械化部署存在问题的第二个原因是它已经损害了其他重要的系统价值。美国国家研究委员会最近关于大规模监禁的报告中将对公民“人格尊严”的保护确定为公正刑罚制度的核心原则。[18] 不少机器的存在威胁到人格尊严,其中一个典型就是美国对“阴茎体积描记器”的使用,这是一种测量受试者勃起以检测病理性欲的机器。[19] 我们的系统也意图认真对待“公平”的需要——对特定案件信息的法外考虑,其作为“纠正”或“履行”正义的方式,以及认真考虑仅仅出于恩典的“怜悯”或仁慈的需要,而不是对正义的诉求。[20] 责任或惩罚规则越过分包容,作为安全阀的公平自

---

⑰ 见下文第二节(四)部分。

⑱ See NAT'L Research Council of the NAT'L ACADS., *The Growth of Incarceration in the United States: Exploring Causes and Consequences* 328 (Jeremy Travis et al. eds., 2014).

⑲ 参见下文“三、机械化失败的承诺;(二)关于‘软’价值的压力;1. 尊严”部分的内容。

⑳ See Martha C. Nussbaum, “Equity and Mercy”, 22 *PHIL. & PUB. AFF.* 83, 93–94 (1993) (describing Aristotle's conception of “equity” as being consistent with justice); see also infra Section II. B. 2.

由裁量权就越重要。[21] 司法自由裁量权和陪审团裁定无效的安全值都受到机械证据的权威性质的影响(或至少受到压力)——如代理犯罪、“精简”消除陪审团审判的法律、自动执行制度、强制性起诉政策和量刑方针。当然,法院或政策制定者决定哪些行为违反这些价值观的方式因时间和空间而异。但是,机械化主要是作为减少在过于宽大处理上的不准确性的手段而进行的,我们期望这些价值观会以一种较低的方式受到损害。

机械化这种偶然方法存在问题的第三个也是最后一个原因,机械化可能作为减少假阳性(错误定罪和过度惩罚)的消除偏见的脱困工具,往往导致机械化太少。例如,美国的司法系统发展速度一直很慢,其热情专注于对执法部门或某些在经济或政治上拥有权力的人群的监督上,并且在证人、陪审团或法官的独立酌处权已经倾向于支持国家的情况下,对于专家系统的利用进展缓慢。

虽然机械正义的宏大统一理论超出了本条的范围,但第三部分确实提供了一套“生物技术”[22]原则来指导机器时代的刑事审判制度。它首先解释是否需要越过现有的“MABA-MABA”(人类更好/机器更好)思维,[23]转向类似医学诊断或太空旅行中使用的“系统方法”。[24] 然后,笔者建议通过如何确保前端监管和对抗性保障措施来打开“黑匣子”程序进行审查,从而充实这种“机器人审判”方法;系统地考虑新机械过程对较软值的影响;并通过确保机械化的合理和公平安排,系统地“询问自动化的缺失”。

文章最后总结了人工智能和刑事审判的未来。机械化的兴起可能预示着颠覆性的转变,类似于从“被告说”审判转向律师驱动的审判,约翰·朗宾

---

[21] See generally Frederick Schauer, *Playing by the Rules: A Philosophical Examination of Rule-Based Decision-Making in law and in Life*, at xv (1991) (论述规范性规则通常是“概率性概括……在遵循时会在特定情况下产生次优甚至明显错误的决策”).

[22] 这个术语来自刘易斯·芒福德(Lewis Mumford),其被用来描述以目标为中心的机械化而不是以机械化为中心的目标。See generally Lewis Mumford, *The Pentagon of Power: the Myth of the Machine*, Vol. II (1970).

[23] See, e. g., Sidney W. A. Dekker & David D. Woods, “MABA-MABA or Abracadabra? Progress on Human-Automation Co-ordination”, 4 *COGNITION, TECH. & WORK* 240 (2002).

[24] See generally David A. Mindell, *Digital Apollo: Human and Machine in Spaceflight* (2008) (describing the history of human-machine interface in space travel).

(John Langbein)主张,[25]虽然它没有从根本上改变我们的结构,然而刑事司法系统正在发生机械化,并对构成该系统核心的许多价值观施加了巨大压力。无论未来如何,本文旨在将机械化和一系列问题置于“学术流通”,[26]以进一步论述机械化正义。

二、机械化刑事审判的不平衡、偶然性加剧

本部分描述了机械化刑事裁决的兴起,即认为它的崛起是不平衡和不系统的,主要取决于创建和部署机械化的机构和行动者的需求。具体来说,笔者认为虽然执法者、立法者和利益集团推动“真理机器”,机械代理和机械量刑制度的动机往往是对客观性和准确性的渴望,但它通常是对特定类型的准确性的渴望——减少假阴性。在这种情况下,假阴性将是未被发现的罪行、自由的有罪被告或未受惩罚的罪犯。作为对该定义的支持,笔者以执法部门开发或采用的装置、软件和机械代理为例,这在很大程度上是因为人们认为需要减少这种假阴性。然后,笔者再提供一个例子,以证明某些机械形式的证据、归责或惩罚的不公平处理,表明执法机构在机器减少假阳性而不是否定时避免机械化的倾向,同时在机器减少假阴性时常将人为判断浪漫化。

虽然这个简短的讨论并不旨在梳理刑事司法中机械化设备的社会法律历史,但它偶尔会利用科学技术研究(Science and Technology Studies,STS)学者的工作来表明机械化刑事审判的不平衡发展不应该令人惊讶。制度动态和学科观点在确定什么是有道理的、权威的,“合法的专业知识”[27]或“良好

[25] See John H. Langbein, The Origins of Adversary Criminal Trial 48 -61, 67 -68, 106 -110 (2003) (tracing the historical evolution of the modern lawyer-dominated model of criminal trials).

[26] See Mary Poovey, *A History of the Modern Fact: Problems of Knowledge in the Sciences of Wealth and Society*, at xiii (1998).

[27] See Jasanoff, supra note 6, at xiii.

的科学"方面起着至关重要的作用。[28] 那么,人们会期望在刑事司法中系统辨别什么是"机器",什么不是"机器",以及哪些机器是认知权威的合法来源,这些问题的答案要从证据、归责或惩罚制度的类型中寻找。

(一)机器证词

在过去的150年里,"人类感官的重要性"已经让位于"文书的无声证词"。[29] 现代刑事审判仍然有人类证人的一席之地,当然,证据法中的"科学小工具"[30]兴起,随着解释性法医和诊断软件削弱了受害者和人类证人在证明被告有罪方面的作用。虽然"生动的证人证词可能是18世纪证明有罪的最佳手段",[31]检察官现在选择依靠"机械"形式的证据,通常被其支持者称为"真理机器"。[32]

这些新出现的证据形式极大地提高了案件事实寻找过程中知识的准确性、客观性、精确性和能力。对于一个人是否闯红灯,车祸是否酒精中毒导致的,以及强奸案件中的精液是否来自被告这些问题,在过去,陪审团通常基于证人的主观说法和被告可能不恰当的供词来作出事实调查,现在由于采用了这些技术,我们可以更好地掌握这些事实。然而,正如本节所示,许多"真理机器"被执法部门专门开发或采用作为减少假阴性的手段。但是,"真理机器"的开发或使用可能提供了一种强有力的手段来减少假阳性(唐

---

[28] See Eric Biber, "Which Science? Whose Science? How Scientific Disciplines Can Shape Environmental Law",79 *U. CHI. L. REV.* 471,547(2012);see also id. at 501 –512(引用STS学者的工作,探讨学科观点和规范性假设如何影响科学主张,如何在气候辩论和其他环境背景下制定和评估).

[29] See Mirjan R. Damas Ka,*Evidence Law Adrift* 143(1997).

[30] See"Scientific Gadgets in the Law of Evidence",53 *HARV. L. REV.* 282(1939)(讨论法院对血液测试、呼气酒精测试、照片和测谎仪的兴起的反应,建议法律应该不太热衷于采用尚未验证的新兴科学技术).

[31] William J. Stuntz,The Collapse of American Criminal Justice 227(2011).

[32] See,e. g. ,BUNN,supra note 10;Michael Lynch et al. ,*Truth Machine:the Contentious History of DNA Fingerprinting*(2008);cf. Mnookin & West,supra note 16,at 347(referring to photography as a"machinery of truth").

娜哈拉威称为“非法后代……对他们[以国家为中心]的起源不忠”[33]),但国家经常抵制或不感兴趣。

1. 测谎仪

国家使用设备来检测、测量或以其他方式对嫌疑人的身体施加控制是一个经过充分研究的现象。在17世纪和18世纪,米歇尔·福柯谈到国家从对生活和死亡实施控制到“对生物的控制”[34]的权力转移,这需要“权力技术的出现”和“以……个体为中心”的“设备”,“可以用来控制身体”。[35] 随着美国和英国的刑事政策的关注点从道德转向犯罪的自然原因,“治理的机会——通过调控机制瞄准犯罪者的身心”,只是增加而不是减少。[36] 随后的时代发现了“Phreno-physiometer”(颅相物理仪),一种通过测量耳朵和眉毛之间的角度来预测犯罪行为的工具,这样一种明显具有种族色彩的骗局很快被彻底揭穿。[37] 随着主张“犯罪的特征”在身体上可能是明显的或者犯罪必然是异常的标志,而不是正常人的不道德行为的人越来越少,犯罪学家和心理学家开始质疑与欺骗有关的情绪是否可以衡量。[38]

在这种背景下,作为测谎仪的现代“测谎仪”的起源与执法的利益交织在一起并不奇怪。测谎仪的前身之一是心理学家威廉·莫尔顿·马斯顿(William Moulton Marston)(神奇女侠的创造者)通过收缩压来测量焦虑的一种原始工具。[39] 20世纪20年代,时任加利福尼亚州伯克利市警察局长威

---

[33] Donna Haraway, "A Cyborg Manifesto: Science, Technology, and Socialist-Feminism in the Late Twentieth Century", in *The Cybercultures Reader* 291, 293 (David Bell & Barbara M. Kennedy eds., 2000).

[34] FOUCAULT, supra note 7, at 240.

[35] Id. at 242(这些“权力技术”在身体上“包括用于确保个体的空间分布的所有装置”,意味着它们的“分离、对齐、序列化和监视”).

[36] BUNN, supra note 10, at 11 (citation omitted).

[37] Id. at 13 –14.

[38] Id. at 4, 64 –65. Bunn also suggests this quest should be understood in the context of attempts by criminologists in the past to decipher and tame the "female sensation," notably the belief that women were insensitive to pain. See id. at 65.

[39] See Adam B. Shniderman, "You Can't Handle the Truth: Lies, Damn Lies, and the Exclusion of Polygraph Evidence", 22 *ALB. L. J. SCI. & TECH.* 433, 435 –37 (2012); see generally Jill Lepore, "On Evidence: Proving Frye as a Matter of Law, Science, and History", 124 *YALE L. J.* 1092 (2015) (discussing the history of the polygraph more broadly).

廉·莫尔顿·马斯顿首先发表了关于焦虑检测机器如何“应用于现实生活中的罪行”的论文。[40] 拉森的助手(以及未来的竞争对手)雷纳德·基勒(Leonarde Keeler)将测谎仪作为一种机器获得专利并出售,警察可以雇用一名测谎仪检查员作为审判的证人来审讯犯罪嫌疑人并确保定罪。[41] 从其作为衡量物理现象的简单起点开始,测谎仪“被构建为真理技术”。[42]

可以肯定的是,帮助开发现代测谎仪的伯克利警察“希望谎言探测器能够使他们以机器般的公平性来执法”。[43] 其目标是准确地确定受试者是否在撒谎。但是对机器的渴望的强度源于一种信念,即犯罪嫌疑人在说谎,因此可以通过这种新奇的机械手段来揭示犯罪嫌疑人的谎言,而不是源自犯罪嫌疑人被诬告且可能被机器免罪的预感。简而言之,这种渴望的动机是对某种特殊的不准确性的关注,这种不准确迫切需要利用机械来解决:有罪的嫌疑人被释放。

政府在使用测谎仪结果作为审判有罪证据时的问题是,如果进行审查,结果将在法庭上不可受理,这至少在20世纪30年代中期的宪法判例法中是如此。[44] 但是测谎仪的力量超出了法庭想象:警察可以合法地利用测谎仪的威胁,甚至谎报测谎结果,以确保在法庭上使用供词。[45] 因此,在审判中无法依靠测谎仪结果在推行测谎仪作为侦查定罪的工具的道路上只是一个小障碍。

然而,宪法并没有限制被告提供测谎结果作为无罪证据。在关于测谎仪的可接受性的决定中,刑事被告已经开始接受结果作为真实的证据,这是

㊵ See Alder, supra note 8, at 81.

㊶ Id. at 126 -27, 130.

㊷ See Bunn, supra note 10, at 5; see also Shniderman, supra note 39, at 437 (documenting Keeler's role in the development of the polygraph).

㊸ See Alder, supra note 8, at 106.

㊹ See, e. g., Brown v. Mississippi, 297 U. S. 278, 285 (1936) (holding that the Fourteenth Amendment's due process prohibition on admission of an involuntary confession is applicable in state court prosecutions).

㊺ See, e. g., United States v. Blake, 571 F. 3d 331, 346 -347 (4th Cir. 2009).

从1923年的“弗莱诉美国案”开始的,其中马斯顿亲自审查了请愿人。[46] 但在“弗莱案”以及无数的未来案件中,检察官成功地将测谎仪排除在审判之外,认为结果不可靠,并且他们篡夺了陪审团的可信度决定权,[47]这种模式类似于基于神经成像的谎言探测器出现的模式。[48] 即使谎言探测器成为“美国的机械良心”,[49]测谎仪也成为美国审判中的“证据贱民”。[50]

尽管该州反对在审判时接受测谎证据,但国家将该测谎仪广泛用作后定罪程序中有罪的证据。缓刑和假释部门通常要求对被定罪的罪犯进行测谎检查并将其作为治疗的一个条件(特别是在性犯罪方面),并定期提供测

---

[46] 293 F. 1013(D. C. Cir. 1923).即所谓“Frye 测试”成为许多州法院和联邦法院接受新科学证据的标准,直到最高法院在 Daubert 诉 Merrell Dow Pharmaceutical 案中作出裁决(509 U. S. 579 1993)。

[47] See, e. g., United States v. Scheffer, 523 U. S. 303, 307(1998)(持有本身排除的测谎证据并不违反被告的第六修正案提出辩护的权利);United States v. Alexander, 526 F. 2d 161, 170 (8th Cir. 1975)(认为审判法院没有错误地拒绝接受测谎结果作为证据,因为测谎仪“目前没有得到一般的科学认可,而且没有被证明足够可靠”);Brief for the United States at 26 – 28, Scheffer, 523 U. S. 303(No. 96 – 1133), 1997 WL 367053(arguing that the polygraph undermines the functions performed by the judge and jury);see also Shniderman, supra note 39, at 469 – 70(speculating that the polygraph's unfavored status might be related to“judges' efforts to aid the prosecution”, given that polygraph results are generally offered by defendants).

[48] Companies such as“No-Lie MRI”offer commercially available services. See Henry T. Greely,“Law and the Revolution in Neuroscience:An Early Look at the Field”, 42 *AKRON L. REV.* 687, 698(2009)(“[A]t least two companies are already selling fMRI-based lie detection in the United States.”). Neuroimaging-based lie detection evidence has been proffered in three American cases, all by a defendant and all excluded on reliability grounds. See William A. Woodruff,“Evidence of Lies and Rules of Evidence:The Admissibility of fMRI-Based Expert Opinion of Witness Truthfulness”, 16 *N. C. J. L. & TECH.* 105, 108 – 09 nn. 4 – 6(2014)(citing United States v. Semrau, No. 07 – 10074 MI/P, 2010 WL 6845092, at *14(W. D. Tenn. June 1, 2010);Wilson v. Corestaff Servs., L. P., 900 N. Y. S. 2d 639, 642(Sup. Ct. 2010);Memorandum Opinion and Order, Maryland v. Smith, No. 106589C(Montgomery Cty., Cir. Ct., M. D. Oct. 3, 2012)).

[49] See Alder, supra note 8, at xiv.

[50] Witherspoon v. Superior Court, 183 Cal. Rptr. 615, 621(Ct. App. 1982).

谎检查证词作为罪犯假释或缓刑撤销听证会的证据。[51] 美国国防部也严重依赖测谎仪进行背景调查以及其他与国家安全有关的敏感问题调查。[52] 事实上,一位训练人们“击败”测谎仪的专家——道格·威廉姆斯最近对此表示歉意,并对美国联邦阻挠司法指控表示认罪。[53]

执法部门对测谎仪的处理方式明显不一致,可以通过相信刑事审判中的高度举证责任值得对设备进行更高级别的审查来解释。然而,可能的监狱时间在缓刑或假释撤销听证会程序中通常高于许多审判程序。此外,正如在 1998 年“美国(United States)诉谢弗(Scheffer)案”中说服了美国联邦最高法院那样,如果政府真的相信,测谎仪的准确率“比掷硬币的概率好一点”,[54]人们希望他们根本不会使用它,尤其在高风险的情况下。

这种不一致也可能是因为检察官希望保护陪审团,因为他们本身就担当了监察员的角色。但是,在判决后程序中的法官和假释委员会也将复杂的人类判断用于对可信度的确定,无论是否值得。此外,政府有时会规定接受测谎仪的结果,允许机器在这种情况下协助陪审团。[55] 测谎仪会过度干扰陪审团可信度的决定作用,其论点似乎也有点令人好奇,不管陪审团在信誉决定方面是多么无能,政府还是对其津津乐道。[56] 事实上,陪审团只是系统的“谎言探测器”,因为在发现宣誓不是真实证词的可靠保证之后,该系统别

---

[51] See, e. g., Douglas C. Maloney, “Comment, Lies, Damn Lies, and Polygraphs: The Problematic Role of Polygraphs in Postconviction Sex Offender Treatment(PCSOT),84 *TEMP. L. REV.* 903,907 –908(2012);Diane Patrick et al., *Nat'L Inst. of Justice*, *How is the Post-Conviction Polygraph Examination Used in Adult Sex Offender Management Activities?* 39 – 40 (2000); Paula Reed Ward, “Lie Detector Tests Being Used to Monitor Sex Offenders and Guide Treatment”, *Pittsburgh Post-gazette*(May 17, 2015, 12:00 AM), http:// //www. post-gazette. com//news/state/2015/05/17/Lie-dete/stories/201505030109 [https://perma. cc/A4FP-XFYK] (noting that offenders can get probation revoked for failure to take a test).

[52] See Scheffer,523 U. S. at 318(Kennedy,J.,concurring).

[53] See Drake Bennett, “Man vs. Machine: The True Story of an Ex-Cop's War on Lie Detectors”, *Bloomberg Bus.* (Aug. 4, 2015), http://www. bloomberg. com/graphics/2015 – doug-williams-war-on-liedetector/[https://perma. cc/FTA9 –96TK].

[54] Scheffer,523 U. S. at 310(citation omitted).

[55] See Shniderman, supra note 39, at 442.

[56] See George Fisher, “The Jury's Rise as Lie Detector”, 107 *YALE L. J.* 575,578 –579 (1997).

无选择,只能在陪审团审议的晦涩难懂的"黑匣子"中寻求庇护,以维持判决的合法性。[57] 无论如何,如第二章第三部分所述,法院经常认为测谎仪只是一种"机器审判",这种担忧虽然可以理解,但还是应该重新审视。

2. 摄影和电影证据

当照片的前身——银版照相于 1839 年被发明时,美国公众的主要反应是大肆庆祝新技术成为"真理机器",[58]提高了解决犯罪的可能性。那年的一篇报纸文章发出考问:"当他们看到他们自己的肖像描绘着他们盗窃的房间,他们偷窃的行为时,他们将成为可怜的小偷!"[59]

此后不久,几个国家的执法部门开始认真使用照相技术。[60] 虽然生物识别技术(使用人体测量来研究犯罪和识别个人)早于照相技术,但是新的摄影媒体的可用性允许对犯罪分子和被认为可能构成犯罪的人群实行前所未有的审查和监视。借用米歇尔·福柯(Michel Foucault)的措辞,正如测量身体的技术是通过纪律的力量进行国家控制的手段,监视技术(包括生物识别技术)允许国家通过生物电源技术来规范"多样化的人"。[61] 因此,从 19 世纪开始,警察局收集了"盗贼画廊"(已知罪犯的照片),不仅是为了追踪罪犯,将他们视为可能新罪的罪犯,还为了作为拟人研究(为识别犯罪的可见特征)基础,这一点也不足为奇。[62] "法医生物识别之父"阿方斯·贝蒂荣(Alphonse Bertillon)是一名警察摄影师,他推广了"面部照片"和犯罪现场拍摄。[63]

如今,摄影和电影证据是美国监视和侦查犯罪的主要工具。城市中的

---

[57] Id. at 578 – 79 (arguing the criminal justice system "protects its own legitimacy" by having the jury function as a "lie detector").

[58] See Mnookin &West, supra note 16, at 347.

[59] See "New Discovery in the Fine Arts", New Yorker, Apr. 13, 1839, at 49 (citation omitted).

[60] See Simon A. Cole, *Suspect Identities: A History of Fingerprinting and Criminal Identification* 20 (Harvard Univ. Press 2002).

[61] See Foucault, supra note 7, at 242, 247.

[62] See, e. g., COLE, supra note 60, at 20 –22.

[63] See Most-Wanted Photography, Economist, Feb. 7, 1998, at 115.

摄像机无处不在,用于捕获和起诉低级别的犯罪。[64] 红外线摄像机镜头用于犯罪侦查,创建可通过某些物体、面部或车牌搜索的摄像机镜头。[65] 例如,"Avista 智能传感器"使用"机器学习"[66]根据数千个变量分析监控录像,并在警方认为发生犯罪时向警方报告。[67]

当然,监视和摄影记录提高了侦查和解决犯罪的能力,在很多方面,这对事实调查的准确性和客观性有利。但同样,国家通过使用摄影来提高准确性和客观性的愿望虽然值得称赞,但主要集中在减少假阴性,而不是减少假阳性或强调执法本身的错误行为。因此,"热点"监视和红灯摄像机倾向于关注高犯罪率区域,以便最大限度地发现犯罪的可能性。尽管高犯罪率地区的"热点"摄影录像有时会使被告无罪而不是有罪,[68]但无罪事件是国家监视的副产品而非目标。此外,来自仪表板和机身相机的摄像机录像可以使被告(并且可能涉及行为不端的演员)有罪或无罪,然而,这主要是因为民众要求警察部门对犯罪受害者和被告实施车身和仪表板摄像头的呼声日益

---

[64] See, e. g. , Steve Henn, "In More Cities, a Camera on Every Corner, Park and Sidewalk", *NPR*(June 20, 2013, 7:07 AM), http://www. npr. org/sections/alltechconsidered/2013/06/20/191603369/The-Business-Of-Surveillance-Cameras[https://perma. cc/732H -2NW4].

[65] See, e. g. , "Memorandum from Oakland Police Dep't to Office of the City Adm'r on Red Light Camera Enforcement Sys. ", *City of Oakland Agenda Report*, at 1 (Nov. 10, 2009) (on file with author) [hereinafter OPD Memorandum].

[66] "机器学习"指的是"计算机算法能够'学习'或在某些任务中随着时间的推移提高性能"。Harry Surden, "Machine Learning and Law", 89 *WASH. L. REV.* 87, 88 (2014).

[67] See, e. g. , "Digital Justice, Digisensory Technologies Avista Smart Sensors", *Youtube* (Sept. 14, 2012), http:// www. youtube. com/watch? v = JamGobiS5wg [https://perma. cc/J8T4 -97VN].

[68] See, e. g. , Joshua Sabatini, "San Francisco's Crime Cameras Zoom in on the Innocent", *S. F. EXAMINER* (July 8, 2011), http://www. sfexaminer. com/sanfrancisco/san-franciscos-crime-cameras-zoom-in-on-the-innocent/Content? oid = 2177815 [https://perma. cc/5DJB-SJM2] (reporting a case in which the state dropped homicide charges against a man after "hot spot" city surveillance videos showed he was helping a disabled woman).

强烈。[69] 同样,被告宣传团体提起旷日持久的诉讼要求警察部门对嫌犯进行录像审讯。例如,美国联邦调查局“抵制记录供词或采访”,直到 2014 年。[70]

如果摄像的目标是通过公共监视侦查犯罪,笔者并不认为重点关注高犯罪率领域是不合理的,笔者也不认为所有美国联邦调查局怀疑采访的录像必然是好政策。相反,笔者仅支持执法部门将摄影和电影证据作为一种机械(或至少,显然是机械)[71]证据运用到实践中,主要是出于减少特定类型的不准确性(假阴性)的愿望。

3. 损伤测量机器

美国执法部门寻求一种机器来测量驾驶者是否酒精超标,就像许多其他小玩意一样,他们会担心出现假阴性,即关于醉酒驾驶员未被发现和不受惩罚的情况。在 20 世纪 40 年代之前,警方很难根据官员关于驾驶员受损状况的主观证词来确定醉酒驾驶案件的定罪。[72] 在进行呼气测试之前,警方曾试图进行现场清醒测试,如要求驾驶员向后背诵字母并靠一条腿站在地上。但是这些测试的假阴性率很高,从而导致一些醉酒的驾车人士从测试中全身而退。[73] 虽然化学家已经开始进行酒精中毒的血液检测,但它们在执法方面的用途有限,因为需要医生的帮助。执法领域的人,如验尸官的化学家、警察顾问和警察兼职发明人,他们开发了第一台呼气测试机器,并经绞脑汁为其命名,从 1938 年的“Drunk-O-Meter”(醉酒测试仪)到 1945 年的

---

[69] 尽管许多警察工会现在支持使用摄像机作为保护警察免受虐待的虚假声称的手段,但该州本身并没有像他们发起大规模公共监视活动那样开展此类努力。在 20 世纪 80 年代移动视频录像机变得可负担之后,“母亲反对酒后驾车”组织开始为警察巡逻车购买仪表板摄像头,以便更容易进行酒驾诉讼。See Lilian Draisin, UNIV. CENT. FLA., PUB. ADMIN. DEP'T, *Police Technology: An Analysis of In-Car Cameras and Body Worn Cameras* 6 (2011); INT'L ASS'N of Chiefs of Police (IACP), *The Impact of Video Evidence on Modern Policing: Research and Best Practices from the LACP Study on In-Car Cameras* 5 (William Albright et al. eds., 2004).

[70] See Carrie Johnson, "New DOJ Policy Urges Agents To Videotape Interrogations", *NPR* (May 21, 2014, 6:49 PM), http://www.npr.org/sections/thetwo-way/2014/05/21/314616254/new-doj-policy-calls-for-videotaping-the-questioning-of-suspects[https://perma.cc/GK5E-XKQ3].

[71] 在下文第三(一)节中,我认为电影证据,包括对嫌疑人的录像,是一个易受人类操纵和隐藏主观性影响的“虚假机器”的例子。

[72] See Andrea Roth, "The Uneasy Case for Marijuana as Chemical Impairment Under a Science-Based Jurisprudence of Dangerousness", 103 *CAL. L. REV.* 841, 849-50 (2015).

[73] Id. at 850.

"Breathalyzer"(呼吸测醉仪)。[74] 从它们首次亮相的那一刻开始,这些设备就被称为"真理机器"。1955 年《科学》杂志兴奋地观察到老式警察工作的直升机和直线式方法正在被科学设备取代,通过分析他的呼吸气味告诉警察驾驶员的醉酒程度。[75] 从那以后,呼吸机肯定挽救了数千人的生命,正是因为它们检测到低浓度但仍然危险的血液酒精浓度(BACs)。

如果呼气测试显示低血液酒精浓度或零血液酒精浓度,呼吸酒精机器也可以为被指控醉驾的驾驶者免责,并且各州赋予被指控醉驾的被告被捕后两小时内进行"化学测试"的权利。[76] 当然,警方和检察官仍可能根据传统驾驶影响(DUI)或公共醉酒法选择逮捕、起诉血液酒精浓度较低的犯罪嫌疑人。[77] 尽管 20 世纪 30 年代的公共卫生官员建议美国各州采用一种法律,但没有一个国家在低 BAC 中建立了非法减刑的法律推定,[78]因为存在完全合理的理由起诉低 BAC 的人,例如,延迟测试可以证明当驾驶员血液中含少量的酒精时驾驶员几乎没有驾驶经验。但是,这种个别化的、非机械的损害推定只有在起诉时才能起作用。与此同时,几十年来,受害者群体和被告人要求警方仪表板和车身摄像头在 DUI 案件中证实测试结果的要求直到最近都还没有实现。[79]

国家对呼吸障碍机器的科学权威甚至是免罪后果的容忍相对于测谎仪的故事而言是惊人的。正如下面更详细讨论的那样,通过诉讼和法律法规监管来控制测试条件,呼吸测试机器在可靠性方面也经历了重大(但不一定足够)的审查。对呼气测试机器实行高度审查的一个可能的解释是 DUI 被

---

[74] 最早的呼气测试装置是由芝加哥的"验尸官化学家"发明的。See id. at 853. "Drunk-O-Meter"是由印第安纳波利斯的生物化学家和警察顾问罗拉·哈格尔(Rolla Harger)博士发明的,而"Breathalyzer"(呼吸测醉仪)是由一名前警察和业余科学家罗伯特·博肯斯坦(Robert Borkenstein)博士于 1954 年发明的。See id. at 853,861.

[75] See Joseph Dorlaque, "New Machines Get Drunks Off the Road", *Popular Science Monthly*, Oct. 1955, at 166.

[76] See, e. g., IOWA CODE § 123.46(3),(4)(2011).

[77] See, e. g., CAL. VEH. CODE § 23152(a),(b)(West 2014).

[78] See Roth, supra note 72, at 859.

[79] See supra text accompanying note 69; see also Patrick Moore, Smile... You're (Probably Not) on Camera, WINNEBAGO CTY. BAR ASS'N NEWSLETTER, Mar. 2010, at 18-19 (highlighting that defense attorneys' requests for cameras in DUI cases had gone unheeded).

告相较被指控犯有其他罪行的被告而言享有社会特权;更具体地说,酒精倾向于成为中产阶级和上流阶级美国白人的首选药物,而酒后驾车的被告可能比典型的刑事被告更和善。[80] 无论如何,笔者稍后会指出,在某些有限的方面,DUI 的故事是一个恰当的运用科学的模板,以一种透明、可靠的方式来提高事实调查和责任认定的准确性。

4. 法医 DNA 检验

正如前总检察长约翰·阿什克罗夫特在 2002 年提出的那样,法医 DNA 分析是“执法的真理机器,通过识别罪犯和免除无辜者来确保正义”。[81] 并且毫无疑问:DNA 具有相对令人印象深刻的科学性。与法医学科和指纹分析等其他法医分支学科相比,这些学科主要是在执法环境中产生的。[82] 它具有前所未有的解决犯罪力量[83]和保护无辜者的能力。[84] 围绕 DNA 的确定性的言论导致了“广泛的公众认为 DNA 的发现是决定性的”。[85]

DNA 已经被美国积极利用和认可,作为一种准确可靠的检测手段成功起诉犯罪,并将大批人口置于永久性基因监督之下。但它没有被美国如此积极地利用或认可,作为无罪释放的手段。例如,当被告被采用国家尚未进行测试的生物材料进行测验,并在此基础上请求美国联邦调查局查询

---

[80] See, e. g., Roth, supra note 72, at 846 – 847.

[81] Press Release, John Ashcroft, U. S. Att' y Gen., U. S. Dep' t of Justice, DNA Initiative (Mar. 4, 2002) (transcript available athttp://www. justice. gov/archive/ag/speeches/2002/030402newsconferncednainitiative. htm[https://perma. cc/88ZJ-SJA3]).

[82] See generally NAT'L Research Council of the NAT's Lacads., *Strengthening Forensic Science in the United States: A Path Forward* (2009) (describing an inability of most disciplines to achieve independence from their law enforcement roots).

[83] 根据联邦调查局的说法,使用 DNA 罪犯数据库“协助”了 210,700 多项调查。See Combined DNA Index System (CODIS): National DNA Index (NDIS) Statistics, U. S. FED. BUREAU OF INVESTIGATION, www. fbi. gov/about-us/lab/biometric-analysis/codis/ndis-statistics[https://perma. cc/L6GR-GH6T] (last visited Jan. 24, 2016).

[84] 自 1989 年以来,已有 300 多名在美国被定罪的被告通过 DNA 检测被公开宣告无罪。See Innocence Project, www. innocenceproject. org[https://perma. cc/ZE3UJXRD] (last visited Jan. 24, 2016).

[85] See Jay D. Aronson & Simon A. Cole, "Science and the Death Penalty: DNA, Innocence, and the Debate over Capital Punishment in the United States", 34 *LAW & SOC. INQUIRY* 603, 617 (2009) (citation omitted).

CODIS(国家罪犯数据库),通过CODIS运行由此产生的DNA概况以查看与犯罪嫌疑人是否匹配时,如果没有法院命令,美国联邦调查局通常会拒绝。[86] 美国联邦调查局还拒绝许多独立研究人员匿名访问CODIS以测试数据库报告的匹配统计数据的准确性的要求,这些统计数据因错误地解释各种遗传标记的频率而受到批评。[87] 检察官还反对《无罪保护法案》,因该法案允许大多数州的被告坚持保存或测试生物材料。[88] 并且在一些案件中涉及可疑的供词或目击证人的辨认以及已提供明确的DNA证据以排除被告作为可能的肇事者,检察官倾向于拒绝适用上述免罪证据,转而依赖其他理论来解释DNA。[89] DNA之所以被认为是一种巧妙构建的真理[90]的最佳证据,是因为当其不符合有罪的叙述时,美国更愿意拒绝DNA的权威。

最近,政府采用了一种新工具来减少DNA分析中的假阴性:概率DNA混合物解释软件。由于DNA分析方法的进步,来自犯罪现场的少量DNA或部分不完整的DNA也可以被提取、复原和检测。这种新能力的缺点是DNA混合物变得更难以解释。例如,特定的DNA标记或"等位基因"[91]存在于被告的DNA中,但在犯罪现场的刀上发现的DNA混合物中不存在,这一事实可能意味着被告不是混合物的贡献者,或者这可能意味着被告是一个次要的贡献者,但他的DNA数量如此之少或者已经变得如此不完整,以至

---

[86] See Andrea L. Roth & Edward J. Ungvarsky, "Data Sharing in Forensic Science: Consequences for the Legal System", 2009 *JOINT STATISTICALMTG.*, *AMER. STATISTICALASS' N* 469,473.

[87] See D. E. Krane et. al., "Letter to the Editor, Time for DNA Disclosure", *SCI.*, *Dec.* 18, 2009, at 1631.

[88] See, e. g., Nancy Marion & Marvin Zalman, "Towards a Theory of Innocence Policy Reform", in *Controversies in Innocence Cases in America* 175, 184 (Sarah Lucy Cooper ed., 2014).

[89] See generally Andrea Roth, "Defying DNA: Rethinking the Role of the Jury in an Age of Scientific Proof of Innocence", 93 *B. U. L. REV.* 1643 (2013) (discussing several such cases).

[90] See Jasanoff, supra note 6, at 56.

[91] In forensic DNA analysis, analysts focus on locations along the subject's genetic strand that are highly variable among humans. At each location, they count how many times a particular genetic code repeats. The number of repeats is the "allele" one has at that location. See Erin Murphy, "The Art in the Science of DNA: A Layperson's Guide to the Subjectivity Inherent in Forensic DNA Typing", 58 *EMORY L. J.* 489, 495 (2008).

于他的一个或多个等位基因已“缺失”。[92] 这种判断至关重要,因为它们可能意味着两个样本之间报告匹配或不匹配之间的差异。

直到最近,人类分析师才发出这些解释的呼声,并使用一个相对简单的公式来确定随机人员的 DNA 概率与混合物中所见等位基因一致的概率。但最终结果是 TrueAllele(一种 DNA 检测程序)软件出现了,这是一种“解释 DNA 证据的计算机”。[93] TrueAllele 声称通过合并等位基因缺失可能性和启动单一的分析方法可将人工解释统计从复杂混合物中完全移除。在冲突假设基础上,即某一特定的人是或不是混合物的贡献者,这种“可能性比率”是这种特定的等位基因混合物出现的机会。2009 年 TrueAllele 被用来将被告定罪,意味着“自动计算机解释第一次作为证据被法庭接受”。[94] 自那时起,它已在美国和英国的许多刑事审判中被使用,[95]其他几家公司现在拥有竞争但类似的软件。[96]

可以肯定是,TrueAllele 等软件的结果可以使被告免罪。例如,考虑这样一种情况,一些被告的等位基因不在混合物中,并且人工方法错误地认为它们由于不完整或其他原因而“缺失”。另外,TrueAllele 可以正确地解释混合物以排除被告。但是软件结果也可能比旧的人工方法更容易认定被告有罪,因为软件报告的匹配统计数据通常比旧方法更加令人憎恨。[97] 该公司网

---

[92] See, e. g., Nuffield Council on Bioethics, *The Forensic Use of Bioinformation: Ethical Issues* 19,23 (2007) (discussing problems with analytical techniques that employ low-quantity DNA samples).

[93] See TrueAllele Casework Process Overview Video, at 0:04, Cybergenetics, May 1,2013, http://www.cybgen.com/systems/casework.shtml[https://perma.cc/6EFT-S3VX].

[94] See History, Cybergenetics, http://www.cybgen.com/company/history.shtml [https://perma.cc/LRD8 – 3YPA] [https://perma.cc/J295 – L3Q9] (last visited Jan. 24, 2016).

[95] See, e. g., Newsroom, Cybergenetics, http://www.cybgen.com/information/newsroom/page.shtml(last visited Jan. 24,2016).

[96] See Murphy, supra note 12, at 102.

[97] See Mark William Perlin, "Inclusion Probability for DNA Mixtures Is a Subjective One-Sided Match Statistic Unrelated to Identification Information", 6 *J. Pathology Informatics* 59,62 (2015).

站上的所有新闻稿几乎都代表检方记录了法院判决承认软件的情况。[98]

与此同时,各国在 DNA 领域之外专家解释证据自动化方面进展缓慢。当然,部分原因可能是成本问题,但部分原因也可能是国家普遍存在的情绪审查员,他们的经验和判断优于计算机程序可以做的事情。正如一位防御工具痕迹顾问所说的那样,现在有一种"对优秀有经验的人的刻板印象,我的观点是基于我在该领域多年的经验"。[99] 专家证实了完全匹配基于他们的"自己无法理解,心灵的判断"。[100] 法医工具社区中的一些人声称,由于他们的训练和经验,人类检查员可以更好地确定可能来源:"工具痕迹的专家的意见应该比统计专家的意见更重要,虽然第二个可能更容易给陪审团留下深刻印象,毕竟数字看起来总是科学的。"[101]

反过来,正是检察官受益于法医关于被告是证据来源的主观主张,而不是给予陪审团可能不那么令人印象深刻的匹配估计。法医审查员目前被允许告诉陪审团,被告的枪在子弹上具有"合理程度弹道确定性"或"排除世界上所有其他枪支"。[102] 直到最近,指纹审查员被允许声称"零错误率",并在合理程度的科学确定性下断言被告留下了潜在的指纹。虽然被告能够对国家的分析师进行盘问,但他们却批评意见是主观的,而不是用概率软件产生的更客观(也许更容易让人接受的)的匹配统计数据直接驳斥它。

(二)机器审判

与机械证据一样,"机械责任"制度的兴起往往与执法机构或利益集团

---

[98] See Press Releases, Cybergentics, http:// www. cybgen. com/information/press-release//page. shtml[https:// perma. cc/78ND-QR96] (last visited Jan. 24,2016).

[99] Adina Schwartz, "Challenging Firearms and Toolmark Identification--Part One", 9 *THE CHAMPION* 10, 14 (2008) (quoting Christophe Champod & Ian W. Evett, " A Probabilistic Approach to Fingerprint Identification Evidence", 51 *J. Forensic Identification* 101, 106 (2001)).

[100] Id. at 14.

[101] See, e. g. , Miguel Deschênes et al. , "Statistics and Tool Marks Comparisons", 27 *AFTE J.* 140, 141 (1995).

[102] See, e. g. , United States v. Diaz, No. CR 05 -00167 WHA, 2007 WL 485967, at ＊13 -14 (N. D. Cal. Feb. 12, 2007); see also Commonwealth v. Pytou Heang, 942 N. E. 2d 927, 929, 945 (Mass. 2011) (approving of toolmark expert's use of such phrases to the jury as an acceptable "empirically based but subjective opinion" of an expert).

更希望减少假阴性有关。同样,这种愿望并非源于对客观性和准确性的关注;相反,它只是针对某种特定类型的不准确性——未能对道德上应受谴责的罪行进行指控或定罪。

200年前,美国刑事陪审团在确定被告是否有罪时有很大的余地参与复杂的道德决策。普通法罪行清单相对较短,只包括那些涉及固有不道德行为的罪行。这些罪行具有强大的犯罪意图要求,要求发现被告存在实施行为造成伤害,或者至少知道会造成伤害的意图。这种意图是用花哨、不精确的短语描绘的,如“堕落的心”“邪恶的”“肆意的、任性的”,这使陪审员在确定被告有罪时努力克服整体有罪问题,而不是对技术意图的法律定义。[103]

然而,在今天的法庭上,被告被起诉不仅是因为破门和进入室内,还包括拥有入室盗窃工具的情形。[104] 拥有枪支的罪犯犯了严重的联邦罪。[105] 现在,DUI法律本身将特定血液酒精浓度或其他药物水平的简单驾驶行为定为刑事犯罪,而无须任何陪审团发现危险损害。这些早期的罪行并非没有合法性理论,它们是合理的仅仅因为这只是犯罪未遂。但是,从本质上来讲,它们是一种对犯罪惩罚方面过度包容的尝试。[106]

在某些情况下,立法者因陪审团效率低下的原因不采用陪审团制度。具有高度可确定因素且没有恶劣的犯罪因素的现代犯罪往往被视为轻罪或低级别罪,如未经合法许可修建建筑物。一些司法管辖区通过取消对这些罪行的陪审团审判,“简化”了它们的刑法。[107] 至少有一位学者呼吁在DUI案件中取消陪审团审判,明确说明陪审员的宽容是问题所在。[108] 在交通领

---

[103] See STUNTZ, supra note 31, at 303.

[104] See, e. g., CAL. PENAL CODE § 466 (West 2008).

[105] See18 U. S. C. § 922 (g) (1) (2012).

[106] See 1968 REPORT, supra note 2, at 122.

[107] See, e. g., "Omnibus Criminal Justice Reform Amendment Act of 1994", 1 *D. C. Law* 10-151, 41 D. C. Reg. 2608 (reducing the statutorily-prescribed sentences for various low-level offenses from one year to 180 days so as to no longer trigger any statutory or constitutional right to a jury trial).

[108] See Adam M. Gershowitz, 12 Unnecessary Men: The Case for Eliminating Jury Trials in Drunk Driving Cases, 2011 U. ILL. L. REV. 961, 971-76 (2011) (presenting statistical evidence to support a finding that juries tend to be more lenient than judges in DUI cases).

域,现在全面自动化的法律制度消除了事实发现者行使法外宽恕的任何能力。[109] 红灯摄像机可以挽救生命和金钱,并可能最终反映良好的政策,但它们肯定优先考虑效率并且在过度惩罚上犯错。

事实上,代理或基于规则的责任的现代扩张是如此广泛,以至于一些学者将其与大规模监禁的扩大联系起来。正如乔纳森·西蒙所说:"如果普通法审判曾经像殖民燧发枪步枪一样操作,如果发射得足够近但不准确且通常限于一次射击致命,那么现代美国刑事诉讼工作更像是一个完整的自动机枪,检方能够传播足以抑制几乎所有阻力的火流。"[110]

也许使用代理犯罪来镇压抵抗的最具戏剧性的历史例子是1723年的《黑人法案》。后封建时代英格兰的英国贵族和绅士发现自己与当地人(主要是穷人)发生了土地纠纷,他们(指穷人)声称有权在当地森林土地上捕猎和放牧。一些当地人则在夜间伪装打扮以方便打猎。为了打击这些行为,议会新创了一种"犯罪",以死亡为惩罚结果,针对的是在森林里戴着黑色面具的全副武装的人。[111]

基于代理人的刑事责任的扩大也可能被视为国家从道德判断转向降低风险的刑事辩护理由转变的一部分。这种转变可能会减轻某些惩罚,或使某些形式的惩罚合法化,但它也会使刑事责任范围扩大到其传统范围之外。福柯的"生物政治"的一个方面是通过规制生活巩固现代国家控制,包括旨在"通过消除事故改善生活"的干预措施,他还指出"在设备中很容易采用统计数据,如警察"。[112] 詹姆斯·斯科特还描述了美国各州倾向于进行"英雄简

---

[109] See infra Section II. B. 2.

[110] Jonathan Simon, "Uncommon Law: America's Excessive Criminal Law & Our Common-Law Origins", 143 *DAEDALUS* 62, 67 (2014); see also STUNTZ, supra note 31, at 303.

[111] See E. P. THOMPSON, Whigs and Hunters: the Origin of the Black Act 188 – 189, 192 (1975) ("The Black Act put unprecedented legal power in the hands of men who had not a generalized, delegated interest, such as the maintenance of order, or even the maintenance of the privileges of their own class, but a direct and personal interest in the conviction of men who were a nuisance to them").

[112] FOUCAULT, supra note 7, at 247 – 250; cf. Jonathan Simon, "Driving Governmentality: Automobile Accidents, Insurance, and the Challenge to Social Order in the Inter-War Years, 1919 to 1941", 4 *CONN. INS. L. J.* 521, 559 – 560 (1998) (exploring car accidents as a challenge to state order and governance and describing the controversial rise of speed laws).

化”——通过测量和排序的方法尝试社会工程时，对复杂社会问题过分简化。[113] 在这样做时，美国各州“孤立工具价值的单一要素”，这种要素易于衡量，同时忽略了更复杂的要素或更少驯化的知识形式。驯化过程越“复杂且难以理解”，简化就越多问题。[114]

美国在刑法中通过使用此类代理来减少假阴性和提高效率也符合将法律决策简化为可确定要素的一般模式，着眼于效率和准确性，但倾向于过度简化或巩固现有的偏见。在行政法方面，各机构现在“越来越倾向于采用涉及简单问题和答案的政策，这些政策很容易转化为代码，即使有强烈的实质性理由支持采用更细微的方法”。[115] 人工智能协助推理的一个批评者表示，担心“立法者（可能）考虑制定更正式和确定以前不太确定的法律领域，以确定计算机能够处理”。[116] 对于使用精算数据来确定哪些犯罪嫌疑人可以停止对他的调查和哪些应当深入调查或者哪些罪犯应受到严厉惩罚，学者们警告说，这种“精算正义”模式是自我延续的：仅仅提供统计数据就会诱使刑事司法行为者选择“预测功能更加顺畅”和测量的调查技巧和惩罚模型。[117]

（三）机器惩罚

最后，美国追求机器司法决策的动机是希望增加惩罚的统一性和合理性，但通常是在某个方向：远离过度的宽大处理。在现代判决和统一判决运动之前，法官通常有很大的自由裁量权，可以根据传统的惩罚目的在立法机

---

[113] See James C. Scott, *Seeing Like A State: How Certain Schemes to Improve the Human Condition Have Failed* 8 (1998).

[114] Id. at 21.

[115] Danielle Keats Citron, "Technological Due Process", 85 *WASH. U. L. REV.* 1249, 1255 (2008).

[116] Harry Surden, "The Variable Determinacy Thesis", 12 *COLUM. SCI. & TECH. L. REV.* 1, 89 (2011).

[117] See Bernard E. Harcourt, *Against Prediction: Profiling, Policing, and Punishing in An Actuarial Age* 3 (2007); see generally Malcolm M. Feeley & Jonathan Simon, "The New Penology: Notes on the Emerging Strategy of Corrections and Its Implications", 30 *CRIMINOLOGY* 449 (1992) (describing the shift from clinical and retributive judgments to probabilistic and actuarial assessments in penology).

关的法定最高限度内判处一项判决。[118] 法官会判处“不确定”的广泛时间范围内的刑期,以便假释委员会决定是否在整个任期之前释放罪犯。[119]

这个自由裁量权时代于1984年在美国联邦体系中结束,当时国会通过了量刑改革法案,废除了联邦假释制度,并设立了一个量刑委员会,颁布了法官强制执行“确定”判决的强制性指导方针。这些指导原则是一个网格,除了少数例外,判决的依据是他以前的记录、犯罪事实和类似的案件判决。事实上,网格如此机械化,以至于联邦官员创建了一个“非智能”计算机程序来执行它们,其被称为应用判决系统(ASSYST)。[120] 在量刑委员会的领导下,美国21个州颁布类似的指导方针。[121] 同时,强制性最低刑罚是美国联邦和大多数州量刑制度的惯例,可以说也将法官变成了“量刑机器”。[122]

确实,在美国,量刑的钟摆已经略微转向复杂的判断。这种转变部分源于美国联邦最高法院的政策,即如果量刑范围是根据陪审团在合理怀疑下未查明的事实做出的,[123]那么强制性指导方针就不具有宪法性;还是两党就减轻惩罚和消除非暴力毒品犯罪的强制性最低刑罚进行博弈的结果。[124] 然

---

[118] See Stephanos Bibas, *The Machinery of Criminal Justice* 25 –26 (2012) (describing the rise of truth-in-sentencing laws and associated guidelines for parole boards). Although Congress has used mandatory minimum sentencing to a limited extent since the 1790s, the length, prevalence, and diversity of federal crimes carrying mandatory minimums significantly increased beginning in the mid-twentieth century. See U. S. SENT'G COMM'N, *Report to the Congress: Mandatory Minimum Penalties in the Federal Criminal Justice System* 22 –31 (2011).

[119] See BIBAS, supra note 118, at 25.

[120] See generally Eric Simon et al., "ASSYST-The Design and Implementation of Computer Assisted Sentencing", 55 *FED. PROBATION* 46 (1991) (describing the ASSYST system and its possible use in criminal sentencing).

[121] See generally Neal B. Kauder & Brian J. Ostrom, *Nat'L CTR. for State Courts*, *State Sentencing Guidelines: Profiles and Continuum* 3 (2008) (profiling twenty-one state sentencing guideline systems).

[122] See Lee Anne Fennell, " Between Monster and Machine: Rethinking the Judicial Function", 51 *S. C. L. REV.* 183, 209 (1999).

[123] See United States v. Booker, 543 U. S. 220, 220 (2005); Blakely v. Washington, 542 U. S. 296, 296 (2004).

[124] 例如,得克萨斯州公共政策基金会的“犯罪权利”项目支持“刑事司法的保守方法”,其中包括判决改革和自由主义理由,以实现强有力的贫困刑事辩护。See "Right on Crime", http://rightoncrime.com[https://perma.cc/6VCART7A] (last visited Feb. 17, 2016).

而,法官继续遵守常规指导方针。[125] 即使法官行使自由裁量权,许多人已经增加精算风险评估工具或基于证据的量刑(Evidence-Based Sentencing, EBS)程序,或用二者完全取代他们的决策制定。[126] 根据 EBS,违法者会根据诸如先前记录、就业和犯罪情况等变量获得代表其重新犯罪风险的数字分数。

强制性判决主要是为了减少过度惩罚的情况,这一事实似乎显而易见。但是,量刑准则设计的初衷也是如此,效果却不太明显。根据旧制度,近一半的联邦罪犯获得缓刑,任何监禁都会被暂缓,直到缓刑被撤销。在起草新的指导方针时,立法委员会考虑到较少的罪犯会获得缓刑,并且曾入狱服刑的罪犯的新判刑期不会比假释委员会在类似情况下给予犯罪者的最终刑期更宽松。根据凯特·斯蒂史(Kate Stith)和乔塞亚·卡布赖恩(Joséa Cabranes)法官的说法,如果该等判决是惩罚性的,那么这些都是合理的,这种选择源于"害怕判决"。[127] 然而,正如第二部分更全面地讨论的那样,立法委员会犯了一个明显的错误,其试图将这种愿望转化为数字,以打击宽大处理。

虽然美国已经接受了强制性最低限度、量刑指导方针和 EBS,但检察官对机械司法决策的热情缓慢,因为它已经减少而不是增加了监禁。2015 年美国 21 个司法管辖区推出了一项保释决定精算工具,描述了 10 个常见的风险因素,这些因素是研究人员通过对超过 50 万个案例的审查确定的,是重新

---

[125] See, e. g., "Lynn Adelman, What the Sentencing Commission Ought to Be Doing: Reducing Mass Incarceration", 18 *MICH. J. RACE & L.* 295, 304 (2013) ("Judges are cautious by nature, and they pay a lot of attention to the Commission's recommendations even though such attention is often unwarranted").

[126] See generally Sonja B. Starr, "Evidence-Based Sentencing and the Scientific Rationalization of Discrimination", 66 *STAN. L. REV.* 803 (2014) (描述 EBS 系统并根据宪法和政策理由批评它们).

[127] Kate Stith & Joséa. Cabranes, *Fear of Judging: Sentencing Guidelines in the Federal Courts* 169 (1998).

犯罪与否的最佳预测因素。[128] 值得注意的是,该工具选择不依赖"法官和检察官通常认为相关"的几个因素来保释,包括就业状况、社区关系和药物滥用史。[129] 该工具不是由执法部门资助的,而是由私人基金会予以资助。私人基金会认为,在审判前,有太多的低级别和中等级别的罪犯被不必要地拘留了。北卡罗来纳州检察官是该计划的"最初怀疑论者"之一,但他们却惊喜地发现,经过长达1年的试验,证明该计划没有"不良影响";相反,监狱人口大幅下降了。[130]

三、机械化失败的承诺

第一部分探讨了机械化如何以不均衡的方式出现在刑事司法中,反映了执法者、利益集团和立法者对减少特定物种不准确性的关注——假阴性。本部分认为,可以预见到这种不均衡的方法将导致以下三个问题:一是隐藏的主观性和"黑匣子"过程被错误地标记为"人"或"机械";二是在"软"但关键的价值观,如尊严、公平和仁慈上妥协具有讽刺意味;三是更公平地部署机械化可以进一步提高准确性和客观性,机械化程度太低。

(一)隐藏主观性和错误

1."黑匣子"

如果刑事司法行为者在部署文字或隐喻"机器"时的主要目的是减少假阴性,并且如果机器成功做到了,那么该行为者就有动力强化机器的认知权

[128] 该文书被称为公共安全评估,由非营利组织劳拉和约翰阿诺德基金会开发。See Public Safety Assessment, Laura & John Arnold Found., http://www.arnoldfoundation.org/initiative/criminal-justice/crime-prevention/public-safety-assessment [https://perma.cc/N7VY-WQL4] (last visited Jan. 24, 2016); see also Laura & John Arnold Found, "Developing A National Model for Pretrial Risk Assessment: Research Summary" (Nov. 2003), http://www.arnoldfoundation.org/wp-content/uploads/2014/02/LJAF-research-summary_PSA-Court_4_1.pdf [https://perma.cc/K7MZ-TD47] (describing the genesis and development of the Public Safety Assessment instrument).

[129] See Dewan, supra note 15, at A18.

[130] Id.

威。这种激励结构的一个表现形式是使用犯罪侦查设备的名称来表示他们的优点或机械客观性,如"Drunk-O-Meter""Breathalyzer""Intoxilyzer 8000"及"TrueAllele"。如此花哨的命名肯定会吸引美国人的"工具迷信"。[131] 事实上,这种工具迷信有着悠久的历史;几个世纪以来,娱乐和巧妙工具的发明对寻求皇家赞助的数学家以及天文学和其他具有"文化威望"的学科等数学科学的兴起而言至关重要。[132]

然而,机器的权威也可能因其技术复杂性而受到损害。在描述 1948 年黑色电影《反案记》(Call Northside 777)中的测谎仪时,詹妮弗·姆诺金(Jennifer Mnookin)和南希·韦斯特(Nancy West)指出,对机器图形的关注以及对该过程的"行话填充"解释"有效地将观众与他们的盲目钦佩思维拉开距离,向他们灌输对机器科学复杂性的不信任"。[133]

许多犯罪侦查设备和软件往往被"晦涩的黑匣子"所掩盖,这些"黑匣子"程序在闪亮的钢铁装置或计算机代码中"隐秘工作"。[134] 这些"黑匣子"程序,因为它们的机械外观和显然简单的输出,表面上具有客观性和确定性。它们不仅模糊了香肠的制作方式,而且模糊了它们的输出就是香肠本身。事实上,这些过程都存在隐藏的主观性错误,这些主观错误往往无法识别且不受控制,因此掩盖了镜像层和代理器背后的不合法或非法歧视。[135]

最终,所有机器都是"用于严格预定目标的安排",[136]基于人类操作员输入的数据或材料执行人类程序员的指令。因此,它们反映了创作者的事实假设和价值选择。对机器的理解需要认识到"人的意图,计划和假设总是被

---

[131] Bunn, supra note 10, at 188.

[132] Poovey, supra note 26, at 138 – 139, 141.

[133] Mnookin & West, supra note 16, at 363 – 364.

[134] · See Nicholas Carr, *The Glass Cage: Automation and U. S.* 163 (2014); see also Omer Tene & Jules Polonetsky, "Judged by the Tin Man: Individual Rights in the Age of Big Data", 11 *J. TELECOMM. & HIGH TECH. L.* 351, 366 (2013) ("审计、挑战或修改隐藏在黑匣子中的流程很难").

[135] See Tene & Polonetsky, supra note 134, at 358 (citation omitted).

[136] See Mumford, supra note 22, at 87.

输入其中”。[137] 即使是简单的数据列表也是解释性的,因为它“体现了关于应该是什么的理论假设”。他们应该如何理解物质现实,以及量化如何有助于系统地了解世界。[138] 尽管存在人类行为的主观假设,但环境法学者已经写过“科学游戏”,试图将决策视为纯粹科学的,实际上涉及有争议的价值选择;[139] 也描写了环境模型趋于客观的趋势,尽管人类行为的主观假设或环境退化对经济增长存在一定的影响。[140] 即使在“机器人道德”的新兴话题下,这些机器也是根据人类输入的成千上万的因素[141]作出复杂的道德“判断”。到目前为止,只有一个办法可以解决旧的“道德”问题,即“指挥官是否应该选择扣动扳机杀死一个人,以避免撞击导致五人死亡”。[142]

在刑事司法背景之外,学者们已经认识到法律中隐含的算法主观性问题。在信用评分方面,看似客观的“得分”是精心挑选的结果,这些因素几乎总是与种族、性别和阶级相关联。[143] 肯·班贝格(Ken Bamberger)已经注意到“自动化偏差”的可能性有利于企业在软件中的自身利益,该软件的设计

---

[137] David A. Mindell, *Our Robots*, *Ourselves*: *Robotics and the Myths of Autonomy* 10 (2015).

[138] See Poovey, supra note 26, at xii; see also Itiel Dror, Editorial, "The Ambition to be Scientific: Human Expert Performance and Objectivity", 53 *SCI. & JUSTICE* 81, 81 (2013) ("Even with quantification and statistical tools, the human element still plays a critical role. . . . [S]ampling and determining what qualifies as 'data' to be used as input to the instrumentation and statistical models are highly influenced by motivational and expectation biases.").

[139] See, e. g., Holly Doremus, "Listing Decisions Under the Endangered Species Act: Why Better Science Isn't Always Good Policy", 75 *WASH. U. L. Q.* 1029, 1035 –36 & n. 17 (1997) (arguing that the "strictly science" mandate of the ESA invites the "charade" by failing to account for the limits of objective science as a means of resolving what are often policy disputes (citing Wendy E. Wagner, "The Science Charade in Toxic Risk Regulation", 95 *COLUM. L. REV.* 1613 (1995))).

[140] See, e. g., James D. Fine & Dave Owen, "Technocracy and Democracy: Conflicts Between Models and Participation in Environmental Law and Planning", 56 *HASTINGS L. J.* 901, 928 –29 (2005).

[141] See Robin Marantz Henig, "Death by Robot", *N. Y. TIMES MAG.*, Jan. 9, 2015, at MM16.

[142] Id.

[143] See Danielle Keats Citron & Frank Pasquale, "The Scored Society: Due Process for Automated Predictions", 89 *WASH. L. REV.* 1, 10 –16 (2014) (criticizing automated credit scoring systems for their "opacity, arbitrary results, and disparate impact on women and minorities").

初衷本是确保遵守风险管理法规。[144] 在法律研究背景下，万律的 Next 算法被认定为“可能改变法律”，因为其在无形中导致了远离“不太受欢迎的法律先例”的偏差结果。[145] 在投票选举背景中，学者们记录了商业软件帮助创建的重罪，排除了名单中的错误和种族偏见。[146]

犯罪侦查机器中也存在隐藏主观性问题。在用于证明与有罪相关的事实简单算法，如证明酒精损害的现场清醒测试(Field Sobriety Test,FST)(如向后背诵字母表)中，缺陷或偏差可能相对容易检测。陪审员可以借鉴背诵字母表的个人经验(即使是清醒时)，以了解 FST 可能产生更高的假阳性率。[147] 但是当一个过程涉及多层自动化或相对难以接近的代码或其他技术时，人类操作员以及事实发现者对过程本身进行有意义的审查却是难以做到的。

以呼吸酒精机器为例。基于红外技术的“Intoxilyzer 8000”只能生成报告血液中酒精浓度的“打印输出卡”，[148]因此难以对其结果进行进一步审查。在俄亥俄州，一群被告注意到机器正在产生奇怪的大量“环境故障”读数(这是当设备吸入空气以防受干扰物质的影响的常见结果)；并且设备也没有经过适当的程序来区分口腔中残留的酒精和深肺空气中的酒精，从而可能导致结果为假阳性。[149] 在尝试对设备进行验证测试后，至少有两个州的政府拒

---

[144] See Kenneth A. Bamberger, “Technologies of Compliance: Risk and Regulation in a Digital Age”, 88 *TEX. L. REV.* 669, 676(2010).

[145] See Ronald E. Wheeler, “Does WestlawNext Really Change Everything? The Implications of WestlawNext on Legal Research”, 103 *LAW LIBR. J.* 359, 368(2011).

[146] See Guy Stuart, Databases, “Felons, and Voting: Bias and Partisanship of the Florida Felons List in the 2000 Elections”, 119 *POL. SCI. Q.* 453, 454(2004)(分析从选民排除名单中产生的大量数据，以“解释错误的程度……他们的偏见的来源，以及他们使用的党派关系”).

[147] See Barron H. Lerner, *One for the Road: Drunk Driving Since* 1900, at 49-62(2011)(讨论 FST 的历史，并注意早期程序中的错误普遍存在).

[148] See People v. Miller, 125 Cal. Rptr. 341, 342(1975)(注意尽管在呼气测醉器时代的被告有权保留呼吸样本，但该权利不适用于 Intoxilyzer 8000，因为该设备只能生成打印输出卡).

[149] See, e. g., Jon Saia, “The Inconvenient Truth About the Intoxilyzer 8000 Breath Alcohol Testing Instrument”, *Law Offices of Saia & Piatt, INC.*, http://www.888oviohio.com/Articles/OVI-Tests-Evidence/2007/The-Inconvenient-Truth-of-Standardized-Field-Sob.aspx [https://perma.cc/LS7J-B844](last visited Jan. 25, 2016).

绝授权使用呼吸酒精机器,[150]俄亥俄州的一个审判法院亦拒绝采纳机器测试结果。[151]

到目前为止,只有一组诉讼当事人成功获得了呼吸机的源代码,但即使如此,只有在州政府最初拒绝披露之后才能通过法院命令。[152] 一个专门研究明尼苏达州案例的辩护专家团队在检查了“Intoxilyzer 5000”第 1113 页的代码后,发现代码未将错误边缘纳入考虑,这种错误边缘指基于人为的高呼吸量要求的错误的“缺乏样本”读数的可能性,同时,操作员无视无线电频率的干扰和突然的电压变化。[153]

摄影和电影证据同样具有潜在的隐藏偏见。19 世纪的哲学家认为摄影是“人类美德的典范”,因为“机器提供自由意志(故意干预)”正是“主观性最危险的方面”。[154] 然而,摄影师对镜头或滤镜的选择可能会极大地影响它所提供的现实版本。[155] 研究人员已经发现,在录像带审讯中,“相机视角的简

---

[150] See Memorandum from Mark Gwyn, Ass. Dir., Tenn. Bureau of Investigation, on Evaluation of Breath Alcohol Instruments, to Larry Wallace, Dir., Tenn. Bureau of Investigation (Sept. 18, 2003) (on file with author). The Tennessee Bureau declined to recommend the Intoxilyzer 8000 for use in state prosecutions because it "failed to yield satisfactory results" in accurately determining blood alcohol content levels. Id.; see also Terrence R. Rudes, Intoxilyzer 8000(OH-5): What You Need to Know, in Ohio State Bar Ass'N, 2012 *Annual Convention, Traffic Law Comm.*, *Intoxilyzer* 8000, at §2.1, §2.2(2012) (noting that Alaska has declined to certify the Intoxilyzer 8000 for use in the state).

[151] See Alan Johnson, "Judge Finds Breathalyzer Not Scientifically Reliable", *Columbus Dispatch* (Aug. 22, 2013, 9:08 AM), http://www.dispatch.com/content/stories/local/2013/08/22/judge-finds-breathalyzer-not-scientifically-reliable.html [https://perma.cc/T7VW-92SJ]. http://www.dispatch.com/content/stories/local/2013/08/22/judge-finds-breathalyzer-not-scientifically-reliable.html.

[152] See In re Source Code Evidentiary Hearings in Implied Consent Matters, 816 N.W.2d 525, 529 (Minn. 2012).

[153] See id. at 544-545. For further discussion of issues with the Intoxilyzer and similar machines, including insight into the importance of source code, see generally Charles Short, Note, Guilt by Machine: The Problem of Source Code Discovery in Florida DUI Prosecutions, 61 *FLA. L. REV.* 177, 179 (2009) (exploring the issue of source code discovery by DUI defendants).

[154] Lorraine Daston & Peter Galison, "The Image of Objectivity", 40 *Representations* (*Special Issue*) 81, 83 (1992).

[155] See Benjamin V. Madison III, "Seeing Can Be Deceiving: Photographic Evidence in a Visual Age--How Much Weight Does It Deserve?", 25 *WM. & MARY L. REV.* 705, 740-741 (1984).

单改变”对审判判决产生了重大影响。[156] 红色轻型相机系统中，代码的准确性决定了任何一段镜头上时间戳的准确性；程序员则决定了票务算法的“宽限期”[157]的慷慨程度。但这些选择也隐藏在专有源代码中，[158]导致一些公众批评照相雷达和红光摄像系统为“机器审判”。[159]

甚至法医 DNA 分析也隐藏了各个层面的错误和主观性。例如，在报告样本 DNA 时，程序员可以决定在图表上应当考虑哪些峰值。如果峰值很小，则可能是因为测试过程或软件受到了人为干预，或者它可能是不完整的或者样本中的真实遗传标记受损。为了确定或排除某人为嫌疑人，设定何种“分析阈值”来计算峰值作为真正的遗传标记的决定是基于对世界事实的假设的选择（小峰可能是真正的遗传的频率标记）和价值（谁应该承担错误的“匹配”调用的成本）。[160] 这些选择类似于医学诊断算法中的价值选择，其中软件设计者必须做出对于假阴性和假阳性的容忍程度的价值选择。[161] 然

---

[156] See G. Daniel Lassiter et al., "Videotaped Interrogations and Confessions: A Simple Change in Camera Perspective Alters Verdicts in Simulated Trials", 87 *J. APPLIED PSYCHOL.* 867, 867 (2002); see also Richard A. Leo, *Police Interrogation and American Justice* 304 – 305 (2008).

[157] See, e. g., "Baltimore Motorists Caught by Red Light Cameras", *WBALTV* (May 8, 2003, 8: 18 AM), http://www. wbaltv. com/baltimore-Motorists-Caught-By-Red-Light-Cameras/8934064 [https://perma. cc/FUR3 – NNYM] (noting residents' complaints that Baltimore's camera systems' one-tenth-of-a-second grace period--"the time from which the light turns red to when the camera fires"--is shorter than other cities').

[158] See e. g., Scott Calvert & Luke Broadwater, "City in $2 Million Dispute With Xerox Over Camera Tickets", *BALT. SUN* (Apr. 24, 2013), http://articles. baltimoresun. com/2013 – 04 – 24/news/bs-md-xerox-dispute – 20130424_1_brekford-corp – 81 – red-light-cameras-xerox-state [https://perma. cc/54X8 – MJ9X] (reporting that Xerox has refused to disclose source code for its proprietary red-light camera software).

[159] Jay Romano, "Speeders Beware: New Device Looms", *N. Y. TIMES* (Sept. 1, 1991), http://www. nytimes, com/1991/09/01/nyregion/speeders-beware-new-device-looms. html?pagewanted = all [https://perma. cc/4HZ3 – SVDP] (观察到一些人称红灯摄像机为“机器审判”，因为被告经常被证明是无辜的).

[160] See Murphy, supra note 91, at 491, 510 – 511 (discussing subjectivity in allele calling); cf. Mindell, supra note 137, at 207 (注意到自动驾驶汽车算法代表了一种“成本函数本身，即体现人类对优先级的判断”).

[161] See Felicitas Kraemer et al., "Is There an Ethics of Algorithms?", 13 *ETHICS & INFO. TECH.* 251, 251 (2011).

而,通过阅读审前证据开示期间通常转交给被告的报告和图表,发现这些选择并不明显。相反,要发现它们,被告必须要求并接收带有原始数据的计算机光盘,购买软件或咨询拥有该软件的专家,然后使用其他阈值和假设重新运行分析,以查看出现的可能会被政府分析师所忽视的新峰值。

概率基因型软件(如 TrueAllele)报告的构成概率和基础的假设也隐藏在专有代码中。TrueAllele 的创建者马克·佩林(Mark Perlin)对其约 17 万行源代码进行了超过 25 次的修订,但并没有说明修改内容或原因。[162] 在涉及假设混合的模拟会议中,TrueAllele 和几个竞争程序就混合比率猜测出不同的结果。[163] 正如 TrueAllele 的创造者所说,程序"根据分析师如何设置他们的输入参数给出不同的答案"。[164] 虽然 TrueAllele 受到了同行审查验证研究的影响,[165]但其研究是精简结果,没有基础数据供独立评审员访问。[166]

由于只能对某些类型的混合物进行验证研究,因此难以评估软件对涉及模糊和临界数据的案例的适应性。当样本受损或样本贡献者数量众多,

---

[162] See Joe Palazzolo, "Defense Attorneys Demand Closer Look at Software Used to Detect Crime-Scene DNA", *WALL ST. J.* (Nov. 18, 2015, 5:17 PM), http://www.wsj.com/articles/defense-attorneys-demand-closer-look-at-software-used-to-detect-crime-scene-dna-1447842603 [https://perma.cc/E73R-5W3Z].

[163] See, e. g., L. Prieto et al., "Euroforgen-NoE Collaborative Exercise on LRmix to Demonstrate Standardization of the Interpretation of Complex DNA Profiles", 9 *FORENSIC SCI. INT'L: GENETICS* 47, 47 (2013); see also Michael D. Coble, Nat'l Inst. Standards Tech., "MIX13: An Interlaboratory Study on the Present State of DNA Mixture Interpretation in the United States, 5th Ann. Prescription for Criminal Justice Forensics", *Fordham Univ. School of Law*(June 6, 2014, http://www.cstl.nist.gov/strbase/pub_pres/Coble-ABA2014-MIX13.pdf [https://perma.cc/BZ84-QWH2]. Although all software packages presented in the MIX13 study correctly identified the contributors to a mixture, only one program--Charles Brenner's DNA View--guessed the correct mixture ratio. See id.

[164] See Letter from Mark W. Perlin, Chief Sci. & Exec. Officer, "Cybergenetics, to Jerry D. Varnell, Contract Specialist, U. S. Dep't of Justice, Procurement Section", at 3 (Apr. 1, 2015), http://www.cybgen.com/information/newsroom/2015/may/Letter_to_FBI.pdf [https://perma.cc/2SKL-YC2Z] [hereinafter Perlin Letter].

[165] See, e. g., People v. Super. Ct. ex rel. Chubbs, No. B258569, 2015 WL 139069, at *7 (Cal. Ct. App. Jan. 9, 2015).

[166] See Palazzolo, supra note 162 (quoting defense expert Dan E. Krane, who reviewed the validation studies and testified against TrueAllele's admission, as saying, "I don't know how [TrueAllele] arrives at its answers").

它根本无统计数据可报告时,创作者自称,TrueAllele“总是给予答案”,“总是充分利用”数据,甚至在“最具挑战性”的混合物[167]中报告统计数据。其可能是超级算法的标志。正如一位辩护专家所警告的那样,“TrueAllele 被用于您遇到的最危险、信息最少的样本,通常也是最重要的情况”。[168] 尽管如此,TrueAllele 的创建者即使违反保护令,也坚持以商业机密为由拒绝将其源代码交给被告,因此,法院也拒绝强制其进行披露。[169]

也许在算法决策中隐藏主观性的最终结果在于完全机械化的陪审团。1983 年一家技术杂志的评论员批评人工智能公司试图建立一个计算机化的陪审团,预测“计算机化的陪审团将由营利性公司推销……这将激励人们制定偏向于定罪的程序,因为州官员是预定的购买者”。[170]

量刑时使用的算法中也存在大量隐藏偏见。在所谓的“基于证据的量刑”中使用的精算工具构造不良,可能导致司法管辖区的法官在没有量刑指导原则的情况下,根据可疑和种族偏见的代理人判处未来的危险性和责任,如家庭稳定性和先前记录的长度。[171] 反过来,纽约与阿诺德基金会的公共安全评估在减少不必要的审前拘留(一种不会导致犯罪率提高的趋势[172])方面令人欣慰的经验表明,在量刑中使用这些较老的、与种族相关的变量可能会加重,而不是减轻刑期。

除了存在隐藏的偏见之外,算法还不可避免地包含错误输入或错误翻译的随机错误。[173] 任何盲目跟随谷歌地图指令进入“死胡同”的人或在美国

---

[167] See Perlin Letter, supra note 164, at 3.

[168] Palazzolo, supra note 162.

[169] See, e. g., Chubbs, 2015 WL 139069, at ∗6.

[170] See Bruce M. Tindall, “Robot Jury Neither Impartial Nor Randomly Selected”, *INFOWORLD*, Apr. 25, 1983, at 65.

[171] See Starr, supra note 126, at 803; Feeley & Simon, supra note 117, at 461.

[172] See supra note 128 and accompanying text.

[173] An amusing, if disturbing, artistic representation of the mistranslation from legal to machine code is the surrealistic play-turned-movie One Way Pendulum (Woodfall Film Productions 1965), in which an eccentric insurance clerk builds an electronic courtroom that interprets all language--including idioms--literally, resulting in the trial of his son for murder, with the primary evidence being that he wears black clothes.

职业棒球大联盟看到新的“PITCHf/X”系统的人都在致电请求罢工,[174]这让人们意识到机器和算法都会出错。[175] 法律学者在刑事司法之外的背景下记录了这些错误。在行政法中,计算机辅助法律推理是福利评估的主要形式,将福利法翻译成计算机代码已经引起了一些问题。例如,程序员就曾将规则嵌入科罗拉多州的自动食品券和医疗补助资格确定的代码中,而这样的行为根本没得到法规授权,并且实际上违反了州和联邦法律。[176]

犯罪领域也会出现错误。例如,联邦指南(Applied Sentencing System, ASSYST)用于计算刑期的软件长期不修正其不准确性——这是20世纪90年代停止使用的主要原因。[177] 同样,美国红灯摄像机的批评者也认为这些系统“容易受到漏洞或黑客攻击”,或者“无法公平妥善地将”交通法“转化为计算机代码”。[178] 在《美国联邦宪法第四修正案》中,美国联邦最高法院一再提出(并坚持)搜查的合法性(计算机出错的产品),如错误地保存在州警察数据库中的过时的逮捕令。[179] 苹果(Apple)的“查找我的 iPhone”应用程序在刑事案件中被用于证明在盗窃和抢劫案件中羁押犯罪嫌疑人是合法的,但

---

[174] See Ben Lindbergh, "Rise of the Machines?", *GRANTLAND* (Nov. 8, 2013), http://grantland.com/features/ben-lindbergh-possib-ility-machines-replacing-umpires/[https://perma.cc/5KDA-B4YC].

[175] Several plane crashes have also been blamed on a combination of machine error and automation complacency by a human pilot. See Mindell, supra note 24, at 267.

[176] See Citron, supra note 115, at 1268.

[177] See, e. g., Steven R. Lindemann, "Commentary, Published Resources on Federal Sentencing", 3 *FED. SENT' G REP.* 45, 45–46 (1990); see also U. S. SENT' G COMM' N, *Annual Report-Year in Review* (1996) (noting that the 1996 version of the ASSYST 2.1 software would likely be the last).

[178] Jay Stanley, "The Three Dimensions of the Privacy Apocalypse", *AM. CIV. LIBERTIES UNION* (Nov. 13, 2013, 11:34 AM), https://www.aclu.org/blog/three-dimensions-privacy-apocalypse[https://perma.cc/SU6Z-W4JU].

[179] See, e. g., Florence v. Bd. of Chosen Freeholders, 132 S. Ct. 1510, 1511 (2012) (holding that a strip search based on a warrant held erroneously in the computer system was legal); Herring v. United States, 555 U. S. 135, 135 (2009) (holding that items obtained during an arrest on a warrant that was erroneously held in the computer system were not excludable under the Fourth Amendment); Arizona v. Evans, 514 U. S. 1, 6 (1995) (same).

这已经出现相关问题。[180] 由于“Sprint”的位置跟踪服务出现故障,该应用程序错误地将许多人指向内华达州某一个人的位置,促使他在他的门上放置一个“没有丢失的手机”标志。[181] “STRMix”中的一个“轻微错误代码”是一个概率基因分析程序,可能会影响澳大利亚几个案例的匹配统计数据。[182]

当然,这些错误最终是编程和输入中人为错误的产物,但它们通常是很难单独从机器输出中辨别出来的错误。我们知道,当我们在跟随谷歌地图走进“死胡同”或当机器人裁判疯狂吹哨时,我们会知道机器出错了,但是我们可能没有意识到行政福利待遇被拒绝是由于代码错误导致的,直到数月或数年之后,但那时候不会有人愿意再检查一遍。

2. 帷幕背后的人类

虽然上一节描述了算法设计者和建模者隐藏的主观判断,但一些明显的“机器”根本不是机器或算法;他们的主观性被纳入一个程序,然后驱动一个其他机械过程,实际上这是个别人类判断或操纵的产物。在提升所提供的证据的认知权威时,诉讼当事人有时会提出被错误地贴上机械性标签的证据,即被错误地认为是“绿野仙踪”的幕后人物。

测谎仪可能是我们在美国司法虚假机器中看到的最明显的例子。历史学家认为测谎仪被理解为众多人体测量仪器中的一种,它“强调与人类观察方法相比具有”无可争辩的优越性,淡化了操作员的作用。[183] 事实上,测谎仪不是谎言检测机;相反,它只是测量人的身体特征,人类检查员再根据判断、经验以及与犯罪嫌疑人的身体互动来推断受试者是否具有欺骗性。如果审

---

[180] See, e. g., Pickett v. State, 112 A. 3d 1078, 1090 (Md. Ct. Spec. App. 2015); People v. Banks, No. B260917, 2015 WL 7568560, at * 2 (Cal. Ct. App. Nov. 24, 2015).

[181] See Lawrence Mower, "If You Lose Your Cellphone, Don't Blame Wayne Dobson", *LAS VEGAS REV. -J.* (Jan. 13, 2013, 1:59 AM), http://www. reviewjournal. com/news/las-vegas/if-you-lose-your-cellphone-dont-blame-wayne-dobson [https://perma. cc/BF3A-FFQ5].

[182] See David Murray, "Queensland Authorities Confirm 'Miscode' Affects DNA Evidence in Criminal Cases", *COURIER-MAIL* (Mar. 20, 2015, 8:34 AM), Http:// www. couriermail. com. au/news/queensland/queensland-authorities-confirm-miscode-affects-dna-evidence-in-criminal-cases/news-story/833c580d3f1c59039efd1a2ef55af92b [https://perma. cc/3EAP -94BE].

[183] See Bunn, supra note 10, at 71 (citation omitted).

查员是执法人员且是推理人,则可能导致受试者监禁,而国家以一种基本上不可见的方式控制"机械"检测出的结果。国家"通过隐藏其架构来伪装权力"。[184] 正是检查者的技能决定了测谎仪的错误率;几乎没有争议的是,心率、血压和皮肤电导本身就是欺骗的不良代表。[185] 在经过强有力的培训和认证的熟练检验员的检测后,测谎仪的表现并不差,至少与常规认为的其他类型的证据或陪审团本身的情况相比便是如此。[186] 这里的要点是应该判断测谎仪是什么——由机器测量的数据辅助的主观检验员的证词,而不是作为"谎言探测器"受到迷恋或担忧,视其是"机器审判"。

像测谎仪一样,照片也可以是个别化主观判断的产物,甚至超出了摄像机和摄影设计中嵌入的主观想法,如镜头和滤镜。早期摄影时代的法院和诉讼当事人似乎认识到了媒体的可操作性,要求摄影师证明图像生成过程和准确性。[187] 现在,只要照片没有经过明显的篡改和证人认为它准确地描绘了它所代表的含义,法院便"乐意接受"它,并"对摄影过程的可靠性充满信心"。[188]

---

[184] William Bogard, "Simulation and Post-Panopticism", in *Routledge Handbook of Surveillance Studies* 30,31 (Kirstie Ball et al. eds., 2012).

[185] See United States v. Scheffer, 523 U. S. 303, 333 –334 (1998) (Stevens, J., dissenting); United States v. Piccinonna, 885 F. 2d 1529, 1540 (11th Cir. 1989) (Johnson, J., concurring in part and dissenting in part) (observing that "the level of skill and training of the examiner" is of utmost importance in determining "the reliability of the results" (citations omitted)).

[186] See Shniderman, supra note 39, at 434 (acknowledging that many scholars argue that the polygraph is no more unreliable than other forms of forensic evidence routinely admitted).

[187] See Jennifer L. Mnookin, "The Image of Truth: Photographic Evidence and the Power of Analogy", *YALE J. L. & HUMAN.* 1, 39 (1998); see also Mnookin, supra, at 40 n. 143 (citing cases in which courts required the testimony of someone familiar with the subject matter depicted by the photograph).

[188] See Madison, supra note 155, at 714 –715.

然而摄影极易受到操纵,[189]能够被"篡改"或改变[190]甚至模仿计算机设计。[191]

其他犯罪检测机器也出现了这个问题。在概率基因分析软件中,一些程序允许分析人员在完成分析之前查看比较参考文献,如嫌疑人的样本和病例相关信息。[192] 这个漏洞为个性化的语境偏见打开了一个自动化的基于缺乏案例信息的主观过程。[193] 呼吸机也有过一段易于操纵的历史。法院曾对早期呼吸机的可靠性表示担忧,部分原因是警察可以操纵他们的表盘("拨号—醉酒"),从而使一个清醒的司机看起来受到损害。[194] 还有一些在量刑程序或心理健康听证会中用于评估罪责和危险性的精算工具,其设计旨在使这种评估具有客观性,包括基于临床医生对受试者的口才、自大和其他主观变量的个性化评估的数字"得分"。这些变量可能具有高度相关性,但它们所做的决策不是机械性的。

在量刑准则的背景下,幕后的人是检察官和警察,他们负责起诉和逮捕。准则旨在使法官之间和法官自己的案例之间的判决具有统一性,但它们的存在为检察官创造了起诉案件的机会,以他们认为恰当的量刑的方式

---

[189] See, e. g. , Zachariah B. Parry, "Note, Digital Manipulation and Photographic Evidence: Defrauding the Courts One Thousand Words at a Time", 2009 *U. ILL. J. L. TECH. & POL' Y* 175, 175 – 176 (2009); Karen D. Williams, Comment, "Disparity in Copyright Protection: Focus on the Finished Image Ignores the Art in the Details", 58 *AM. U. L. REV.* 169, 172 (2008) ("With advances in design and photography software, the lines between photography and graphic design are blurring."); Raphael Winick, "Intellectual Property, Defamation and the Digital Alteration of Visual Images", 21 *COLUM. -VLA J. L. & ARTS* 143, 150 (1997) ("计算机现在可以消除许多不一致性和其他内部线索,这些线索背叛了之前改变视觉图像的方法").

[190] Scott v. Harris, 550 U. S. 372, 378 (2007).

[191] See, e. g. , Ashcroft v. Free Speech Coal. , 535 U. S. 234, 254 – 255 (2002) (noting that virtual child pornography is often so realistic that it is indistinguishable—even by experts—from actual photographs).

[192] See Perlin Letter, supra note 164, at 3.

[193] See generally Itiel E. Dror & Greg Hampikian, "Subjectivity and Bias in Forensic DNA Mixture Interpretation", 51 *SCI. & JUST.* 204, 204 – 208 (2011) (证明了 DNA 分析师对混合物解释的案例特定事实信息的偏向效应).

[194] See Jeanne Swartz, *Am. Prosecutors Research Inst.*, *Breath Testing for Prosecutors: Targeting Hardcore Impaired Drivers* 11 (2004).

起诉。[195] 但是,起诉与否完全是自由裁量的,除非检察官自己制定了关于起诉标准的任何内部备忘录。[196] 同样,尽管强制性的最低量刑表面上是惩罚某一类别罪犯的统一手段,但类似情况下黑人罪犯比白人罪犯更有可能以触发强制性最低限度的方式起诉。[197] 即使是警察也可以自行决定根据指导方针来量刑,因为他们有意识地、精确地设计了"购买—破坏"或"虚假—藏匿—房屋—抢劫"这样的钓鱼执法手段来触发某些强制性最低限度或加重量刑的行动,典型的情形就是基于麻醉品或毒品的数量和种类以及该行动来判断是否涉及阴谋。[198]

"幕后人"问题的反面——"虚假人性化"也同时存在。机械过程涉及人为干预这一事实并不意味着人类完全独立于机器而进行复杂的个别化判断。人类操作员或与机器互动的对象往往过于"遵循算法的智慧",[199]从而导致了技术学者所谓的"自动化自满"问题。[200] 因此,当它无可避免地出错或失败时,他们无法接管机器。例如,习惯依赖自动驾驶程序的人类驾驶员会忘记如何驾驶,并导致不必要的撞车事故。[201] 虽然每个人都知道自己应该遵守交通规则的车道行驶,但一旦他们开始遵循启用卫星的地图的指示时,他们就会失去"态势感知",[202]忘记人类在判断时需要保持敏锐。这个问题是"黑

---

[195] See, e. g., Máximo Langer, "Rethinking Plea Bargaining: The Practice and Reform of Prosecutorial Adjudication in American Criminal Procedure", 33 *AM. J. CRIM. L.* 223, 279 (2006).

[196] See, e. g., Bibas, supra note 118, at 41 – 42 (discussing the vastness of prosecutorial discretion).

[197] See M. Marit Rehavi & Sonja B. Starr, "Racial Disparity in Federal Criminal Sentences", 122 *J. POL. ECON.* 1320, 1323 – 1324 (2014).

[198] See, e. g., Bruce Hay, "Sting Operations, Undercover Agents, and Entrapment", 70 *MO. L. REV.* 387, 390 – 391 (2005) (describing buy-bust operations); Brad Heath, "ATF Uses Fake Drugs, Big Bucks To Snare Suspects", *U. S. A. Today* (June 28, 2013, 11: 26AM), http://www.usatoday.com/story/news/nation/2013/06/27/atf-stash-houses-sting-usa-today-investigation/2457109/ [https://perma.cc/H757 – 9ZJ2] (explaining fake stash houses).

[199] CARR, supra note 134, at 2.

[200] See Raja Parasuraman & Dietrich H. Manzey, "Complacency and Bias in Human Use of Automation: An Attentional Integration", 52 *Human Factors* 381, 381 (2010).

[201] Id. at 382.

[202] See, e. g., CARR, supra note 134, at 43.

匣子问题”的延续,因为机器越难以理解,异化感越差,自满情绪就越差。[203]

在机械化的刑事审判背景下,自动化自满的迹象也很明显。在法医暗含的指纹分析中,现有的计算机模型搜索可能匹配的指纹,然后允许专家在其中进行选择,实际上导致了背景偏差和错误归因。[204] 计算机倾向于选择最接近的匹配,意味着最有可能混淆的案件。专家认为,计算机选择的案例之一必须是从来源选择,因此选择最合适的案例。[205] 人类的判断在某种程度上可能有助于 TrueAllele 的准确性,但自动化自满的迹象已经出现——纽约的 12 位科学家最近在 TrueAllele 资格测试中受到了欺骗。[206] 第二天,其中一位科学家正在为一起刑事案件作证,但在最后一刻被监督员取代,辩护律师被禁止在陪审团面前询问丑闻。[207] 在量刑方面,法官倾向于遵从精算工具所得的结果,或者承认这些结果的可用性。在精算工具的判决计算中,夸大了累犯风险的重要性,这超出法官在其他情况下会赋予这些因素的权重。[208]

3. 代理趋势与量化的诱惑

所有规则本质上都有过度或不足之处。[209] 有关刑事责任和惩罚的一些规则即是不充分的。例如,立法机构规定了犯罪行为的最高处罚是约束法官处罚的上限而不是最低限额。其他人则过度包容,扩大而不是缩小犯罪范围。如果代理人与道德上应受谴责或危险的行为相当紧密,例如 DUI 酒

---

[203] See Matthew B. Crawford, "Shop Class as Soulcraft", *New Atlantis*, Summer 2006, at 7 (describing new car engines as having a "creeping concealedeness," not unlike "the shimmering, featureless obelisk that so enthralled the cavemen in the opening scene of the movie 2001: A Space Odyssey. Essentially, there is another hood under the hood").

[204] See Simon A. Cole, "More Than Zero: Accounting for Error in Latent Fingerprint Identification", 95 *J. CRIM. L. & CRIMINOLOGY* 985, 1064 – 65 n. 394 (2005).

[205] Id.

[206] See Brendan J. Lyons, "Cheating Scandal Fouls State Police Test", *Albany Times Union* (Jan. 17, 2015, 8:26 AM), www.timesunion.com/news/article/Cheating-scandal-fouls-State-Police-test-6021600.php[https://perma.cc/WQY8-45HU].

[207] MURPHY, supra note 12, at 102.

[208] Starr, supra note 126, at 866 – 68 (citing literature arguing that decision makers often defer to "scientific models that they do not really understand" and suggesting that actuarial instruments drive judicial sentencing decisions).

[209] See generally Schauer, supra note 21, at 31 – 34 (discussing the over and underinclusiveness of rules).

类,其过度包容性可能不会过度侵犯其他价值,如最大限度地减少假阳性。

但是,如下面的例子所示,犯罪行为的可确定代理主要是为了最大限度地减少无罪,而不是作为使责任制度更准确的系统的方法,这往往是宽松或不合理的。虽然其他法律领域可能会容忍不准确的代理人,但刑法是一个假阳性泛滥的领域。例如,"在学校男生被教导"或者"十个有罪的人逃脱,比一个无辜的人受苦更好"即属此类。[210] 此外,刑事领域的定罪量刑不同于其他领域的责任认定,其独特之处在于其非常明确的目的是传达"社区的道德谴责"。[211] 虽然低级监管和公益"犯罪"挑战了这一规范,但现在它们在刑法领域是一个受到严格限制和特殊的角落。因此,非理性或过于宽泛的代理应受责备并应当引起我们的重点关注。

在 DUI 背景下,犯罪的定义已经从"受损"转变为 0.08% 的 BAC,前者是指陪审团运用复杂个别化道德判断查明的复杂事实。这个代理本身不一定有问题,数十年的细致流行病学研究表明,驾驶员含 0.08% 的血液酒精浓度(Blood Alcohol concentration,BAC)会增加相对碰撞风险。[212] 但是,新的 DUI 大麻法试图类推和参考 DUI 酒精法,也是非常有问题的。在最近的合法化浪潮之前,美国各州根据药物的非法性,通过主观减损标准或零容忍规则对 DUI 当中的大麻进行了定义。[213] 其合法化后,零容忍法律不再有效。相反,几个州的政策制定者试图将其类推为 0.08% 并在数字上定义 DUI 大麻,为血液中的四氢大麻酚(Tetra-hydro Cannabinol,THC)建立法律阈值。[214] 然

---

[210] Alexander Volokh,"Guilty Men",146 *U. PA. L. REV.* 173,174(1997)(quoting 4 William Blackstone,COMMENTA-RIES ＊352).

[211] Henry M. Hart,Jr.,"The Aims of the Criminal Law",23 *L. & CONTEMP. PROBS.* 401,406(1958);see also Bibas,supra note 118,at xxiv("Criminal justice,more than almost any other area of law,is morally freighted in the popular imagination,and its moral significance is linked closely to its legitimacy").

[212] 最显著的增长是 0.15%,但多年来门槛已经降低,特别是在 20 世纪 70 年代到 80 年代。See Roth,supra note 72,at 870 –872.

[213] See,e. g.,*ARIZ. REV. STAT.* § 28 –1381(2012)(indicating zero tolerance for driving under the influence). The Arizona Supreme Court has since made clear that the zero tolerance law applies only to THC and its impairing metabolites. SeeState ex rel. Montgomery v. Harris,346 P. 3d 984,985(Ariz. 2014).

[214] See Roth,supra note 72,at 882 –84.

而,与 BAC 和相对碰撞风险之间的线性及可预测的关系不同,类似的碰撞指标和 THC 血液水平之间不存在对应关系;在这些研究确实存在的情况下,他们认为血液中只有 THC 的驾驶员无须对不成比例的致命车祸事件负责。[215] 这些无理性法律的通过,无论多么精心,都反映出对减少假阴性的狭隘关注和对莎莉·梅里(Sally Merry)所称的"量化诱惑"[216]的屈服,即为了可测量性而追求一个数字,并以牺牲极高的假阳性率为代价。

量刑指南也是"模糊数学"的一个例子,当数字代理的搜索是出于单方面反对宽恕而不是系统地打击不准确的动机时,就会出现这种情况。在实现其确保根据指导方针判处的新刑罚不会低于过去的平均刑期的愿望时,量刑委员会犯下了一个明显的错误:它自 1977 年以来将假释委员会的决定普遍地作为所有惩罚的新强制性范围的"数字锚点"。[217] 在仅仅考虑假释委员会给予被监禁罪犯的平均刑期时,量刑委员会在其计算中仅包括那些附有监禁期的刑期。完全和非理性地忽略了缓刑判决。[218] 结果,刑期几乎在一夜之间急剧增加:联邦囚犯的平均刑期从 13 个月增加到 43 个月。[219] 同样,在制定强制性范围时,立法委员会使用了盗窃和欺诈"损失金额"作为应受责备的因素,从而导致了不正当的结果,例如,在公开交易的公司雇用了忏悔的被判处终身监禁的初犯者。[220]

(二)关于"软"价值的压力

第二部分 A 提及了这样一种情况:机械化刑事司法的偶然的、以结果为

---

[215] Id. at 887 -88,897 -912.

[216] See generally Sally Engle Merry, *The Seductions of Quantification: Measuring Human Rights, Gender Violence, and Sex Trafficking*(forthcoming 2016)(探讨在人权背景下寻求可衡量指标的扭曲效应).

[217] See U. S. SENT'G COMM'N, *Supplemental Report on the Initial Sentencing Guidelines and Policy Statements* 22(1987).

[218] See Adelman, supra note 125, at 297(citation omitted).

[219] Id(citation omitted).

[220] See id. at 303 n. 59("Under the Guidelines, it may well be that all but the most trivial frauds in publicly traded companies may trigger sentences amounting to life imprisonment..."(citing United States v. Ebbers, 458 F. 3d 110, 129(2d Cir. 2006)).

导向的方法已经可以有预见性地允许自动化病态不受控制，从而威胁到客观性和准确性，据称这初步推动了机械化的兴起。但是，狭隘地为了侦查犯罪、判定有罪和惩罚罪犯而追求机械化还会产生其他成本。这些成本包括威胁到其他系统价值，比如尊严、公平和怜悯，而我们的系统应该主张保护措施。这些价值观的优点可能比准确性更难以界定和量化，这更可能是它们在追求"真理"时无意中被抛弃的原因，但它们仍是美国刑事司法系统良好的历史传统。

违反这些原则有时甚至可能是无意的。一旦国家将复杂的社会问题变成一个关键可确定的因素，"干扰关键因素发挥作用的一切"往往被"无可奈何地从决策过程中消除"，导致价值扭曲。[221] 在最近出版的《自动化与我们》一书中，尼古拉斯·卡尔（Nicholas Carr）使用了机器人真空吸尘器的例子，它不能将灰尘、兔子与蟋蟀区别开来：如果手动扫地，有些人会饶过蟋蟀的生命；但是，在将吸尘器委托给机器人时，我们就放弃了对于生死问题的道德决定权。[222]

1. 尊严

最近美国国家研究委员会关于大规模监禁的报告中提出了一些它认为对公正刑罚制度而言具有必要性的原则。[223] 其中一个原则是"公民身份"，其定义包括"人类尊严的最低标准"。[224] 该报告引用了美国许多法律和惩教组织的观点，即将尊严或人性视为一种价值。[225] 托马斯·霍布斯甚至相信"抵

---

[221] 因此，尽管一个社会可能对人权有先前存在的承诺，但在其解决问题的尝试中以善意为目标，一旦它开始走简化之路，它可能无意中最终会侵犯人权。斯科特以坦桑尼亚为例，试图以团结和社会控制为目的来解释和登记公民，这成为一种侵略性的，有时甚至是暴力的强迫村庄制度。See Scott, supra note 113, at 223.

[222] See Carr, supra note 134, at 185.

[223] See NAT'L Research Council, supra note 18, at 320 – 333. The National Research Council acts as the research arm of the prestigious National Academy of Sciences, a private, nonprofit institution that routinely works with United States government officials on issues of policy informed by science. See Overview: NAS Mission, NAT'LACAD. OF SCI, http://www.nasonline.org/about-nas/mission/[https://perma.cc/D4LJ 2KNB] (last visited Jan. 26, 2016).

[224] NAT'L Research Council, supra note 18, at 327 – 328.

[225] See id. at 328 – 329 (citing AM. Bar ASS'N, *ABA Standards for Criminal Justice, Treatment of Prisoners* 201 (3d ed. 2011)) (宣布囚犯不应受到"骚扰"或"贬低"待遇).

抗惩罚权利"和"自我保护权利",认为这是人类所固有的。[226] 尽管美国联邦宪法中没有出现"尊严"这一名词,但美国联邦最高法院经常提及该词,[227]最近还谴责布朗起诉普拉塔的监狱人满为患。[228] 法院还谴责以违反尊严的方式侵入嫌疑人的尸体收集证据。在"罗钦(Rochin)诉加利福尼亚州案"中,法院告诫那些强行诱使囚犯呕吐其吞下的吗啡胶囊的警察,强调"闯入嫌疑人身体的隐私""不仅仅是冒犯了一些异常神经或私人情感主义",而且还"震撼了良心"。[229] 法院指出,这样的决定揭示了人类法官存在的必要性,得出的结论是"无生命的机器不应当被赋予宪法裁决的权力"。[230]

正如第一部分所讨论的那样,执法部门已经运用小工具来破译和惩戒罪犯的身体,并监督和规范人群中众多的个人。因此,这种小工具具有侵犯隐私和降低主体人性的特殊风险。事实上,关于测谎仪的那个最著名的司法判决也许就是因为引用了"人格"概念而将其结果排除在审判之外而著名。俄勒冈州最高法院的林德法官,在当事人一致认为使用该机器违反了其主体的人性时,同意排除测谎结果。他写道,无论其可靠性如何,测谎仪都违反了一项原则,即"当事人和证人都为人,人应当由人决定信任或不信任,人不是电化学系统,不能由机器认定为真实或虚伪"。[231]

但是,在犯罪背景下长期运用的其他侵犯身体的小型设备需要更长时间才能面临司法审查。阴茎体积描记器(Penile Plethysmography or Phallometry,PPG)是一种旨在根据勃起量来观察男性的性唤起并观察其性刺激反应图像的仪器。[232] PPG最初由捷克精神病学家库尔特·弗伦德(Kurt

[226] See Alice Ristroph, "Respect and Resistance in Punishment Theory", 97 *CAL. L. REV.* 601, 605(2009).

[227] See, e. g., Furman v. Georgia, 408 U. S. 238, 273(1972)(Brennan, J., concurring)(惩罚不应该"贬低人的尊严").

[228] 131 S. Ct. 1910, 1928(2011)("囚犯保留了所有人固有的人类尊严的本质。对尊严的尊重激发了《美国联邦宪法第八修正案》禁止残忍和不寻常的惩罚").

[229] 342 U. S. 165, 172(1952).

[230] Id. at 171 -172.

[231] State v. Lyon, 744 P. 2d 231, 238(Or. 1987)(en banc)(Linde, J., concurring).

[232] See Jason R. Odeshoo, " Of Penology and Perversity: The Use of Penile Plethysmography on Convicted Child Sex Offenders", 14 *TEMP. POL. & CIV. RTS. L. REV.* 1, 2(2004).

Freund)在20世纪50年代创建,最早是一种研究同性恋的方法。[233] 近年来,该机器已被执法部门用来测试被假释的性犯罪者是否继续对未成年人有所图谋。在一个特别富有同情心的案件中,第二巡回法院撤销了一项缓刑要求,该要求中的罪犯不认可PPG测试,并指出这项测试并不是为了康复,而是对犯罪者的"人性"的侮辱,并且似乎只是因为它是"标准"才被强制执行的。[234] 然而,在此期间,这种做法在其他地方仍在继续。[235]

这些案件中最令人不安的并不是缓刑部门会选择让男人接受这种奇怪的屈辱程序。相反,程序是"标准的",仅仅是机器的存在就足以将其用于犯罪分子的身体,并且一旦它产生了有助于撤销假释的证据,就没有任何理由来仔细审查为了适应其使用而发生的隐含的价值观的转变。

虽然罗钦法院谴责查看犯罪嫌疑人的胃部,但5年后,法院维持对"布莱特豪普特诉亚伯兰案"中无意识的DUI犯罪嫌疑人的强制血液检测。[236] 同样不太引人注意的是大多数法院最终维持了无意识人的强制化学测试的合宪性。相反,法院认为"许多国家利用血液测试"来测量中毒这样一个事实与"不存在任何冒犯性的东西"表述不符。[237] 在DNA背景下,实践中不正当的做法,如在DNA数据库中进行犯罪者亲属的"家庭搜索"[238]和使用存有受害者、尸检犯罪嫌疑人和在公共场所中无意提取到DNA的"流氓"数据

---

[233] See Kurt Freund, "Reflections on the Development of the Phallometric Method of Assessing Erotic Preferences",4 *Annals of Sex Research* 221,223(1991).

[234] See United States v. McLaurin,731 F.3d 258,263(2d Cir.2013)(citation omitted).

[235] See,e.g.,United States v. Dotson,324 F.3d 256,261(4th Cir.2003)(upholding the use of PPG testing as consistent with federal statutory law(citing 18 U.S.C. § 3583(d)(2012)); Jason Molinet,"Ex-NFL Star Darren Sharper To Undergo Bizarre Penile Testing as Part of Plea Deal in Serial Sex Assault Case",*N.Y. DAILY NEWS*(Apr.10,2015,10:10 AM),http://www.nydailynews.com/news/crime/darren-sharper-subject-penile-plethysmograph-testing-article-1.2180158[https://perma.cc/S8WR-5F8Z](discussi-ng Sharper's Arizona case).

[236] 352 U.S.432,436-437(1957).

[237] Id. at 437 n.3.

[238] See Erin Murphy,"Relative Doubt:Familial Searches of DNA Databases",109 *MICH L. REV.* 291,291,297-300(2010)(discussing the mechanics of the "familial searching" process and arguing against the process because of "equality,accuracy,privacy,racial discrimination,and democratic accountability" concerns).

库。[239] 这些做法从循环逻辑上来说是合理的,其使 DNA 分析作为一种犯罪解决工具更加有用,并且侵入式生物识别数据库已经存在了。[240]

2. 公平与仁慈

美国刑事司法系统的设计考虑了安全值——"国家司法机制中的断路器"。[241] 至少在理论上,刑事系统的每个层面都允许行使所谓的"公平"自由裁量权:酌情决定不记录或记录犯罪行为、不逮捕、不起诉、不定罪、不惩罚应当根据"严格的法律正义",因为考虑到个人情况,这样做是不公正的。[242] 裁决"旨在公平地个别化"。[243] 公平酌处权的优点源于刑法本质上的过度包容且不打算完全执行的现实。实际上,我们的制度在全面执行制度下将完全停止运行。法律的过度包容是不可避免的,不能通过法规或司法意见这种完全具体的方式去感知法律,因此,毫无疑问的是,法律文本并不能完全体现"正义"。因此,道德哲学家不能将公平的自由裁量权理解为藐视法律,但它是整体的必要部分。也就是说,公平"可以被视为'纠正'和'完成'法律公正"。[244] 从逻辑上来讲,越是可能越过刑事责任和惩罚规则,对公平的需求就越大。[245]

美国刑事司法的历史以及主流道德哲学也表明了陪审团和法官在缓和刑事责任和惩罚方面的"怜悯"的重要作用。私人的宽容与公平不同,公平只是提供过度包容的法律的必要部分,而私人的宽容不仅超过了正义所要

---

[239] See Murphy, supra note 12, at 168.

[240] See, e. g., Maryland v. King, 133 S. Ct. 1958, 1968 (2013) (acknowledging that DNA databases are reasonable because similar databases are an "expanding technology already in widespread use throughout the Nation"); Transcript of Oral Argument at 35, King, 133 S. Ct. 1958 (No. 12 -207) (statement of Alito, J.) (将案件描述为"可能是几十年来最重要的刑事诉讼案件").

[241] Blakely v. Washington, 542 U. S. 296, 306 -307 (2004).

[242] See Nussbaum, supra note 20, at 93 ("特殊的判断,对法律的一般要求具有较高的灵活性,应该适应案件").

[243] Josh Bowers, "Legal Guilt, Normative Innocence, and the Equitable Decision Not To Prosecute", 110 *COLUM. L. REV.* 1655, 1723 (2010).

[244] See Nussbaum, supra note 20, at 93 & n. 19 (explaining that equity is part of justice, specifically that "[e]quity is putting law into the condition to which it aspires in the first place").

[245] See generally Bowers, supra note 243 (解释公平酌处权的纯种概念,并探讨检察官在与其行使职权相关的因素方面普遍缺乏专业知识).

求的甚至超过了正义允许的。当法官仁慈的时候,他“强加……一种比罪犯应得的要小的苦难”。[246] 玛莎·努斯鲍姆(Martha Nussbaum)将其描述为“宽容超出适当比例”,[247]尽管它超越了正义,但“宽容是正义的调味品”,[248]这是一种重要的道德美德,[249]它表现出同情和共同的人性,它有助于检查我们“狭隘和自我参与的倾向”。[250] 这是我们的历史所包含的美德。在殖民时期,当大多数重罪犯被处以死刑时,在法官的要求或者正义理念之下,陪审团常给被告定较轻罪,以免去罪犯的死刑。[251] 宽容是生动的,存在于我们的赦免和宽恕制度中,存在于陪审团无效以及检察官和警察的决定中,这不是因为起诉或逮捕是不公正的,而是出于对同伴的怜悯。[252]

公众认识到美国刑事司法需要公平和仁慈,以及机械化可能威胁到公平和仁慈,这一点在多年来,尤其是在人工智能蓬勃发展的早期,人们对用机器人或计算机取代陪审员和法官的建议的愤怒反应中是显而易见的。1983 年的一份计算机杂志提出了用机器人取代刑事陪审员的建议,促使一位评论家回答:“如果约翰·彼得·曾格(John Peter Zenger)被机器人陪审团审判,新闻自由将在哪里?”[253]为了回应哈罗德·斯佩思(Harold Spaeth)的著名研究,该研究经过 2 年的时间预测了 34 个最高法院判决中的 33 个,1974 年的一篇题为“计算机化司法”的社论宣称,“法官和正义,不管人的缺

---

[246] Jeffrie G. Murphy, "Mercy and Legal Justice", in Jeffrie G. Murphy & Jean Hampton, *Forgiveness and Mercy* 162, 166 (1998).

[247] Nussbaum, supra note 20, at 97 (emphasis in original) (discussing Aristotle).

[248] William Shakespeare, *The Merchant of Venice*, act 4, sc. 1 (Jay L. Halio ed., Oxford Univ. Press 2008) (1993).

[249] See Murphy, supra note 246, at 176.

[250] Id.

[251] See BIBAS, supra note 118, at 6 -9, 23 -24.

[252] See, e. g., United States v. Acosta, 149 F. Supp. 2d 1073, 1075 -76 (E. D. Wis. 2001) (discussing a criminal defendant's right to a general verdict and the fact that special verdict forms are disfavored in criminal cases).

[253] Tindall, supra note 170, at 65. Zenger 是殖民地美国的一名颠覆性记者,他在撰写了一份关于殖民地州长的令人不快的报告之后成为政治起诉的受害者,但被一个陪审团挽救,尽管泽格(Zenger)对此有明显的技术愧疚,诽谤指控。真相当时不是诽谤的辩护理由。See "The Trial of John Peter Zenger", *U. S. NAT' L PARK SERV.*, http://www.nps.gov/feha/learn/historyculture/the-trial-of-john-peter-zenger.htm[https://perma.cc/T6UH-HNYU] (last visited Jan. 26, 2016).

点是什么，让位给机器的日子就是社会崩溃的日子……每当审判的时候，我们都会把握人类审判的机会”。[254]

虽然机器人陪审团和机器人法官远非现实，但是美国利用机械化来弥补法律上有罪的侦查、定罪和惩罚的漏洞，却对司法制度在维护公平和怜悯方面的功能发挥造成了明显的压力。首先，权威证明本身可能使怜悯更加罕见。学者们推测，如果通过使用DNA或神经科学技术越来越能确定有罪的证据，陪审团无效可能会成为一种罕见的事件。[255] 当一个陪审团在一个典型的案件中无效时，一般的“无罪”判决没有任何征兆表明无罪释放是基于法外考虑或对法律无罪的信仰。证据越权威，无罪释放就是无效的产物就越明显。当然，通过低级别代理罪行而不会触发陪审团审判权的转变，使事实发现者行使公平和仁慈的自由裁量权的频率降低。法官可能想要取消，但与陪审团不同，他不是“黑匣子”，他必须在公开法庭上将他的事实调查结果记录在案，并受上诉审查。

在涉及权威证据的案件中，无效转移可能在整体上是规范性的。陪审团因各种道德上令人厌恶的原因而无效，经常无效可能会对法治产生暴力。在法律有罪的证据势不可挡的情况下，这些担忧可能会加剧，使无效的情况更加明显。尽管如此，林德法官似乎确实认为陪审团应该有机会在刑事审判的“中心神话”中发挥作用，而不会受到机械测谎仪的束缚，无论其结论多么可靠。[256] 无论如何，转变都是值得注意的，我们不会关闭其他安全阀，因为在一个日益权威的证据时代，无效将保障公平和怜悯。

权威证据的一种形式（“红灯摄像头”）提供了一个奇怪但有启发性的例子，说明消除安全阀是如何将权威有罪证据与机械责任制度结合起来的潜

---

[254] “Computerized Justice”, *Vivtoria Advocate*, Sept. 13, 1974, at 4A; see generally Katja Franko Aas, *Sentencing in the Age of Information: from Faust to Macintosh* 63 – 105 (2005) (讨论“计算机化正义的趋势”).

[255] See Julie Seaman, “Black Boxes: MRI Lie Detection and the Role of the Jury”, 42 *AKRON L. REV.* 931, 932, 938 (2009) (speculating that as neuroimaging-based lie detection becomes more reliable, jury nullification may decrease); see also Roth, supra note 89, at 1693 (noting that jury instructions on the definitive nature of DNA or other scientific proof in a given case might discourage nullification).

[256] State v. Lyon, 744 P. 2d 231, 238 (Or. 1987) (en banc) (Linde, J., concurring).

在、无意的后果,而机械责任制度在指控或处罚时不提供安全阀。在 1839 年银版照相发明后的头几年,法院已经担心新媒体会令陪审团过时。通过“承诺和威胁来提供权威知识”,摄影“既承诺也威胁要从法律事实调查过程中消除人类的判断”。[257] 进入 21 世纪,红色轻型相机已证明这些问题有先见之明。尽管人数众多,[258]但红灯摄像机也面临着来自美国部分公众的强烈批评,被称为“机器审判”[259]或“机器传票”。[260] 新泽西美国导演公民自由联盟(American Civil Liberties Union,ACLU)抱怨说,“因为我的妻子赶着上班,所以我正在超速;或者因为我醉得像一只臭鼬,所以我正在超速。这种区别不能通过机器来实现”。[261] 最终,这种关注是公平和怜悯的发声,它已经获得了关注:10 个州禁止红灯摄像机,另外 13 个州禁止使用高速摄像机,尽管有一些例外。[262] 其他各州已经出台了禁止使用的待批准法案,[263]或者规定禁止执法或保险公司赔付摄像头捕捉到违规行为被扣分扣钱。[264] 最新的联邦运输授权法案则禁止各州使用联邦这类系统的资金。[265]

---

[257] Mnookin & West,supra note 16,at 376(emphasis added).

[258] As of January 2016,439 communities in the United States have red light cameras and 139 have speed cameras. See“Printable List of Cities with Red Light and Speed Cameras”,*INS. INST. FOR HIGHWAY SAFETY*,*HIGHWAY LOSS DATA INST.*,http://www. iihs. org/iihs/topics/laws/printablelist? print-view[https://perma. cc/H4AG-RH44](last visited Jan. 27,2016).

[259] See,e. g.,Romano,supra note 159 and accompanying text.

[260] Dennis Romero,“Dreaded Red Light Camera Tickets Are Legit,California High Court Rules”,*L. A. WEEKLY*(Dec. 11,2013,12:44 PM),http://www. laweekly. com/news/dreaded-red-light-camera-tickets-are-legit-california-high-court-rules – 4174342[https://perma. cc/LT48 – CBTA].

[261] Romano,supra note 159(emphasis added).

[262] See“Speed and Red Light Camera Laws”,*Governors Highway Safety Ass'N*(Jan. 2016),http://www. ghsa. org/html/html/stateinfo/laws/auto_enforce. html[https://perma. cc/28Q8 – DA5W].

[263] See,e. g.,Illinois Bills,“Seek to Ban Red-Light Cameras Drivers Hate”,*CHI. SUN-TIMES*(FEB. 12,2015,5:16 PM),http://chi-cago. suntimes. com/news-chicago/7/71/365165/illinois-bills-seek-ban-red-light-cameras-drivers-hate[https://perma. cc/3AUL-W4FZ].

[264] See“Red Light Running”,*Ins. Inst. for Highway Safety*(May 2015),http://www. iihs. org/iihs/topics/laws/automated_enforcement? topicName – red-light-running[https://perma. cc/7SNV-BGJA].

[265] See“Moving Ahead for Progress in the 21st Century Act”,*Pub. L. No.* 112 – 141,§ 1533,126 Stat. 405,584(2012).

红灯摄像系统不一定是冒犯性机械责任制度的一个例子。实际上,它可以节省金钱、挽救生命,或者证明它是一种强有力的工具,可以消除人事官员作出的票务决定。这些是超出项目范围的经验问题。红灯罚单也不是有犯罪耻辱的罪行。如果有一个无所不知的机器检测到道路上的每个驾驶员 BAC 超过 0.08%,如可以切断发动机的点火装置,[266]并自动发送刑事审判传票,那么公众可能会很愤怒。如果弗吉尼亚州有争议的《鲁莽驾驶法》规定自动逮捕和自动惩罚制度,对超过每小时 80 英里(128.75 千米)的行为进行刑事处罚,则可能会出现类似的结果。[267] 但可以肯定的是,一些非刑事自动执法制度在它们的过度包容性上显然是令人不安的。例如,某些美国学区使用自动出勤系统,当学生累积了一定数量的缺席时,自动将学生转移到逃学法庭。正如一个残疾人权利组织的投诉声称的那样,该系统的自动执行将导致没有纠正的空间,因为"如果缺席与学生的残疾有关就应该被原谅"。[268] 最终,即使是最看似无害的代理人,如果他们着眼于最大限度地减少假阴性,并且在没有安全阀的情况下以自动方式触发和执行,那么他们也会毫无例外地过分惩罚。

法律中存在许多其他机械代理,如果加上权威证据或强制性的起诉或惩罚政策,将会危及公平和怜悯。对于它们中的一些,这种联合已经发生了。强奸法被许多人视为在实体刑法中合理使用代理人。虽然几个世纪以前这些法律所针对的范式罪犯是捕食年轻女孩的年长男人,但情况可能已经不再如此。例如,1999 年在加利福尼亚州因法定强奸而被起诉的人中有

---

[266] 现有点火"互锁"装置调节电动机在无酒精呼吸结果时的启动。See Jim Gold, "Curbing Drunken Drivers: Should Ignition Interlock Be Required on Every Car?", *NBC NEWS*(Jan. 5, 2012, 8: 49 AM), http://usnews.nbcnews.com/_news/2012/01/05/9957132-curbing-drunken-drivers-should-ignition-interlock-be-required-on-every-car[https://perma.cc/4QL8-AFED].

[267] See VA. CODE ANN. § 46.2-862(2012). Under the Virginia statute, drivers will also be found guilty of reckless driving for exceeding the posted speed limit by twenty miles per hour or more. See id.

[268] Letter from Dustin Rynders et al., Disability Rights Tex., to Cindy *Swain*, *Tex. Educ. Agency*, *Div. Fed. & State Educ. Policy*, at 2 n. 3 (May 27, 2015), http://youthlaw.org/wp-content/uploads/2015/05/TEA-FTAS-Force-Out-Complaint--Final-May-27-2015.pdf[https://perma.cc/Z9TZ-7DPP].

58%未满20岁,有几个州甚至起诉双方均为未成年人的双方自愿性行为。[269]根据一些法定强奸法,法律学者最近指出即使是非自愿的成年受害者遭未成年人强奸,被告人也可能被判有罪。[270] 对这种荒谬的起诉的关注不是虚构的:在某些情况下,具有严重认知障碍的成年女性在表明自己不同意的情况下被指控法定强奸。[271] 这些有争议的起诉似乎是检察机关起诉政策的结果,但这些政策无法足够实现检察机关的公平酌处权。但是这样一个政策如此荒谬的原因在于它与机械责任制度相结合,通过使用年龄作为缺乏同意的代理,在陪审团阶段消除了复杂的人类判断,否则这将成为由陪审团来解决的问题。人们可以想象与国家刑法中嵌入的其他机械代理相同的问题,包括基于受害者年龄来加重刑期,[272]盗窃和毁坏财产的责任的区别在于损失量,[273]毒品违法与毒品轻罪之间的区别在于毒品数量,[274]逃税责任的大小区别则在于预扣税额[275]和将未成年人饮酒入罪。[276]

最后,对司法自由裁量权的限制显然威胁到了该制度本来拥有的公平和仁慈的自由裁量权。我们都很难反驳这样一种观点,即联邦量刑指南的

---

[269] See Kate Sutherland, "From Jailbird to Jailbait: Age of Consent Laws and the Construction of Teenage Sexualities", 9 *WM. & MARY J. WOMEN & L.* 313, 316 (2003) (citation omitted); see also Charles A. Phipps, "Misdirected Reform: On Regulating Consensual Sexual Activity Between Teenagers", 12 *CORNELL J. L. & PUB. POL' Y* 373, 391 (2003).

[270] See Russell L. Christopher & Kathryn H. Christopher, "The Paradox of Statutory Rape", 87 *IND. L. J.* 505, 506 -09 (2012) (discussing Heynard v. State, 689 So. 2d 239 (Fla. 1996)).

[271] See Christopher & Christopher, supra note 270, at 547 -549.

[272] See, e. g., CAL. PENAL CODE § 368(2)(B), (3)(B) (West 2014) (如果受害者年满70岁,则将刑期增加5年或7年).

[273] See, e. g., id. §487(b)(3) (grand larceny if theft by agent, servant, or employee totals $950 in the aggregate over a twelve-month period); id. §594(b)(1) (increasing vandalism fines for damage exceeding $400).

[274] See, e. g., CAL. Health & Safety Code § 11357(b) -(d) (West 2014) (distinguishing marijuana infractions based on whether possessed amount is above or below 28.5 grams).

[275] See, e. g., CAL. REV. & Tax Code § 19701 (a) (West 2014) (assigning fines for falsifying documents that result in a tax liability of $15,000 or more).

[276] See, e. g., CAL. BUS. & PROF. Code § 25662(a) (West 2014) (classifying underage drinking as a misdemeanor, punishable by fines or community service).

生效(字面上可以通过计算机程序执行)使法官变成自动化。[277] 尽管如此,司法机构在布克之前经常尝试批评指南为"机器正义"或"按钮正义"。[278] 对于指导和强制性最低量刑的支持者来说,约束是一个特征,而不是一个错误。尽管如此,美国联邦陪审团的研究发现,陪审员的推荐判决明显低于指导方针的范围,[279]进一步证实了一味倡导统一会导致过度惩罚。无论如何,与其他无自由裁量制度一样,取消行使公平和怜悯的司法自由裁量权变得更加不具有可行性了,因为系统的其他部分在到达法官之前也变得更加机械化。

(三)缺少机械化

以结果为导向的机械化的最后一个颇具讽刺意味的问题是,在一个作为无法明显减少假阴性,但仍然能提高刑事裁决准确性和客观性的有力工具的领域缺乏机械化。

1. 消除证词

第一种情况是证据呈现。立法者、执法部门和利益集团在假阴性问题上的不均衡关注可能已经扼杀了机械化作为潜在更强大的脱离工具。在美国,给每个警察安装全国性的体戴式摄像机计划缺乏系统的、全国性的政策,这是幻想和政策的破灭。在成本、维修、开示、关闭程序方面必须解决许多问题。但是,两党对于它们的运用似乎已达成共识,并且从录像带首次出

---

[277] See Stith & Cabranes, supra note 127, at 169; see also Lee Anne Fennell, "Between Monster and Machine: Rethinking the Judicial Function", 51 *S. C. L. REV.* 183, 208 (1999) (describing the guidelines as turning judges into "justice machine[s]").

[278] See, e. g., People v. Kincaid, 316 N. E. 2d 220, 225 (Ill. 1974) (objecting to sentencing scheme, with the defendant referring to the imposition of a mandatory minimum as "computerized justice"); Editorial, "House Without Mercy", *WASH. POST*, Apr. 4, 2003, at A20 (指将司法自由裁量权限制为"机械正义"的修正案); Editorial, "Machine Justice", *WASH. POST*, June 6, 1953, at 6 (描述拟议的强制性最低刑罚"机器正义"); Editorial, "The Injustice of Push-Button Justice", *L. A. TIMES*, Apr. 28, 1974, at F2 (称强制性最低刑罚"机械,按钮正义"); George Robeson, "Comment, Heading Toward Push-Button Justice", *Long Beach Press-Telegram*, Sept. 12, 1995, at B9 (calling California's three-strikes law "push-button justice"); Carolyn Susman, "Computerized Justice Frustrates Judge Cohen", *Palm Beach Post*, Mar. 6, 1989, at 1B (引用一位将州判刑指南称为"计算机化司法"的法官).

[279] See, e. g., James S. Gwin, "Juror Sentiment on Just Punishment: Do the Federal Sentencing Guidelines Reflect Community Values?", 4 *HARV. L. & POL'Y REV.* 173 (2010).

现的20世纪80年代开始,这就似乎是偶然途径的机械化的可预测结果。美国经营数据收集的可预测结果是,无法授予被告获取更多潜在权威和搜索式证据的权利,如DNA数据库和面部识别软件,以支持第三方犯罪者抗辩或验证执法部门为证明匹配真伪模式而使用的统计数据的准确性。“就像贪食者一样,政府会尽其所能收集一切;和吝啬鬼一样,它会对数据及其操作过程保密。”[280]

在除了DNA之外的法医模式证据学科中,匹配呼叫和匹配统计报告中缺乏自动化也增加了在陪审团面前出现假阳性或者至少是虚假的无罪证据的可能性。法医指纹和工具标记分析中的主观人类判断可能至少在三个方面出现错误。首先是通过语境偏见,当人类分析师的匹配呼叫受到无关案件相关信息的影响或者看到参考样本时。[281] 正如美国国家科学院在2009年的一份报告中所述,“没有适当的证据表明法医科学界已经做出足够的努力来解决偏见问题”。[282]

其次,基于不精确性和人为错误,主观判断可能因匹配呼叫中的不准确而导致错误。例如,工具标记分析师(以及面部识别等类似学科的专家)根据他们的专业判断和经验,使用“外观方法”来确定射弹是否与特定枪械相匹配。正如一位研究人员在他的工具标记分析软件的专利申请中所指出的那样,“外观方法”是“非常耗时的”,需要“高水平的培训和技能”来提高可信度。[283] 在可能的指纹分析中,审查员就两个样本之间的偏差是不是真实差异或受损样本的伪迹,如污迹的问题做出主观判断是十分困难的。一位法医检查的研究人员发现,只有16%的指纹专家在两次分析同一可能标记时观察到相同数量的细节,而近一半在第一次检查和第二次检查之间有三个

---

[280] Jane Bambauer, "Collection Anxiety", 99 *CORNELL L. REV. ONLINE* 195, 205 (2013) (citing Jack M. Balkin, "The Constitution in the National Surveillance State", 93 *MINN. L. REV.* 1, 17 (2008)).

[281] See, e. g., Itiel E. Dror et al., "Cognitive Issues in Fingerprint Analysis: Inter-and Intra-Expert Consistency and the Effect of a 'Target' Comparison", 208 *FORENSIC SCI. INT' L* 10, 16 –17 (2011).

[282] NAT' L Research Council of the Nat'Lacads., supra note 82, at 8 –9 n. 8.

[283] "Automated Sys. and Method for Toolmark Analysis", *U. S. Patent No.* 7,212,949 B2, at [1 –2] (filed Aug. 31, 2005) (issued May 1, 2007) [hereinafter Automated Sys. Patent].

或更多差异。[284]

最后,主观法医模式识别分析,可能基于错误的假设或对人口模式可变性的无知而错误地推断出个别化模式。指纹、工具标记和面部识别审查员用高度主观的术语描述匹配的重要性,如"合理程度的弹道确定性"或者宣布匹配"排除世界上所有其他枪支"。[285] 工具标记分析涉及一名人类检查员,"通常无法量化他或她的确定性水平或做出错误结论的可能性"。[286]

专业解释软件具有适当的安全措施,可确保其代码和假设的透明度和准确性,有助于最大限度地减少导致人为错误的三个来源。首先,计算机软件的编程方式可以从查询中排除所有不相关的案例相关信息,并以顺序方式显示细节。如果在某种程度上需考虑与案件有关的信息,则可在对证据进行更客观的评估后,加上该信息。其次,计算机程序和数据库可以设定标准以统一标记模式的特征——DNA 遗传标记、指纹"螺纹"、"环"以及工具脊和抛射物条纹,使匹配的声明更加客观。公司已经获得了自动化程序的专利,可以根据三维成像调用工具标记匹配。[287] 最后,软件和数据库可以通过评估人口中各种特征的变异性和稀有性来帮助确定匹配的统计显著性。关于人口统计的大量工作已经在 DNA 背景下完成,这就是为什么 DNA 分析师能够向陪审团报告匹配概率,而不是简单个别地陈述"达到合理程度的确定性"。如果能够适当地遵守可靠性保障和人类检查,那么自动翻译软件似乎有希望令模式软件的专业解释更准确,这对美国和被告而言都是一个胜利。

2. 消除陪审团

虽然美国对减少假阴性的关注致使采用犯罪机械代理的方式来检查陪审团复杂的判断标准,但它扼杀了机械化的发展,可能被视为侵犯了陪审团

---

[284] See Dror, supra note 281, at 16 – 17.

[285] See Daniel L. Cork et al., *Ballistic Imaging: Committee to Assess the Feasibility, Accuracy, and Technical Capability of A National Ballistics Database* 84 (2d ed. 2008) (citations omitted).

[286] Automated Sys. Patent, supra note 283, at [2].

[287] See, e. g., id. at [7]; see generally Cork, supra note 285, at 194 – 95 (noting new proprietary algorithms that employ three-dimensional toolmark imaging).

对可信度的决定权。牢记那些在人工智能运动中首次提出"机器人陪审团"的人们所追求崇高但不切实际的目标是有益处的。1983 年通用机器人公司开始全美性运动,让联邦刑事案件的诉讼当事人可以选择由电子陪审团而非人类陪审团来裁定案件。尽管如此,从明显的近乎模仿的操作来看,该公司夸大了机器人陪审团的公平性和客观性:"我们正试图用一个冷酷的、毫无生机的机器人陪审团取代温暖、鲜活的人类陪审团,以便公民可以对他们的纠纷进行简单而迅速的裁决或仲裁……我们的口号是'法律下的平等正义'。对于曾经由陪审团进行过审判的任何人来说,这将是一个受欢迎的救济……我们想要通过一个情绪化的、充满偏见的过程的量化,并使其成为客观的救济。"[288]

出于前面讨论的原因,真正的机器人陪审团会出现问题,但是机械化的禁令可能会剥夺陪审团的决定权,这是一个错误指令。目前的障碍是,在审判中,法院几乎普遍拒绝所谓的谎言检测出来的证据,理由是它不可靠,或者即使可靠,它也会篡夺陪审团的可信度决定功能。在关于测谎仪的最新声明中,多个最高法院都认为陪审员"应当"通过他们的自然智慧和实践知识来"用人类的方式证明证人证言的重要性和可信度"。[289] 无论如何,"我们的刑事审判制度的基本前提是陪审团才是谎言探测器"。[290]

虽然这两种反对意见都值得认真考虑,但他们有答案,[291]并且都不能阻止立法者或法院思考如何将以较少的暴虐方式把可信度协助的结果纳入审判中,以此作为审判中的反偏见救济措施。事实上,对于陪审团在谎言检测方面是非常不准确的这一观点几乎不存在争议。[292] 人类陪审团还有其他弱点,如受到隐性种族偏见的污染;事实上,大部分白人旁观者认为,凶杀案中

---

[288] David Needle, "Computer Dispenses Justice: Impartial Terminal, Not Jury, Gives Verdict", *Infoworld*, Feb. 28, 1983, at 1, 6 (quoting both a company spokesperson and the creator of the program).

[289] United States v. Scheffer, 523 U. S. 303, 313 (1998) (quoting Aetna Life Ins. Co. v. Ward, 140 U. S. 76, 88 (1891).

[290] Id. at 313 (quoting United States v. Barnard, 490 F. 2d 907, 912 (9th Cir. 1973) (emphasis added).

[291] See supra Section I. A. 1.

[292] See Fisher, supra note 56, at 707.

的受害者特雷沃恩·马丁(Trayvon Martin)的女友瑞秋·金特尔(Rachel Jeantel)作为证人是不可信的,这可能是一个有着良好记录的跨种族“言行举止差异”[293]的例子,而不是陪审员“自身智慧”的结果。[294] 公众也不一定相信陪审团具有识别谎言的能力。在基于科学定罪和豁免的时代,“谎言检测是我们陪审团做得最好的神话”[295]可能不再成立。正如最近关于目击证人身份证明的实证研究所表明的那样,陪审团并不特别擅长认定证人何时是真诚或者是有误的。[296]

一些法院表示担心,由于测谎仪明显的机械来源,测谎仪审查员的证词会令陪审团费解,并因此产生不利影响。正如第二部分关于“幕后人”现象的讨论所表明的那样,这种担忧是可以理解的。但是,如果测谎仪作为“机器”的状态是一种社会结构,人们会认为它也可以被解构。法官可能允许关于皮肤传导与欺骗之间存在联系的专家证词,但也伴随陪审团明确的指示以防止证据滥用。20 世纪 80 年代的一位法律学者帮助陪审员证实贝叶斯推理,将测谎结果纳入可信度因素的范围内而不受其过度影响的准则。[297] 有了这样的保障措施,对于目击者识别、虚假供词、精神障碍、帮派行为或陪审员必须根据“基本费率”进行推论的其他问题(如估计跨种族目击者识别的错误百分比的研究),测谎检验员的证词与专家证词没有太大差别。一些学者建议,法院也可以选择性地接受被告提供的测谎审查员证词。[298] 毕竟,一些自动测谎仪出现的错误率,是根据它们是在侦测真相还是谎言而分别产

---

[293] See generally Joseph W. Rand, “The Demeanor Gap: Race, Lie Detection, and the Jury”, 33 *CONN. L. REV.* 1, 3 (2000) (“陪审团试图通过我们的司法系统委托给他们的可信度决定可能会被欺骗性证人误导或误解为真实的证人”) (引文省略).

[294] Scheffer, 523 U. S. at 313.

[295] Fisher, supra note 56, at 577.

[296] See Max Minzner, Detecting Lies Using Demeanor, Bias, and Context, 29 CARDOZO L. REV. 2557, 2573 n. 81 (引用研究表明陪审员高估了目击证人的证词).

[297] See James A. Finder, “Statistical Implications of Reasoning with Polygraph Evidence: Developing Instructions for the Trier of Fact”, 3 *CARDOZO L. REV.* 581, 582 (1982).

[298] See, e. g., Seaman, supra note 255, at 939 (“为了保留一些合法的概念或保护陪审团的事实调查而牺牲真相——判定一个事实无辜的被告是不可接受的……”); George C. Thomas III, “‘Truth Machines’ and Confessions Law in the Year 2046”, 5 *OHIO ST. J. CRIM. L.* 215, 227 (2007).

生的。[299] 辩护神经影像专家在最近的受理听证会上证实，No-Lie MRI（脑部测谎仪）只有7%的假阴性率。[300] 各州可以通过披露测试的次数，消除被告可以简单地接受尽可能多的无用测试和消除获得无罪结果的疑虑并随之调整测谎结果。如果我们关心减少假阳性（错误的定罪）并且有理由相信陪审团是一个特别无能的谎言探测器，为什么对测谎仪可靠性的适当担忧要完全排除陪审团，即便培训陪审团的保障措施能够到位。

3. 贬低法官

毫无疑问，如果完全放弃自己的设备，人类法官往往会考虑反映种族偏见的因素或与归责风险无关的其他因素，以偏见和非理性的方式判刑。[301] 如果机械化能够加强司法决策，使判决更加统一和反映惩罚的法律目的，那么它的机械性就不应阻止系统使用它。例如，国家判决准则似乎增加了判决的一致性，但并没有以一种似乎不符合社区规范的方式迅速急剧地延长监禁时间。[302] 第一部分已谈及，阿诺德基金会的公共安全评估，是一个很好的候选者，它既适用于量刑也适用于保释。值得注意的是，这一评估避免依赖学者们在循证量刑环境中发现令人反感的非相关类型因素，以此降低了监禁率，对公共安全没有负面影响。然而，只要有影响力的量刑指导方针和基于证据的量刑就能够保证更严厉的处罚，那么，政府——至少州立法机关不会为量刑资助，也不会因此执行和要求法律规定相关的公共安全评估。

在美国，所谓的"量刑信息系统"（Sentencing Information Systems，SISs）也没有引起人们的极大兴趣。SISs试图通过计算机软件向法官展示他们或

---

[299] See, e. g., Tommaso Fornaciari & Massimo Poesio, "Automatic Deception Detection in Italian Court Cases", 21 *Artificial Intelligence & Law* 303, 320 (2013) (describing text-analysis software that accurately detected lies about 53% of the time and the truth about 75% of the time).

[300] See United States v. Semrau, No. 07 – 10074 MI/P, 2010 WL 6845092, at *4 (W. D. Tenn. June 1, 2010).

[301] See, e. g., Sonja B. Starr & M. Marit Rehavi, "Mandatory Sentencing and Racial Disparity: Assessing the Role of Prosecutors and the Effects of Booker", 123 *YALE L. J.* 2, 4 – 6 (2013) (finding that racial disparities after United States v. Booker, 543 U. S. 220 (2005), did not increase but continue to persist following expansion of judicial discretion).

[302] See Langer, supra note 195, at 278 – 79 & n. 219.

其他法官在类似案件中是怎么做的来加强法官决策的一致性。[303] SISs 将为法官的道德归责评估增加统一性,而不仅仅是风险评估,批评者认为精算工具过分强调后者。然而,到目前为止,美国只有一个司法管辖区试图使用 SISs,[304]可能因为该程序存在严重问题(包括自动化偏差问题),但它们在其他国家很受欢迎。实际上,一些国家的法官认可计算机辅助判决是维持司法独立的一种手段,而不是屈服于量刑指南的"机制复杂性"。[305]

四、走向"生物技术"的刑事犯罪

这一部分提出了促进机器时代刑事判决的指导原则。机器时代刑事判决指有意识地寻求促进人机协作,只要它能最大限度地推进系统价值,并且帮助人和机器彼此成为自己最好的"自我"。指导原则的目标是找到"生物技术"这种方法。刘易斯・芒福德(Lewis Mumford)所说的范式,机械化提高了人类先前存在的目标,而不是"巨型技术"方法,即为了自身的利益或者

---

[303] See, e. g., Richard V. de Mulder & Helen M. Gubby, "Legal Decision Making by Computer: An Experiment with Sentencing", 4 *COMPUTER L. J.* 243, 245 (1983); Maria Jean J. Hall et al., "Supporting Discretionary Decision-Making with Information Technology: A Case Study in the Criminal Sentencing Jurisdiction", 2 *U. OTTAWA L. & TECH. J.* 1, 4 (2005). These programs seek to "build a decision support system for sentencing," which assists a human judge in rendering a just sentence. See Uri J. Schild, "Criminal Sentencing and Intelligent Decision Support", 6 *Artificial Intelligence & Law* 151, 151 (1998) (emphasis in original).

[304] See Michael A. Wolff, "Missouri's Information-Based Discretionary Sentencing System", 4 *OHIO ST. J. CRIM. L.* 95, 99 n. 19 (2006) (stating that the purpose behind Missouri's system is similar to that motivating SISs-that is, to provide judges with sentencing-information from judges in similar cases) (citation omitted). Judges have not widely used the system, however. See Ryan W. Scott, "How (Not) to Implement Cost as a Sentencing Factor", 24 *FED. SENT' G REP.* 172, 174 (2012) (reporting that only 13.5% of Missouri judges "regularly" use information from the state database when considering plea agreements) (citation omitted).

[305] See Cyrus Tata & Neil Hutton, "Beyond the Technology of Quick Fixes: Will the Judiciary Act to Protect Itself and Shore Up Judicial Independence? Recent Experience from Scotland", 16 *FED. SENT' G REP.* 67, 67 (2003).

为了权势集团狭隘的定义战略利益以追求机械化。[306]

(一)半机械人适用:一种系统方法

大卫·布鲁克斯(David Brooks)最近提出"人类这个身份标签是机器和其他动物无法企及的"。[307] 有人可能会认为,为未来设计刑事审判制度的方法是简单地列出人和机器的比较优势,并相应地将任务委托给每个人:陪审团作出可信度决定,通过计算机进行惩罚等。1951 年美国国家研究委员会开发了一种名为菲茨列表(Fitts'List)的启发法,该法将一套规则简化为人和机器的"认知生态位"。[308] 这个列表正如人们所期望的那样——人类善于复杂、个性化的判断,这离不开默契和知识,而机器在功率、速度、均匀性和精确度方面都很出色。[309]

但是,正如上文所表明的那样,人有时候在被机器检查或与机器融合时是"最好的自我",反之亦然。研究人员在系统工程方面写到了所谓"MABA-MABA"(替代功能分配法)列表的危险。[310] 相反,人机融合设计师应该关注人类和机器彼此融合时可以做什么,然后发问"我们如何让他们更好地相处?"[311]历史学家大卫·敏德尔(David Mindell)写道:"最先进(和最困

---

[306] See generally Mumford, supra note 22(警告不要盲目追求机械化,并讨论一个为了自身而追求机械化的社会的内在危险). I recognize that Mumford himself spent little time theorizing man-machine interaction and was critiqued for overlooking cybernetics. See, e. g., David A. Mindell, *Between Human and Machine: Feedback, Control, and Computing Before Cybernetics* 1 – 3 (2002). Nevertheless, I invoke Mumford's concept of "biotechnics"—and not simply the cyborg metaphor—to capture Mumford's vision of a system that views instruments and algorithms as a means of advancing preexisting commitments to core criminal justice values.

[307] David Brooks, "Op-Ed, Our Machine Masters", *N. Y. TIMES*, Oct. 30, 2014, at A31.

[308] Richard N. Langlois, "Cognitive Comparative Advantage and the Organization of Work: Lessons from Herbert Simon's Vision of the Future" 23 *U. Conn.*, *Dep't Econ. Working Papers*, *No.* 200220, 2002.

[309] See Mary (Missy) Cummings, "Man Versus Machine or Man + Machine?", *IEEE Intellgent SYS.*, Sept./Oct. 2014, at 2 – 3 (citing NAT'L Research Council, COMM. AVIATION PSYCHOL., *Human Engineering for An Effective Air-Navigation and Traffic-Control System* (Paul M. Fitts ed., 1951).

[310] See, e. g., Dekker & Woods, supra note 23, at 240.

[311] Id.

难)的技术不是那些与人类分离的技术,而是那些深入人类和社交网络并对其作出反应的技术。"[312]

因此,我们可以将我们的系统视为"半机械人的审判",通过仿人专家、仿人陪审团和仿人法官提升人道正义。考虑到机械化过去被国家所采用的方式,"半机械人"概念可能看起来是乌托邦式的。但正如堂娜·哈拉维(Donna Haraway)在她的《半机械人宣言》中所写的那样,我们或许应该对任何"技术恶魔"持怀疑态度,因为它否认我们创造"半机械人形象"的可能,事实上半机械人为人类摆脱二元论迷宫指明了方向,正是二元论导致了压制性的刑事司法实践。[313]

"半机械人审判"的概念应该有希望加强取证和协助陪审团、法官审判决策。现在,我们可以执行每项任务,并询问机器如何更人性化执行,而不是由人类法警、职员、缓刑官或假释委员会成员执行所有任务,并询问机器如何替代执行。也许我们应该使用专家系统和数据库,就像那些被纳入 SISs 的数据库一样来确定科学证据的可接受性,[314]这似乎具有支持起诉的偏见。[315] 或许我们应该使用文本分析软件(其现在正在欧洲进行 beta 测试),作为另一个数据点,帮助陪审员检测证人是否撒谎。[316] 也许我们应该接受 IBM 的工作,这是计算机化的危险边缘(Jeopardy)节目中的冠军沃森(Watson)的创建者,用于构建超级计算机以提供对证人在展台上所作陈述的实时事实的核查。[317]

这些建议的终极智慧将取决于这种自动化是否可以被纳入决策的制定

[312] Mindell, supra note 137, at 9.

[313] Haraway, supra note 33, at 316.

[314] See, e. g., Pamela S. Katz, "Expert Robot: Using Artificial Intelligence to Assist Judges in Admitting Scientific Expert Testimony", 24 *ALB. L. J. SCI. & TECH.* 1, 3 (2014).

[315] See, e. g., Susan D. Rozelle, "Daubert Schmaubert: Criminal Defendants and the Short End of the Science Stick", 43 *TULSA L. REV.* 597, 597 – 98 (2007).

[316] See Fornaciari & Poesio, supra note 299, at 303.

[317] See Robert C. Weber, "Opinion, Why 'Watson' Matters to Lawyers: Computer's Artificial Intelligence Could Be a Boon to Legal Research—and Might Even Come in Handy in the Courtroom", *NAT' L. L. J.* (Feb. 14, 2011), http://www.nationallawjournal.com/id=1202481662966/Why-Watson-matters-to-lawyers [https://perma.cc/R9R2-EQ8H].

过程,同时防止自动化病理以及所有常见的政策问题,即准确性、均匀性或效率的提高是否值得以牺牲其他价值为代价。现在的观点是,通过放弃"MABA-MABA"的思想,我们允许自己考虑生物技术对裁决的增强作用,但不考虑人类独自做什么这浪漫化或古老的观点或机器可以独自起什么作用的恐惧心理。

(二)确保目标和准确性

1. 前端设计和制度保障

我们的刑事司法系统应当系统地实施前端监管保障,以更好地确保机械和算法,以示公平性和准确性。在《美国联邦宪法第四修正案》的背景下,达芙娜·雷南(Daphna Renan)讨论了行政保障的必要性,以评估监督对隐私的影响,因为现代监督的现实与《美国联邦宪法第四修正案》分析的交易"一次性"性质之间存在脱节。[318] 呼吸酒精机器的广泛监管,遵循科学家最佳实践指南的要求,提供了监管保障潜力的一瞥。[319] 其他例子是要求录像使用特定摄像机和照明设置,删除协议官员记录的时间,禁止编辑等方面的自由裁量权。

在软件证据方面,各国还可以制定、设计和披露保障措施,例如,测试"流氓程序员"[320]是否存在蓄意误解,以及(无论源代码是否仍然是专有的)

---

[318] See generally Daphna Renan, "The Fourth Amendment as Administrative Governance", 68 *STAN. L. REV.* (forthcoming 2016) (explaining the need for programmatic probable cause analysis to govern large-scale search policies and algorithms, rather than traditional, transaction-based probable cause analysis).

[319] For example, California requires that forensic alcohol analysts be licensed with the state's Department of Health, 17 *CAL. CODE REG.* § § 1215. 1 (k), 1216 (a), 1216. 1 (2014), and mandates that technicians run a blank sample once daily that shows less than. 01% blood alcohol concentration if the machine is to be used. See id. § §1220. 1 – 3. The National Highway Transportation Safety Administration prohibits states from using machines other than those listed as approved in the Federal Register. See Conforming Products List of Alcohol Screening Devices, 77 Fed. Reg. 35,747,35,748 (June 14,2012).

[320] See Jane Huffman Hayes & Jeff Offutt, "Recognizing Authors, An Examination of the Consistent Programmer Hypothesis", 20 *Software Testing, Verifation & Reliability* 329,330 (2010) (discussing the possibility of identifying specific software programmers based on their respective programming styles).

对软件和精算机构基础上的假设和价值判断进行“无情的公开审查”,[321]超越现有的验证研究。软件还可以设计为具有显式的接口,并且委托人类操作员进行价值选择。大卫·曼德尔举了一个谷歌自动驾驶汽车的例子。在这个例子中,一个人类司机可以转动一个标有“风险”的旋钮,以更快的速度准时参加一个会议,从而承受更高事故存在的可能性。[322] 可以想象一个 TrueAllele 的类似界面,以便操作员、诉讼当事人和陪审员了解特别受损的 DNA 样本,达成明确的风险因素。这些前端保护应该是“动态的”而不是“静态的”,由当地利益相关者和审查人员根据有关技术的范围和影响,运用执法需求和合规水平的新信息不断更新保护措施。[323]

我们还应该实施最佳惯例和可能的法定要求,以对抗机器、机器产品消费者、机器操作人员或机器合作者的自动化自满情绪。在这样做的过程中,我们应该利用新兴领域,如人体工程学、“人类因子工程”和“可适应自动化”来设计自动化技术,“将人性注入人与计算机之间的工作关系”。[324] 技术确保人类判断不被机器覆盖,包括“定期反馈”,提供相关信息“无须推荐特定的行动方案”,或者提供“替代解释,假设或选择”。[325] 例如,一位法律学者建议刑事判决分为两部分,即法官首先提出基于道德责备的判决,然后在第二个独立阶段使用精算工具,确定监督释放的条件或确定哪些罪犯可能有责任豁免,这些罪犯可能是转移计划的良好候选人。[326] 有了这种保障措施,概率模型和可衡量的信息可以“提供人们能够行使判断的框架”,而不是简单将

---

[321] See Doremus, supra note 139, at 1148 (advocating for public scrutiny as a better check on federal agency action than formal scientific peer review).

[322] See Mindell, supra note 137, at 207.

[323] See Bamberger, supra note 144, at 730 (suggesting a "dynamic account" of ensuring algorithmic objectivity in the corporate compliance context, rather than a "static set of external rules" that would likely "result[ ] only in cosmetic trappings of compliance") (citation omitted).

[324] See CARR, supra note 134, at 164 –65.

[325] Id. at 165 –66.

[326] See Jennifer Skeem, "Risk Technology in Sentencing: Testing the Promises and Perils (Commentary on Hannah-Moffat, 2011)", 30 *JUSTICE Q.* 297, 299 (2013).

之取代。[327] 有了正确的保障措施,“只提供可衡量的东西不是使用精算方法的必然结果”。[328]

国家将道德责任的复杂判断转化为可确定的代理是不恰当的做法,我们的系统还需要对此倾向进行系统检查。一种解决方案是对机器可测量的数字代理或判决增强的基础推定,除非它们受到国家研究委员会或备受尊重的两党国家法医科学委员会的同行评审。[329] 很难想象 DUI 大麻法律潮流或联邦量刑能通过同行评审,到目前为止,它们仍认为贩卖甲基苯丙胺比贩卖粉末可卡因后果更严重。

要明确的是,答案不是完全放弃机械代理。机器可以成为解决复杂问题的盟友,不是因为它们使事情变得更简单,而是因为它们增强了我们独特的人类经验,具有人类无法独立实现的感知、速度和精确的力量。这就是呼气测试机器为碰撞风险研究所做的事情,这些研究催生了 0.08% BAC 法律,这可能是美国刑法对于半机械人制度最接近的机制。在一些城市里,这似乎就是公共安全评估正在为保释决定做的事情。这也许是一些尚未被发明的新机器,它将解决酒驾问题。

2. 后端对抗性保护措施

至少在理论上,美国刑事诉讼和证据法提供了确保证人可靠性的有意义的方法,从誓言[330]到对抗条款,[331]到传闻证据规则,[332]到促进弹劾的规则,到

---

[327] See Katherine Y. Barnes, “Against Judgment”, 93 *CORNELL L. REV.* 689, 697 (2008) (reviewing Bernard E. Harcourt, *Against Prediction: Profiling, Policing, and Punishing in An Actuarial Age*(2007).

[328] Id. at 696.

[329] But see Doremus, supra note 139, at 1146 –47 (注意到正式科学同行评审的局限性). Robust public scrutiny could accompany such review. See id. at 1148.

[330] 被视为有资格在法庭上作证,证人必须宣誓作证。See, e. g., FED. R. EVID. 603. Of course, some witnesses are hearsay-declarants whose statements might be admissible under a hearsay exception even though the statements were not made under oath.

[331] The Confrontation Clause of the Sixth Amendment, as currently interpreted by the Supreme Court, prohibits the prosecution from introducing the “testimonial hearsay” of an absent declarant, unless the declarant is unavailable and the defendant had a prior opportunity to cross-examine him. See Crawford v. Washington, 541 U. S. 36, 68 –69 (2004).

[332] See, e. g., FED. R. EVID. 801, 802 (excluding out-of-court statements of declarants to prove the truth of the matter asserted in the statement, with numerous exceptions).

联邦詹克斯法案[333]及其州的类似法案,要求披露证人以弹劾为目的所做的先前陈述。但是,这些为证人设计的法庭保障措施几乎无法有效地允许被告检验非个性化证据的可靠性,如法医药物报告。[334] 正如大卫·斯克兰斯基(David Sklansky)所指出的那样,在美国因DNA脱罪的数百个错误定罪案例中,似乎都不是因为被告无法交叉盘问法医专家而导致的审判结果。[335] 而且这种法庭保护措施似乎也很难适用于机器本身。[336] 一份酒精检测报告能否为控告提供"可信度"? 这是能够对抗被告的证据吗?

一些涉及自动证明案件的被告辩称,对抗条款和传闻证据规则要求披露源代码和其他对评估机器产出的可靠性材料。学者们也提出有必要将对抗条款广泛地解释为"保护被告调查和抗辩所提出的证明其有罪的证据",[337] 而不是简单地保证被告与证人当庭交叉询问和身体对抗的结果不发生。根据这种解释,对抗性要求用于建立逮捕、归罪或惩罚被告的算法必须是公开的,至少在必要的范围内公开,以便科学和法律界能够有意义地审查隐藏的人为错误、操纵和主观性。[338] 其他研究人员富有激情地写道,对于科学研究中使用的任何计算机程序需要公开源代码,以确保最低限度的可访问性和审查。[339] 然而,到目前为止,每个处理该问题的法院都已经裁定,机器输出或

---

[333] See18 U.S.C. § 3500(b)(2012)(requiring disclosure of substantially verbatim prior statements of witnesses on the subject matter of their testimony before they testify, for potential impeachment value).

[334] See, e.g., Erin Murphy, "The Mismatch Between Twenty-First-Century Forensic Evidence and Our Antiquated Criminal Justice System", 87 *S. CAL. L. REV.* 633, 657(2014).

[335] See David Alan Sklansky, "Hearsay's Last Hurrah", 2009 *SUP. CT. REV.* 1, 18.

[336] See Brian Sites, "Rise of the Machines: Machine-Generated Data and the Confrontation Clause", 16 *COLUM. SCI. & TECH. L. REV.* 36, 42(2014)(感叹"对抗条款"赋予"无权盘问许多现代机器的操作员").

[337] Sklansky, supra note 335, at 71.

[338] See also Murphy, supra note 334, at 661(辩称刑事被告应该有能力在私人公司的帮助下有效地防御技术复杂的证据,并且"在私人专有信息可能受到威胁的程度上,激进的透明度可能需要调整,如堵嘴订单,有条件地录取证据或限制披露").

[339] See, e.g., Darrel C. Ince et al., "The Case for Open Computer Programs", 482 *Nature* 485, 485(2012).

源代码不是用于传闻证据规则的“断言”,也不是用于对抗条款的“推荐”。[340] 因为原告只是一台机器而不是一个人,《美国联邦宪法第六修正案》和反对传闻证据的规则都没有任何关于能否面对机器输出的原始数据和最初编写的代码的能力。[341] 正如一个法院所说,“算法不能被交叉询问”。[342]

笔者在后文中讨论了传统的弹劾和对抗理论在机械证人中的应用。对该主题的详细阐述超出了本项目的范围。笔者只想说对抗性测试机器和算法将需要有意义的防御和研究人员访问测试其算法可靠性所必需的材料,无论是通过法定权利还是宪法义务。

(三)保护“软”价值

机器时代的公正刑事审判制度也将对威胁尊严、公平和怜悯的因素进行系统检查。这显然不是简单、容易的任务,其全面处理超出了本条的范围。它肯定需要从一系列制度工具中援引,如宪法执行、司法意见书写和陪审团指示的转变、法定和监管保障、通过教育和招聘实践转变其代理文化以及公共教育和指引行动。解决方案甚至可能来自市场或市场压力。例如,有人必须制造身体测量设备。君主 21 号阴茎密度计(Monarch 21 PPG)是由行为技术公司(Behavioral Technology, Inc.)[343](BTI)制造的一种经“食品及药物管理局(Food and Drug administration)批准的阴茎体积描记器”,其“方便携带盒”上有一个用于刺激式护目镜的蝴蝶标志。公众可能会施加压力令 BTI 不会将其产品用于缓刑和假释撤销听证会,正如公众已迫使药品

[340] See, e. g., People v. Goldsmith, 326 P. 3d 239, 249 – 250 (Cal. 2014) (holding that photographs, video, data, and time stamps taken by red light cameras were not hearsay and thus could be admitted as evidence).

[341] See Karen Neville, "Programmers and Forensic Analyses: Accusers Under the Confrontation Clause", 10 *Duke L. & TECH. R.* 1, 9 – 10 (2011); see also Bullcoming v. New Mexico, 131 S. Ct. 2705, 2722 (2011) (Sotomayor, J., concurring).

[342] State v. Melsky, 2013 WL 1776037, at *4 (N. J. Super. Ct. App. Div. Apr. 26, 2013).

[343] See Monarch 21 PPG, *Behavioral Tech., Inc.*, http://www.btimonarch.com/page.php/monarch21PPG/Monarch-21-PPG.html [https://perma.cc/Q9RZ-7SK6] (last visited Jan. 29, 2016).

制造商不向其销售用于致死注射的产品。[344]

或许具有讽刺意味的是，检查侵犯尊严的一种方法是扩大潜在侵入性机械化范围，以覆盖那些本来具有犯罪倾向的人群，因为他们目前没有受到"热点"监视的组合监视，也没有受到一个主观的、"个性化的怀疑"警务框架的约束。例如，学者们提出了高收入社区[345]或通用DNA数据库[346]的随机监测可以作为消除警务偏见的工具。与基于困扰刑事调查的人为错误不同，[347]来自机械过程的随机错误是"令人耳目一新的民主"。[348] 同样，保罗·巴特勒(Paul Butler)也注意到了一种用于检测麻醉品的新设备——"电子鼻"，其"将具有平衡禁毒执法和减少种族差异的引人关注和有益的潜力"。[349] 虽然这些建议可能效率低下且代价高昂，且需要自行检查输入偏差，[350]但他们的考虑将导致关于侵入性遗传或摄影监控实践所涉及的尊严权益的更公开的辩论。

各国还可以要求资助部署身体测量装置或监测技术的机构首先提交一份基于受试者的尊严而产生的《尊严影响声明》。[351] 这样的解决方案需要深

[344] See Mary D. Fan, "The Supply-Side Attack on Lethal Injection and the Rise of Execution Secrecy", 95 *B. U. L. REV.* 427, 429 (2015).

[345] See Jane Bambauer, "Hassle", 113 *MICH. L. REV.* 461, 507 – 508 (2015) (advocating randomness in searches); Bernard E. Harcourt & Tracey L. Meares, "Randomization and the Fourth Amendment", 78 *U. CHI. L. REV.* 809, 866 (2011).

[346] See Andrea Roth, "Maryland v. King and the Wonderful, Horrible DNA Revolution in Law Enforcement", 11 *OHIO ST. J. CRIM. L.* 295, 309 (2013).

[347] See Harcourt, supra note 117, at 2 – 3.

[348] Jane Bambauer, "Defending the Dog", 91 *OR. L. REV.* 1203, 1207 (2013). But see Lisa Lit et al., "Handler Beliefs Affect Scent Detection Dog Outcomes", 14 *Animal Cognition* 387 (2011) (arguing that dog handler beliefs that scent was present affected whether dogs alerted on a location).

[349] Paul Butler, *Let's Get Free: A Hip-Hop Theory of Justice* 156 – 157 (2009).

[350] 例如，埃林·E. 墨菲(Erin E. Murphy)认为，普遍的DNA数据库可能仍然会导致不公平的警务实践，而警方根据这些实际开始时选择收集DNA的犯罪现场和案件。See Murphy, supra note 12, at 260 – 262.

[351] See Osagie K. Obasogie, "The Return of Biological Race? Regulating Innovations in Race and Genetics Through Administrative Agency Race Impact Statements", 22 *S. CAL. INTERDISC. L. J.* 1, 55 (2012) (advocating for the use of "race impact assessments" for biotechnologies that either make claims about the biological significance of race or "disproportionately affect minority communities").

思熟虑地考虑如何避免行政法学者所称的“次要授权”问题,在这个问题中,机构对决策过程要求遵守的授权规则会因他们完成主要任务的愿望而受到影响。[352] 解决方法在于确保由独立于执法机构的代理机构负责机械化的设计,增加公共透明度,以及通过招聘标准或培训改变机构文化。

在立法没有前所未有地转移代理犯罪的情况下,由责任和惩罚所调节的人类安全将保障需要更多其他角色的力量来训练公正和仁慈的自由裁量,如警察、检察官、陪审团和法官。[353] 法官或公众通过宪法公投可以更明确地废止陪审团决议作为一项法律权利,甚至披露对陪审员的潜在处罚,[354]以减轻在涉及官方证据的案件中保持一致性的压力。检察官应接受精神疾病、吸毒成瘾、警务隐性偏见以及可能与行使酌定权相关的许多其他因素的培训,甚至可以像乔希·鲍尔斯(Josh Bowers)所建议的那样,将这一要求外包给陪审员。[355] 只有这样的系统方法才能确保“红灯摄像机问题”(通过基于规则的责任和现代权威证据的相互作用,其无意中丧失公平的自由裁量权)在犯罪背景下不会重现。

(四)互助自动化的缺失

正如第二章第三部分所探讨的那样,如果机器的自发错误可以受到有效控制,比如机器在犯罪侦查和犯罪证明上,可以成为避免错误定罪的有效工具,这种错误产生于目击人类证据和言词证据证明过程中,如供述和证人证言。它也可以成为纠正陪审团和法官心中或隐或明的种族歧视和消除其

---

[352] See supra note 139 and accompanying text.

[353] See generally Bibas, supra note 118, at 133 – 65(提出各种方法来增加公众对惩罚决定的参与).

[354] 格鲁吉亚的一名法官最近在一起抢劫案中告诉陪审员,如果得知没有任何法律禁止这样做,那么最重要的罪状判决将导致强制性终身无假释判决。See Bill Rankin, “Are They Out of Order? DA, Judge Feuding in Fulton”, *ATLANTA J. -CONST.* (Sept. 10, 2015, 12:03 AM) http://www.myajc.com/news/news/crime-law/are-they-out-of-order-da-judge-feuding-in-fulton/nnbw4/ [https://perma.cc/4QLS R3UZ]. http://www.myajc.com/news/news/crime-law/are-they-out-of-order-da-judge-feuding-in-fulton/nnbw4/[https://perma.cc/4QLS-R3UZ].

[355] See Josh Bowers, “The Normative Case for Normative Grand Juries”, 47 *Wake Forest L. REV.* 319, 321(2012).

他偏见的有效工具。在机器时代,这样一个刑事审判系统将全面评价机械化是否能够作为一种消除偏见的工具而完全适应。如果 TrueAllele 存在于 DNA,但是工具标记却没有这样的程序,或者如果监视摄像机仅存在于某些情况下,谁会从缺乏机械化或未改进的人类判断的浪漫化观点中受益?如果是强大的利益受益者,那么应该考虑采取某种形式的公平监视。[356] 某些形式的公平监视肯定是必要的,如随身佩戴的摄像机,而其他形式的公平监视是否必要则只有时间来验证。

五、结论

当一位《华尔街日报》记者问艾丽丝(ALICE,人工语言互联网计算机实体),"她"是否将在陪审团任职时,电脑回答说:"我不确定我是否想在陪审团任职。"[357]谁能怪她?对刑事被告的道德谴责是,而且应该是困难的。根据一位历史学家的观点,人们发现创造"合理怀疑"指令是如此困难,即使在缺乏形而上学的确定性情况下,哄骗犹豫不决的陪审员也要被判处死刑。[358] 但是,在机械化偶然地朝向过度惩罚的方向发展的环境下,陪审员和法官仿佛根本不需要运用道德判断,他们被看作机器。虽然机械化在提高裁决的准确性和公平性方面具有很大的潜力,但我们不应该让它从等式中消除道德谴责。相反,我们应该利用它来更好地识别那些值得或不值得道德谴责的人。

当然,科学家现在谈论所谓的"奇点"的必然性,即计算机有一天会变得

---

[356] Cf. Frank Pasquale, *The Black Box Society: the Secret Algorithms that Control Money and Information* 218(2015)(注意到在公司犯罪的背景下,"美国政府可以代表我们而不是使用监督技术来对付美国公民").

[357] Jacob Gershman, "Could Robots Replace Jurors?", *WALL ST. J. L. BLOG*(Mar. 6, 2013, 1: 30PM), http:// blogs. wsj. com/law/2013/03/06/could-robots-replace-jurors/[https:// perma. cc/S65V-W9LX].

[358] See James Q. Whitman, *The Origins of Reasonable Doubt: Theological Roots of the Criminal Trial* 12 -13(2008).

比人类聪明。[359] 当那一天到来时,我们可能会有文字机器人作为证人、陪审员和法官。实际上,我们的整个存在都可能没有实际意义。然而,在此之前,如果我们希望复杂的个别化判断成为刑事审判的一部分,如果我们希望道德谴责保持其稀有性和严重性以及信号效应,并且同时利用机械化作为强大的校正工具,那么我们需要接受"机器人"成为专家证人、陪审团和评委的新愿景。我们既要摒弃人类法官丝毫不需要机器协助的浪漫主义观点,也要摒弃机器可以独当一面这种迷信的拜物主义观点。至少目前,随着机器的继续崛起,现实的"机器试验"恐惧并不是偏执的工具拜物者所预想的那样。相反,用波戈(Pogo)的话说,我们已经看过机器了,它就是我们。

(赖玉强　蒋艳林　译)

---

[359] See Eric Molinsky, " Soon, Computers Will Become More Intelligent Than Us. Then What?", *PUB. RADIO INT' L* (Jan. 26, 2014, 4:30 PM), www. pri. org/stories/2014 - 01 - 26/soon-computers-will-become-more-intelligent-us-then-what[https://perma. cc/QJ5W-Y9BF].

人工智能、技术与法律

[美]西蒙·斯特恩(Simon Stern)* 著
(原文载于 *University of Toronto Law Journal*)

麦乐·希尔德布兰特(Mireille Hildebrandt)的文章《人工智能时代的计算法则:将法律置于统计力量之下》阐述了有关人工智能和法律基础概念的基本问题。她指出,当讨论到人工智能对法律存在的潜在破坏力时,评论员们更倾向于采用经济学的观点看待此问题,即从经济学的角度,将“法律”等同于“法律服务市场”,并主要(通常仅限于)关注对于市场的破坏。① 相比之下,她建议,如果人们愿从经济学的角度出发,最好能够提供“推动‘法律服务市场’发展的政治经济学的分析”,并基于此提出“法律应该怎样在规范和管理市场经济的同时,对法律所要求的内容进行持续性的监督和检查”。② 与其将法律视为产品或服务,麦乐·希尔德布兰特解释说,我们不如将其看作“一种社会保障缺失的组成部分”,以确保“那些受法律保护的人可以获得有效的法律补救措施,从而对违反基本权利的行为提出异议”。③ 该制度的运作并不仅仅取决于执法(否则“它就不是法律,而是行政、纪律,或仅仅只是暴力问题”);相反,这取决于暴力作为垄断的保障手段,其表达和行动表

---

* 加拿大多伦多大学创新法律与政策中心副教授兼联合主任。

① See Mireille Hildebrandt, “Law as Computation in the Era of Artificial Legal Intelligence: Speaking Law to the Power of Statistics” (2018) 68: *Suppl UTLJ* 12 at 14.

② Id.

③ Id. at 15.

征均进一步印证了对系统进行约束的常态。[④] 通过将法律理解为“一个连贯的言论行为理论,告知我们行为会产生的后果”,我们可以看到“法律判断的数学模拟”与“法律判断本身”之间的区别。[⑤]

麦乐·希尔德布兰特认为,在阐述这二者的差异时,我们首先应观察机器学习(ML)中不透明的算法程序(无论是“故意隐藏源代码”还是为保护企业的商业秘密和知识产权),其很难甚至不可能测试出(算法的)可信度和调查那些能够促进(它)发展的假设。[⑥] 此外,“即使专家设法验证了软件,我们大多数人也缺乏理解它的能力”,这使我们只能依赖于其创建者或凭证生成器。[⑦] 其次,她指出,无论其准确性如何,统计结果都取决于不同分析模式下所作出的完全不同的“推理”,而这种推理与法律实践中论证的分析和论证模式恰好是至关重要的。前者涉及“数字重组和连接这些点的数学函数”,而后者则表明他们自己愿意接受正当性挑战。[⑧] 除了指出这个差距之外,麦乐·希尔德布兰特强调律师和受法律约束的人应该谈论关于变量、函数、相关性、训练集(和)假设空间的语言,因为只有这样才能辨别算法中嵌入的各种偏差和失真,从而获得“将法律与统计运用相对应”的能力。[⑨] 再次,创建高度准确、详细和具体的法律算法手段可能导致侵犯各种权利,包括隐私权和不被歧视的权利。[⑩] 最后,采用先进的法律机制可能导致那些曾经执行过这些任务的专业人员“逐渐失业”,从而加剧上述问题;正如权力下放于算法一样,最有能力检查其结果的专家也越来越难以确定结果是“不正确、不精确或有争议”的。[⑪]

麦乐·希尔德布兰特的分析涉及法律体系中那些通常依赖于法律算法输出相关结果而又缺乏证明模式的地方。有些行政决定是以敷衍的方式作

④ Id. at 19.
⑤ Id. at 23.
⑥ Id. at 28.
⑦ Id. at 29.
⑧ Id. at 30.
⑨ Id.
⑩ Id.
⑪ Id. at 33.

出的,似乎与这种结果产生的方法息息相关。虽然在大多数情况下,它们至少在理论上还可以接受深究,尽管他们平淡无奇的形式也可能在实践中阻止了许多人探究其根基。这些决定是麦乐·希尔德布兰特对系统性要求的产物,合理性辩护并不一定能让它们免受批评。因此,她的分析尽可能地提出了将算法系统的特征与原则上与其不同的系统特征进行比较的方法,尽管这些系统之间存在某些方面的吻合。

布雷恩·谢泼德(Brain Sheppard)在他的文章《日愈难以理解:技术如何挑战我们的法律概念》中谈论了有关法治的理论问题。他指出,"法律如同技术层面上的人类艺术品",我们需要根据不断变化的需求进行调整,他询问我们是否可以及时容忍因常规技术使用所产生的某些"系统性弱点",而这些弱点反过来又会使我们改变本来的法律概念,从根本上改变对法律规范结构或规范关系的概念,从而确定我们(指技术)愿意接受法律权威的约束。[12] 布雷恩·谢泼德问技术能否"改变……我们将任务委托给机器的观念或看法?"[13]布雷恩·谢泼德特别专注研究技术可能改变我们法律监管体系的主流思想,他讨论了ML可以解决法律问题的潜力问题,并指出其可以通过"自动化的个性规则制定"的方式生成法律指令。也就是说,通过针对特定的接受者发布特定的规则。[14] 由于ML按照模式识别的方式得出概率性结论,所以这些规则不可能成为另外一种模式的基本结构。[15] 相反,它们会在整体上形成一幅由数字碎片组成的马赛克,没有连贯的图案。而这种无图案分类也不会附上一个让接收者可以理解(上述现象)的理由。然而,我们更倾向于用"在可理解的语言中,合理的简短,足够的全面"来证明法律决策的合理性,而法律机器的算法结果可能从人类算法的角度来说"无法解释"。[16] 那么,这个系统的弱点之一就是它无法告诉我们为什么要遵循某个

---

⑫ See Brain Sheppard, "Warming up to Inscrutability: How Technology Could Challenge Our Concept of Law", (2018) 68: *Suppl UTLJ* 36 at 37 [Sheppard, "Warming up to Inscrutability"].

⑬ Id. at 38.

⑭ Id. at 41.

⑮ Id. at 45.

⑯ Id. at 48.

指令,为什么我们应该对某一行为方式承担民事或刑事责任。我们必须信任该制度,尽快地放弃我们法律制度的一个核心特征,即我们挑战法律有效性能力。

在阐明为什么在ML之上建立的法律制度具有脆弱性之后,布雷恩·谢泼德认为从法律理论的角度(至少从人类感知方面)来看,法律制度的问题是不连贯的。想要看到这样的一个制度所带来的巨大转变,一种方法是考虑哈特(H. L. A. Hart)的理论,该理论要求法律统治者必须共同承担"对某些行为模式的批判性反思态度"作为一个共同的标准,"在批评中展现出来的态度,包括自我批评(和)从众(这种行为)的要求"以及其他等。[17] 机器能否采用这种批评态度?很可能不会,布雷恩·谢泼德观察到"它始终为(特定的)目标服务……但是,它无法走出规则生成的系统来修改其总体目标",而这种修正正是关键立场所促成的。拉兹(Razian)的观点也没有更好的相关表现。[18]

约瑟夫·拉兹(Joseph Raz)认为,法律对合法性的要求取决于对道德权威的要求,而道德权威又取决于法律能够证明其要求合理的能力。如果这样做"使某人更有可能遵守法律指令",那么某人应该遵守法律指令的认识,会使其遵守正当理由,而不是服从她自己的理由。由于法律机器会无缘无故发布指令,并且通常没有任何可辨别的正当理由,因此试图"评估该系统对权威要求的合法性"的人往往很难知道是否已经排除了冲突原因或者不明确该原因是否超出了系统评估的范围。[19] 从拉兹的角度来看,该系统的不可预测性从根本上破坏了其对权威的要求:理性行动不是被动的,主观选择的行动不仅被证明是正确的,而且也是出于正当理由而选择的。[20]

最后,罗纳德·德沃金(Ronald Dworkin)同样要求"正确的裁判方法

---

⑰ Id. at 53, quoting H. L. A. Hart, *The Concept of Law*, 3d ed (Oxford: Oxford University Press, 2012) at 53.

⑱ See Sheppard, "Warming up to Inscrutability", supra note 12 at 54.

⑲ Id. at 58, citing Joseph Raz, *The Authority of Law: Essays on Law and Morality* (Oxford: Clarendon Press, 1979) at 14.

⑳ Sheppard, "Warming up to Inscrutability", supra note 12 at 59.

(必须)具有高度解释性和评价性”。因为在罗纳德·德沃金看来,我们必须“以最好的方式解释法律……就好像它是由一个单一话语的社区创建的……为国家强制寻求和提供正当理由”。[21] 法律机器不仅无法提供这样的正当理由,而且它的“静态性质”,即它无法在其运作过程中发展新的规范,意味着它无法识别和执行任何已经通过解释变得明显的新原则。[22]

布雷恩·谢泼德指出,一些具有法律权威的主流理论与依赖于机器系统生成的法律指令之间是否存在显著差距。他实际隐含地提出了一个关于我们如何衔接两者的问题,以及我们做怎样充分的准备才能达到他所描述的事态。像他所描述的那样,全面的系统不会在一夜之间突然出现,它只会缓慢而渐进地发展。也许它最初适用的是对大多数人来说不够透明,或者看起来微不足道且不需要正当理由辩护的法律领域,但这并不是说某些错综复杂的不透明监管领域与布雷恩·谢泼德所描述的不可预测性相同,而是因为它们很容易被人们所接受,所以人们可能更愿意用另一种看似难以理解的惯例进行交易,而不是在宪法等领域出现这种做法。因此,布雷恩·谢泼德的分析本身隐含着对那些认为法律权威的合理性取决于一种或另外一种理论的人的警告,或在任何情况下,取决于构成这三种理论中最小共同点的公正要求,即监测 ML 方法的早期使用及其对其他法律领域的扩展。

弗兰克·帕斯夸里(Frank Pasquale)和格林·卡什维尔(Glyn Cashwell)所写的《预测、说服和行为主义的法理学》,延续了前两篇文章的一些主题,同时也更具体地讨论了一些代表预测算法的具体声明。弗兰克·帕斯夸里和格林·卡什维尔研究了他们所称的“行为主义的新兴法理学”,该法理学将根据“斯金纳精神模型”将司法决策视为从输入到输出的黑盒子转换的过程。[23] 他们观察到这种方法摒弃了传统的以说服(基于解释)为基础的方法,取而代之的是法律预测。正如他们指出的那样,在很多方面,正如心理学家

---

[21] Id. at 60, citing Ronald Dworkin, *Law's Empire* (Cambridge, MA: Harvard University Press, 1986) at 218.

[22] See Sheppard, "Warming up to Inscrutability", supra note 12 at 61.

[23] See Frank Pasquale & Glyn Cashwell, "Prediction, Persuasion, and the Jurisprudence of Behaviourism" (2018) 68: *Suppl UTLJ* 63 at 65 [Pasquale & Cashwell, "Prediction"].

蒂莫西·威尔逊(Timothy Wilson)所言,我们“对自己很陌生”。[24] 因此,预测方法只不过是将一种不可思议的模式转换为另一种不可思议的模式而已。

然而,这两种模式本质上是不同的,正如弗兰克·帕斯夸里和格林·卡什维尔所展示的那样。与此同时,许多社会学家和认知心理学家(以及其他一些人)已经充分研究了影响司法行为的因素,从而导致“对促使人们做出判决的政策考量进行更为严格、公开化的讨论,更坦率地承认法官是政治角色”,[25]而带有黑盒子性质的算法输出不会提供这样的分析。在一天结束的时候,法官们可能会因为一些不公正的行为而受到质疑和指责,然而一种以偏颇数据为前提的算法可以巧妙地免受批评。[26] 谈到自然语言处理(NLP)对于这一行为主义法学的潜在作用,弗兰克·帕斯夸里和格林·卡什维尔考虑了尼古拉斯·阿莱特拉斯(Nikolaos Aletras)和他的同事在2016年发表的一篇文章中提出的索赔诉讼,这篇文章为欧洲人权法院(European Court of Human Rights,ECHR)的判决提供了一个NLP的视角。[27]

首先,弗兰克·帕斯夸里和格林·卡什维尔询问这项研究的用途和目的。尼古拉斯·阿莱特拉斯和他的同事们有三个方面的目标,即首先要证明NLP对司法判决的预判价值;建立能够凸显这些案件最适合司法反馈的分类机制;以及展现事实或法律对案件结果的影响是否更大。至于这项研究的预测性说法,弗兰克·帕斯夸里和格林·卡什维尔提出一个问题,即由欧洲人权法院对有必要经过法庭裁决的情形总结形成的样本,该样本是否应被认可为一种预测性力量。本研究不考虑当事人各方(在裁决之前)对情况的描述,也不考虑第三方认为可能的情况,目的是说明这些情况可能会被解释为侵犯人权;相反,这项研究借鉴了法院在解释其判决的过程中所提供

---

[24] Id. at 64. Timothy Wilson, *Strangers to Ourselves* (Cambridge, MA: Harvard University Press, 2002).

[25] Pasquale & Cashwell, "Prediction", supra note 23 at 64.

[26] Id. at 66.

[27] See Nikolaos Aletras et al., "Predicting Judicial Decisions of the European Court of Human Rights: A Natural Language Processing Perspective" (2006) 2 *Peer J. Computer Science* 92.

的描述——这是一个与所预测的结果有关的细节。[28]

此外,该研究从其语料库中排除了那些“不符合‘可接受性’标准的判决,这些标准在本质上是程序性的判断”,因此,“法律完全决定了结果的案例……在表面上会被从代表一般范围的数据集中删除”。[29] 删除一组涉及法律问题的案件,因此,“事实”将对剩下的一组中的结果产生更大的影响。同样地,与其他一些贡献者一样,弗兰克·帕斯夸里和格林·卡什维尔都注意到了统计相关性“作为一种适用的有效性伦理”,与“根据丰富的历史进行相关分析的模式”有根本的不同。[30] 因此,一个值得关注的问题是,与发现人权侵犯相关的词语(如“儿子”)可能不会被算法解释以“家庭成员身份”作为索引,而是用于“优先考虑涉及儿子、女儿的案件”。[31]

考虑到对这些数据汇编的方式,以及他们为那些可能希望有预测或分类能力的机器人所表现出的缺点的各种担忧,弗兰克·帕斯夸里和格林·卡什维尔得出结论,虽然统计分析可以“揭示令人不安的裁决模式”,有助于揭示司法偏见的模式,未来学家基于 NLP 和 ML 系统潜力,对其要求应该更温和。[32] 即使分析预测变得更加可靠,“预测算法的实用性和关键用途也处于紧张状态”,因为它们的实用性可能会影响各种偏差,而它们的关键用途则将这种可能性视为一种调查问题的可能性。[33]

鉴于此,正如弗兰克·帕斯夸里和格林·卡什维尔所言,对于人类,基于机器学习的算法效率通常与算法的可理解度是不对称的,他们提出的更普遍的担忧,即与任何一种算法体系既要满足民主合理性又要出色完成被赋予的法律工作的能力有关。他们的分析所暗含的内容与麦乐·希尔德布兰特的“降低作业技术难度”的评论是一致的,即我们可能更愿意将机器学习作为辅助工具而不是替代品,因为在算法系统的设计中,有很多时候会无

---

[28] See Pasquale and Cashwell, “Prediction”, supra note 23 at 69.

[29] Id. at 72.

[30] Id. at 74.

[31] Id. at 75.

[32] Id. at 79.

[33] Id. at 81.

意地依赖于多样化的形式偏差,故人类的监督仍然是有必要的。

与弗兰克·帕斯夸里和格林·卡什维尔一样,保罗·高尔(Paul Gowder)在他的文章《变革性法律技术和法治》中具体讨论了机器学习的表现形式,但保罗·高尔的重点是阐述人工智能对传统(法律)人群的服务水平低。保罗·高尔陈述了对法律技术的两个愿望:降低获取法律信息的成本(律师费用)和使用机器学习与其他自动化技术来改变依旧存在法律纠纷的领域(人工法律认知的变革性)。[34] 鉴于机器学习影响下的索赔和预测,通常涉及提供更快和更便宜的法律服务的各种手段,保罗·高尔专注于第二个事项,考虑采用科技手段解决法律资源分配不均衡的结构性问题,让法律服务惠及更多普通人。

肯尼斯·E. 史葛(Kenneth E Scott)的经典文章《民事程序的两种模式》提出,集体诉讼不仅可以被理解为收集大量可单独提起诉讼的索赔请求,还作为一种诉讼类型,旨在应对从总体上看才能认知的危害。[35] 本着同样的精神,保罗·高尔建议(这种类型的)自动化可以用来应对法律挑战,如果以个人的方式完成这些挑战是不可能的。注意到特定类型的"重复参与者"(如房东、银行)通常是通过自动化降低服务成本(和已经使用的技术)的受益者,保罗·高尔利用自己在低收入的法律服务部门时的工作经验,为变革性的人工法律认知提供"平等主义角色"。[36]

正如集体诉讼制度代替了许多不值得单独诉讼的低价值索赔那样,法律技术可以使消费者对制定相当于"删除权利"格式条款的做法有所反应。[37] 也就是说,如果网络服务提供者(Internet Service Provider,ISP)"同意不向销售人员出售消费者数据",那么个人可能会批准一项功能,即他们(指消费

[34] See Paul Gowder, "Transformative Legal Technology and the Rule of Law", (2018) 68: *Suppl UTLJ* 82 at 83 [Gowder, "Transformative Legal Technology"].

[35] See Kenneth E Scott, "Two Models of the Civil Process", (1975) 27 *Stan L. Rev.* 937.

[36] 虽然 Gowder 没有使用这个术语,但他发现了 种对比,让人会想起 Marc Galanter 在《为什么"Haves"领先出现:对法律变革极限的思考》(载《法律和社会评论》1974 年第 9 期)一文中提出的"重复玩家"和"一次性玩家"之间的经典比较。

[37] Gowder, "Transformative Legal Technology", supra note 34 at 93.

者)取消与互联网服务提供商的服务。[38] 通过"自动化威胁的行为",以便消费者仅在获得某个最小数量(如 100 万)其他人的同意之后,ISP 才能代表他们执行。他们可以有效地确保不需要实施威胁行为,因为另一方有动机采取动作以避免受到威胁行为的影响。[39] 保罗·高尔想象了一个可以作为最后审判日使用的"Strange Contract 博士"设备,消费者可以通过该设备选择各种条件(如关于出售个人信息或强制仲裁)以恢复这种不平等权利的格式文件已经倾斜的平衡,"将这种推理复制到足够多的公司,突然间,大众消费者合同中的权利平衡发生了变化"。[40]

相关方法可能会提供一种新的"预测性警务"概念。鉴于目前正在采用这一想法来识别高犯罪率地区或创建与可能从事犯罪行为的人的相匹配信息,保罗·高尔建议警察部门的"内部事务……可以通过种族来检查,停止、搜索、逮捕和使用武力的记录",然后可以用来"调查……统计异常值"。[41] 采取先发制人的"公共健康"方法的警察部门可能会使用"预测建模技术"来识别那些犯有"非法武力或种族歧视投诉"的重大风险之人,并对他们进行在行为发生之前就已经完成的"额外培训"。[42] 保罗·高尔建议,这些方法不应完全适用于个人层面。预测分析可以形成"管辖范围内特定文化群体的社会规范"(如与服装和肢体语言相关的规范),并可能被错误地识别为可疑(的情形),因此导致"无结果的调查行动",从而既浪费了警力资源也放纵了那些应该对其有针对性的人。[43] 因此,预测这样的结果可能表明需要进行培训以预先防范这种结果发生,并且"持续性的无法纠正此类错误"可能会被视为"整体系统存在偏见的证据"。[44] 通过详细阐述这些和其他提议,保罗·高尔展示了如何将法律自动化的支持者通常不会考虑的这些技术用于各种目的。他设想了一套可供选择的方案,其系统性实施将会产生一种与降低

---

[38] Id. at 95.
[39] Id.
[40] Id. at 96 –97.
[41] Id. at 99.
[42] Id.
[43] Id. at 100.
[44] Id.

法律信息成本有关的截然不同的变化。

最后总结本次议题的是致力于将机器学习应用于法律软件工具方面的本杰明·阿拉里(Benjamin Alarie)、安东尼·尼伯特(Anthony Niblett)和艾伯特·H. 尹(Albert H. Yoon)。他们的佳作是《人工智能将如何影响法律实践》。他们首先考虑当前法律服务市场的变化以及律师目前执行的某些任务的自动化前景。正如他们所指出的那样,法律的实践因其工作所需的日益复杂和专业化、完成任务所需时间的不可预测性以及法律专业人员以客户为导向的重点不同而各不相同。[45] 随着客户在过去10年中越来越多地寻求经济型法律服务,法律实践已经在以各种方式发展以满足该种需求,并且"法律信息的技术进步"也提供了一种回应方式。[46] 随着时间的推移,存储和访问法律信息的格式已经从模拟化转向数字化和计算化,当然,最近的这一转变一直是这一问题的重点。特别是机器学习提供了一种非常强大的法律研究工具,因为它是一种能够"识别数据中细微差别的模式,超过了高技能和经验丰富的工人,而可以有自己合理建构的工具"。[47]

机器学习在特定法律领域的应用之一就是电子搜索工具,它取代了"高度劳动密集型"的活动,只需要"一小部分律师"的自动化操作就可以在一小部分时间和费用内进行……具有更高的准确性。[48] 其他应用涉及使用自然语言处理创建表格和合同,以"避免其起草的许多缺陷,例如模糊的条件和遗漏关键条款或术语",并且可以确定与客户利益相关的新案例法,进而提供法律解释的备忘录要点并相应地向客户提出建议。[49] "Blue J. Legal"是由该文章的三位作者创建的公司,专注于税法,并根据"识别事实密集的法律问题"为客户对各种任务和活动的征税因素提出建议,然后根据这些因素"编写每个公布的决定",并最终"提供书面报告"来对可能的法律分类、报告

---

[45] See Benjamin Alarie, Anthony Niblett, & Albert H Yoon, "How Artificial Intelligence Will Affect the Practice of Law" (2018) 68: *Suppl UTLJ* 106 at 109 - 110.

[46] Id. at 111.

[47] Id. at 116.

[48] Id. at 117.

[49] Id.

结果的信息可信度、对结果的解释进行解释以支持(结果)答案的判例法。[50]

正如作者所指出的,并非所有法律领域都同样适用于这种方法。然而,随着时间的推移,数据的大量可用性可能有助于将其传播到其他法律领域。正如这些工具可能有助于法律实践一样,它们也可能及时满足司法和立法的各种需求,例如,立法者可以"制定更适合个人情况的法律"。[51] 虽然作者没有预测这种转变迫在眉睫,但他们认为,随着时间的推移,机器学习和相关技术将会提高相关透明度,并使律师能够更有效率地工作,以深化和拓宽他们的专业领域,并为客户提供更多的司法途径和更多的价值。[52]

我还要感谢大卫·戴岑豪斯(David Dyzenhaus)和凯伦·诺普(Karen Knop)对笔者关于这次会议的最初想法的热烈回应;同时,利亚·特里奥特(Leah Theriault)作为创新法律与政策中心的前行政主任,对这次会议组织方面提供了很大的帮助,笔者的研究助理艾莉·马歇尔(Ellie Marshall)在会议的许多方面和本期特刊上也提供了宝贵帮助。最后,笔者还要再次感谢多伦多大学出版社和社会科学与人文研究委员会的支持。

(唐　旭　骆紫月　译)

[50] Id. at 119.
[51] Id. at 124.
[52] Id.

伟大的颠覆:论机器智能在改变律师提供法律服务中的作用

[美]约翰·O. 麦金尼斯(John O. McGinnis) *
[美]罗素·G. 皮尔斯(Russell G. Pearce)** 著

(原载于 *Fordham Law Review*)

一、引言

法律是一种用来规范社会生活的准则的“信息技术”,在我们这个时代,信息技术在硬件设备上以及在计算机软件程序运行中的应用都在以指数级增长。因此,法律界面临着巨大的颠覆性变化。信息技术已经对传统媒体产生了巨大的影响,在过去 8 年中,①该行业收入下降了大约 1/3,就业人数减少了大约 17,000 人,纸质媒体的市场价值大大下降。法律是由更加专业化和个性化的信息组成的,继纸质媒体之后,法律界也开始面临颠覆。由于法律信息通常具有更高的价值,是以保护个人生命和财产作为其价值核心的,因此,其影响也同样广泛。事实上,它们的影响最终可能更大。

颠覆已经开始。例如,在发现阶段,基础的计算服务已经取代了律师过

---

* 西北大学法学院宪法学教授。

** 福特汉姆大学法学院法律伦理、道德和宗教学教授。

① See Jesse Holcomb, “News Revenue Declines Despite Growth from New Sources”, *Pew Res. Center*(Apr. 3,2014), http://www.pewresearch.org/fact-tank/2014/04/03/news-revenue-declines-despite-growth-from-new-sources/.

去执行的文件审查任务。但从法律文件的生成到诉讼结果的预测,计算服务正在取代其他法律业务。当机器智能在开发某种业务或生产要素方面与律师一样出色时,它还会不断改进。无论是在性能上还是在成本上,智能机器将会变得越来越好。和人类不同的是,它们可以不停地工作,不需要睡眠或咖啡因。过去法律业务方面的技术改进与那些由机器智能驱动的技术改进之间的区别使计算能力持续升级。这种差异使它成为未来几十年内法律界需要努力解决的一个最重要的问题。

这些发展对法律的各个方面——法律实践、法理和法律教育都有着巨大的影响。在此,我们关注一个重要的后果:律师在提供法律服务方面的市场竞争力减弱。我们认为,这些发展通常会使竞争更加激烈。它们将使法律服务商品化,使客户能够更容易地进行价格比较。他们还将引进新的参与者,既可以作为服务的直接提供者,也是低成本的律师服务提供者。

这些新技术将大大改变法律界,导致许多律师的经济前景不容乐观,但也会给其他一些律师带来好处。实际上,机器尤其可以帮助两种类型的律师。首先,该行业的高端人才将更容易被识别,并将利用技术来扩大他们的影响力。其次,能够利用机器提供的成本以较低的投入来改变他们的执业方式或组织结构的律师,他们能够为不断扩大的中产阶层个人和小企业市场提供法律服务,满足以前未得到满足的法律需求。

至少在一开始,机器可能不会对其他类别的律师及其某些职能产生很大的帮助,也不会对他们的某些职能造成实质性的损害。原因在于以下几点:第一,尽管机器可能通过使诉讼人对案件的争议达成一致而减少纠纷的数量,但是由于机器在可预见的将来不会在法庭上发言,口头辩护者将继续享有有利可图的市场。第二,那些在受到法律快速变化,如美国《多德—弗兰克法案》(Dodd-Frank,2010)影响的高度专业化领域的律师将相对不受影响,因为机器将在更常规和固定的领域运行得最好。第三,因为机器将无法与客户建立必要的情感纽带,所以那些必须说服不情愿的客户做符合自己利益事情的顾问也将继续发挥作用。

但是,那些写例行遗嘱、审查房屋关闭、撰写标准合同和审查文件的技工型律师将面临更加惨淡的未来,因为机器将完成许多这样的常规法律任务。因此,尽管这些机器的问世总体上将有利于消费者,但对于律师来说,情况则复杂得多。

律师要保持老一辈的市场力量,最可靠的办法就是利用法律监管来拖延和阻碍机器智能的使用。但是,法律监管通常是无效的。首先,律师能够使用许多机器创造的产品,使他们自己的工作更具成本效益。因此,使用机器办公可以既遵守法律规则,同时也通过降低成本和减少对其他律师援助的需求而产生竞争压力。其次,即使美国《未经授权执业法》目前尚无变动,仍允许广泛的机器智能生产法律服务,这些法律在阻止广泛出现的机器律师和维护律师垄断方面仍然是无效的。此外,不管美国法律如何,机器智能的全球性质将继续对美国法律服务市场施加压力。这里要传达的信息是,机器智能时代即将到来,而法律监管不会阻止它们进入这个行业,也不会对推迟它们的到来起到太大的作用。

本文分为两部分。第一部分描述了计算机在硬件、软件和数据收集方面的能力不断增长。这部分强调,机器智能不是律师必须适应的一次性事件,相反,它是一股加速的力量,它将入侵一个越来越大的领域,并对这个更大的领域产生更坚定的统治。然后,我们描述了机器智能将提供目前由律师提供的服务或生产要素的五个领域,即发现、法律搜索、文件生成、简要生成和案件结果的预测。第二部分讨论了这些发展如何可能在许多法律工作领域造成前所未有的竞争压力。这部分进一步说明了法律监管将无法阻止这种竞争。由于法律监管将是无效的,我们预计,随着初创企业竞相以新的方式交付法律服务领域的重要因素,法律服务将迎来一个前所未有的创新时代。

二、法律中机器智能的众多化身

这部分首先考虑了机器智能的普遍兴起。其次,我们考虑这种上升会如何影响法律实践的五个领域。再次,我们认为,随着时间的推移,这些转变将改变法律实践,通过牺牲技工型律师的利益来帮助顶尖律师人才。最后,我们对机器智能将对法律职业产生根本性影响这一主张提出了一些可能的反对意见。

(一)机器智能的兴起

根据"摩尔定律"(Moore's Law),计算机的功率一直在加速增长。这一定律反映了一台计算机芯片上可安装的晶体管数目每 18 个月②至 2 年翻一倍的规律。③ 40 多年来,计算机一直以同样指数的速度增长,④计算机在 20 世纪末 21 世纪初的地位就像蒸汽机在 19 世纪的地位那样,是发展的主要动力和象征。⑤

最近,研究人员证实摩尔定律仍然准确,并进一步指出,在通信和信息存储方面也出现了类似的指数增长。⑥ 在 2011 年的一篇文章中,两名研究人员计算了信息的计算能力,他们将其定义为在算法指导下通过空间和时间传递信息,该计算能力正在以每年 58% 的速度增长,非常接近摩尔定律假定的 18 个月翻倍。⑦ 在信息存储方面,如宽带容量一直以每年 28% 的速度增长,在大约 34 个月的时间里翻了一倍,⑧存储空间容量以每年 23% 的速度增长,约为 40 个月倍增一次。⑨ 后者的容量为"大数据"的增长提供了基础设施,从而以数字形式越来越准确地描述了我们的世界。

我们通常用线性的方式思考。但是,当我们意识到它的力量时,指数增长就应该引起我们的注意。现今手机的计算能力比 1965 年麻省理工学院的

② See Dan L. Burk & Mark A. Lemley, "Policy Levers in Patent Law", 89 *Va. L. Rev.* 1575, 1620 n. 147 (2003).

③ See Moore's Law, Intel Corp. http://www. intel. com/content/www/us/silicon-innovations/moores-law-technology. html? wapkw = moores + law (last visited Apr. 26, 2014).

④ See Burk & Lemley, supra note 2, at 1620 n. 147.

⑤ See Henry Adams, *The Education of Henry Adams* 379 – 90 (Henry Cabot Lodge ed., 1918) (把处女当作中世纪的象征,把蒸汽机当作 19 世纪的象征).

⑥ See Martin Hilbert & Priscila López, *The World's Technological Capacity To Store, Communicate, and Compute Information*, *Science*, Apr. 1, 2011, at 60, 64.

⑦ Id.

⑧ Id.

⑨ Id.

计算能力强 1000 倍,成本上便宜 100 万倍。[10] 假设计算机的功率继续翻倍,到 2030 年,它们的硬件维度将比现在强大 200 多倍。[11]

可以肯定的是,摩尔定律将持续多久的问题仍然存在。最大的芯片制造商英特尔公司预测摩尔定律将至少延续到 2029 年。[12] 大量的证据表明,在今天为机器提供动力的芯片出现之前,计算能力一直在以指数的速度增长。[13] 其他方法正在研究中,如光学计算或量子计算,其可以提供持续的快速增长。[14]

考虑到硬件能力呈指数型增长,从两方面来看,硬件能力的指数增长实际上低估了计算能力的变化。一项考虑计算机任务改进的研究使用了一个基准来测试 15 年期间的计算机速度。[15] 它表明,通过增加硬件容量,完成这项任务的速度提高了 1000 倍。但是,软件算法的改进也极大地提高了计算机的速度。[16]

计算机之间以及与人类智慧之间相互连接,最明显的机制是互联网。但这种互连是一个过程,而不是一个事件。互联网不仅将越来越多的人连接起来,而且通过 RFID(Rodio Frequency Identification)标签即所谓的"物联网"也将越来越多的实物连接起来。[17] 随着越来越多的传感器连接到互联网上,互联网也将变得更加敏感,它将连接到环境以及我们周围世界的物体上。

---

⑩ Ray Kurzweil, "Making the World a Billion Times Better", *Wash. Post*, Apr. 13, 2008, at B4.

⑪ See Hans Moravec, *Robot: Mere Machine to Transcendent Mind* 7 (1999).

⑫ Jeremy Geelan, Moore's Law: "We See No End in Sight", Says Intel's Pat Gelsinger, sys-con media (May 1, 2008), http://java.sys-con.com/read/557154.htm.

⑬ Id.

⑭ 有关量子计算的有用介绍, see George Johnson, *A Shortcut Through Time: The Path to the Quantum Computer* (2003)。

⑮ Exec. Office of the President: President's Council of Advisors on Sci. & Tech., Report to the President and Congress: Designing a Digital Future: Federally Funded Research and Development in Networking and Information Technology 71 (2010), available at http://www.whitehouse.gov/sites/default/files/microsites/ostp/pcast-nitrd-report-2010.pdf.

⑯ Id.

⑰ See Michael Chui et al., "The Internet of Things", *McKinsey Q.*, Mar. 2010, at 70, 74.

名为沃森(Watson)的 IBM 机器在硬件、软件和连接性方面表现出来的更为强大的计算能力,是它在 2011 年击败“危险边缘”节目中有史以来最强冠军的幕后推手。“危险边缘”是一个复杂又广泛的游戏,要求玩家解开人类理解中那些看似独特的元素,包括笑话、押韵和语言游戏。[18] 这种自然语言能力的结合,再加上能够分析包含不同信息和歧义的问题,使沃森的应用与法律实践中对机器的讨论联系在一起。沃森利用上述三个领域对硬件、软件和连接性进行了改进并最终获得了胜利,所有这些方面的能力都有望迅速提高。因此,沃森是机器智能在日常生活中不断涌现的一个预兆。

事实上,IBM 认为沃森非常重要,所以围绕机器设立了一个部门,并在机器的开发上投资了 10 亿美元。[19] IBM 正在使用它的程序来对医疗诊断提供帮助。[20] 在最近关于如何利用沃森的争论中,获胜的作品是以法律领域为中心,利用沃森在数据中寻找相关证据,并预测这些证据对胜诉有多大帮助。[21] 这种智能将逐步改变法律实践,取代律师今天执行的许多业务。虽然我们将研究法律中的许多表现形式,但所有机器驱动的法律服务都将使用复杂的算法来构造各种形式的数据,如法律文件和对未来的事件(如案例结果)进行预测。

在研究法律界目前和即将出现的机器智能形式之前,必须认识到关于机器智能进步的两个核心命题。首先,在硬件、软件和连接的结合发展到一定程度之前,机器智能并不能代替人类活动。例如,电脑被发明的十几年后,它们并没有对一般的国际象棋手提出任何挑战,更不用说国际象棋大师

---

⑱ See John Markoff, “Computer Wins on ‘Jeopardy!’: Trivial, It's Not”, *N. Y. Times*, Feb. 17, 2011, at A1.

⑲ See Quentin Hardy, “IBM Is Betting That Watson Can Earn Its Keep”, *N. Y. Times*, Jan. 9, 2014, at B9.

⑳ See Margalit Gur-Arie, IBM's Watson Starts Its Medical Career, KevinMD. com (Mar. 30, 2013), http://www. kevinmd. com/blog/2013/03/ibms-watson-starts-medical-career. html; see also Elementary Solution: IBM's Watson To Sequence Cancer DNA, Khaleej Times (Mar. 21, 2004), http:// www. khaleejtimes. com/kt-article-display -1. asp? section = diversions&xfile =/data/diversions/2014/March/diversions_March11. xml.

㉑ See Mariella Moon, IBM Watson's Supercomputer Has a New Job, As a Lawyer, Digital Trends (Mar. 13, 2013), http://www. digitaltrends. com/computing/watson-usc-competition/#!CqOoE.

了。但一旦机器智能达到了与人类竞争的水平，它就会继续提高，并很快就会超越人类的技能。其次，由于计算能力的增长是指数而非线性的，因此，计算机可能比最初需要计算机完成更简单的法律任务更快地完成复杂的法律任务。例如，在 2004 年，没有一辆自动驾驶汽车在沙漠中行驶超过 8 英里(12.875 千米)。[22] 但研究人员预测，在未来 5 年之内，无人驾驶汽车将在高速公路和城市道路上搭载乘客。[23] 同样，在过去的 40 年里，合法的计算机程序只完善了关键词搜索。然而，由于技术加速，在更短的时间内，计算机将能够挑选最好的先例引用到摘要中。即使计算能力每两年增加一倍，未来 10 年的功率增长也将是前 10 年的 30 倍以上。因此，尽管机器刚刚开始执行法律任务，但我们可以预期，在未来 10 年里将取得重大进展，未来几十年可能会取得更大进展。

(二)机器智能将入侵的五个法律领域

在本节中，我们简要描述了在不久的将来机器智能将使其发生巨大变化的五个领域：(1)发现；(2)法律搜索；(3)文档生成；(4)摘要和备忘录生成；(5)案例结果的预测。预测分析的发展将影响这五个领域，我们将在与案件结果相关的问题上进行最详尽的讨论。但我们决定使用法律任务定义的熟悉类别来描述机器智能的效果，而不是更抽象地关注计算机方法。这种方法也使我们能够突出具体的创新和初创企业，这些都是律师将面临颠覆的早期迹象。

新的信息技术已经改变了一些任务，比如发现。其他的比如简要生成，还没有从根本上改变。但已经有迹象表明，这些领域将发生转变，因为信息技术已经在新闻业等相关领域得到发展，使其具备与律师类似的技能。由于计算中的指数增长是相对规律的，因此可以估计何时可以达到各种基准。

---

[22] See Marsha Walton，Robots Fail To Complete Grand Challenge：$1 Million Prize Goes Unclaimed，CNN. com，http：//www. cnn. com/2004/TECH/ptech/03/14/darpa. race/.

[23] See Autonomous Vehicles：Self-Driving Vehicles，Autonomous Parking，and Other Advanced Driver Assistance Systems：Global Market Analysis and Forecasts，Navigant Res，http：//www. navigantresearch. com/research/autonomous-vehicles.

本节没有全面描述这五个领域中每一个领域的发展情况;这种深入的描述需要五篇不同的文章。但是,通过勾勒出机器智能在不同法律实践领域的发展轨迹,突出了我们的总体结论:机器正在不断涌现,一旦它们成为法律实践的一部分,它们的性能就会成倍地提高。

1. 发现

机器智能在发现方面是最先进的,可能是因为法律发现代表了机器搜索的一般方法在审查法律文件方面的应用。简单但仍有帮助的电子发现,是计算机在数据库中搜索律师认为具有相关性的关键词的过程。[24] 但关键词搜索是一种相对生硬的工具,这类搜索可能包含过多内容或者内容不足,因为关键词可能在某些相关文档中缺失,却存在于一些不相关的文档中。

预测编码从根本上改变了电子发现的前景。在预测编码中,律师会查看大量文档的样本。计算机技术人员帮助构建预测文档是否相关的算法。[25] 当然,预测编码是不完美的,因为它可能会遗漏一些文档。但是,即使在律师进行文件评审时,不完美也是一种常态,在这种情况下,疲劳、无聊和其他不影响机器的弱点会大大降低文档评审的准确性。因此,一些法院已经批准将预测编码作为一种发现工具,从本质上来说,它将作出相关的最终裁决,因为他们认为电子发现的价值和性能至少与传统的价值和性能一样。[26] 根据美国 1976 年的《哈特 - 斯科特 - 罗迪诺反托拉斯改进法案》(Hart-Scott-Rodino Antitrust Improvements Act),美国司法部(U. S. Department of Justice)反垄断部门有时会批准对反垄断案件进行预测性编码,[27]就像其他信

---

[24] See Steven C. Bennett, "E-Discoveryby KeywordSearch", *Prac. Litigator*, May 2004, at 7,9.

[25] See Joseph H. Looby, "E-Discovery--Taking Predictive Coding Out of the Black Box", *FTI J.* (Nov. 2012), http://ftijournal. com/article/taking-predictive-coding-out-of-the-black-box-deleted.

[26] See, e. g., Moore v. Publicis Groupe, 287 F. R. D. 182, 193 (S. D. N. Y. 2012).

[27] Geoffrey Vance & Alison Silverstein, "McDermott and DOJ Embrace Predictive Coding; 5 Lessons Learned During Fast-Paced Merger Review", *L. Tech. News* (July 9, 2013), http://www. lawtechnologynews. com/id = =1202609909310//McDemott-and-DOJ-Embrace-Predictive-Coding? slreturn =20140305004807; see also Hart-Scott-Rodino Antitrust Improvements Act of 1976, Pub. L. No. 94 -435, 90 Stat. 1383(美国法典第 15 编).

息技术一样,因为准确性更高且成本更低,所以电子发现将变得更加普遍。[28]

电子证据发现已经改变了大型商业诉讼的证据发现惯例——多年前,这种惯例耗费初级诉讼律师大量时间。现在,大型律师事务所已经在其内部设立了电子发现部门。但独立于律师事务所的新服务提供商也在涌现。例如,莫第斯(Modus)这个既用数字化记录又采用预测算法的公司就是一个例子。[29] 因此,律师将面临来自除了希望向律师提供发现服务的行业以外的公司的竞争。这些公司可能更有创新精神,更专业,更不依附于传统的思考问题的方式。律师事务所采用电子发现的阶段将很快到来,在未来10年内,律师事务所基本上在所有大规模诉讼中都会使用某种形式的预测编码。

2. 法律搜索

几个世纪以来,通过梳理判例来寻找法律一直是法律工作的一个重要组成部分。机器智能不仅能比律师完成更多的工作,还能更有效率地完成这项工作。就像计算机在复杂计算中逐步取代人类一样,机器智能也将取代律师的法律搜索功能。[30]

计算机化的法律研究始于20世纪60年代中期,当时俄亥俄州律师协会试图创建一个电子系统来对法律意见进行排序。[31] 该系统成为1974年向公众推出的词典法律检索系统的基础,万律(Wcstlaw)很快就使用了该系统,[32] 但其实用性有限,因为它不允许研究人员搜索法律意见全文。[33] 同时,律商联讯(Lexis)系统由于所包含的判例法数据库不完整,也存在一些缺陷。[34]

㉘ 这并不是说,电子发现本身不会提出重要的法律问题,特别是在其被采用之初,例如它将如何影响发现中的比例原则。See Charles Yablon & Nick Landsman-Roos, "Predictive Coding: Emerging Questions and Concerns", 64 *S. C. L. Rev.* 633 (2013).

㉙ See generally Modus, http://www.discovermodus.com/ (last visited Apr. 24, 2014).

㉚ For a longer discussion of the history of legal search, see John O. McGinnis & Steven Wasick, "Law's Algorithm" (*Northwe-stern Univ. Sch. of Law Pub. Law & Legal Theory Series No.* 12-22, 2013), available at http://papers.ssrn.com/so13/papers.cfm?abstract_id=2130085.

㉛ See F. Allan Hanson, "From Key Numbers to Keywords: How Automation Has Transformed the Law", 94 *Law Libr. J.* 563, 575 (2002).

㉜ Id.

㉝ Id.

㉞ The LexisNexis Timeline, LexisNexis, http://www.lexisnexis.com/anniversary/30th_timeline_fulltxt.pdf.

这些问题在很大程度上已经得到了纠正，万律和律商联迅现在都是法律研究的主要对象。

这类研究已经成为法律实践的一个重要组成部分，取代了案例手册中效率较低的研究。随着硬件和软件能力的不断提高，研究将更加有效准确地找到案例法并评估其说服力。沃森意味着一个进步：从使用关键词到语义的转变。以前，计算机化的法律搜索依赖于搜索正确的关键词。例如，关键词搜索“债券”不一定会出现有关债券的案件。这种限制将随着语义搜索的兴起而消失。

语义搜索将允许律师向计算机输入自然语言查询，计算机将用直接相关的信息对这些查询作出语义响应。如果搜索承担风险，搜索可能会出现不使用这些词但使用相似概念的情况。[35] 我们已经开始看到，初创公司在案例中加入了更多的数据结构，专注于与法律问题相关的事项。[36] 这种数据的筛选是迈向语义搜索的一步，因为它使案件在概念上易于处理。就像沃森有效地利用模式识别来使用概念而不是文字一样，机器智能也将利用更深层次的模式识别来提供一种语义搜索。[37] 律商联讯已经朝着这个方向迈出了一步，其他搜索引擎也开始在这一领域展开竞争。[38]

并非所有案件的先例价值都是平等的：它们或多或少地具有说服力，取决于法院和法官对案件的裁决以及判例随着时间的推移所具有的效力。它们也可能有不同的权重，这取决于律师在辩论中使用它们的方式以及律师向法庭和法官陈述它们的方式。因此，即使律师通过计算机找到先例，他们

---

[35] See McGinnis & Wasick, supra note 30, at 32.

[36] An example of such a startup is Judicata. Judicata, https://www.judicata.com/ (last visited Apr. 26, 2014). It creates structured data from case law, thus allowing attorneys to screen cases for specific procedural or factual details that make them more or less powerful as precedents. See Lora Kolodny, "Khosla Ventures, Peter Thiel Back Legal Research Startup Judicata", *Wall St. J.* (May 28, 2013, 1:34 PM), http://blogs.wsj.com/venturecapital/2013/05/28/khosla-ventures-peter-thiel-back-legal-research-startup-judicata/.

[37] For a discussion of progress in the semantics of legal search, see Johnathan Jenkins, "What Can Information Technology Do for Law?", 21 *Harv. J. L. & Tech.* 589, 597 - 604 (2008).

[38] For instance, Ravel Law already offers free legal search. See generally *Ravel*, https://www.ravellaw.com/ (last visited Apr. 26, 2014).

在使用计算机时也要依靠自己的判断。

但是机器智能也会对先例的效力做出判断。网络分析现在可以通过考虑其他案件对先例的依赖程度来评估先例的效力。[39] 最近的一家初创公司允许搜索法律摘要,潜在地将案情摘要与特定法院的案件结果联系起来。[40] 这类服务也将有助于衡量判例的效力,因为判例将在以后的判例法、一般判例法、特定法院和法官那里得到检验。机器智能不仅将发现先例,还将指导律师对先例使用的判断,因为大多数律师既不能全面评估先例的效力,也不能回忆起所有可能的先例。

与衡量先例效力的语义搜索一样强大的是,这种搜索只是改进法律搜索的第一阶段。在第一阶段,搜索引擎会识别相关案例,然后评估它们的最佳使用。[41] 不过,在这个阶段,律师将完成所有的问题定位,并使用搜索引擎只识别相关案件。在第二阶段,搜索引擎本身将查明给定事实中所涉及的问题,然后提出可能针对其查明的问题的判例法。第二阶段将进一步削弱律师在法律研究中的作用。

这一变化的速度将取决于搜索技术的普遍改进,因为这个市场比合法搜索市场大得多。我们预计,将在未来 10 ~ 15 年内,完善语义搜索的第一阶段,包括对先例的优势和用途的评估。

3. 文档生成

法律范本并不新鲜。自中世纪律师使用诉讼形式以来,范本有助于降低法律成本。但机器智能将彻底改变法律范本的使用。最明显的是,机器智能将帮助定制这些表格以适应个别情况。例如,大声法律网(Legalzoom)的客户已经可以提交关于他的资产和他打算如何处置他的财产的信息,从

---

[39] See James H. Fowler et al., "Network Analysisand the Law: Measuring the Legal Importance of Precedentsat the U. S. Supreme Court", 15 *Pol. Analysis* 324, 335 (2007).

[40] 信雷(Briefmine)提供了法律摘要和意见的数据库。核心思想是使用搜索算法将法律摘要与相关意见联系起来。通过这种联系,信雷(Briefmine)希望能够帮助律师理解获奖简报是如何在随后的意见中促成胜利的。See generally Brief Mine, http://briefmine.com/about (last visited Apr. 26, 2014).

[41] See McGinnis & Wasick, supra note 30, at 33.

而产生一份遗嘱草案。[42] 信托和遗产规划这两个领域的机器智能化已经成熟了,因为这一领域的法律范本相对较少,而且绝大多数人都面临着独特的实际情况。

但是,随着计算机和软件变得越来越强大,计算机生成的表单将在法律实践中有更广泛的应用。像 Kiiac 这样的新公司已经试图利用机器智能来生成更多种类的文档。[43]

将来,随着文档与结果的联系越来越紧密,文档也将得到改进。随着数据之间的联系越来越紧密,机器可以将特定的合同与所有有关它们的法院判决联系起来,为法律形式的持续改进创造出一种动态的实用性批判。

当然,起初律师们仍然会非常积极地参与到标记机器创建的初稿中。但即使在这个阶段,所节省下来的成本也可能很大。例如,总部位于硅谷的泛伟(Fenwick & West)公司开发了一个程序,可以自动为初创公司创建合并文件。[44] 他们的技术主管马特·凯斯纳(Matt Kesner)说:它将我们平均花费的 20 ~ 40 个小时的计费时间减少到几个小时。在有大量文档的情况下,我们可以将文档创建的时间从几天、几周缩短到几个小时。[45]

在未来,机器处理将使表格自动化,根据具体的事实和法律论据进行调整,并跟踪其在未来诉讼中的作用。随着硬件和软件容量的提高,生成的文档也将得到改进。我们预测,在 10 ~ 15 年内,基于计算机的服务将定期生成大多数事务性文档的初稿。

---

[42] See Reid Kress Weisbord, "Wills for Everyone: Helping Individuals Opt Out of Intestacy", 53 *B. C. L. Rev.* 877, 918 n. 159 (2012).

[43] See generally Kiiac, http://www.kiiac.com/index.htm (last visited Apr. 26, 2014). Kiiac is not the only company in this space. Law Depot is a website that can create customized legal documents. See generally Law Depot, http://www.lawdepot.com/ (last visited Apr. 26, 2014). Hotdocs is a software platform that automates the process of producing transactional legal documents and forms. See generally Hotdocs, http://www.hotdocs.com/ (last visited Apr. 26, 2014).

[44] See Farhad Manjoo, "Will Robots Steal Your Job?: Software Could Kill Lawyers. Why That's Good for Everyone Else", *Slate* (Sept. 29, 2011), http://www.slate.com/articles/technology/robot_invasion/2011/09/will_robots_steal_your_job_5.html.

[45] Id.

4. 摘要和备忘录生成

机器智能不会随着表格的自动化而停止。法律表格比法律备忘录或简报更容易自动化,因为它们往往依赖于更公式化的输入。起初,这些文件将作为非常粗略的草稿,需要进行大量的补充和重写。尽管如此,计算机生成的草稿仍然是有价值的,可以与同事们的努力相媲美,即使是没有法学学位的研究助理生成的草稿,经验丰富的同事也可以将其加工成更加完美的产品。而且就像机器智能方面的其他进步一样,随着时间的推移,程序会变得更加有用。这一进展在其他技术中也很明显,如文字处理和语音文本转换程序。

类似的节目已经蚕食了传统的新闻业。就在 2014 年,洛杉矶时报用电脑写了一篇关于地震突发的新闻。[46] 其所谓的地震机器人与美国地质调查局的信息相连,并根据这些数据撰写了一篇可发表的文章。[47] 科技初创公司 Narrative Science 也有类似的程序,可以编写关于商业和体育的简单故事。[48] 虽然这些程序现在很简单,但是更强大的计算机和更先进的算法将产生一个更复杂的程序。

最终,这类项目将提供简报和备忘录草稿,并与法律研究方案相连接而为编写程序提供数据。与法律搜索一样,我们预计在未来 15 年里,程序将取得重大进展,直到提交非常有用的草案。在那之后的 10 ~ 20 年里,这些项目可能会提供更多的成品,至少在低价值的交易中是这样。

5. 法律分析

预测分析是一门结合数据和分析进行预测的新学科。计算能力允许收集和组织大量数据,[49]然后可以在数据中找到模式。机器学习可以帮助分析

㊻ See Catherine Taibi, "It's All Over: Computers Are Now Writing Stories, and Doing a Good Job", *Huffington Post* (Mar. 18, 2014), http://www.huffingtonpost.com/2014/03/18/la-times-robot-journalism-earthquake_n_4985929.html.

㊼ Id.

㊽ See Steve Lohr, "In Case You Wondered, a Real Human Being Wrote This Column", *N. Y. Times*, Sept. 11, 2011, at BU3.

㊾ See Eric Siegel, Predictive Analytics: The Power To Predict Who Will Click, Buy, *Lie, or Die* 15 (2013).

模式中的规律,在这些模式的帮助下,已知的数据可以用来预测在尚未发生的情况下会发生什么。[50] 如果数据包含未来的事件,如法律案件的结果,丢失的数据可能是未知的,甚至是不可知的。预测分析在整个企业界将很流行。[51]

使用大数据来引导决策是过去10年中最重要的趋势之一。[52] 它的强化程度如此之高,以至于现在的大学都在设置数据分析方面的课程,甚至是学位。

预测分析现正在逐步进入法律领域。[53] 事实上,法律拥有来自判例法、摘要和其他文件的大量数据,这有助于机器数据挖掘,而机器数据挖掘是这门新的预测科学的基础。法律数据包括事实模式、先例和案件结果。例如,一种形式的法律分析将利用事实模式和先例来预测案件的结果,从而使律师能够更好地评估诉讼的可能结果。

当然,律师在建议客户是提起诉讼、和解还是接受审判时,会对诉讼前景做出含蓄的判断。但他们的建议是基于他们的直觉,并限于他们的直接或间接的法律经验。预测分析的优势在于它提供了一种机制,既可以获取大量信息,也可以系统地挖掘这些信息,以了解手头案件的可能结果。

法律分析并非遥不可及,学术界和企业界已经将其付诸行动。例如,政治学家建立了一个美国联邦最高法院决策模型,该模型以法院先前的判决为基础,比一组美国联邦最高法院专家更准确地预测未来的结果。[54] 一家新

---

[50] Id.

[51] See Steve Lohr, "The Age of Big Data", *N. Y. Times*, Feb. 12, 2012, at SR1 (这表明,美国企业界现在需要100万名熟悉数据的新员工来该领域工作).

[52] See Viktor Mayer-Schönberger & Kenneth Cukier, *Big Data: A Revolution That Will Transform How We Live, Work, and Think* 6 – 12 (2013).

[53] The best full-scale analysis in the legal literature is DanielMartinKatz, "Quantitative Legal Prediction—or—How I Learned To Stop Worrying and Start Preparing for the Data-Driven Future of the Legal Services Industry", 62 *Emory L. J.* 909 (2013).

[54] See Theodore W. Ruger et al., "The Supreme Court Forecasting Project: Legal and Political Science Approaches to Predicting Supreme Court Decisionmaking", 104 *Colum. L. Rev.* 1150 (2004).

公司——Lex Machina 已经收集了数千例专利诉讼的历史数据,[55]并已经用来预测这一领域的结果。[56] Lex Machina 自己提供咨询服务,并向那些想自己建模的人出售数据。[57]

不可否认,专利法是一个相对独立的法律领域。此外,美国联邦最高法院关于专利法的裁决虽然涉及许多问题,但仅围绕9名法官的投票作出。因此,专利法和相关的美国联邦最高法院判决可能是比较容易进行分析建模的法律集中。专利法涉及的高价值案件比其他许多法律领域都多,因此,在专利诉讼中使用预测分析比在其他实践领域更有发展空间。但是,考虑到计算机性价比的指数式改善,在 10 年内,其他法律领域也将采用同样的方法。预测分析将是不完善的,它提供的是可能性,而不是确定性。但是,预测分析仍然可以取代一些律师作出比他们更好的预测。

可以肯定的是,法律分析仍然会给律师们留下一个角色。即使单独的机器预测比单独的律师预测好,律师的判断仍然可以为机器智能的预测增加一些价值。然而,随着时间的推移,法律分析至少会在某些情况下降低律师评估的价值。

法律分析的兴起也将对待审案件的数量和发现案件的数量产生影响。[58]只要双方就案件的争议达成一致,案件就有可能得到解决。这种趋同不需要是完美的,原因有二。第一,双方律师费的支出为和解创造了一个更大的窗口,其中和解是比较明智的,因为双方最好在估计案件价值之间达成和解,就可以节省律师费。第二,在许多情况下,至少一方是想要规避风险的,与诉讼风险相比,更倾向于确定和解。[59] 随着法律分析提供了对案件价值的更好评估,各方将更迅速地达成一项协议,该协议将落在法律费用和风险规

---

[55] See Tam Harbert, "Lex Machina Arms Corporate Leaders and Patent Attorneys with Predictive Analytics", *DataInformed* (June 6, 2012, 11:50 AM), http://data-informed.com/lex-machina-arms-corporate-leaders-and-patent-attorneys-with-predictive-analytics/.

[56] Id.

[57] Id.

[58] See Robert A. Weninger, "Amended Federal Rule of Evidence 408: Trapping the Unwary", 26 *Rev. Litig.* 401, 412 n. 25 (2007).

[59] See Dana A. Kerr, "The Effect of Ownership Structure on Insurance Company Litigation Strategy", 34 *J. Legal Stud.* 273, 276 (2005).

避创造的结算窗口之内。

6. 未来趋势

通过法律搜索即将发生变化的法律实践领域——发现、搜索、表单和摘要的文档生成以及对案件结果的预测，构成了许多法律实践的主要任务。因此，从事这类日常服务的人将面临来自机器的日益激烈的竞争。

此外，随着机器智能将法律的许多方面商品化，信息技术将加速提高透明度，从而加速此类律师丧失对法律服务市场的影响力。最明显的是，透明度将表现为消费者更有能力比较法律服务的价格。但是，新的服务也将出现，以帮助消费者比较律师的素质。初创企业目前正在设计一种衡量标准，利用现有数据来比较律师的表现。[60]

虽然普通律师将处于不利地位，但是一些能力突出者可能会获得更高的回报。首先，通过大量的比较，可以更容易地分辨出佼佼者。[61] 其次，这些能力突出者可以通过技术扩展他们的研究：他们可以更快地向更广泛的客户提供解决问题的创新方案。[62] 其中一些创新将出现在传统的律师行业，比如创造熟悉的交易新形式，形成令人惊讶的新颖论点。合伙人也可以用机器代替，从而以更低的成本获得更多的优势。最后，对于一系列重要的交易和诉讼，即使是结果的微小改善，也值得客户为非商品化的法律服务付费。即使机器智能提供了非常好的服务，与人类智能结合在一起也可以确保最好的结果。因此，我们可能会看到更多的法律薪酬的双峰分配，也许会有较少的律师获得较高的报酬。

通过技能或更好的组织，机器智能也可以帮助律师多提供非常便宜的服务。美国各地都存在未得到满足的法律需求，这些需求通常是针对无法负担律师收费的中低收入人群的，包括各种各样的事务，如小企业事务的咨

---

[60] "Avvo"就是一个例子。*Avvo*, http://www.avvo.com/ (last visited Apr. 26, 2014).

[61] 我们已经在司法意见中看到了这一现象。因为现在很容易获得意见，质量上的微小差异导致引用率的巨大差异。See William M. Landes et al., "Judicial Influence: A Citation Analysis of Federal Courts of Appeals Judges", 27 *J. Legal Stud.* 271, 275 (1998).

[62] See Sherwin Rosen, "The Economics of Superstars", 71 *Am. Econ. Rev.* 845, 857 (1981).

询和婚前协议的撰写。律师可以使用机器帮助生成相关表格，从而降低提供服务的成本，并使服务更广泛地为人们所接受。

机器可能会在较小程度上影响法律的其他领域，因为机器很难为律师执行的某些任务增加那么多的价值。例如，机器不会在法庭上辩论，因此也不会取代那些专门从事口头辩护的人。然而，机器将间接影响审判和上诉律师的执业。随着对案件结果的更准确的预测，审判应该会减少，因为会有更多的当事人达成和解。即使是试验实践，也需要研究、发现和制作文件——所有这些任务都将从根本上被机器智能改变。

如果律师是新的法律和法规方面的专家，他们就更有可能出类拔萃。[63] 机器通常能最有效地在过去的数据中找到范本并预测未来。但是，如果当前的时间与过去完全脱节，或者涉及少量的专门信息，那么机器需要分析的数据就会减少。例如，假设的银行立法，它的范围和新颖性与10年后美国通过的2010年《多德—弗兰克法案》相当。[64] 当他们在新法律制度的早期为新法规进行游说和解释时，从事这项立法工作的律师将为他们的客户增加很多价值。鉴于当今世界的技术加速发展，专攻与技术加速发展相关领域（如知识产权）的律师可能也会继续蓬勃发展。

律师所做的不仅仅是法律分析。他们与客户建立了联系，从而促进了信任关系，使律师能够帮助客户看到他们的长期法律利益，即使客户的激情和困惑使这种利益蒙上阴影。[65] 律师不太可能比机器做更多的事情来履行这种联系功能，因此，也不太可能实质上影响律师与客户关系的这一重要方面。

---

[63] Cf. Russell G. Pearce & Eli Wald, "The Relational Infrastructure of Law Firm Culture and Regulation: The Exaggerated Death of Big Law", 42 *Hofstra L. Rev.* 109, 119 (2013).

[64] See "Dodd-Frank Wall Street Reform and Consumer Protection Act", *Pub L. No.* 111-203, 124 Stat. 1376 (2010) (codified in scattered sections of 7, 12, 15, 22, 31, and 42 U.S.C.).

[65] See Stephen Ellmann, "Client-Centeredness Multiplied: Individual Autonomy and Collective Mobilization in Public Interest Lawyers' Representation of Groups", 78 *Va. L. Rev.* 1103, 1139-1140 (1992). ("律师和客户之间的联系推动了以客户为中心的咨询的核心，这是一个细致的过程，在这个过程中，律师和客户一起工作，以确定决策所依据的相关考虑因素。只有相信人们容易忽视或判断与他们的决定有关的重要问题，并且纠正这些错误是他们做出真正符合自己利益的决定的一个基本前提，这一过程才有意义。")（引文省略）

因此,对于律师来说,机器进入法律市场的总体效果将是喜忧参半的,但对于一般或低于一般能力的非专业律师来说尤其困难。对于各个层次的消费者来说,机器智能的进步是极好的消息,它提供了更低的价格和更高的透明度。这对服务不足的中产阶层,甚至穷人尤其有利,因为他们更有可能以他们能够负担得起的价格获得法律服务。

7. 对普遍反对意见的答复

第一个普遍的反对意见是,律师总在适应技术变革,甚至通过这种变革增加收入:打字机取代笔,文字处理器取代打字机,复写纸来来去去。律师继续繁荣昌盛,人数不断增加。法律行业在过去的技术变革和未来的技术变革之间有什么区别?

主要的区别是两个。首先,与复制和抄写不同,这项技术现在开始取代核心的法律技能。书写和复制的物理行为不是核心的法律技能。事实上,律师通常依靠抄写员或秘书来完成这些任务。但是现在机器正在爬上增值的阶梯,侵入了律师的领域。其次,机器的改进速度及进而取代了律师的速度比以往任何时候都快。

第二个反对意见是,这些变化将产生有关其适当范围的诉讼,从而增加而不是减少对法律服务的需求。我们在下面讨论律师监管的问题。但是,关于如何将这些变化纳入法律秩序,也会有争论。例如,电子证据引发了新的问题,并将继续这样做。这些只是过渡成本,因为有关电子证据的问题最终将相对应地得到解决。而且随着计算技术的进步,电子证据的应用范围不断扩大和深化,电子证据将能节省下律师审阅诉讼文件所需的大量时间。更重要的是,技术变革,包括法律技术的变革确实会带来过渡成本,但过渡是短期的,从长期来看,节省的收益将是累积的,并将在长期内增加。

第三个反对意见是,这些机器永远无法取代律师的判断。首先,并非现代律师承担的所有任务都需要很大的判断力。例如,起草简单的遗嘱是相当常规的。同时,机器也能作出判断。沃森在危险边缘节目中展示了它对不同可能答案的信心水平,这项技术不久将被应用于医疗诊断。[66] 很难说,这样的一个项目不具备法律任务所需的某些判断能力。我们认为,许多任务仍然需要律师的判断,但在更少的领域需要作出判断。即使在这些领域,律师也会借助大量的机器智能来进行判断。

最后,一些人认为,作为预测分析基础的大数据的前景被夸大了。[67] 例如,有人说大数据只能显示相关性,而不能显示因果关系。[68] 因此,在我们的一个例子中,可能会有人反对说,即使我们证明法官引用了多种案件,这也并不能表明这些案件是促使其作出决定的原因。然而这种相关性很可能会促使调查,从而告诉我们一些有助于律师说服法官的事情。而且即使法官的决策仍然是一个"黑匣子",在其他条件相同的情况下,律师似乎也会被建议依赖于法官裁决中出现的案件。[69] 我们同意这一观点,这也是我们认为在瞬息万变、专业化的法律领域,律师的前景更加光明的原因之一。但在其他更好解决的法律领域,有大量的相关数据。更广泛地说,我们一致认为大数据目前是一个不完善的工具,但就像许多其他复杂的、不完美的工具一样,它可以替代大量的人类劳动,其中一些劳动将是律师的劳动。

二、监管障碍不会阻止机器智能公司破坏律师的垄断地位

第二部分建立在第一部分所述的基础之上:机器智能将在法律服务市场中发挥越来越大的作用,能够提供高质量、低成本的法律服务。除了会在法律快速变化的领域有高度专业化的做法,以及在法庭上出现的高端律师人才,机器智能已经让律师面临了重大的竞争,而这种竞争只会增加。法律

---

[66] See Adrienne Jane Burke, "How IBM's Watson Will Advise Oncologists on Patient Care", *Techonomy* (Mar. 20, 2014, 2:05 PM), http://techonomy.com/2014/03/ibms-watson-will-advise-oncologists/.

[67] See Gary Marcus & Ernest Davis, "Eight (No, Nine!) Problems with Big Data", *N. Y. Times*, Apr. 7, 2014, at A23.

[68] Id.

[69] Id.

界在很大程度上接受机器智能作为一种,甚至修改其规则以适应这一发展。[70] 同时,法律界继续促进未经授权的法律法规的实践,从表面上来看,这些法律法规为提供法律服务的机器智能或提供法律服务的非专业人士设置了障碍。然而,[71]正如本杰明·巴顿(Benjamin Barton)和其他评论员所指出的那样,尽管存在未经授权的法律实践,法律服务市场也已经在很大程度上放松了对机器智能的管制。[72] 但是,鉴于互联网允许世界各地的法律服务提供商向美国消费者提供法律服务的方式,即使美国加强了未经授权的执法,也可能无法阻止通过机器智能提供法律服务。[73]

(一)机器智能市场的强大力量

机器智能已经开始与律师展开激烈的竞争,并削弱了他们的垄断地位。今天,很大一部分的金融行业使用机器智能提供法律服务,尽管最具经济意义的发展只发生在我们在第一部分中确定的五个领域中的三个领域。

这三个已被证明最有利可图的领域是法律研究、发现和文件生成。第一,最古老也是最赚钱的领域是法律研究。正如我们在第一部分中提到的,机器智能在法律研究中的应用始于20世纪60年代中期,而像律商联迅和万律这样的营利性企业在20世纪70年代进入这一领域。[74] 彭博有限公司于2010年加入竞争。[75] 当时合法搜索行业"每年创造80亿美元的收入"。[76]

第二,将机器智能应用于发现,2010年全球市场收入为36亿美元,其中软件为11亿美元,服务为25亿美元,预计到2017年将增长至99亿美元,软件为25亿美元,服务为74亿美元。[77]

---

[70] See infra Part II. B. 1.

[71] See infra notes 106 –115 and accompanying text.

[72] See infra notes 116 –126 and accompanying text.

[73] See infra notes 124 –125 and accompanying text.

[74] See supra notes 31 –34 and accompanying text.

[75] See Russell Adams, " Bloomberg Hangs Shingle: Financial-Data Firm Enters Legal Research, Challenging Westlaw, LexisNexis" , *Wall St. J.* , *July* 8, 2010, at B8.

[76] Id.

[77] The E-Discovery Market Is Growing Fast, *EDiscovery Bus.* (Feb. 8, 2013), http://ediscoverybusiness. com/the-e-discovery-market-is-growing-fast/.

第三,文件生成虽然不那么成熟,却在迅速发展。大声法律网、飞驰律师(Rocket Lawyer)、无罪申诉(Nolo)和法点(Law Depot)等公司利用机器智能给在线消费者和小型企业提供服务。从帕米拉集团(Permira)和凯乐·帕金斯(Kleiner Perkins)持有大声法律网的股份[78]以及飞驰律师从谷歌合资企业筹集资金,可以看出主要的金融公司已经进入了市场。[79] 例如,2011 年 Rocket Lawyer(飞驰律师)"每天拥有 70,000 名用户,4 年收入翻了一番,超过 1000 万美元"。[80] 大声法律网在 2011 年之前的 10 年里拥有 200 万客户,仅 2011 年就拥有 50 万客户,似乎成为行业领导者。[81] 该公司的收入从"2009 年的 1.03 亿美元,2010 年的 1.2 亿美元,2011 年的 1.56 亿美元,上升到 2012 年前 3 个月就将近 4700 万美元",[82]每年增长 1.88 亿美元。仅在 2011 年,"超过 20% 的新成立的加州有限责任公司是利用大声法律网组建的"。[83] 另一个大市场是合同管理,该行业使用软件为包括跨国公司在内的 3059 家企业客户"自动创建、跟踪和监控合同和协议"。[84] 截至 2013 年,该行业价值 4 亿澳元。专家们预计每年增长 10% ~20% 。[85]

因此,仅在这三个领域,机器智能在破坏律师垄断方面就取得了重大进展。机器智能已经提供了数十亿美元的法律服务,我们可以预期,在这些领

---

[78] See Viola Caon,"Permira Funds To Acquire $200m of LegalZoom Equity", *Investment Eur.* (Jan. 7, 2014), http://www.investmenteurope.net/investment-europe/news/2321352/permira-funds-to-acquire-usd200m-of-legalzoom-equity.

[79] See Daniel Fisher, "Google Jumps into Online-Law Business with Rocket Lawyer", *Forbes*(Aug. 11,2011), http://www.forbes.com/sites/danielfisher/2011/08/11/google-jumps-into-online-law-business-with-rocket-lawyer/.

[80] Id.

[81] See Benjamin H. Barton,"A Glass Half Full Look at the Changes in the American Legal Market" 17(*Univ. of Tenn. Legal Studies Research Paper* No. 210, 2013), available at http://papers.ssrn.com/sol3/papers.cfm? abstract_id=2054857.

[82] Id. at 18.

[83] Id. at 17(quoting LegalZoom.com, Inc., Registration Statement(Amendment No. 3 to Form S-1)(July 23,2002), available at http:// www.sec.gov/Archives/edgar/data/1286139/000104746912007341/a2209713zs-1a.htm).

[84] "Capterra Names Top 20 Companies in Contract Management Software Industry", *PRWeb*(Oct. 15,2013), http:// www.prweb.com/releases/2013/10/prweb11204284.htm.

[85] Id.

域以及在产生法律备忘录和预测案件结果的新兴领域，机器智能以低于人类律师的价格提供优质服务的能力呈指数级增长。[86] 法律壁垒是妨碍机器智能迅速增长的唯一潜在障碍。

（二）为什么法律壁垒无法阻碍越来越多人使用机器智能提供法律服务

包括拉里·里伯斯坦（Larry Ribstein）、[87]威廉·亨德森（William Henderson）、[88]雷·坎贝尔（Ray Campbell）[89]和吉莉安·哈德菲尔德（Gillian Hadfield）[90]在内的一些评论家认为，法律壁垒将阻碍机器智能在法律服务中的应用。虽然我们同意评论家对未经授权的实践法规的怀疑，并承认这些法规对机器智能的扩展带来了一些有限的风险，但是我们相信，他们最终将无法阻止机器智能在法律服务领域的发展。首先，道德规则并不能禁止律师使用机器智能来执行以前或可能由律师完成的工作。其次，尽管未经授权的执业法正式禁止包括非律师投资者或管理人员在内的企业提供法律服务，[91]但未经授权的执业法尚未成功地适用于对机器智能产品的监管。[92]

1. 参与律师工作

法律界已经接受机器智能作为一种参与元素。为了促进这一发展，美国律师协会（American Bar Association）澄清了其规则，允许在某些情况下要求使用机器智能。[93] 在此过程中，律师协会将机器智能归类为一种无生命的工具，很像一台计算机，或者是一名非律师助理。从某种程度上来说，机器

---

[86] See supra Part I. B. 4 –5.

[87] See Larry E. Ribstein, "The Death of Big Law", 2010 *Wis. L. Rev.* 749, 807 –08.

[88] See William Henderson, "Are We Asking the Wrong Questions About Lawyer Regulation?", *Truth on Market* (Sept. 19, 2011), http://truthonthemarket.com/2011/09/19/william-henderson-on-are-we-asking-the-wrong-questions-about-lawyer-regulation/.

[89] See Ray Worthy Campbell, "Rethinking Regulation and Innovation in the U. S. Legal Services Market", 9 *N. Y. U. J. L. & Bus.* 1, 45 –51 (2012).

[90] Gillian Hadfield, "Legal Barriers to Innovation: The Growing Economic Cost of Professional Control Over Corporate Legal Markets", 60 *Stan. L. Rev.* 1689, 1720 –21, 1724 –25 (2008).

[91] See infra notes 106 –11 and accompanying text.

[92] See infra notes 116 –23 and accompanying text.

[93] See infra notes 95 –105 and accompanying text.

智能是一种参与元素,律师必须在必要时使用它来提供称职的服务,如果它有助于提供出色的服务,就应该使用它。根据规则,无生命的工具不构成威胁,只要律师不与非律师分担费用,也不能干涉律师的专业判断,非律师的协助是可以接受的。[94] 在购买和部署机器智能作为参与元素时,即使是来自外部顾问,律师也不用分担费用,也无须放弃对提供法律服务的控制权。

美国律师协会强调了机器智能对律师能力的重要性。尽管有些人担心律师普遍"缺乏技术能力",[95]美国律师协会在2012年将机器智能输入以新语言添加到"职业行为模型规则1.1"中作为评论。这一评论认为,"为了保持提供胜任代理所必需和必要的知识和技能,律师应随时了解法律和实践的变化,包括与相关技术有关的利益和风险"。因此,掌握与提供法律服务有关的技术,包括机器智能,已成为有能力的律师的明确职责,以及模范律师的基本义务。[96]

同时,美国律师协会解决了关于律师是否可以合法雇用那些非律师事务所提供机器智能服务的问题,以及只要律师控制和监督他们的输入,这种机器智能输入是否就符合律师可以雇用或留住非律师的一般做法。[97] 一些评论人士反对称,使用机器智能服务与监管律师助理不同,因为律师缺乏监管此类供应商的必要知识。[98] 例如,达娜雷姆斯(Dana Remus)认为,律师通常不具备"适当的分析工具来评估某项技术是否适合这项工作,或者它在受

---

[94] Model Rules of Prof'l Conduct R. 5.3 –.4(2013).

[95] Dana A. Remus, "The Uncertain Promise of Predictive Coding", 99 *Iowa L. Rev.* (forthcoming 2014)(manuscript at 21), available at http://works.bepress.com/dana_remus/1/.

[96] Model Rules of Prof'l Conduct R. 1.1 cmt. 8; see Darla W. Jackson, "Lawyers Can't Be Luddites Anymore: Do Law Librarians Have a Role in Helping Lawyers Adjust to the New Ethics Rules Involving Technology?" 105 *Law Libr. J.* 395, 396(2013).

[97] See, e.g., Remus, supra note 95(manuscript at 20)[描述允许"将文件审查委托给离岸文件处理公司的律师职业道德意见,在离岸文件处理公司,法律工作由美国司法管辖区内的授权律师监督,但不由其执行。美国律师协会(American Bar Association, ABA)和几个州委员会发表了正式意见,认为只要持有执照的美国律师保持严格的监督角色,外包给这些公司并不构成未经授权的法律行为"].

[98] Id.(manuscript at 21).

雇时是否正常工作,这就对律师监督的范围提出了疑问”。[99]

为解决这一担忧,美国律师协会于 2012 年对“示范规则”进行了修订,以便律师使用机器智能。[100] 在第 5.3 规则中关于律师“关于非律师协助的责任”的评论有了新的表述,明确承认“律师可以在事务所外使用非律师协助律师为客户提供法律服务”。[101] 评论明确指出,非律师援助可以包括依赖机器智能的公司,如电子发现顾问,并提供具体的“例子”,聘请文件管理公司创建和维护复杂诉讼的数据库,并使用基于互联网的服务存储客户信息。“律师可以在道德上使用这些服务,只要律师作出合理的努力,确保这些服务的提供方式符合律师的专业义务。”[102]此外,也鼓励律师使用外部机器智能服务提供商的语言,即使客户选择了服务提供商。[103] 该评论也指出,律师可以分担监督外部公司的责任。通过允许律师“分担责任”,相比于律师完全负责监督非律师助理和供应商这个一般性规则而言,这一评论给了律师更多的回旋余地。[104] 该评论明确指出,“在这里,客户选择事务所以外的特定非律师服务提供商,律师通常应与委托人就委托人与律师之间监督责任的分配达成一致”。[105]

2. 非律师提供法律服务的投入

当不为律师工作的非律师使用机器智能提供法律服务时,他们违反了禁止非专业人士非法执业的州法律。根据这些法律,非专业人士只能作为抄写员填写表格或出版带有空白的法律表格,供消费者填写,或向公众提供一般指导的书籍。[106] 一般情况下,《未经授权执业法》禁止非律师提供个性化

---

[99] Id.

[100] Jackson, supra note 96, at 395.

[101] Model Rules of Prof'l Conduct R. 5.3 cmt. 3.

[102] Id.

[103] Id.

[104] Id. R. 5.3. 正如一位评论家所指出的,“通过这些新规定,律师协会将该行业对发现实践部分的监督责任交给了客户和其他专业人士”。Remus, supra note 95 (manuscript at 21).

[105] Model Rules of Prof'l Conduct R. 5.3 cmt. 4.

[106] See Derek A. Denckla, “Nonlawyers and the Unauthorized Practice of Law: An Overview of Legal and Ethical Parameters”, 67 *Fordham L. Rev.* 2581, 2581 (1999).

的法律援助。[107] 非律师人员在出售软件或其他提供个性化法律援助的机器智能时,违反了《未经授权执业法》。无论该程序是否为法律问题或个性化文件(如遗嘱、合同或公司条款)提供单独定制的答案,都是如此。[108] 通常,在这类程序中,机器智能与用户进行对话,机器在对话中询问一系列问题,并根据用户的回答询问进一步的问题或生成法律语言。[109] 在程序结束时,机器智能生成一份专门针对特定消费者的法律文件。[110] 非律师者或拥有非律师所有者或投资者的企业以这种方式使用机器智能时,他们就参与了未经授权的法律业务。[111]

例如,在未经授权法律委员会起诉帕森(Parsons)技术公司案中,[112]得克萨斯州未经授权法律委员会起诉禁止帕森技术公司出售快速家庭律师(Quicken Family Lawyer,QFL),这是一个帮助消费者创建各种法律文件,包括遗嘱、信托的软件程序。[113] 法院解释说:当用户访问一份文件时,QFL 提出了一系列与填写合法表单相关的问题。对于某些问题,屏幕上还会出现一个单独的文本框,解释用户在填写表单时可能需要考虑的相关法律因素。当用户通过与特定表单相关的问题时,QFL 要么填写适当的空白,要么从表单中添加或删除整个句子。例如,在"房地产租赁—住宅"表格中,根据用户如何回答关于转租公寓的问题,在表格中可以包括或不包括征得业主同意后允许转租的条款。[114]

法院应用"量身定制服务构成非法执业"的规则,裁定 QFL 违反了得克萨斯州禁止非法执业的规定,并向法律委员会颁发了禁令。[115]

---

[107] See, e. g., Fla. Bar v. Brumbaugh, 355 So. 2d 1186 (Fla. 1978).

[108] See, e. g., Catherine J. Lanctot, "Scriveners in Cyberspace: Online Document Preparation and the Unauthorized Practice of Law", 30 *Hofstra L. Rev.* 811, 821 (2002).

[109] See infra notes 113 – 14 and accompanying text.

[110] Id.

[111] See infra note 115 and accompanying text.

[112] No. Civ. A. 3:97CV – 2859H, 1999 WL 47235 (N. D. Tex. Jan. 22, 1999), vacated and remanded per curiam, 179 F. 3d 956 (5th Cir. 1999).

[113] Id. at *1.

[114] Id. at *2.

[115] Id. at *7, *10.

虽然这些法律在技术上对机器智能提供法律服务造成了障碍,但在实践中,这些服务的市场实际上已经解除了管制。[116] 即使是担心未经授权的法律行为会抑制创新的威廉·亨德森也指出:“10年后,许多放松管制的议程将在没有任何正式放松管制的情况下得以实现。”[117]显然,虽然公众还没有挑战律师在提供人类法律服务方面的垄断,但他们认为有权自由购买软件和其他形式的机器智能所提供的法律服务。事实上,在帕森斯技术一案的地区法院判决后的短时间内,得克萨斯州立法机关明确允许销售QFL等计算机软件,此外,还有提供个性化法律服务的“类似产品”。[118] 对于密苏里州[119]和华盛顿而言,大声法律网的类似诉讼只造成了其“道路上的颠簸”,[120]业务几乎没有产生什么变化。[121] 正如本杰明·巴顿所指出的,大声法律网“完全无视未经授权的法律实践”的威胁,做得越来越大,越来越普遍。这实际上是它最强大的工具。大声法律网发展得越壮大,越长久,越普遍化,法院发现“未经授权的法律行为”的可能性就越小,立法机构试图推翻不利裁决的可能性就越大。[122] 事实上,对提供法律服务的非律师的唯一重大反对意见是将人的协助与机器智能结合起来,而不仅仅是机器智能。[123] 人力和计算机的联合援助是大声法律网被迫大幅度改变其商业计划的唯一领域。

---

[116] See Benjamin H. Barton, The Lawyer's Monopoly—What Goes and What Stays, 82 Fordham L. Rev. 3067, 3068 (2014). As Barton—and this paragraph—explain, Ray Campbell mistakenly limits de facto deregulation to legal services for corporate clients.

[117] Henderson, supra note 88.

[118] Unauthorized Practice of Law Comm. v. Parsons Tech., Inc., 179 F.3d 956, 956 (5th Cir. 1999) (per curiam) (quoting H. B. 1507, 76th Leg., Reg. Sess. (Tex. 1999)).

[119] See Nathan Koppel, "Seller of Online Legal Forms Settles Unauthorized Practice of Law Suit", *Wall St. J.* (Aug. 23, 2011, 11:47 AM), http://blogs.wsj.com/law/2011/08/23/seller-of-online-legal-forms-settles-unauthorized-practiced-of-law-suit/.

[120] Barton, supra note 81, at 16.

[121] Id. at 15 (quoting Daniel Fisher, "Silicon Valley Sees Gold in Internet Legal Services", *Forbes* (Oct. 5, 2011), http://www.forbes.com/sites/danielfisher/2011/10/05/silicon-valley-sees-gold-in-internet-legal-services/) (alteration in original).

[122] See Benjamin H. Barton, "Glass Half Full: America's Lawyer Crisis and Its Upside" 135 (forthcoming 2014) (manuscript at 135) (on file with *Fordham Law Review*).

[123] See Campbell, supra note 89, at 46(非政府组织对我们的法律制度的贡献,并指出索尔德“在自由无国界的情况下获得合法形式的消费”); Henderson, supra note 88.

此外，即使在不太可能发生的情况下，州监管机构成功地禁止美国企业提供机器智能提供的法律服务，他们也无法阻止在美国提供这类服务。正如劳蕾尔·特里（Laurel Terry）所指出的，法律服务世界现在是平坦的。[124] 在互联网上，其他国家的供应商可以根据美国相关法律，随时向美国居民提法律援助或咨询的机器智能服务。这些服务提供商可以设在英国（目前英国允许非律师服务提供商提供法律服务）[125]，也可以设在中国或印度等其他法律成熟的国家。

因此，那些评论人士，如哈德菲尔德、亨德森和里布斯坦等评论家认为《未经授权执业法》会严重阻碍机器智能提供法律服务方面的创新，这是不正确的。[126] 虽然未经法律法规授权无疑在一定程度上抑制了创新，但它们只是一个可控的障碍。事实上，如果在没有人类协助的情况下使机器智能合法化，只会更有动力发展更复杂和更有利可图的机器智能服务。

（三）为什么反对机器智能提供法律服务

如第一部分所述，机器智能在法律服务中的指数级发展是不可避免的，将机器智能应用于法律服务将以更低的成本获得更高质量的法律服务。在第二部分中，我们解释了监管障碍为何无法阻止这一进展。既然机器智能是不可避免的，只会改善法律服务的提供和增加司法公正的机会，那么为什么法律服务中对机器智能的反对仍然存在？

我们认为，这种反对有两个来源：一是对机器智能的恐惧；二是担心对律师垄断的影响。对机器智能的恐惧有两种形式。一位评论员认为，机器智能永远无法胜任提供法律服务这项任务。[127] 我们从机器智能在其他领域的成功得知，这种恐惧显然是错误的。随着时间的推移，在完成大多数法律

---

[124] See generally Laurel S. Terry, "The Legal World Is Flat: Globalization and Its Effect on Lawyers Practicing in Non-global Law Firms", 28 *Nw. J. Int'l L. & Bus.* 527 (2008).

[125] See generally John Flood, "Will There Be Fallout from Clementi? The Repercussions for the Legal Profession After the Legal Services Act 2007", 2012 *Mich. St. L. Rev.* 537.

[126] See supra notes 87 -90.

[127] See Campbell, supra note 89, at 12（"从根本上来讲，法律文件的形式不如合格律师的服务"）.

服务方面,机器智能将不可避免地超过人类律师。[128] 另一位评论员担心,律师没有能力评估机器智能。[129] 但与技术进步的其他领域一样,人类法律专家将继续评估机器智能的产出,即使作为个人,他们也无法完全了解机器智能是如何工作的。此外,在真正的人工智能出现之前,一些人类专家将保留对提供法律服务的机器智能编程进行编程和评估的能力。

在缺乏正当理由的情况下,律师行业对机器智能的恐惧似乎更可能与维护律师垄断的承诺有关。机器智能不仅威胁到律师在实践中的垄断地位,还对律师垄断正当性所必需的两个要素提出了挑战。[130] 第一个要素是,人们认为非律师无法获得法律专业知识。第二个要素是,律师认为,与商人不同,他们的工作是为公共利益服务。因此,即使公众不具备规范法律服务所需的专门知识,也可以信任律师为公众利益进行自我管理,而不必担心律师的垄断会导致"寻租"。[131]

但是,如果机器智能能够提供这些律师所能提供的专业服务,或者能够为非律师提供获取法律专业知识的途径,那么保护律师垄断地位的第一个理由,即无法获取的专业知识就不成立了。专业特权的另一个主要理由是律师对公益的承诺和保护。机器智能提供的法律服务表明,法律服务是一种商品。法律服务的商品化突出了这样一个现实,即通过买卖法律服务以获取公正。和其他商品一样,更多的钱可以买到更好的品质。更高质量的法律服务会产生更好的结果,这意味着法律面前的正义是不平等的,律师的垄断并不能起到促进公益的作用。[132] 因此,对于机器智能会破坏律师垄断的

---

[128] See supra Part I. A, I. B. 6 – 7.

[129] See Remus, supra note 95 (manuscript at 21 – 22).

[130] See Russell G. Pearce, "The Professionalism Paradigm Shift: Why Discarding Professional Ideology Will Improve the Conduct and Reputation of the Bar", 70 *N. Y. U. L. Rev.* 1229, 1238 – 40 (1995).

[131] See id. at 1239 – 40; Russell G. Pearce & Sinna Nasseri, "The Virtue of Low Barriers to Becoming a Lawyer: Promoting Liberal and Democratic Values", 19 *Int' l J. Legal Prof.* 357, 365 – 66 (2012).

[132] Cf. Geoffrey C. Hazard, Jr., Russell G. Pearce & Jeffrey W. Stempel, "Why Lawyers Should Be Allowed To Advertise: A Market Analysis of Legal Services", 58 *N. Y. U. L. Rev.* 1084, 1112 – 13 (1983).

意识形态基础的担忧是非常现实的。

四、结论

就机器智能破坏律师垄断的破坏性影响而言，电子法律服务市场正处于一个相对早期但意义重大的阶段。随着律师行业机器智能的发展，它将在五个法律实践领域发挥越来越大的作用：发现、法律搜索、文件生成、摘要和备忘录的创建以及预测分析。最终，机器智能将会比许多律师提供服务的速度更快，效率更高。律师将继续提供无法商品化的服务，如果他们是巨星，在瞬息万变的高度专业化法律领域执业，在法庭上出庭，或提供人际关系对其至关重要的服务，他们将继续提供无法商品化的服务。否则，在法律实践中不存在阻碍机器律师制度发展的有效障碍，甚至在法律和法律道德方面也是如此。律师们将继续把机器智能作为一种参与元素，并且不能阻止非律师利用它来提供法律服务。因此，机器智能的破坏性影响最终将触发律师垄断的终结，并为社会和客户带来好处，因为法律服务变得更加透明，消费者也能负担得起，诉诸司法的机会也就越来越多。

（骆紫月　苏志猛　译）

人工智能与法律:法律推理模型的成果

[美]艾德温娜·里斯兰达(Edwina L. Risslanda)* 著

(原文载于 *Yale Law Journal*)

人工智能与法律是该主题的标志。① 该主题的目标是理解和模拟法律论证,同时人工智能和法律也是理解和模拟法律推理的基础性要素。基于此,要求我们知晓如何表示几种知识类型,如案例、规则和论据。第一,如何理解概念,如案例、运行规则和论据;第二,如何推理它们,如遵循先例、应用和推断规则,以及准确定论有关实体的论据;第三,如何最终在计算机程序中使用它们,这些程序可以执行法律推理和实体论证中的任务,如模拟相近似的案例和区分不同的案例、预测在法庭辩论中的双方争议焦点以及创造未来案件巧妙的走向信息。

---

* 马萨诸塞大学阿默斯特分校计算机与信息科学系副教授,哈佛大学法学院法律讲师。

我感谢我的同事和学生,特别是凯文·阿什利(Kevin Ashley)、大卫·布莱克(David Blank)、玛莎·米诺(Martha Minow)、奥利弗·塞尔弗里奇(Oliver Selfridge)和大卫·斯卡拉客(David Skalak),他们为此文的写作进行了多次的讨论,同时感谢国防科学基金会,国际高级研究计划国际部和 GTE 实验室的支持。

① 关于人工智能与法律的最早探讨之一,see Buchanan & Headrick, "Some Speculation About Artificial Intelligence and Legal Reasoning", 23 *STAN. L. REV.* 40 (1970)。See also Gardner, "Law Applications", *in The Encyclopedia of Artificial Intelligence* 456 (S. Shapiro ed. 1989) (providing general overview of AI and law). 对于当前研究的代表性集合作品,see The Second International Conference on Artificial Intelligence and Law: Proceedings of the Conference (1989) [hereinafter ICAIL -89]。

引言

上述是关于人工智能和法律这一核心主题的一系列连贯研究,它包括了以下几个方面的内容:(1)规则推理;(2)处理开放式的法律概念;(3)对案件和假设进行推理;(4)将推理、规则和案件相结合;(5)相关法律知识。

处理第一个问题的技术局限性可以由第二个问题解决,第三个问题解决了第一个问题没有涉及的关键要点,第四部分汇集了前三部分的内容,第五部分提供了这些工作所需的所有基础。这些研究结论是人工智能和法律方面的主要成就,尤其是针对那些寻求理解和模拟法律论证的研究结果,下文将通过举例的方式说明人工智能领域的研究进展程度、争议焦点和研究方式等诸多内容。

一、人工智能背景

(一)什么是人工智能

人工智能是使用计算机科学的概念和工具研究认知过程的学科。[②] 作为计算机科学的一个独特的子领域,人工智能肇始于20世纪50年代中期。[③] 1968年人工智能的创始人之一马文·明斯基(Marvin Minsky)对它进行了恰当的表述:人工智能是"制造机器的科学,如果由机器人完成则需要智能"。[④]

---

② 对于附加的背景知识, see E. Charniak & D. Mcdermott, *Introduction to Artificial Intelligence*(1985);1 –4 *Handbook of Aritificial Intelligence*(A. Barr, P. Cohen & E. Feigenbaum eds. 1981 – 89); *G. Luger & W. Stubblefield*, Artificial Intelligence and the Design of Expert Systems (1989); Encyclopedia of Artificial Intelligence, *supra note* 1; *P. Winston*, Artificial Intelligence(2d ed. 1984)。

③ 1956年在达特茅斯学院举行的夏季会议也许是最早开始涉及此问题的会议。See P. Mccorduck, *Machinaes Who Think* 93 –114(1979)(describing history surrounding the Dartmouth Conference and its lasting effects in AI community).

④ Semantic Information Processing v. (M. Minsky ed. 1968).

因此,所有智能行为都属于人工智能领域,包括下棋、[5]微积分问题的解决、[6]数学发现的论证、[7]短篇小说的撰写、[8]新概念的学习、[9]视觉场景的创建、[10]疾病诊断[11]和类比推理。[12] 任何关于人工智能的讨论都必须注意如果涉及"常识"推理或人类能够亲身感知的领域,如对语言的理解,对于人工智能来说是迄今为止最难的。[13] 但是其他技术性难题,如解决微积分问题或下棋,

---

⑤ See, e. g., Newborn & Kopec, "Results of The Nineteenth ACM North American Computer Chess Championship", 32 *COMM. ACM* 1225 (1989) (describing several games).

⑥ 关于符号数学的研究始于詹姆斯·斯莱格尔(James Slagle)的 SAINT(圣人)计划,该计划解决了从麻省理工学院新生微积分期末考试中选出的 54 个问题中的 52 个。See Slagle, "A Heuristic Program That Solves Symbolic Integration Problems in Freshman Calculus", *Computers and Thought* 191 (E. Feigenbaum & J. Feldman eds. 1963). 紧接其后的另一个项目是 Joel Moses 的 SIN 项目。See Moses, "Symbolic Integration: The Stormy Decade", 14 *COMM. ACM* 548 (1971). 对符号数学的进一步研究促成了"Mit'macsyma"系统的发展,"这是一个大型的交互式计算机系统,旨在帮助数学家、科学家和工程师解决数学问题"。*Handbook of Artificial Intelligence*, supra note 2, at 143. 这些程序的商业版现在可用于个人计算机。See Wayner, "Symbolic Math on the Mac", *BYTE*, Jan. 1989, at 239.

⑦ 一个模拟数学发现过程的程序是道格·莱拉特(Doug Lenat)的 AM。使用包含基本概念和经验法则的知识库,AM 能够"发现"数学概念,如"除数"和"素数"。See R. Davis & D. Lenat, *Knowledge-Based Systems In Artificial Intelligence* 1 – 225 (1982); AM, in 3 *Handbook of Artificial Intelligence*, supra note 2, at 438.

⑧ See, e. g., R. Schank & R. Abelson, "*Scripts, Plans, Goals, and Understanding: An Inquiry into Human Knowledge Structures*" (1977) (discussing theory for story understanding); *Inside Computer Understanding: Five Programs Plus Miniatures* (R. Schank & C. Riesbeck eds. 1981). For general collections of work on natural language processing, see *Readings in Natural Language Processing* (B. Grosz, K. Jones & B. Webber eds. 1986); *For Natural Language Processing* (W. Lehnert & M. Ringle eds. 1982).

⑨ See, R. Michalski, J. Carbonell & T. Mitchell eds. e. g., 1 – 2 *Machine Learning: An Artificial Intelligence Approach* (1983, 1986).

⑩ See, M. Fischler & O. Firschein eds. e. g., Readings in Computer Vision: Issues, Problems, Principles, and Paradigms (1987).

⑪ See, e. g., 基于规则的专家系统,斯坦福(STANFORD)启发式编程项目的霉菌(MYCIN)实验(B. Buchanan & E. Shortliffe eds. 1984)(以下简称 Buchanan & Shortliffe)(详细讨论 MYCIN 细菌感染诊断系统)。

⑫ See, e. g., Gentner, "Structure-Mapping: A Theoretical Framework for Analogy", 7 *COGNITIVE SCI.* 155 (1983). 通过类比推理是 AI 中最早的一个程序的主题。See Evans, "A Program for the Solution of a Class of Geometric-Analogy Intelligence-Test Questions", *Semantic Information Processing* supra note 4, at 271.

⑬ See, e. g., E. Charniak, *Toward A Model of Children' S Story Comprehension* 271 – 74 (MIT AI Lab Technical Report No. 266, 1972) (甚至理解"简单"儿童的故事可能非常混乱).

通常要容易得多。这是因为后者可以用明确定义的术语构成,[14]并且可以完全由数据构成,而前者则相反。人工智能方法与其他认知和知识研究(如心理学或哲学)的不同之处在于它坚持采用计算术语进行基础分析,主要体现在计算机通过分析数据的方式在运行程序中进行人工模拟。[15]

对人工智能的追求至少有两个原因:了解人工智能的运作,[16]并创建有用的计算机程序和可智能执行的计算机。人工智能领域的大多数设计者同时追求这些目标。例如,在设计用于商业目的的计算机程序(如制定信用卡审议批准程序)的过程中,程序设计者需要考察经验丰富的人员如何作出这些决定,因为他们是最好的人工智能数据案例,并且通常是人工智能程序设计以及其如何完成工作的主要信息来源。[17] 同样,为了理解或形成模型化认知的目的而优化人工智能,向人们展示一个更令人满意的正在运行的程序:

---

⑭ 例如,国际象棋的规则完全定义了游戏。此外,在游戏的情况下,可以使用高功率,专门的"搜索"技术找到解决方案。这是非常成功的国际象棋程序,如深度思考("Deep Thought"),是如何运作的。Deep Thought 每秒可以检查 720,000 个国际象棋位置。See Newborn, & Kopec, supra note 5, at 1225. 然而,这些程序是否与人类象棋专家的工作方式相同,以及它们是否能够揭示人类思维过程,这是完全不同的事情。See Chase & Simon, "The Mind's Eye in Chess", *Visual Information Processing* 215, 278 (W. Chase ed. 1973).

⑮ See D. Dennett, *BRainstorms: Philosophical Essays on Mind and Psychology* 112 (1978); J. Haugeland ed. Mind Design, 1981.

⑯ 关于人类认知的两个有趣的理论, see M. Minsky, *The Society of Mind* (1986); A. Newell, *Unified Theory of Cognition* (forthcoming 1990)。

⑰ 即使心理有效性通常不是最重要的,但它通常也很有帮助。MYCIN 项目说明了这一点。MYCIN 项目的目标是建立一个能够在专家级别诊断细菌血液感染的系统。尽管目标不是密切关注专家医生的诊断行为,但在项目阶段的早期阶段,医学专家的观察是至关重要的,当时 AI 研究人员(称为"知识工程师")收集,组织和编码专家的医学知识供该计划使用。之后,让程序以易于理解的方式运行对于调试和优化它至关重要。See generally Buchanan & Shortliffe, supra note 11. 通常情况是,如果程序的处理方式与人类之间没有联系点,程序行为似乎难以理解,阻碍了它的发展。程序和专家处理之间的某些相似性也增强了人们对程序输出正确性的信念;有时这是因为程序更容易用用户的术语解释自己的推理。关于捕捉专家推理风格的问题,像 Deep Thought 这样的象棋游戏程序是高性能程序的极端情况,其中没有声称认知有效性。See Newborn & Kopec, supra note 5. 没有人试图让 Deep Thought 像大师那样思考。See Leithauser, "Kasparov Beats Deep Thought", *N. Y. Times*, Jan. 14, 1990, § 6 (Magazine), at 33, 74 (讨论大师卡斯帕罗夫对其中一些问题的影响的想法).

在某种程度上,成功意味着建立一个有效的计算模型。⑱

在法律背景下,这些双重理论转化为双重目标,即理解法律推理的某些关键方面和构建对法律实践、教学或研究有用的计算工具。前者的一个例子是先例学说开发用于推理的人工智能模型。开发人工智能模型的过程使人们了解法律推理。建模包括阐明判例推理的关键要素,如评估判例与新情况的相关性、区分相反的案例以及在相关案例之间建立联系,然后详细描述它们并构建一个程序来执行它们。

第二个更加面向实体性运用的典型例子是构建一组计算工具(可以说是律师的辅助工具),以帮助编写分析报告。这些功能可能包括协助从数据库中收集相关判例,根据其逻辑推理方法对其进行排序,以及对其进行"智能演绎"的功能实现。建立一个实用的人工辅助系统,就像协助撰写有关案件分析一样,需要开发分析模型。通常,如果分析模型提供了有关实体处理的分析和解释,则对分析模型的完善程度更高。

建立法律推理模型的愿望并不少见。当然,法律推理的关键方面,例如对判例的分析,已成为许多讨论了的主题。⑲ 但在大多数情况下,以前的研究并没有提供人工智能模型所需的详细资料。也就是说,他们没有提供足够的细节来说明如何将它们作为计算机程序实现。⑳ 这在人工智能中非常

---

⑱ 实际上,构建一个程序与推测它有很大的不同。编程充分说明了模型的弱点或难点。Cf. McDermott,"Artificial Intelligence Meets Natural Stupidity",*Mind Design*,supra note 15,at 143,156－159(highlighting risk of theorizing about implementation without actually implementing).

⑲ See,e. g.,B. Cardozo,*The Nature of the Judicial Process*(1921);E. Levi,*An Introduction to Legal Reasoning*(1949);K. Llewellyn,*The Bramble Bush*(1930);K. Llewellyn,*The Case Law System in America*(1989);Radin,"Case Law and Stare Decisis:Concerning Präjudizienrecht in Amerika",33 *COLUM. L. REV.* 199(1933).

⑳ 虽然这显然不是他们的目的,但一些讨论已经非常接近。例如,卢埃林(Llewellyn)和雷丁(Radin)完成的一些分析捕获了AI中所需的那种描述的精神。See,e. g.,K. Llewellyn,supra note 19,at 50 n. 1(描述先例学说,特别是关于案件规则的广义和狭义解读);Radin,supra note 19,at 206－09(描述法律中的概念演变). Radin的描述非常类似于一种算法,称为"候选消除算法",用于机器学习。See 3 *Handbook of Artificial Intelligence*,supra note 2,at 385－91. 为了比较这个算法和Radin的分析,see Rissland & Collins,"The Law as Learning System",Proceedings of the Fourth Annual Conference of the Cognitive Science Society 500,501(1986)(审查"固有危险"概念的演变——*Radin*)。

重要,需要人们详细说明。例如,法律被描述为“例推法”。[21] 基于某些目的,这可能是适当的描述,但对于人工智能,它留下了太多无法回答的问题。为了利用法律学者提供的有关法律推理的宝贵见解,人工智能研究人员需要指明推理的发生方式以及需要哪些信息和方法。

(二)人工智能与法律:卓有成效的协同作用

人工智能方法迫使人们不带感情地进行细致分析。它主张人们使用计算机科学的思想和方法来设定概念和建立计算框架。

法律逻辑模式和其独特的运行架构为建立分析和计算人工智能模型提供了大量机会。法律还具有其独特的性质,使其成为对人工智能特别具有挑战性的领域。

1. 法律推理是多模式的,丰富多样的:它包括案例、规则、法规和原则的推理。

2. 判例法有明确推理和辩护的风格和标准:遵循先例。

3. 专门的法律知识,如案件和法定规则,有很好的文档记录,可以从许多来源获得,包括案例记者、论文、重述、法规、商业摘要和学术评论。

4. 法律具有自我意识和自我批判性,并且具有检查其过程和假设的既定传统。这在相互竞争的法学流派的支持者之间存在激烈的争论。

5. 法律中答案的特征与许多其他学科的答案不同。法律中的答案更多的是程度问题,而不是明确的是或否,并且它们可以随着时间的推移而改变。

6. 法律推理中使用的知识是多种多样的,从常识到专业法律知识,在结构、性质和用途方面差异很大。

这些观察结果表明法律和人工智能之间可能具有丰富的协同作用,并对人工智能方法产生影响。法律的多模式意味着人工智能程序需要了解几种推理模式以及如何一致使用它们。法律具有明确的,可接受的推理风格,为研究者提供了一种明确的推理方式,可以融入模型并用于分析法律推理。

---

[21] See E. Levi, supra note 19, at 1.

然而,一些推理模式,如案例推理,与人工智能中使用最广泛的推理模式非常不同,人工智能研究人员最近才开始对这些模式感兴趣。

法律具有良好的逻辑层次、自我价值且能不断地自我更新,这使人工智能研究人员更容易理解这些法律。如果没有法律知识库且没有试图描述和批评法律推理目标和方法的传统,那么人工智能研究人员就必须从头开始尝试理解法律推理并阐明所涉及的知识。但这绝不是说所有的工作都已经完成。法律推理的哲学描述对于人工智能的目的来说是模糊的,法律知识还有很多东西比传统法律材料的"书本知识"更多。尽管如此,人工智能的法律研究已经提供了一个良好的开端,一个来自认识论的支持。

在法律中被视为不明确的"答案"也与其他学科不同。在法律上通常没有独特的正确答案;相反,有合理的替代"答案",这造成"答案"一词更多体现的是程度而非"是与否"。答案具有高度的背景性并取决于目标和观点,并随着法律的发展而变化。即使是基于规则的法律推理方面,也不能用纯粹的演绎方法来建模。这也意味着,在一个推理事件的结尾,从来没有像在数学中那样将其视为无可争议的定理。从法律角度来看,这不是真正的逻辑矛盾。使用计算机的相关术语是一个手段,而不导致结果的实体性脱离,因为它允许法律适应环境和目的的变化。但是,从计算上来讲,法律答案的性质增加了法律的丰富性和灵活性,提高了人工智能法律的复杂性和难度。

这些观察结果都表明,法律对人工智能而言是一个极具挑战性的领域。人工智能和法律研究将推动人工智能向新方向发展,从而使人工智能受益。反之,法律也将从分析和实践中受益于人工智能。作为一种分析媒介,人工智能强调对细节的精心关注和对理论思想的精确测试。反之,这有助于揭露相关问题的不足,进一步理解法律层面的人工智能领域并提出改进建议。人工智能将焦点集中在知识和过程问题上,达到非计算时代无法比拟的程度,这通常需要一些关键的逻辑结构,如类比推理,它奇迹般地完成逻辑分析而不体现详细的逻辑过程,[22]或过多的关键细节遗留不明。[23] 人工智能对法律的实用益处是智能计算工具,这也使人工智能对法律之间的关系实现真正具有协同作用。

(三)人工智能和法律程序的需求

鉴于上述法律的特殊性,我们可以列举一些我们希望实现理想人工智能和法律程序的目标。除其他外,它应该能够做到以下几点:

1. 用事例(真实的和假设的)进行推理和类比;
2. 用规则进行推理;
3. 结合几种推理模式进行推理;
4. 处理不明确和开放性概念;
5. 制定论据和解释;
6. 处理知识之间的例外和冲突,如规则;
7. 适应法律知识特别是法律基础概念的变化,处理非单调性,即以前的真理不再作为更多的真理而为人所知的变化;[24]
8. 建构模型常识;
9. 建构意图和信仰的模型知识;

---

[22] 哲学家丹尼特称为"智力借贷"或隐藏的小说。See D. Dennett, supra note 15, at 12. 在 AI 模型中,某过程,某个地方,必须实际完成工作,否则丹尼特所说,理论是"红色的"。一个很大的危险在于"设计一个规定能力不可思议的系统"。Id. at 112; see also McDermott, supra note 18, at 143.

[23] 德沃金的一些模型在这方面很有吸引力,比如他的疑难案例模型。See, e. g., R. Dworkin, *Taking Rights Seriously*(1977). 他辩称,可能没有任何"疑难"的案例,因为人们可以使用一套相对加权的原则来解决某些"疑难"问题,这些问题的出现是因为案件在关键点中存在冲突或者存在联系。原则和权重来自一系列相关先例。德沃金省略了如何确定使用哪些先例以及如何从中引出原则的细节。他不一定是错的,但提取他的模型如何运作更详细的描述将是有益的。通过拒绝进一步指导如何开发加权系统,德沃金简单地将分析问题推回了一步。关于相对权重的分配,他一直走进"信用分配"的泥潭,这是机器学习中的设计者所熟知的,即将问题解决方案的总体成功或失败的功劳或责任分配给单个步骤或方面。例如,在游戏的倒数第二步,第一步,或一些中间移动或移动中,棋盘游戏中的输赢归咎于何处?如何判断哪些特征或原则"导致"某一方或另一方解决案件? See Minsky, "Steps Toward Artificial Intelligence", *Computers an Thought*, supra note 6, at 432 (1963); Samuel, "Some Studies in Machine Learning Using the Game of Checkers", 3 *IBM J. RES. & DEV.* 211(1959).

[24] 例如,用新先例推翻既定学说。

10. 执行理解自然语言后的某些方面。

我们距离这样一个理想还有很长的路要走。但是对于这些重要方面，相关研究都被展开了，并且在一些方面取得了令人瞩目的进展。

事实上，今天人们可以推测这些可以被预料到的需求。在不久的将来，有朝一日会出现这些需求，但也可能永远不会出现这些需求。目前，人工智能正积极推动基于案例推理的界限（目标 1）。在基于规则的推理（目标 2）中寻找良好的理解方法，并积极探索多范式推理方式（目标 3）。具有开放性谓词（目标 4）的推理已经获得了令人惊讶的首次进步，但它需要其他人工智能专业的进一步贡献，如基于案例的推理（Case-based Reasoning，CBR）[25]和机器学习。[26] 这在 1964 年在判例论证方面作出了重大贡献，[27]并且在解释方面正在取得进展（目标 5）。因此，人们可以乐观地认为，有朝一日，人工智能将能够以至少一种基本的方式处理人工智能和法律程序中的许多关键目标。笔者甚至会说，现在或不久的将来可以达到上述五个目标。

目前，处理两个需求的异常和冲突（目标 6）以及适应知识基础的改变（目标 7）正在人工智能中得到广泛解决，特别是在机器学习中，可以合理地预期人工智能程序能够很快发生相应变化，但不能突然或迅速地发生变化。[28] 一群热衷于人工智能领域在法律上应用的研究人员正在积极探索上

---

[25] “基于案例的推理”是程序使用先前案例（如先例、经验、问题解决事件、详细解决方案及计划）来解决新案例的过程。CBR 有两种：一是“问题解决 CBR”，其中重点是通过重用和修改旧解决方案来生成新问题（案例）的解决方案；二是“解释性 CBR”，其中重点是通过比较和类比以及过去案例中的解释来产生对新案件的解释。对于这两个品种，关键问题是案例记忆的结构和内容，用于从记忆中检索案例的索引机制，以及用于评估检索到的案例的相似性或相关性的度量。在法律中进行的那种基于先例的推理是第二种类型的 CBR 的范例。See generally J. Kolodner ed., *Proceedings: Workshop on Case-Based Reasoning* (1989)（当前研究的良好抽样）; Kolodner, Rissland & Waltz, “Case-Based Reasoning from DARPA: Machine Learning Program Plan”, *Proceedings: Case-Based Reasoning Workshop* 1 (1989)（由国防高级研究计划局赞助；列出 CBR 的主要类别，CBR 的成分以及杰出的研究问题）.

[26] “机器学习”是程序改变自身的能力，特别是其知识，使其能够更好地发挥作用。

[27] See infra Section II. C.

[28] “规范科学”所涉及类型的变化，即使用库恩的术语，都适用于机器学习的技术。相比之下，库恩式“范式转换”中涉及的变化类型可能不是，至少在系统本身意义上的认识需要转变并通过创造新概念来实现它。See T. Kuhn, *The Structure of Scientific Revolutions* 10, 66 (2d ed. 1970); see also E. Levi, supra note 19, at 8, 9（描述法律的变化）。

述问题,他们主要采用复杂逻辑的方法。因此,我们可以期待有一天可能会满足这两个需求。

至于最后三个需求,笔者就不那么乐观了。常识推理建模、意图和信念知识以及自然语言能力是迄今为止最困难的任务。在语言方面,可以在狭隘的范围内实现一些能力,如互动对话和对简短梗概的理解,但在更广泛能力的扩张上却十分艰难。㉙ 对一般“解决方案”的广泛适用还非常遥远。比如对书面上诉意见的理解,这无疑需要让人工智能完全具备人类甚至超人类的智能,而我也希望永远不会看到如此一天。㉚

二、法律论证模式的重大步骤

本节讨论人工智能和法律中的几个具有里程碑意义的项目,这些项目为理解和建构法律推理,特别是法律论证的长期目标提供了重要步骤。他们提出:(1)用规则进行推理;(2)用开放式性概念推理;(3)用案例、假设和引用先例的论证方式进行推理;(4)具有规则和案例的混合范式推理;(5)构建法律知识的深层模型。

(一)规则的推理

走向法律推理模型的最早步骤之一是使用专业的系统㉛来模拟法律规

㉙ See generally, Lehnert, “Knowledge-Based Natural Language Understanding”, *Exploring Artificial Intelligence: Survey Talks from the National Conferences on Artificial Intelligence* 83(1988).

㉚ 这倒不是因为发表意见有什么特别的困难,而是因为理解文本很难。See supra notes 13, 29. 法律意见使用专门的词汇和惯例,因此理解它们可能更难,因为这些理解需要额外的处理;另外,这些考虑所施加的额外限制可能使法律意见更适合于计算分析。

㉛ “专家系统”是一种专用计算机程序,可以说是狭隘问题领域的专家。通常,这样的程序使用规则来表示其知识和理由。See, e. g., P. Harmon & D. King, *Expert Systems* (1985); D. Waterman, *A Guide to Expert Systems* (1986); B. Buchanan & R. Smith, “Fundamentals of Expert Systems”, 4 *Handbook of Artificial Intelligence*, supra note 2, at 149.

则的某些方面。[32] 这进一步反映了人工智能的发展：基于计算规则的专家系统是第一种人工智能系统。此外，它们的基础计算机制在概念上是清晰的，并且具有极大的计算优势。[33] 虽然从法律角度来看，对运用法律规则的有效性、有用性和地位有各种各样的看法，并且在表示法律规则时存在公认的困难，[34]但是采用一些法律规则并将其嵌入到计算规则中仍然是很自然的。这是由源自于标准计算机计算框架的逻辑模式所决定的。

在相应数据计算模式中，规则以简单的、风格化的格式编码：如果已知某些条件成立，则采取所述操作或绘制所述结论。[35] 规则系统通过链接这些规则起作用。[36]

㉜ 对于相关法律规则方面更早的努力是雷曼・艾伦（Layman Allen）关于"规范化"的工作。他的重点是消除法规和法律文件中的句法模糊性，而不是使用计算程序来推理它们。See Allen, "Symbolic Logic：A Razor-Edged Tool for Drafting and Interpreting Legal Documents", 66 *YALE L. J.* 833（1957）. 当然，如果某些含混不清，例如那些关于逻辑连接词的范围和诸如"如果""除了"和"除非"等词语含义的含义被从法律来源中删除，则编码法律规则以供使用专家系统将更容易，更不容易辩论。Allen & Saxon, "Some Problems in Designing Expert Systems to Aid Legal Reasoning", *The Second International Conference on Artificial Intelligence and Law：Proceedings of the Conference* 94（1987）（以下简称 ICAIL－87）（讨论了排除规则限制结构的 48 种替代解释）.

㉝ 例如，专家系统（DENDRAL）已被有机化学家广泛使用，see R. Lindsay, B. Buchanan, E. Feigenbaum & J. Lederberg, *Applications of Artificial Intelligence for Organic Chemistry：the Dendral Project*（1980）；sources cited supra note 31。

㉞ 除了"句法"困难之外，see Allen, supra note 32，还存在"语义"困难，如冲突规则、术语不精确和术语不完整。See Berman & Hafner, "Obstacles to the Development of Logic-Based Models of Legal Reasoning", *Computer Power and Legal Language* 183（C. Walter ed. 1988）（讨论基于逻辑的方法的困难）；Berman, "Cutting Legal Loops", *ICAIL*－89, supra note 1, at 251（讨论法规中的定义循环，递归和自引用）.

㉟ 例如，关于"使用产品的责任"的规则 1，"从沃特曼和彼得森的案件解决制度来看"，"如果原告使用产品时对损失发生时是可预见的（产品的使用是合理的或者产品使用是紧急情况或者被告对该产品用途的描述是不正确的或者被告没有对该用途的描述），然后可以宣称被告有责任对原告使用该产品造成的损失。See D. Waterman & M. Peterson, *Models of Legal Decision Making* 37（Institute for Civil Justice of The Rand Corporation Memo R－2717－ICJ 1981）（括号用于表示逻辑连接词的范围和分布，因此，这里有两个主要的前因，其中第二个可以用其他方式来满足）.

㊱ 系统可以通过从事实推理到他们所支持的期望结论来"前进"，或者从期望的结论"向后"找到支持它的事实。正向链接只是重复应用逻辑推理规则模式：如果有一个规则"如果 A 然后 B"和事实 A，则结束事实 B. 作为一种选择，在反向链接中，建立事实 B，然后去寻找这样的规则，并验证该规则有信息满足其前提条件 A；如果 A 不满意，那么就会寻找建立 A 的规则，依此类推，直到达到必要的事实依据并在逻辑上支持所需的结论。See W. Salmon, *Logic*（2d ed. 1973）；sources cited supra note 31.

此类方法特别有用,因为在许多领域,专家的大部分知识都可以在规则中表达,其中很多都是“启发式”的。[37] “启发式”算法通常是专家对过去解决问题方法的个人综合,他们捕捉到并制定有自主学习性的逻辑计算方法。专家系统提供了一种更为直接的方法来利用“启发式”专业知识,使其在运行中所接触到的实体案件中的法律规则转化为新的逻辑运算规则。

专家系统方法在法律上的首次应用是兰德公司民事司法中心的唐纳德·沃特曼(Donald Waterman)和马克·彼得森(Mark Peterson)。[38] 在他们的体系中,规则对教义和法律专业知识进行陈述并编码,以此作为经验法则。[39] 他们在专家系统方法开始广泛应用时所做的工作,既代表了专家系统方法在法律上所能取得的成就,也代表了这种方法所固有的困难。唐纳德·沃特曼和马克·彼得森研究了专家系统如何作为法律应用中的实用工具,并将其作为一种模拟法律专业知识的程序。[40]

他们其中一个系统的问题区域被称为 LDS(用于法律决策的系统),其作用在于评估产品责任案例的“价值”以便于解决问题。该程序基于规则模型对严格责任、比较过失和损害赔偿进行计算,且能获得支撑类似过失结论的推论链,并对和解谈判的某些方面建模,该项目证明了基于规则的技术在法律应用中的可适用性。

但是他们的系统最大的弱点在于它用不精确的术语掩盖了推理中固有的困难,并且低估了法律推理的对抗性质。例如,LDS 询问用户该产品的使用是不是“可预见的”。[41] 这是一个众所周知的微妙问题,其答案很模糊,或者说完全是模棱两可的。人们可以争辩说,对于使用的可预见性得出结论

---

[37] “启发式”是一种经验法则,是一种封装的智慧。许多解决问题的行为都是通过启发式经验法则来指导的,例如“如第四次进攻后未能推进 10 码,则交换球权”,或如果您需要以正确的法律日志形式获得引用,那么请问法律期刊编辑。启发式是过去的经验证明是“好的”或“明智的”方法,它们不一定像算法或数学定理那样能保证解决方案,有时它们甚至可能产生错误的答案或者适得其反。“启发式”一词源于希腊语的发明或发现。数学家乔治·波利亚(George Polya)讨论了启发式推理以及启发式在数学推理和解决问题中的应用。See G. Polya, *How to Solve it*(1973).

[38] See generally D. WATERMAN & M. PETERSON, supra note 35.

[39] See, e. g., supra note 35(其中一个规则的例子).

[40] See D. Waterman & M. Peterson, supra note 35, at 13 – 15.

[41] Id. at 45.

是过失领域推理的核心。并且要求用户进行这样的解释性回应,并不利于结论的正当性。LDS 还说明了基于规则方法的另一个普遍问题:它没有充分突出法律推理的对抗性质,即对立方则寻求建立不同的、往往是相互矛盾的结论。也许更深层次的是,基于规则的方法假定这一系列规则没有固有的缺陷,如歧义、差异和冲突。要使这一系列规则系统工作,程序员通常必须消除这些问题并使规则看起来一致和完整。

虽然过于简单,但由唐纳德·沃特曼和马克·彼得森建造的系统是未知领域的一个里程碑。谴责它未能解决法律推理建模的所有难题是有失公平的。值得赞扬的是,唐纳德·沃特曼和马克·彼得森直接面对这些批评。例如,他们认为它们既解决了处理不精确的法律谓词的困难,也解决了使用这些概念进行更微妙推理的必要性。[42]

今天,专家系统是使用的最重要的方法之一,并且当前应用还有许多其他示例。最近在英国的两项努力特别值得注意。第一项是理查德·萨斯堪(Richard Susskind)和菲利浦·卡珀(Phillip Capper)的潜在损害系统,该系统涉及 1986 年英国潜在损害法。[43] 他们的系统处理与索赔人在受到潜在损害时可以提起诉讼时间段内相关的复杂法律问题。[44] 除了在复杂的法律体系中提供有用的应用之外,这项工作中另一点有趣的是,萨斯堪从分析法学的角度解释了这个项目。[45]

第二项工作是伦敦帝国理工学院逻辑规划小组的一组项目,其中一个模拟了 1981 年《英国国籍法案》。[46] 该项目的一个主要目标是测试规则方法在针对大型复杂法规时的适用性。使用规则对法规进行建模的过程有助于程序员发现法案特有的问题,如法案中未定义的法律谓词和漏洞,以及以规

---

[42] Id. at 26. 汰特曼是机器学习领域的先驱,他了解学习问题对专家系统的重要性。他走在了时代的前面,1987 年英年早逝是一个巨大的损失。

[43] See Latent Damage Act, 1986.

[44] See P. Capper & R. Susskind, *Latent Damage Law—the Expert System*(1988). 本书包含用于在 IBM PC 或 XT 等机器上安装和运行系统的软盘。

[45] See R. Susskind, *Expert Systems in Law*(1987).

[46] British Nationality Act, 1981. See Sergot, Sadri, Kowalski, Kriwaczck, Hammond & Cory, The British Nationality Act as a Logic Program, 29 COMM. ACM 370(1986)(以下简称 Sergot).

则为基础的方法中涉及否定的正规化、默认值和反事实的使用、常识知识的表示以及法规中行政自由裁量权的使用等各种普遍问题,每个都为人工智能提出了技术上有价值的问题。㊼

虽然基于法律规则的逻辑计算技术只是完整的法律论证模型中的一个组成部分,但从构建有用的应用程序的角度来看,它们确实卓有成效。有大量的应用实例,其中很多都需要实用的省时省钱的法律帮助,但是社会上法律专业人才资源非常紧张。㊽ 鉴于廉价的专家系统开发工具和基于规则的编程语言的可用性,这类应用系统将继续发展,以至于未来的某一天任何能够使用这些工具的人都可以使用。㊾ 总而言之,基于规则的技术在稳定、完善的法律体系中经常对典型案例进行分析的实践做法证明了其具有实用性。㊿

(二)使用开放性概念的推理

是否存在适用于简单的规则分析的普通案例,这是一个法理学中具有长期历史的问题。这使我们理解了基于规则推理的局限性以及法律概念中固有的特殊问题。安妮·加德纳(Anne Gardner)的工作既阐明了规则推理方法的局限性,也指出了使用基于案例的技术方法。(51) 加德纳通过"疑难/简

㊼ See, e. g., Sergot, supra note 46, at 379(将否定定义为失败,即如果所有已知的方法都证明某件事是正确的,那么它就是错误的结论); id. at 382("反事实条件",如法定短语"通过血统成为英国公民,或者本来会成为英国公民,但是……"); id. at 382(例如,如果……酌情处理,国务大臣认为合适的话)Berman, supra note 34; Berman & Hafner, supra note 34.

㊽ See, e. g., Grady & Patil, "An Expert System for Screening Employee Pension Plans for the Internal Revenue Service", *ICAIL* –87, supra note 32, at 137(描述处理雇员养老金计划的国税局服务项目); Pethe, Rippey & Kale, "A Specialized Expert System for Judicial Decision Support", *ICAIL* –89, supra note 1, at 190 –94(根据"联邦黑肺福利法"处理索赔的系统); Weiner, CACE: "Computer-Assisted Case Evaluation in the Brooklyn District Attorney's Office", *ICAIL* – 89, supra note 1, at 215 –23(描述警察逮捕后/审前处理药物猝死的系统).

㊾ See, e. g., Wiehl, "Computers Assuming New Roles at Law Firms", *N. Y. Times*, Jan. 20, 1989, at B4, col. 3; Blodgett, "Artificial Intelligence Comes of Age", 73 *A. B. A. J.* 68(1987).

㊿ 例如,保罗布雷斯特评论说,宪法将非常不适合专家系统,因为原则含混不清……专家系统最适用于受法治限制的法律领域。See Blodgett, supra note 49, at 70(quoting Brest).

(51) See generally A. Gardner, *An Artificial Intelligence Approach to Legal Reasoning*(1987). Gardner holds a J. D. from Stanford and practiced law before returning to Stanford to obtain a Ph. D. in computer science. 加德纳拥有斯坦福大学的法学博士学位,在返回斯坦福大学获得计算机科学博士学位之前从事法律工作。

单问题”[52]的框架研究了基于规则的方法的充分性。如果法律专家对其分析或结果达成一致,那么这个问题被认为是“容易”的问题,否则就是“难的”。疑难问题通常与“开放性”的法律概念一起出现。[53] 为了在程序中实现这种区别,必须提供几个细节,例如相关领域有几种专家学者的意见,什么算作他们之间的分歧,以及如何判断是否存在分歧。从实际的角度来看,如果人们可以从困难中筛选出容易的东西,那么就可以使用基于规则的技术来解决简单的问题,并用其他方法来解决难题。[54]

加德纳为简易范式构建了一个计算模型,并使用开放式法律概念进行推理。她的课程的问题领域是经典的要约—承诺的法律,其任务是分析问题观察员的问题,这些问题来自律师考试和吉尔伯特法律摘要等。该计划分析了法律问题是什么,发现哪些是困难的,并回答了容易的问题。加德纳要求她的程序在计算上是合理的,且程序不应该采取过度艰难的计算来决定哪些问题是容易和困难的,否则,即使不是理论上的,至少在计算上也不会得到什么好处。

在加德纳的模型中,困难的问题以两种方式出现在规则中:与内心真意相关的规则,如来自契约重述规则[55]是不完整的,循环的或矛盾的或者规则中使用的法律谓词是不确定的,且解释无法解决这些问题。[56] 当处理用于解

---

[52] 关于这个框架的讨论,see Hart,“Positivism and the Separation of Law and Morals”,71 *HARV. L. REV.* 593(1958),reprinted in H. L. A. Hart, *Essays in Jurisprudence and Philosophy* (1983);R. Dworkin,supra note 23,at 81。

[53] 关于“开放性”的法律概念的讨论,see H. L. A. Hart,The Concept of Law 121 -32(1961)。

[54] 这当然不是模拟困难/容易问题的唯一方法。例如,基于案例的技术可以用于这两种类型的问题。然而,考虑到基于规则的方法已经被很好地理解,加德纳(Gardner)的方法是非常自然的。

[55] See Restatement(Second) of Contracts(1981).

[56] 请注意,处理规则集困难的典型体现在对程序中的规则进行编码在之前需要手动解决冲突。当然,人们不能总是消除规则集中的冲突,因为即使是专家也无法办到。例如,加德纳的计划中存在一系列相互矛盾的规则,这些规则涉及撤销之前接受要约的拒绝,以及同时承诺和修改合同的提议。See A. Gardner,supra note 51,at 134. 加德纳故意在她的系统中留下相互矛盾的规则,因为她希望她的模型能够处理法律专家及其规则可能发生冲突的事实。See id. at 3 -4. 使用开放式性法律谓词来解决问题的一种典型的规则方法是简单地要求用户做出判断或用户参与可能被称为“定义反向链接”的内容:编写规则,其前提条件指定的法律谓词是否被获得,然后编写规则来定义这些前置条件的含义,依此类推。See Sergot,supra note 46,at 378(实施这种方法);D. Waterman & M. Peterson,supra note 35,at 45(suggesting this approach)(暗示这种方法).

决这些问题的案件有混合时,加德纳的程序将问题归类为“难以解决的”。也就是在通常情况下,不可能处理不确定的概念,因为正如加德纳所说,规则“用完了”,即所需规则的前提使用了一个未定义的术语。[57]

加德纳解决这些问题的方法是为她的计划提供丰富的知识体系和一些强大的启发式方法。她的计划知识包括:(1)要约和承诺原则的重述;[58](2)相关“行为网络”的各方代表进行要约与承诺行为的各种状态,以及这些状态之间的转换;[59](3)相关的常识性知识;[60]和(4)某些关键概念的典型事实模式(范例)。[61] 因为已经对这些范例进行了确定性分类并将其应用于新案例的解释中,故而可以将其作为简化的先例。为便于讨论,规则、网络和常识性知识将被归为“非典型性”知识的组别中。

加德纳的程序试图通过首先使用非典型性知识来回答问题,然后,如果失败,则使用典型明确的案例。如果答案可以用非典型知识得出,则答案的有效性将根据相关典型性知识进行检查。[62] 因此,她的程序使用以主要方式得出答案,并以次要方式检查答案的有效性。在任何情况下,如果某个答案

---

[57] See A. GARDNER, supra note 51, at 33 -34(讨论规则不足的问题). 这使传统的基于规则的技术(向后链接)在达到适当的定义基础并解决歧义术语的应用之前完全停滞不前。

[58] 例如,她的程序使用大约20条规则来涵盖合同原则,例如要约和接受。See id. at 133.

[59] 例如,可能有一个待处理的报价,而接受将使人能够过渡到处于合同关系的状态。See id. at 123 -25; id. at § 6.2.

[60] 例如,电报是一种文件,它即是一种无生命的物体,又是一种物理对象。See id. at 90 -91. See generally id. at 85 -117(对典型问题进行非常详细的介绍).

[61] 例如,她的程序有两个典型的事实模式,用于法律谓词产生含有内容的表现形式,用一些内容形成话语,并发送带有一些内容的文档。See id. at 156 -157.

[62] 困难/简单案件的确定如下。如果可以(暂时)使用程序的非示范领域知识(暂时)回答诸如对当前事实应用法律谓词的问题,主要是规则性的,如果没有相反的示范案例样本,那么问题是被认为是简单的,它的答案是派生出来的。如果用于检查试探性答案的案例样本都指向相反的方式,则问题也被认为是容易的,但答案是案例样本支持的答案。另外,如果案件样本的处理中存在混合物,则该问题被标记为难,并且该程序不试图提供答案。如果无法使用领域规则导出(暂定)答案,例如,谓词无法解析,但所有相关案例都指向相同的方式,因此可用于假设和支持答案,则考虑问题容易,答案是案例范例所示。另外,如果使用域规则无法得出答案,并且案例中存在混合,则该问题也被认为是困难的。See id. at 54 -55, 160 -61(她的程序算法的缩写描述).

在相关范例的处理方面存在混合,则该问题被认为是疑难的。[63]

加德纳从法律哲学中汲取了一个创意,并为其提供了计算机的计算支撑。显然,她并不是唯一可以为疑难/简单范式提出建议的模型,但它是一个具有计算规范的模型。通过检查模型的计算基础和假设,人们可以了解有关疑难/容易区分的内容。[64] 她的工作提出了有关案例的使用和内容的问题,以及在人工智能程序的案例库中包含哪些案例。[65]

虽然加德纳的工作肯定解决了纯粹基于规则的模型的一些缺点,但她的程序在案例推理方面仍然不足。基于判例论证的一些核心特征,如确定相关性和绘制相似案例数据,也超出了她个人所能达到的能力范围,而这些问题是下一组有待探索项目的重点。但尽管如此,加德纳的研究仍为理解和建模法律论证的目标提供了非常重要的一步。

(三)基于案例和假设的先例推理

下一个具有里程碑意义的人工智能项目是由凯文·艾希礼(Kevin Ashley)进行的,这是在马萨诸塞大学的作者研究小组完成的。[66] 艾希礼开发了一个名为"HYPO"的程序来模拟基于案例推理的某些方面,如有判例的上诉式论证。该项目的适用领域是商业秘密法。该项成果是基于判例论证

[63] 有人可能会问,为什么不立即去看案例呢?我的解释是,这涉及其他知识,规则,移动网络和常识的推理等因素,以此作为索引相关案例的手段。此外,即使在简单的情况下,人们也需要通过某种方式得出答案,并且在她的模型中,这是通过规则引导的推理并在特定的时候完成的。或者,可以省略完全查看规则并仅考虑案例。当然,人们需要说明要考虑哪些案例以及与它们究竟有什么关系。See infra Section II. C(discussing work of Ashley).

[64] 例如,在这个模型中,太多的问题可能被归类为"困难",因为在案件的处理中经常会有混合的情况。在使用案件时,或许我们需要更加区别对待。

[65] 例如,在加德纳的程序中,案例是典型的事实模式而不是实际案例。那么使用真实的事实模式还是另外的模式?哪个更优?如何组织程序的案件记忆?某些案件的适用是否优先于其他案件?

[66] See generally K. Ashley, *Modeling Legal Argument: Reasoning With Cases and Hypotheticals*(即将到来的 1990)(1988 年 2 月在作者指导下,完成麻省大学计算机与信息科学系博士学位论文);Ashley & Rissland, "A Case-Based Approach To Modeling Legal Expertise", *IEEE EXPERT*, Fall 1988, at 70 -77(简要概述和示例). 艾希礼拥有哈佛大学法学院的法学博士学位,在返回马萨诸塞州大学学习计算机科学之前,曾在纽约的 White & Case 律师事务所担任诉讼律师。

的典型成果。HYPO 项目专注于案例推理,其不仅是第一个在人工智能和法律方面的项目,同时在整个人工智能中,也是以一种基于先例的方式,用案例和假设来正视推理问题。

HYPO 的做法是:给定一个事实情况,根据其商业秘密法模型对其进行分析,然后从其案例知识库中检索相关案例。然后,它确定哪些相关案例是最正确的,或者可能是最正确的,针对谁的观点,以及从哪个分析方法出发,然后由 HYPO 生成一个参数的框架。在这样一个论证片段中,HYPO 首先通过提出一个法律观点并引用其最好的、最关键的案例来为一方(原告或被告)辩护;然后再通过对抗性的回应来论证第二种观点,引用最支持第二种观点的案例或者通过将当前的事实与另一方的案例区分开来;最后,HYPO 再次为第一方辩护,反驳了第二方的立场,这可能包括区分第二方的案例,加强第一方对当前事实的分析关系。[67] 在论证的各个点上,HYPO 可能会产生并使用假设——例如,当 HYPO 的案例知识库中不存在实际的反例案例时,它会反驳某个主张。[68]

HYPO 能够评估案例的相关性;为每一方决定哪些相关案例是最切题的,哪些是最好在论证中引用的;类比、辨析案件;用假设产生和推理;引用各种类型的反例来说明一个观点;并构建一个引证论证的框架。HYPO 不以任何方式试图带来政策层面的关注或争论;相反,它坚持以一种技术性的方式,以事实为依据,与案件进行辩论。HYPO 也不包括其他方面的法律推理,如规则推理。

HYPO 的一个关键特性是一种案例索引,或称"维度",用于检索和分析案例。维度代表重要的法律因素。它们编码了这样一种知识,即某些事实的存在使案例能够从某个角度得到处理。[69] 一个维度使 HYPO 能够检索一

---

[67] For several examples, see K. ASHLEY, supra note 66; Ashley & Rissland, supra note 66, at 74–76.

[68] See K. Ashley, supra note 66.

[69] 例如,在 HYPO 的《商业秘密盗用法》领域,了解原告和被告在将其假定的商业秘密开发成产品过程中所产生的相对成本的事实,可以使人就竞争的收益进行辩论。See, e. g., Gilburne & Johnston, "Trade Secret Protection for Software Generally and in the Mass Market", 3 *COMPUTER L. J.* 211 (1982). 有关进一步的解释和示例, see K. ASHLEY, supra note 66; Rissland, Valcarce & Ashley, "Explaining and Arguing with Examples", *Proceedings of the National Conference on Artificial Intelligence* 288, 291–93 (1984)。

组支持相同分析方法的案例,并比较和评估这组案例的相对强度。[70]

HYPO 使用维度来定义"相关""最恰当""最好"等概念。[71] 在 HYPO 中,如果一个案例与事实情况至少有一个维度相同,则被认为是"相关的"。HYPO 通过检查事实情况中存在的维度集和案例中存在的维度集之间的重叠程度,根据它们在点上的程度对案例进行排序。如果一种情况 B 的维数重叠集包含在另一种情况 A 的维数重叠集中,那么 A 被定义为比 B 更接近点,其基本原理是 A 与事实情况的共同分析行数比 B 多。[72]

然后考虑到哪些案件有利于或不利于一方,它们在共享维度和非共享维度上的相对优势。HYPO 能够类比、区分和筛选案例,以构建引用先例的论证片段。例如,为了区分对方(如原告)引用的控制当前事实情况案例的情况,HYPO 查看所引用的案例,表明存在与当前情况不共享的维度。然后,HYPO 为被告辩称,这些维度的当前事实背景中是否存在会降低所引用案件的适用性。换句话说,这些差异确实会产生影响。[73]

总而言之,HYPO 项目用先例模拟了推理的一些关键要素。该模型提供相关案例的计算定义、重点案例和最佳案例引用。[74] 由于 HYPO 模型的精确性,研究人员可以检查具体细节和假设。[75] 通过提供案例推理的分析和计算模型(这可能是法律推理最重要的方面),艾希礼的工作朝着理解法律论证

---

[70] 例如,在 HYPO 中,原告和被告的开发成本之间的差异越大,就越容易争辩说,在所有其他条件相同的情况下,被告通过盗用原告的商业秘密获得了不公平的竞争优势。因此,例如,原告与被告的成本比例为 2∶1 的案例,see Telex Corp. v. IBM Corp. ,367 F. Supp. 258(N. D. Okla. 1973),然后一个比例为 4∶1 的新案件将代表 HYPO 中原告更强势的地位。

[71] See K. ASHLEY, supra note 66.

[72] 因此,例如,假设适用于当前事实情况(CFS)的维度是 W,X,Y 和 Z,假设案例 A 与 CFS 共享 X,Y 和 Z,案例 B 仅共享 X 和 Y,然后案例 A 比案例 B 更重要,因为 B 与 CFS 共享的集合是 A 共享集合的子集。假设存在第三个相关案例,案例 C,与 CFS 共享维度 W 和 X;案例 C 既不比 A 或 B 更多或更少。案例 A 和案例 C 都是重点案例,因为每个维度最大限度地共享一个维度子集。

[73] 例如,如果原告引用的案件在非常倾向与原告,但是不符合当前案件的结果,则被告可以辩称该特定维度是原告原判的结果。此外,如果被告可以指出一个不同的案件,除了被告占优势的那个方面,其他所有方面都与原告引用的案件相同,此种情形下,将原告案件中结果的信用分配给其缺少的维度则更有说服力。

[74] 例如,一方引用的最佳案例被定义为那些重点案例,即至少存在一个点利于该方的案例。

[75] 例如,度量相关性的另一种方法是最小化未共享的维度集。然后可以将这个替代定义替换为 HYPO 模型中的相关性,并观察其影响。

的目标迈出了一大步。

通过早期的努力解决了一些与 HYPO 相同的问题是索恩·麦克卡蒂(Thorne McCarty)关于法律论证的工作。[76] 麦克卡蒂的长期目标之一是构建知识模型,用以模拟法律论证的某些方面。例如,麦卡蒂提出了一种被称为"原型和变形"的机制来模拟上诉论证的某些方面。其被用来检验一种情况,即从一个理想的先例到现在的情况,通过一系列中间真实和假设的案例逐步深入,以便通过类比为你想要的结果构建一个论证,或者表现出对手所主张的结果的不一致性。[77] 他的模型需要非常关注案件及其组成部分的细节。[78] 因此,虽然麦克卡蒂的一些研究显然关注于案例、假设和论证方面,但他的大部分工作更恰当地与开发法律知识的"深层模型"的努力相结合,后者更多地集中于开发高度详细的知识模型,而不是迄今为止所讨论的其他项目。这一点将在稍后做简要讨论。[79]

麦克卡蒂和这位作者共同关心的问题之一是在法律论证中使用假设以及开发计算方法来生成假设。[80] 例如,HYPO 使用假设来满足反例的需要,它使用其内部机制(如维度)来生成假设,以便在无法找到真实案例反驳他人的立场或者显示事实对案例解释的敏感性,[81]如通过添加、删除或更改影

---

[76] See generally McCarty, "Reflections on TAXMAN: An Experiment in Artificial Intelligence and Legal Reasoning", 90 *HARV. L. REV.* 837 (1977).

[77] See McCarty & Sridharan, "The Representation of an Evolving System of Legal Concepts: II Prototypes and Deformations", *Proceedings of the Seventh International Joint Conference on Artificial Intelligence* 246 (1981) (discussion of prototypes and deformations); L. McCarty & N. Sridharan, *A Computational Theory of Legal Argument* (Laboratory for Computer Science Research, Rutgers University, New Brunswick, N. J. Technical Report No. LRP-TR – 13, 1981) (presenting example from Justice Pitney's opinion and Justice Brandeis' dissent in landmark tax case Eisner v. Macomber, 252 U. S. 189 (1920)).

[78] See McCarty & Sridharan, supra note 77.

[79] See infra Section II. E.

[80] See, e. g., McCarty & Sridharan, supra note 77; L. Mccarty & N. Sridharan, supra note 77; Rissland, "Examples in the Legal Domain: Hypotheticals in Contract Law", *Proceedings of the Fourth Annual Conference of the Cognitive Science Society* 96 (1982).

[81] See K. Ashley, supra note 66; Rissland & Ashley, "Hypotheticals as Heuristic Device", *Proceedings of the Fifth National Conference on Artificial Intelligence* 289 (1986).

响维度的事实。[82]

这种人工智能模型所提供的概念框架也可以用于分析专家在苏格拉底法学院对话、辩护、司法意见和上诉口头辩论中的假设。[83] 这些分析的两个潜在好处是宣传和教学技能的改进。

另一个是加深了对法律概念和理论发展的理解。例如,一个好的假设提供了一种方法来检验一个理论的有效性:它提供了一个极好的实验。这在实际案例非常少的情况下尤其富有价值。假设在基于案例的推理中发挥着特殊的作用,加深对它们的理解将有助于我们对法律推理建模的目标。

理解法律案例推理另一个方面的贡献是,理解如何通过修改旧的论证来产生新的论证,而不是从事实的陈述和分析中"从头开始"。正如 HYPO 所描述的,通过对相关判例进行分析,并以论证告终。当然,描述这种替代方法的模型需要参数的知识库作为基础。[84] 这也是正在进行研究的主题。另一个步骤是更充分地探索相关性和类比之间的关系。[85]

然而,就像沃特曼(Waterman)和马克·彼得森(Mark Peterson)人为地将自己局限于用规则推理一样,其他人只考虑案件的推理,比如艾希礼。从开发一个包罗万象的法律推理模型的长远角度来看,这两种方法都留下了需要进一步思考的空间,因为法律的许多领域既不是纯粹基于案例的,也不是纯粹基于规则的,虽然在法定领域显然需要这两种推理。尽管起草人尽了最大的努力,但总是存在大量法律术语和规则,其含义和范围并不完全固定,而且必须考虑案例进行解释。迈向法律推理模型的下一个重要步骤是

---

[82] 例如,被告获得的相对竞争优势或原告作出的披露数量等关键事实的变更,可以使商业秘密盗用案件逐渐变弱或变强。See, e. g. , supra notes 69 – 70.

[83] See, e. g. , Rissland, " Argument Moves and Hypotheticals ", *Computing Power And Legal Reasoning* 129 (C. Walter ed. 1985) (苏格拉底教学中假设的例子); Rissland & Ashley, supra note 81, at 290 – 91 (倡导背景下的例子); McCarty & Sridharan, supra note 77 (司法意见背景下的例子).

[84] 参见,例如,法律先例的酝酿、代表和重用的解释, *ICAIL* – 89, supra note 1, at 103 (开发模型,如何修改过去的论点以便在新案例中重复使用)。

[85] See K. Bellairs, *Contextual Relevance in Analogical Reasoning: A Model of Legal Argument* (submitted to the University of Minnesota, 1989) (Ph. D. thesis) (如何根据类比来定义相关性). 这项工作继续由阿什利开始审查一个案件与另一案件相关的意义,它借鉴了加德纳的工作。supra note 12, 它将类比视为法律概念和案例等结构化对象之间的映射。

开发将推理与案例和规则相结合的方法。

(四)推理规则和案例

像在税法等法定领域的推理是典型的混合范式推理。例如,考虑税法中关于所谓的“内政部”(home office)费用可扣除部分的规定。根据税法要求,办公室必须经常使用,且必须是主要的营业场所或者是与客户见面或打交道的场所。[86] 但是,税法中没有关于“经常”或“专门”使用等具体细致的规定,所以这些术语都是许多案例的主题,[87]并且为了确定它们是否适用于新情况,通常必须检查先例并创建基于先例的论证或子论证以证明解释的合理性。当然,论证必须与法规的要求和结构联系起来。

实现基于规则和基于案例的混合推理的方法超越了纯基于案例或规则的推理所需的方法。例如,假设一个人有一个规则,该规则有三个先决条件来授予某种利益:为了获得利益 B,他必须满足 R1、R2 和 R3 的要求。假设 R1 和 R2 显然满足,那么为了争取利益尚有几个策略需要考虑。例如,我们可以试着找出先例来解释 R3,然后论证,事实上,这些事实确实满足 R3,从而满足规则。或者,我们可以试着找出只需要满足前两项要求而仍然获得利益的判例,然后认为具备前两项条件本身就足够了。这些是典型的例子。要实现它们,不仅需要同时使用规则和案例,而且需要同时使用这两种类型的推理。只把注意力集中在这些案件上是远远不够的,基于案例的方面必须符合规则。类似地,单独使用规则也是行不通的,因为规则“用完了”。如何协调基于规则和案例方面的推理活动是一个“技术性”的问题。[88]

加德纳的研究提出了一种整合基于规则和案例的推理模型:用规则推理陷入僵局时的例子,以及使用案例来验证使用规则得出的结论。[89] 在这种

---

[86] I. R. C. § 280A(c)(1)(1988).

[87] 例如,审查排他性使用权的案件,包括 Frankel v. Commissioner,82 T. C. 318(1984),Baie v. Commissioner,74 T. C. 105(1980),and Chauls v. Commissioner,41 T. C. M.(CCH)234(1980)。

[88] “控制”指的是关于程序如何组织,部分如何交互以及一般如何决定下一步做什么的问题。

[89] See supra Section II. B.

方法中,基于规则的推理战胜了基于案例的推理。当然,选择主导推理模式应该完全取决于背景或情况:有时规则应该使用规则推理,有时用案例推理。

人工智能程序的另一种方法是拥有独立的流程(一个用于案例的任务,一个用于规则的任务),其中每个流程从自己的角度独立工作。稍后,执行过程将集成结果。例如,这就像是把同事派去做一些具体的工作,比如在图书馆从事判例法或成文法工作,让资深同事把这些信息以富有逻辑的方式表达出来。

对于计算模型,必须说明流程何时以及如何交互。特别是关联的流程应该如何实现信息交互?它们是否应该等到完成了各自的任务后再进行交互?它们应该在完成任务的过程中分享各自的见解吗?

一个人工智能模型集成关联的工作过程是,每个进程可以共用一个黑板系统,它可以在上面写下有趣或有用的东西,而且它可以在阅读信息的过程中发现哪些是有趣的或有用的。在这个模型中,过程之间的推理在很大程度上是相互独立的,但是它们有机会利用彼此的结果。这实际上就是所谓的黑板系统所采用的方法。[90] 当然,在使用这个框架构建一个实际的人工智能和法律程序之前,还必须指定更多的细节。[91]

同理,但稍微简单一点,就是所谓“基于议程”的模式,在任何特定时刻,当它试图完成分配的任务时,其中各自独立的程序都处于控制之中。[92] 当某个程序执行其分配的任务时,该议程模式会记录它认为由另一个程序或它自己完成的其他必要的、有趣的或有用的任务。在进行一项任务时,亦建议

---

[90] See Nii,“Blackboard Systems”,4 *Handbook of AI*,supra note 2,at 3. 黑板模型首次用于20世纪70年代的“HEARSAY II”项目,用于理解连续语音(这与证据中的传闻证据规则无关)。See,e. g.,Erman,Hayes-Roth,Lesser & Reddy,“The HEARSAY-II Speech-Understanding System:Integrating Knowledge To Resolve Uncertainty”,12 *Computing Surveys* 213(1980).

[91] 例如,我们需要确定哪些“知识来源”(基于规则和基于关联案例将被称为“知识来源”)能够访问黑板上的哪些信息。例如,有些人可以访问比其他人更多的信息吗?他们的结果的相对重要性是什么?

[92] AM 计划使用了议程。See generally R. Davis & D. Lenat,supra note 7.

考虑其他任务。[93] 具体来说,生成的任务被添加到一个"希望清单"中。由于计算资源是有限的,所以这个列表(议程)是按照某种标准排序的,如兴趣、新奇性或重要性。从议程中选择排名最高的任务,然后进行下一步的工作。启发式规则,就像处理近距离脱靶的策略一样,用来指定应该提出什么样的任务,以及应该如何对它们进行排序。[94]

黑板和议程系统是以动态的、随机的方式运行的,有时采用一种方法,有时又采用另一种方法,并决定哪个任务最好在什么时间内完成。系统用于管理任务发布和执行的方法在很大程度上决定了其整体的推理风格。[95]

目前正在几个地点进行相关问题的研究。其中两个使用上述模式的是荷兰房屋租赁法律领域的阿姆斯特丹自由(Vrije)大学的 PROLEXS 项目,以及马萨诸塞大学的作者小组的 CABARET(CAse-BAsed REasoning Tool,案例推理的工具)项目。[96] 在税法和人工智能结合紧密的地区,特别是家庭办公室方面,[97]法律领域下的人工智能在此类系统上不断得到发展。

CABARET 包含完整的基于规则和案例的原理,每个原理都有自己专用的"监控"过程,可以收集观察结果,并以基于上述计算方程式形成可理解的术语来描述它们。反之,计算机将启发式方法应用于这些观察,以建

---

[93] 例如,在我们的福利规则示例中,应用福利规则的第一个任务将产生关于第三个先行词 R3 中的几个近乎未命中的任务,例如查找显示 R3 满足或不需要的情况。

[94] 基于议程系统的总体行为是以"最佳第一"的方式运转。由于关于什么算作"最佳"的决定通常基于启发式评估性,并且在任何给定时刻,议程系统上的任务都是备选方案,基于议程的系统执行"启发式最佳优先搜索"。

[95] 管理方案可用于使系统偏向于以某种方式运行。例如,管理方案可以让系统总是偏向于基于规则的任务,而不是基于案例的任务。

[96] See, e. g., Oskamp, "Knowledge Representation and Legal Expert Systems", *Advanced Topics of Law and Information Technology* 195 (G. Vandenberghe ed. 1989); Oskamp, Walker, Schrickx & van den Berg, "PROLEXS Divide and Rule: A Legal Application", *ICAIL* -89, supra note 1, at 54.

[97] See supra text accompanying notes 85 -87; Rissland & Skalak, "Interpreting Statutory Predicates", *ICAIL* -89, supra note 1, at 46; Rissland & Skalak, "Combining Case-Based and Rule-Based Reasoning: A Heuristic Approach", 1 *Proceedings of the Eleventh International Joint Conference on Artificial Intelligence* 524 (1989) [hereinafter Rissland & Skalak, *A Heuristic Approach*].

议并执行任务。[98] 例如,基于规则的监视器将发布关于我们的利益示例的前件 R3 的近距离脱靶情况的观察结果,这将触发近距离脱靶启发式并引发近乎未命中的启发式。CABARET 目前使用大约 30 种启发式方法,分为 10 个左右类别,如开始推理的方法、检查推理的方法、对推理中的失败作出反应的方法、对近距离脱靶作出反应的方法、扩展规则和概念的方法以及缩小规则和概念的方法。[99] 这些都是通过专家的观察以及从法律来源得到的。[100]

(五)法律知识的深层模型

深层模型研究的目标是让人工智能程序能够通过非常详细地表达自己的法律知识和一般知识,来对其成分进行推理。[101] 在深层模型中使用的知识类型包括关于时间和空间关系、数量、常识分类、个体之间的关系和信念的知识。这个主题经常被称为"深层模型",并与常识推理的基本问题密切相关。激励人心的假设是,在范围和细节上表现得越丰富,推理就越准确。使用更深层次的知识模型的需要最终将在本文中讨论的其他研究和寻求开发丰富的法律知识代表方案的研究之间建立联系。

---

[98] 有关一些计算细节,see Rissland & Skalak,A Heuristic Approach,supra note 97。

[99] Id. at 526.

[100] See,e. g. ,W. Twining & D. Miers,*How to Do Things With Rules*(2d ed. 1982)(讨论各种问题,例子以及用法规和规则推理的方法).

[101] 相比之下,在本评论中讨论的大多数系统中,也许除了加德纳的系统之外,没有任何方法可以使程序明确地推理出这些知识。例如,在 HYPO 关于披露事件的推理中,有关时间和数量的问题就出现了,see supra notes 69,82,HYPO 无法明确说明时间或算法本身就是主题。但是,请注意,但是,请注意,因为 HYPO 知道,从原告的角度来看,10,000 次披露比 2 次披露要糟糕得多,从某种意义上来说,HYPO 隐含地知道大数字和小数字之间的差异。有人甚至可能会说,因为就披露的规模而言,具有相同披露数量的事实情况被视为相同(除了所有其他事项),可以说 HYPO 知道 2 或 10,000 的含义。但是,数字及其绝对大小不是 HYPO 可以明确推理的主题。如果对 HYPO 进行重新设计,使其使用包含数字信息的深度模型,那么它就能够做到这一点。

索恩·麦克卡蒂(Thorne McCarty)[102]和汤姆·戈登(Tom Gordon)[103]的研究项目展示了法律知识的代表性。深层模型与仅使用表示项来编码领域知识,但无法进一步推断其含义的情况形成对比。例如,如果要在HYPO这样的系统中使用更加深入的知识,就需要更详细地表示诸如披露事件、公司、雇佣和产品开发的时间段、雇主和雇员的义务以及产品等信息。例如,在一个深层模型中,人工智能研究人员可以在更深的层次上具体化一种关系,比如雇佣关系,也许是许可或义务关系,这样程序就可以将雇佣关系本身作为一个主题进行推理。[104]

结论

显然,在本文中,笔者尚不能公正地处理人工智能和法律项目的数量和种类。但是,笔者仍希望本文的讨论能够对认识当前人工智能领域的丰富性和多样性有所助益。

笔者预见到人工智能领域将继续进行逻辑规则、案例、混合范式、假设推理和论证的工作,并预计其将通过深层代表模型、复杂逻辑运算机制和机器学习的结果进行不断深化。这些研究方向最终将融合并形成繁复的法律论证理论。随着时间的推移,越来越多的法律推理人工智能模型的需求将被纳入运行中的人工智能系统。对此,人们可以期待一些研究系统——就

[102] See, e. g., McCarty, "Permissions and Obligations", 1 *Proceedings of the Eighth International Joint Conference on Artificial Intelligence* 287 (1983) (使用"许可"和"义务"代表当事人之间的某些关系); cf. Hohfeld, "Some Fundamental Legal Conceptions as Applied in Legal Reasoning", 23 *YALE L. J.* 16 (1913) (开发类似的关系型结构). 在他的计划中代表这种道义关系的需要要求麦卡蒂开发出大量的逻辑设备,这已成为他多年来工作的重点。最近,麦卡蒂回到了他的一些主要关注点:为法律知识全面发展的代表性理论,最终为法律论证。See, e. g., McCarty, "A Language for Legal Discourse I. Basic Features", *ICAIL* -89, supra note 1, at 180.

[103] See Gordon, "Issue Spotting in a System for Searching Interpretation Spaces", *ICAIL* -89, supra note 1, at 157 (1989); Gordon, "OBLOG -2: A Hybrid Knowledge Representation System for Defeasible Reasoning", *ICAIL* -87, supra note 32.

[104] Hohfeld, supra note 102.

像沃特曼和皮特森所做的那样，[105]即作为第一个研究思想将进入实体领域，[106]对实际系统产生影响。

笔者试图展示人工智能和法律研究人员如何追求分析和实践进步的双重目标，以及如何将过去和正在进行的研究视为模拟法律推理，特别是论证的连贯尝试。尽管我们可能距离理想的法律推理人工智能计划的某些愿景还有很长的路要走，事实上也可能永远无法达到人类专业知识的某些方面，但我们已经可以完成非常有趣和有用的项目。我们可以使用人工智能的精细镜头来阐明法律推理的过程，如创建案例的论证，揭示法律哲学中的问题；如探究开放式性谓词的本质，并提供实用的甚至是社会上有益的应用；再如某些行政领域的专家系统。在人工智能方法中坚持使用计算方法为考虑法律推理中的长期问题提供了一个有用的学科。

虽然笔者在这里没有作更详细的讨论，但这一研究体系也可以有效地应用于法学院课程。例如，我们可以为我们的法学院学生提供审查自己的法律知识的环境。[107] 人工智能的概念框架也可以提供一种方式来描述我们自己的专业知识，如巧妙的假设，并告诉学生如何获得它。人工智能提供了一系列关于表示和进程的详细模型工具。

通过这次讨论，笔者希望既可以鼓励那些希望尝试人工智能项目的人，也向那些不确定我们是否应该这样做的人保证。例如，有些人可能会担心人工智能模型的使用会以某种方式使法律推理变得过于简单化，从而削弱了律师和法官的重要性，因为这些系统完成了所有的法律推理工作，将会抢夺他们原本的工作机会或者通过用明确定义的术语描述智能行为来使我们失去人性。但笔者认为人工智能研究恰恰相反：我们对人类推理的理解越

---

[105] See supra Section II. A.

[106] 例如，我预测基于案例推理的工作将为创建和管理单个从业者和企业的案例数据库带来实用工具，该工具可用于应对新案例。这种 CBR 工具当然还有传统专家系统的有益副作用，即捕获和保存公司的“机构记忆”，以及它让新律师或缺乏经验的律师用该工具后在公司的专业领域达到更高水平的表现，至少让他们不要问“明显”的问题并犯“愚蠢”的错误。

[107] 例如，可以使用当前可用的商业专家系统“shell”来允许学生构建自己的小型应用程序，然后使用它们进行试验。开发规则库的练习迫使学生开发应用领域的理论，并思考关于使用规则基础上方法的有效性和适当性。例如，制定消费者侵权法或提供和接受法的规则集所需要了解法律的具体内容以及有关规则和法律谓词及其他问题方面的一般性问题。See supra Sections II. A-B.

多,我们对其丰富性和灵活性的惊叹越多,我们在尝试理解其运作时所提出的问题就越多,我们对计算机程序展示智能的要求就越多。

法律推理很复杂。我们当前的人工智能模型虽然过于简单,却是更精细和完整的步骤,并且我们在每一步都需要了解更多。人类律师和法官总是需要的。模型的目标是协助,而不是替换。人类智慧中最珍贵的品质并不会因此逐渐消失。正如理解的方式不会破坏或削弱其所理解的东西本身,我们不应该害怕知道我们如何知道,也不应该害怕我们具体如何利用辅助工具帮助我们更好地生活。

当然,无论是在基础研究还是在直接应用中,使用人工智能技术都需要详细了解其基本假设以及长处与不足之处。这就要求我们不仅需要对人工智能和法律具有全面了解,还需要尝试新的方法去探索人工智能未来的方向或者它们是否能达到预期的结果。简言之,人工智能和法律方面的工作与其他领域的工作没有什么本质不同:没有尝试就无法到达任何地方,一个人总是须从尝试中学习。

在寻求理解和模拟法律推理时,人工智能将受到挑战。通过参与人工智能的研究,法律也将受到挑战和丰富,它将更好地理解其自身的推理模式,包括它们所依据的知识和假设,并且它将受益于实用的计算工具和模型。人工智能与法律之间的关系是真正的协同作用,人工智能和法律的共同特征为两者增加了价值。

(樊沛鑫　曹　阳　译)

人工智能、心理推测和法律推理

[英]约翰·A.巴登(John A. Barnden)*
[美]唐纳德·彼得森(Donald M. Peterson)** 著
(原文载于 *Cardozo Law Review*)

引言

法律推理的一个方面是推测另一方的心理状态(如他们的想法、动机等),并评估这种推理在各种既有条件下是否可行。在理想情况下,这种"心理推测"的过程可以通过严格的规则体系来实现,这种规则体系允许我们以一种有序和合乎逻辑的方式确定另一方心里在想什么或将会想什么。然而,我们认为常识性推理,特别是心理推测并没有完全采取这种方式。反之,它们具有不确定性、可辩驳性、模糊性甚至不一致性,而这些并非一个适当且正式的规则体系所应具有的特征。我们认为,通过"心理模拟"至少可以部分地实现心理推测,嵌套着不确定性和可辩驳性。通过这种方式,一方暂时将自己置于另一方的角色中,而不完全依赖于一个有序且明确的规则体系。

我们还分析了"ATT-Meta"系统,这是一个人工智能程序,其功能之一是

---

* 英国伯明翰大学计算机科学学院院长、人工智能专业教授,获英国剑桥大学的数学一等荣誉学位、英国牛津大学计算机科学哲学博士。

作者感谢伯明翰大学法学院的乔治·阿普尔比(George Applebey)对法律推理的讨论。

** 伯明翰大学电子数字化学习心理学专业的讲师。

通过模拟程序来建立心理推测模型。这种模型的创建之所以有价值,部分原因在于它清晰并确切地阐述了如何实现相关过程的细节,特别是关于另一方推理的嵌套推理过程。

(一)人工智能与证据法

现在有这样一种理想模式,根据该模式,真正的知识由一组显式公理和从这些公理中得出的推论组成。这种理想模式体现在欧几里得的几何学中,同时作为知识的一般标准,也出现在柏拉图和苏格拉底思想中,后来出现在笛卡儿和逻辑实证主义的著作中。在人工智能(Artificial Intelligence,AI)中,我们详细阐述了一种关于完成或可能完成某项任务所采用的方式的理论,并通过计算机程序对该理论进行操作。接着,我们可以测试该程序,并将其优缺点作为完善我们的理论和程序过程的反馈。

在此,柏拉图式的理想模式表现为逻辑主义。具体而言,我们使用明确定义的形式主义(如谓词演算)来获取知识,然后使用定义明确的经典演绎逻辑方法来获取这种知识所产生的推论。当然,如果以一组显式公理表示知识,并以经典演绎形式来呈现该推论是充分可行的(该方式是明确、一致、不可辩驳和单调一致的),这种范式最容易实现。由于上述在几个领域很难实现,因此,过去的几十年中人工智能领域出现了"系统或非系统的辩论"。

这场辩论是由纯粹的"系统"方法的支持者以及"非系统"方法的支持者所进行的。前者试图扩展逻辑主义范式以涵盖有问题的案例;后者用额外的方法和技术补充这种范式,旨在解决推理的不确定性、不一致性和易遭受辩驳的问题。人工智能中的逻辑主义范式与之前的范式一样,具有明显的优点:其公理集和推理方法都有明确的定义,因此都可以接受审查、评估、误差校验和原则性开发。

"非系统"阵营的论点很简单,无论在原则上这种范式如何具有吸引力,但在实践中的某些领域可能难以为继。在这些领域内,公理化和处理的潜在需求使模型不可信,并且表明在人类推理和人工智能建模中都采用了复合方法。问题关键不在于否认显式表示和经典演绎方法,而在于通过某种方式对它们进行扩充,以应对大量复杂和不确定的领域。正是在这一点上,人工智能和证据法相互冲突。

在法律上，我们从法规和其他规则出发，但我们以一种不容易简化为简单逻辑主义模型的复杂方式进行。如果人工智能要合理地处理这些流程（包括建模、自动化或证明），它需要以一种现实的方式适应它们的复杂性。因此，在试图理解人工智能与法律之间的关系时，假设人工智能原则上必须寻求适用逻辑主义范式及其柏拉图式理想模式，这是错误的。相反，与许多其他领域一样，法律也在挑战着人工智能，要求后者明确阐明在一个充满复杂性、不确定性、可辩驳性和冲突的领域中架构推理所需要的特征。

本文的关注点在于法律推理的一个特定方面：在各种既定条件下，一方试图弄清楚另一方所知道、相信、害怕的（事物）等，另一方会如何进行推理，以及他们会得出什么结论并会做什么。这被称为“心理推测”，我们这里所关注的是在法律情境中的心理推测。

例如，在辩护、辩诉交易、庭外和解、排除潜在的偏见证据和证据开示程序中，一方需要推测其他方的心理状态，并作出有助于确定行动的预测。在抗辩式法律体系中，法官、陪审团、原告、被告和各方律师（C1 和 C2）都需要对其他方进行心理推测，以决定应该和不应该主张和辩驳的内容。律师 C2 有权与律师 C1 方的证人进行对质、被告根据《美国联邦宪法第五修正案》[①] 有权保持沉默、举证责任的分配问题、证人（如警察部队成员）为某一特定结果可能具有的偏好等情况都加剧了（心理推测）在这些情境中的复杂性。

我们通过心理推测所得出的结论可能会在证据发现和披露的过程中影响我们。例如，我们知道一项证据 X，但对另一方和法院推理的心理推测用到的预测证据 X 可能对另一方有用，所以我们更倾向于不采用该证据。比如，这种情况可能发生在人身意外伤害案件中。假设 C1 代表原告，其在工作时受了伤，C2 代表被告，是事故发生的工厂负责人。原告此前就有相关的健康问题，但 C1 希望保留这些事实。而被告此前也一直在考虑更换存在安全隐患的机器，但 C2 也希望能够保留这一事实。根据英国 1974 年的《劳动

① See U. S. Const. amend. V.

安全健康法》,[②]有关采取了切实可行的安全措施的举证责任在于 C2。在这种背景下,无论 C1 和 C2 具备什么知识,都需要在法庭上预测各方的推理,并据此决定披露哪些问题。[③]

另一个例子是“伏击防御”的相关技巧。在此情况下,C1 知道证据 X,但预测到它对 C2 有用,因此,C1 保留证据 X,使 C2 得出结论 Y,然后 C1 在法庭上“突击”证据 X,因此在毫无预兆的情况下使 Y 无效。这个方案要求 C1 对 C2 进行心理推测,即 C2 在不知道证据 X 的情况下会得出结论 Y,但是一旦知道了证据 X,C2 将得出其他结论。

在庭外和解时,C1 需要预测案件的进程。例如,在诉讼案件中,C1 对 C2 表示,“任何一方都不会因披露的证据而获胜,案件费用昂贵,你方要求赔偿 10 万美元,我们可以提供 5 万美元作为和解金”。在请求辩诉交易的刑事案件中,C1 再次作出预测并(不带偏见地)提出认罪答辩,条件是减少目前的指控。

在所有这些情况下,我们不仅仅是预测自然事件的过程。相反,我们还需要根据某些所知条件预测另一方的思考和推理过程。虽然很明显这种情况会发生且或多或少会成功,但实现方式并不明确。作为理解心理推测机制的开始,我们暂时转向一个全然不同的领域:在幼儿和自闭症患者中发现的心理推测心理学。

该领域的一个工作重点是维默·海因茨(Wimmer Heinz)和约瑟夫·佩纳(Josef Perner)的“错误信念任务”。在该任务中,一个物体在某人(故事中的人物)不在时突然移动。[④] 然后要求实验的参与者说出该人认为该物体在哪里。正确的答案是“在位置-1”,错误的答案则是“在位置-2”,这表示其未能确定对方的观点或信念。据这些作者所称,通常发育中的儿童在 4 岁左

---

② Health and Safety at Work Act, 1974, c. 37 (Eng.).

③ 关于旨在防止不披露的规则, see Lord Wolff ed., *The New Rules For Civil Procedure in the UK* (1999) (introducing a full disclosure of evidence policy)。

④ See Wimmer Heinz & Josef Perner, "Beliefs About Beliefs: Representation and Constraining Function of Wrong Beliefs in Young Children's Understanding of Deception", 13 *Cognition* 103-28 (1983).

右能够完成这项任务。⑤ 然而,患有自闭症的儿童并未表现出这种发展变化,4 岁(心理年龄)之后仍然会回答错误。⑥

在解释完成这项任务所应具备的能力的性质时(该能力的典型发展出现在 4 岁左右),目前提出了三种主要解释。⑦ 一是"理论—理论",据此,我们从构成关于他人推理理论的"大众心理学"原理出发。二是"模拟理论",我们根据这种理论暂时调整自己的信念集(也许是推理方法),以模仿对方的思想。三是混合说,即这些方法中的第一种和第二种是相互结合的。

在上面介绍的术语中,理论—理论例证了"系统"理论或柏拉图式思想,而模拟理论和混合说则不仅限于此。因此,模拟理论和混合说要求我们详细阐述某些支撑心理推测的机制,而非简单地构建一套大众心理学原理。我们可以采用一种反事实推理的策略,以在错误信念任务中实现心理推测。⑧ 进一步说,在回答"物体在哪里?"这一基本问题的过程中,我们忽略物体的移动,通过实施指令来适应对方的视角。这样我们实行"减法推理"或"调整推导",此时我们将自己变成另一方的临时和虚拟模型,以使我们得到与另一方相同的答案,即"在位置 -1"。

这是一种心理模拟或自适应建模的行为,而不是对大众心理学的一般原则的要求,这说明了人们在特定情况下如何推理。问题的关键不在于这些原则的要求不可行,而在于它不是实现心理推测的唯一途径。我们完全可以采用模拟或混合策略,从而以不同的方式进行。⑨

---

⑤ Id.

⑥ See Simon Baron-Cohen et al., "Does the Autistic Child Have a 'Theory of Mind'?", 21 *Cognition* 37 –46 (1985).

⑦ See, e. g, John A. Barnden, "Simulative Reasoning, Common-Sense Psychology and Artificial Intelligence", M. Davies & T. Stone eds., *Mental Simulation: Evaluations and Applications* 247 –273 (1995) [hereinafter Barnden, *Simulative Reasoning*] (providing an AI-oriented account of differences and compromises between the theory-theory and the simulation theory); Martin Davies & Tony Stone eds., *Folk Psychology: The Theory of Mind Debate* (1995) [hereinafter *Folk Psychology*]; Peter Carruthers & Peter K. Smith eds., *Theory of Theories of Mind* (1996) [hereinafter *Theories*].

⑧ See Donald M. Peterson and Kevin J. Riggs, "Adaptive Modeling and Mindreading", 14 Mind & Language 80 –112 (1999).

⑨ 有关将模拟作为一种心理推测方法之优势的讨论,参见第五部分。

当然,在真实的法律场景中进行心理推测,比在这种针对儿童的错误信念任务的相对简单场景中具有更大的复杂性。然而,结构要点则是,在这两种情况下,我们都通过可辩驳推理来实现心理推测模拟。也就是说,由于对一种信念或语言和行为结论的推理是一个不确定的过程,因此,目标方的推理首先是会遭受辩驳的。同样地,模拟方的推理也是会遭受辩驳的,因为目标方是否会如预测的那样推理也是不确定的。

在法律案件中,目标方可以采用实证、类比或其他非演绎的推理过程。进行心理推测一方在采用模拟策略时,需要参与对这些过程建模的不确定活动,以便进行预测。

因此,从一开始就应认识到,人工智能中的法律推理建模不一定与上述逻辑主义认知模式联系在一起。计算机可能是机器,计算机模型可能是程序,但这并不意味着这样的模型必须将推理描述为仅由明确定理产生的演绎推理所组成。在法律心理推测建模中,我们需要通过模拟来适应内在可辩驳性和预测等因素。下面介绍的 ATT-Meta 系统就是如何实现这一目标的一个例子。

(二)更多关于人工智能和法律互动的信息

在进一步详细讨论法律心理推测和评论我们讨论的人工智能方法之前,我们想对人工智能和法律推理如何相互促进作一些额外研究。也许我们这里最重要的任务是扩展上面提到的观点,即人工智能系统和方法不一定依赖于使用形式逻辑作为推理的工具(在对形式逻辑的任何标准理解下)。尽管对符号人工智能的大量研究(与人工智能的非符号分支,如连接主义相反)是完全逻辑主义的,[10]大量其他研究与传统逻辑关系则相较甚远,例如,包括大多数实证推理研究、[11]类比推理研究、[12]对于专家系统的许多

---

⑩ See, e. g. , Ronald Fagin et al. , Reasoning About Knowledge(1995).

⑪ See generally Janet Kolodner ed. , Case-Based Reasoning(1993).

⑫ See generally Rogers P. Hall, "Computational Approaches to Analogical Reasoning: A Comparative Analysis", 39 *Artificial Intelligence* 39 - 120(1989).

研究[13]和对自然语言的统计学研究。事实上,在人工智能领域内,形式逻辑的有用性时常引发争论。这个问题因几个因素而变得复杂,其中一些因素将在下面讨论。

首先,许多人工智能系统确实使用内部表达式,这些表达式可以直接视为逻辑表达式的内部实现。然而,系统实际上并没有将传统的、通用的逻辑推理规则应用于那些表达式。因此,在没有进一步解释的情况下说这种系统是符合逻辑主义或使用逻辑是错误的。

例如,"基于规则"的系统通常是这样的。单个规则通常对内存中的信息片段执行操作,这些数据片段可能像逻辑表达式一样,但操作可以是任何类型。一个简单的例子就是可以将一个规则推理为"如果有东西是一只鸟,那么它可以飞"。该规则采用现有的一条信息,即"彼得(Peter)是一只鸟",这就是一个逻辑公式。然后,该规则将创造一条新的信息,即"彼得可以飞行",再次作为逻辑公式。该规则显然不同于通用逻辑推理规则,如演绎推理。

其次,在许多情况下,信息在人工智能系统中保存的格式可能看起来不像逻辑,但仍然可以被视为重新注释的逻辑。标准示例是通常被称为"语义网络"类型表示的格式。[14] 语义网络一般在图中被描绘为由线连接的节点网络。节点描绘了代表世上的概念或对象的内部表征项,而线描绘了代表概念或对象之间关系的内部表征项。图表看起来不像逻辑表达式,也可能是计算机内存状态的图表或详细描述。然而,如果语义网络是一种相当简单的类型,它所拥有的信息可以很容易地被保存为一组逻辑表达式,并且一个简单的算法可以在两种表达式之间进行转换。[15]

此外,在网络上执行的处理很容易被视为对那些逻辑表达式的处理。已有观点称,语义网络在某种程度上有助于更有效地完成实践。尽管如此,

---

[13] See Joseph Giarratano & Gary Riley, "Expert Systems: Principles and Programming" (3d ed. 1998).

[14] See Nicolas V. Findler ed., *Associative Networks: Representation and Use of Knowledge by Computers* (1979) (providing a good sample of notations).

[15] See Stuart J. Russell & Peter Norvig, *Artificial Intelligence: A Modern Approach* (1995).

系统是否被视为使用逻辑实际上是一个观点问题。

最后，从最后一点开始，没有固定的事物被视为逻辑实例。人们总是可以自由地发明新的逻辑形式，人工智能研究人员在这方面经常具有创造性。实际上，人工智能的一种主要高级逻辑类型是默认逻辑，[16]其中上述关于鸟类飞行的规则可以被视为“默认规则”。这些规则起着类似于标准的通用推理规则（如演绎推理）的计算作用，即使它们是特定域的而不是通用的，且与标准推理规则相比，他们的结论并非完全确定。

因此，即使在实践中系统不能被视为采用演绎逻辑，但或许能将其视为使用采取非标准形式的逻辑。即使是像 SME 系统[17]的类比推理这样复杂的东西，也可以认为其应用了非标准逻辑推理规则。但从本质上来讲，这只是一种术语上的变化，可能没有什么意义。

我们回到这样一种观点，即许多人工智能的研究确实可以被视为在某种直接、合理的传统意义上的逻辑主义：系统通过一些常见的表达式来传达信息，并运用某种常见的推理规则来进行推理。实际上，表达式和推理的整个方案通常是一些常见的通用逻辑形式的实例，如初阶逻辑、高阶逻辑或模态逻辑。

现在，我们对人工智能领域的许多逻辑学研究产生了严重的质疑。通过采用一种公认的（如果有时是深奥的）类型的逻辑，或者甚至是一种新创建但与公认逻辑相似的逻辑，研究通常隐含地采用逻辑学家的研究进程，而这与人工智能的真正关注点几乎没有关系。例如，使用一套彼此区别、系统的公式组合可能会有附加的优点。但逻辑会被用来推理的现象可能是可怕的现实现象。

举一个接近我们自己研究关注点的例子，在人工智能中表达信念和其他心理状态的主要方式是模态信念逻辑。[18] 一般来说，一小部分公式将被呈

---

[16] See R. Retiter, " A Logic for Default Reasoning ", 13 *Artificial Intelligence* 81 – 132 (1980).

[17] See Brian Falkenhainer et al., " The Structure-Mapping Engine: Algorithm and Examples", 41 *Artificial Intelligence* 1 – 63 (1989).

[18] See Brian F. Chellas, "Modal Logic" (1980).

现为一种所谓的心理状态推理方式。但是没有理由认为可以通过一套小而轻巧的公理来推理心理状态,而这种方式却不可以被用来推理椅子或游戏。

几乎所有人工智能研究人员都认为信念的概念类似于理想化的几何概念,如三角形,而不是与复杂的现实生活现象相关的概念。此外,迄今为止,使用逻辑推理心理状态的大多数尝试都没有解决推理的不确定性这一关键问题,我们将在下文强调这个问题。

通常认为逻辑有助于维持人工智能研究的准确性。但是,准确性已经与系统性混淆了。事实上,逻辑主义者和非逻辑主义者之间的争论通常被描述为"系统"与"非系统"之间的争论。这种命名模糊了一种观点,即人们可以拥有一个精确描述和制定的关于游戏、椅子或信仰的推理系统的观点,这与非系统相反,因为正在努力解决的现象与系统性相反。我们赞成使用准确性,但我们不赞成任何超出情况需要的系统性。也许我们属于"非系统的精确"派。

另一个逻辑学安排已经悄悄进入了逻辑主义人工智能范畴,但这可能在很大程度上不适合人工智能,即企图为逻辑表达模式提供一个完整的形式语义(如果不是要求)。形式语义通常被认为是一种逻辑表达式的映射,可以将逻辑表达式映射到某些复杂数学对象中的项目或方面,捕获需要将逻辑用于推理的域。数学对象通常是集合,以及其他数学结构的复杂数组。

但事实上,方便的数学表达的局限逐步显现,如越来越偏向于整齐。因此,数学对象实际上总是与人工智能系统可能需要应对的现实世界各部分相去甚远。数学对象实际上是一种幻想,对于逻辑而言,将其转换为"火星"或其他形式的逻辑,没有什么意义。幻想的一个极端例子是将可能的现实形态引入目前标准的模态逻辑语义中,[19]包括信念的模态逻辑。

可能的现实是有用的数学模型,但这就是它们的全部。在我们看来,将人工智能系统建立在逻辑表达模型上(事实上就是我们在自己的ATT-Meta系统中所使用的)没有特别的含义,诸如原则上可以准确地将逻辑表达式映射到被推理的实际领域(而不是它的一些数学理想化)。这并不是说涉及域

⑲ See Brian F. Chellas, "Modal Logic" (1980).

的数学理想化的形式语义不能用于某些重要目的。例如,语义的存在可以确保逻辑的一致性。更具启发性的是,通过迫使我们以不同方式思考逻辑,构建语义的任务可以揭示逻辑构造或其中特定公理的不恰当性。

我们现在准备着手解决人工智能对法律推理有何用处的问题。当然,有关人工智能应用于法律的大量文献中隐含着一些答案。最明显的一点是,人工智能能够设计可能对律师自动化助手有所帮助的实用系统。这些助手的范围可以从执行相对“愚蠢”任务的系统(如以某种已经相当易理解的方式管理数据库)到执行需要处理任务的系统(如文件内容的智能化总结或进行全面的法律推理),这仍然是当前人工智能研究的一个问题。

但更重要的一点是,由于人工智能在实际上试图实现推理过程或创建详细和具体到可实现的表达或推理方案,并且能够在细节问题上提升经验和准确性。没有实施导向的学科,人们可能会被忽视或屏蔽。在这里,我们必须再次指出细节很可能是混乱的。这方面的例子包括在特定时刻要尝试的推理步骤类型、限制推理数量的方法、可以有效接触现实世界知识的大记忆的方式,以及在排除无关信息的同时有效承担提供相关信息的方法。

此外,由于人工智能需要在纷繁复杂和充满不确定性的世俗世界里进行推理,因此,它表明了做到这一点有多难。非人工智能学者通常认为简单的推理形式变得复杂且难以人为地模仿。这方面的一些例子,包括看似简单的心理推理,将在后文论述。

与此同时,人工智能还必须解决有关如何表示日常事务的疑难问题,如物质、时间、随时间变化的身份、事件、过程和因果关系。[20] 这可以导致人工智能进入包含许多哲学问题的深层哲学领域。但人工智能能够提出部分和有缺陷但仍然有效的解决方案。我们猜想人类大脑自己的解决方案是有所不足的。

实际上,本文中关于推理的核心观点实际上是关于如何处理必须在法律推理过程中进行的一般性推理。关于司法证据的讨论,尤其但不仅仅只

---

[20] See Ernest Davis, *Representations of Commonsense Knowledge* (1990); Russell & Norvig, supra note 15.

是当我们从法律领域观察时,往往集中于特殊的司法事务(如如何以尊重法律实践和规范的方式组合证据)。但是,他们没有涉及各种一般性推理所固有的困难,而这类推理是整个法律推理任务的必要组成部分。

从另一角度来看,关于法律推理领域对人工智能有何益处的问题,最明显的一点是,法律推理是一个具有挑战性、复杂性和社会重要性的领域,可用于测试人工智能专家推理技术。我们还认为其为人工智能的常识推理技术提供了一个很好的区域。这主要基于两个原因:首先,常识性推理需要与特殊的法律推理错综复杂地结合在一起。其次,法律领域可以作为记录实例的丰富来源,诸如证人、被告等人的思想中的愚蠢和不合理;各种压力和其他环境影响因素可能影响推理的方式;特殊的信念、欲望和思维方式;偏见思想;误解;欺骗;劝说;自欺欺人/劝说以及试图说服人们利用人的心理缺陷。当然,这些都是日常生活中会出现的各种问题,而不仅仅是法律世界。

另一个例子是可反驳的推定。我们往往会在大多数情况下,或者在没有相反证据的情况下做出可能正确的推论,但如果出现相反的证据时则可以推翻。也就是说,我们所做的推论是会被推翻的。[21] 发生这种情况的方式对逻辑和人工智能都很重要。例如,证据法明确承认具有这种特征的可推翻的推定。因此,逻辑和人工智能在法律推理的研究现实中的这些现象非常有价值,而不是将所有推理描述为不切实际的苏格拉底或者欧几里得理想。

---

[21] 关于可反驳推定的讨论,see "The rebuttable presumption is discussed", in A. A. S. Zuckerman, *The Principles of Criminal Evidence* (1989); Adrian Keane, *The Modern Law of Evidence* (1994); M. N. Howard et al. eds., *Phipson on Evidence* (2000)。对于法律推理可推翻性的讨论, see H. L. A. Hart, *The Ascription of Responsibility and Rights*, *in Proceedings of the Aristotelian Society* 171 (1949); *Law, Morality and Society* (P. M. S. Hacker & J. Raz eds., 1977)。对于实践推理可推翻性的讨论, see Roderick M. Chisholm, "The Ethics of Requirement", 1 *Am. Phil. Q.* 147 (1964)。关于人工智能可推翻性的讨论, see Marvin Minsky, "A Framework for Representing Knowledge", Patrick Henry Winston ed., The Psychology of Computer Vision 211 (1975); John L. Pollock, "Defeasible Reasoning", 11 *Cognitive Sci.* 481 (1987)。关于逻辑可推翻性的讨论, see Wilfrid Hodges, *Logic* (Ted Honderich ed., 1977)。

(三)常识推理:人工智能与法律

在本文所依据的阿姆斯特丹研讨会上,出现了"常识"一词含义的问题。该问题的一个重要方面是"常识推理"这一术语在人工智能中意味着什么。我们在这里讨论这个问题,并继续提出一些法律推理任务整体性质涉及的常识推理方法。这样,我们在很大程度上将研究限定在与心理推测相关的问题上。

我们认为,在人工智能中使用的术语"常识推理"的最佳表征是具有普通主题、任务和任务参数的推理。普通主题和任务的例子包括专门的关注点(比如,某人在某些节日期间为朋友和亲戚购买的东西以及如何安排购买它们的过程)、不那么有针对性的问题(例如,推断如果有人丢失了前门钥匙,他们可能无法进入房子),以及一般的关注点(例如,关于物理对象、空间、时间、心理状态、因果关系和与一般事件有关的其他事项的推理,以及许多类型状态的持久性和连续性)。最后一个例子的表述出现在研讨会上,即如果某人在早上活着且在晚上还活着,那么人们可以充分地假设这个人在中午也活着。关于物理对象的一般常识推理的另一个例子是推断由于桌子上的玻璃杯的水溢出来了,水很可能会滴到地板上。

在普通任务参数的标题下,我们把各种自由和约束分为以下几种:(1)在正常情况下,大多数人都能够有意识地或无意识地进行推理;(2)通常不需要真正的最佳答案;(3)即使缺少某些理想的信息,也必须进行推理;(4)即使某些提供的信息不确定和/或含混不清,也必须进行推理;(5)不同的推理线可能会发生冲突;(6)必须尽可能解决此类冲突;(7)推理本身通常是不确定或片面的,但不会因此失去所有的有用性。

基于这种自由和约束,人工智能中的常识推理往往涉及诸如归纳、不明推论式、类比推理和实证推理等推理过程。它还经常依赖于启发式(公式、算法以及诸如此类的获取经验法则的方法,这些方法通常可以帮助解决一些问题,但不能保证一定会有帮助)。但是,没有必要使用特定的推理过程来将推理视为常识。当然,所提到的过程也可用于非常识推理任务。

在研讨会上,提出的问题是"常识"是否涉及甚至包含一系列关于世界的命题。无论在人工智能之外可能有什么主张,人工智能似乎是关于一些大多数人使用的具体常识命题而言的,但这些命题的存在和构成对于常识推理的概念是不必要的。例如,人们关于流动液体的推理可能受关于液体行为的特定命题的支配。另外,人们可能没有任何关于如何购买礼物的命题。它可能完全取决于特定主题以及其与不同类型的人的关系。

常识推理在许多不同方面对法律推理似乎都很重要:(1)参与法律场景的每个人,无论是陪审团成员、证人、被告、法官、律师还是调查员,都会参与案件涉及的各方面的普通常识推理;(2)对于律师来说,对这种常识性的推理以及由此产生的信念和其他心理状态进行推理可能是重要的;(3)律师对某些情况的法律推理需要结合律师的常识性推理:如果法庭案件涉及热咖啡的溅出,那么他/她自己可能做的一个常识推断就是被溅到的顾客可能会产生疼痛。像这样的推理步骤不需要,也可能不容易受到法律领域中讨论的更为特殊的司法类型推理的影响,但案件涉及的任何一方必须作出推论。

常识推理通常是嵌套的,即常识推理之间是有联系的。我们已经看到,陪审员关于某种情况的常识推理可能是一件重要的事情,但这种推理本身可能与其他人的常识推理有关(例如,这可能与洒咖啡的服务员的常识性推理有关)。

同样重要的是,要注意陪审员等合法的非专业人士甚至可能会对律师、法官等的非常识性的专家法律推理进行常识推理。鉴于推理者缺乏专业知识和专家法律推理的知识,推理者很可能失误。然而,为了再次契合嵌套主题,这种错误的推理本身对于参与案件推理(常识性地)的其他人来说可能是重要的。

观察(常识或法律)推理本身及其中涉及的心理状态的方式是法律领域(常识或法律)推理的重要主题。当然,这在其他方面是众所周知的(例如,在评估某人是否犯某些类型的犯罪时确立意图的重要性),但我们所强调的是一些非常普通的观点,这些观点是关于目前正在不断进行的、始终存在的有关问题的推理。这些问题非常简单,通常在司法推理的讨论中得不到表达。

总之,常识在法律推理领域很重要。它与专家法律推理有着内在联系,可以将推理和心理状态作为主题,且其本身可以成为推理的主题。引入前一部分的观察结果,我们认为人工智能可以在如何准确(但可能不是系统)地为法律推理目的制定常识推理这一主题上作出很大贡献。作为一个中心特例,常识推理包括对与常识性推理相关的常识性心理推测,常识性推理本身就可以是常识性心理推测。

(四)心理状态推理中的不确定性类型

我们注意到并在上面提及,一般的常识推理可能是一个高度不确定的问题。尤其明显的是,任何心理推测一定是不确定的,并且通常来说,心理状态和思维过程本身也必然充满不确定性。然而,我们有必要对不确定性的不同影响方式进行梳理,因为常识性心理推测的不确定性是我们研究中的一个关键问题。

对一个人的思想进行解读的最终基础一定是:(1)此人的非语言行为;(2)此人的言语;(3)其他人关于此人的①反应行为和②言语评论;(4)关于此人的类型及其生活状况的概括。所有这些信息仅能保证对人的精神状态和过程进行不确定的推理。上述情形(3)②(其让人关于此人的言语评论)是研究哲学和人工智能领域的心理状态的主要关注点。通常的研究途径是心理状态报告,比如“约翰相信 P”因为 P 当中的某些条款(P 指代某报告或文件等)。不确定性至少以两种不同的方式从这些报告中产生(除了通常提出的解释不确定性问题,如词汇模糊性):首先,与任何陈述一样,人们不能仅仅因为说话者这么说就认为它是真的。说话者可能在说谎或者只是弄错了。我们可以把所有的可能性归入“发言者不可靠”的范畴。其次,报告本身的表达可能具有不确定性。例如,它可能是“约翰似乎认为 P”的形式,或者可能以不确定的语调传递,即使表面上是明确的。[实际上,哲学和人工智能研究的主要不确定性类型是几种解释风格之间的不确定性,这些风格通常被称为“事物的实际存在(*de-dicto*)”和“与个人相关的逻辑哲学(*de-re*)”或“不透明”和“透明”。这是一件重要的事情,但与本文无关。]最后,上述情形(4)(关于此人的类型和生活状况的概括)可以通过如下总结予以说明:“如果 X 是国家 Y 的本地人,而国家 Z 攻击 Y,则 X 认为国家 Z 是错误的。”

显然,即使扎法德(Zaphod)确实是加斯帕尼亚的本地人并且德鲁维亚攻击加斯帕尼亚,也不能确定扎法德是否相信德鲁维亚是错误的。

现在假设,在对某人 X 进行推理时,我们得出 X 相信一些命题 P1 到 Pn 的结论。假设问题是,X 是否相信 Q,其中 Q 从 P1 到 Pn 遵循常识。也就是说,存在可以从 Ps 产生 Q 的常识推理链 C。我们现在观察到,即使我们确信 X 相信 Ps,我们也不能确定 X 只是由于 Q 由 Ps 产生而相信 Q。这是基于以下几个不同因素。

1. 将推理行为归咎于主体的外部背景怀疑——不确定 X 是否会采取常识推理 C(对于相当简单的 C 来说可能就是这种情况;例如,在现实生活中,如果这个人非常匆忙或一心多用,其会认为明天是星期四,即使其在某种意义上很清楚今天是星期二)。

2. 存在的证据表明,X 实际上并没有采取 C——例如,如果我们知晓在 X 的思维的不同部分存在两种安排,那么我们可以(不确定地)依赖关于这两种安排的信息推断出约翰不采取 C 的结论(这就是为什么人们错误地重复检索)。观察与第一种因素的对比,这使 X 没有采取 C,尽管我们没有具体的理由这样认为。

3. 存在 X 不相信 Q 的外部证据(外部证据指的是不考虑 X 的推理的证据;例如,通常可靠的人可能告诉我们 X 不相信 Q)。

4. 存在 X 已经采用或可能采用追求导致非 Q 的其他推理 C′的证据。

5. 允许 X 有可能采用导致非 Q 的其他推理 C′,即使没有具体的理由认为他有,且即使我们可能不知道 C′包含什么。

还要注意 C 通常本身就是一个不确定的问题推理。因此,这种情况是关于不确定常识推理的推理之一。而且作为一个特例,C 本身可能与某人的心理状态和推理有关。

先前我们提到了某人匆忙或分心的可能性。有许多现实生活中的突发事件可能妨碍推理或创造虚假的推理类型。这种突发事件的其他例子包括疲惫、醉酒、迷恋、一厢情愿所导致的偏见、紧张和愤怒。此外,研究主题可以影响人们进行问题推理的意愿或能力。

最后要注意的是,在法律上通常需要确定一个假设的理性人如何思考,而不是模拟一个真实的人。这两种应用在本文所设想的推理方案中都很重要,我们提到的任何技术都能够对假设的理性人进行推理,就像对真实的人进行推理一样。

(五)模拟推理与理论—理论推理

我们现在转向一个问题,即我们究竟是如何得出在上述场景中 X 相信 Q 的(暂定的)结论。本文侧重于将模拟推理作为这个问题的主要答案。模拟推理是模拟的特例,其中所谓模拟的是目标主体从一些命题(上面的 Ps)到另一个命题 Q 的推理。需要注意的是,这种模拟推理本身可能涉及对某个人的推理的模拟,因此模拟可以嵌套。我们还注意到,模拟的一种变体可以处理将一种人们在其他情况下不会使用的推理形式归给其他人的问题。㉒

模拟推理一直是人工智能中用于推理信念的常用技术。㉓ 它也受到许多思想哲学家和认知心理学家的支持,㉔尽管人们对它的优点存有激烈的争论。㉕

相对于竞争的理论—理论推理技术,模拟推理的一个优点是效率,㉖在每一层信念上理论—理论都多了几倍的工作。(如果约翰认为玛丽认为比尔聪明,就存在两个层次的信念。)巴恩登(Barnden)回顾了这个优点并提出了更多优点。㉗ 最重要的一点是,模拟推理使我们能够轻松地将我们自己所做的各类推理归于 X,无论它有多复杂。例如,对我们来说,将类比推理、外

㉒ See John A. Barnden, School of Computer Science, The University of Birmingham, Technical Report CSRP – 98 – 11, Uncertain Reasoning About Agents' Beliefs and Reasoning (1998) [hereinafter Barnden, *Uncertain Reasoning*].

㉓ See Lewis G. Creary, *Propositional Attitudes: Fregean Representation and Simulative Reasoning, Proc. 6th Int'l Joint Conference on Artificial Intelligence* 176 – 81 (1979); Andrew R. Hass, "A Syntactic Theory of Belief and Action", 28 *Artificial Intelligence* 245 – 92; A. N. Kaplan & L. K. Schubert, Simulative Inference in a Computational Model of Belief, H. Bunt & R. Muskens eds., *Computational Semantics: Studies in Linguistics & Philosophy Series* (1997).

㉔ See Alvin I. Goldman, See Barnden, *Simulative Reasoning*, supra note 7. "In Defense of the Simulation Theory", 7 *Mind & Language* 104 – 19 (1992).

㉕ See *Folk Psychology*, supra note 7; Theories, supra note 7.

㉖ See Hass, supra note 23. See Barnden, *Simulative Reasoning*, supra note 7.

㉗ See Barnden, *Simulative Reasoning*, supra note 7.

展推理和其他形式的不确定推理归为 X 要比使用理论—理论方法简单得多。该论点需要详细的技术考虑,这里无法解决。此外,对我们来说,通过类比推理、外展推理等模拟 Y 对 X 的归罪,要比用理论—理论推理 Y 对 X 的类比推理、外展等的理论—理论归罪要简单得多。

(六)混合模拟和非模拟推理

并不是所有的信念推理都涉及对主体自身的推理。例如,它可能依赖于信念概括,正如上述情形 4[本文(四)所提及的内容]中讨论的那样。此外,模拟并不能直接帮助我们推断一个人是否相信命题 Q,除非模拟可以表明该人确实不相信 Q。但这只是一个特殊情况,因为这个人可能无法知道是 Q 还是非 Q。基于这些原因,一个实际系统要求有关于心理状态的非模拟和模拟推理。

这就造成了推理结构的复杂性。假设 Y 应用非模拟推理来确定 X 是否相信 Q,并为该命题计算出一些高但不完美的确定度。应用模拟推理对 Y 来说仍然很重要。这是因为即使模拟推理的结果本身具有不确定性,它们也可以为 X 相信 Q 的命题提供额外的支持,从而提高其确定性程度。此外,随后考虑的证据可能会破坏非模拟推理所使用的论证路线,但使模拟推理保持不变;反之亦然。

事情比这更复杂。假设 Y 认为 Q(不确定地)来自 J,其又(不确定地)来自 P,并且 X 相信 P。Y 不能直接得出结论(不确定地)X 相信 Q。相反,Y 应该接受证据破坏了 X 相信中间命题 J 的假设的可能性。现在,相对简单的情况是 J 本身在模拟中被破坏,因为 X 相信的某个命题 S 后面是非 J。我们这里还存在更多的模拟。但同样可能的情况是,这种模拟内部的破坏不会发生,相反,Y 认为 X 缺乏对 J 的信念。因此,在模拟地代表 X 进行一系列推理时,Y 必须考虑像 J 这样的 X 命题内部的中介,并非模拟地研究 X 不相信 J。当然,这通常也需要非模拟地看待 X 相信 J。

当然,当另一个主体 Z 对 Y 进行推理时,所描述的整个情况可以嵌套为模拟推理 Y。本节的结论是,关于心理状态的模拟和非模拟推理是不可分割的,必须紧密结合。

（七）ATT-Meta 研究的目标

我们的心理状态推理系统 ATT-Meta，旨在处理心理状态的模拟推理和非模拟推理的交织、心理状态推理的各种不确定性以及心理状态推理的嵌套（心理状态推理的推理）。它处理常识推理的不同路线之间的各类型冲突，无论这些是在系统自己的推理内还是在其他主体的模拟推理中。下文将简要说明这些可能性。据我们所知，目前还没有其他已实现的系统能够解决心理状态推理中的冲突和不确定性问题，并达到 ATT-Meta 的完整性和广度。即使是尚未实施的心理状态推理方案，通常也会忽略这些问题。

在继续之前，我们要提到 ATT-Meta 对不确定性的处理比我们所预设的理想状态更有限。首先，它局限于操纵纯粹定性的不确定性指标，这些指标与命题相关联，并通过推理过程加以修改和组合。巴恩登认为，事实上，对不确定性的定性处理恰恰是人们想要的，而且使用数值测量方法是有误导性的，更不用说有充分根据的统计技术了，尽管有时其数值测量方法，可能根据众所周知的统计原理（如 Bayes 规则）进行操作确实是可行的。[28] 在任何情况下，定性测量的范围都是粗略的，并且将来可能会扩大。给定命题在任何给定时刻下都会被标记为以下之一：当然是、当然不是、“假定的”、“暗示的”和“可能的”。最后一个简单地表明对命题的否定是不确定的。“假定的”意味着该命题（到目前为止）被视为推测的情况（它是系统默认或研究假设），但如果出现适当的反证，则很容易被推翻。在使用“假定的”一词时，我们的意思是不涉及任何推定的特殊法律概念，而是诉诸该词的一般意义。“暗示的”意味着该命题有一些证据来支撑，但（目前）不足以作出假设。需要注意的是，对于标记为“可能的”的命题，没有必要提供任何证据来证明它。

ATT-Meta 是一种基于规则的相当标准形式的系统。这个系统的知识在很大程度上是一套“如果—那么”的规则。这些规则在定性优势（可能的、暗示的或假定的）方面略有不同寻常。这些优势会影响系统对规则产生的

---

[28] See Barnden, *Uncertain Reasoning*, supra note 22.

结论的置信度。一个简单的例子就是这样一条规则：如果某人 X 说了某事 P，那么（假定）X 相信 P。该系统通过反向链接进行操作，具体来说，给定一个系统要研究的命题，系统试图找到其“那么”部分与该命题匹配的规则。一个成功的匹配将产生“如果”部分，从而创建进一步的命题供研究。规则以相同的方式应用于这些。此外，在许多情况下，当研究一个命题时，它的否定也是如此（但系统有各种方法来限制这种影响）。

刚刚给出的示例规则说明了该规则可以支持关于心理状态的命题。然而，关于某人是否相信 P 的命题也可以通过模拟推理来解决。建立一个代表某人思想的特殊计算环境（可称为“模拟茧”）。然后将命题 P 作为要在该特殊环境中研究的内容予以发布。规则应用程序以特定环境内外部所描述的方式进行。该系统具有启发式方案，用于尝试在相互冲突的推理路线之间进行判定，这些路线支持命题及其对“假定”水平的否定。该方案基于对冲突路线相对特异性的复杂分析。

本文不再描述 ATT-Meta 的推理工具，这些工具非常复杂。其他文章对相关方面也有所描述。[29] 在这里，我们将简单描述 ATT-Meta 在现实生活“法律情境”中的特定例子中所做的工作。这引出了我们一直在讨论的一些问题——尽管还不是全部。

1. 抢劫示例

这个例子是基于一个发生在受害者（V）身上的真实抢劫事件。以下描述略微简化，但其基本案情如下：V 走在街上时，一名罪犯（P）从后面扑向他。V 挣扎着，P 抓着他的胳膊，把钱包从后面的口袋里掏了出来。在搏斗过程中，V 摔倒在地，单膝擦伤。但是 V 似乎觉得 P 并不想伤害他。这一点成为 V 警方声明的一部分。实际的抢劫并没有导致审判、保险审议或其他

[29] See Barnden, *Uncertain Reasoning*, supra note 22; John A. Barnden & Mark G. Lee, "An Implemented Context System that Combines Belief Reasoning, Metaphor-Based Reasoning and Uncertainty Handling", P. Bouquet et al. eds., *Second International and Interdisciplinary Conference on Modeling and Using Context* 28 – 41 (1999); John A. Barnden et al., "An Integrated Implementation of Simulative, Uncertain and Metaphorical Reasoning About Mental States", J. Doyle et al. eds., *Proceedings of the Fourth International Conference on Principles of Knowledge Representation and Reasoning* 27 – 38 (1994).

此类事件，但我们可以在我们的想象中向这些方向扩展示例。

提到这个例子是提出一个问题：一个正在考虑这一事件的事实发现者（如警官）如何得出一个貌似合理的结论，即 V 确实相信 P 在抢劫期间没有试图伤害他。这不得不以某种方式推断出来，但无论如何这都是不确定的，因为 V 说他相信 P 在抢劫期间没有试图伤害他。我们简单地假设事实发现者认为抢劫者通常会试图伤害受害者，通常也将这种信念归于受害者，所以在通常情况下，事实发现者会假设 V 认为 P 试图伤害他。

还需要注意的是，从 V 相信 P 在抢劫期间没有试图伤害他的结论中，事实发现者可能会作出进一步合理的推断，即 P 实际上并没有试图伤害 V，以作为抢劫者试图伤害他们的受害者这一默认理念的例外。在此，我们基于这样一种概括，即人们通常意识到他人试图对其进行身体上的行为。

在考虑 P 是否应该为 V 的膝盖受伤负责时，P 是否实际上试图伤害 V 的问题可能会很重要。但是，我们将不讨论这一特定的考虑因素，因为它涉及抢劫法律规则的详细事项，我们在此不涉及这些，因为我们的注意力并非在基于法律的推理方面，而是在法律情景中可能发生的常识推理上。

现在我们来描述 ATT-Meta 在这一假设中的应用。我们认为 ATT-Meta 参与到对 V 的信念的直接推理和关于假设的第三方（如陪审团成员或律师）对 V 的信念的推理。我们的分析只是一个概述。巴登恩给出了非常详细的分析。[30] ATT-Meta 这个应用程序中使用的规则仅仅是说明性的，并且通常比 ATT-Meta 在法律领域的实际应用中所需的规则更简单且更少。此外，这个例子涉及人们说什么和他们相信什么之间的联系、人们可能撒谎或被误解的情况以及人们对影响他们的行为的观念。当然，这些都是非常复杂的事情，所以在真正复杂的事情中，我们走了很多捷径。

2. 推理 V 认为 P 不会伤害他

ATT-Meta 成功地推测出，V 认为 P 在抢劫期间并没有试图伤害他。在这里包含“推测”意味着 V 认为 P 在抢劫期间不试图伤害他的命题最终会带有“假定的”标记。请注意 V 相信的命题本身具有确定性标记（在本例中是

---

[30] See Barnden, *Uncertain Reasoning*, supra note 22.

假定的),但为了简单起见,我们将放弃这样的内部标签。

我们假设 ATT-Meta 给出了关于这种情况的以下具体事实,所有这些事实都被标记为“确定的”:

V 称 P 抢劫了他;

V 称 P 在抢劫时没有试图伤害他;

V 称其不认识 P;

X 抢劫 Y 是 X 对 Y 的直接身体行为。

我们假设 ATT-Meta 具有以下规则:

(a)如果 M 抢劫 V,那么(推测)M 在抢劫 V 的同时试图伤害 V;

(b)如果 Y 说 Q,那么(推测)Y 认为是 Q;

(c)如果 Y 称 X 对其实行动作 A,而 A 是 X 对 Y 的直接身体行为,Y 称其不认识 X,则(推测)Y 认为 X 对 Y 实行动作 A;

(d)如果 Y 认为 X 对其实行动作 A,并且 Y 称 X 在执行 A 时不执行 B,并且 A 是 X 对 Y 上的直接身体行为,而 Y 称其不认识 X,则(推测)Y 认为 X 在做 A 时没有做 B。

要注意,每个规则的确定性程度都是“假定的”,这意味着除非得到其他方式的支持,否则规则的结论永远不会超出“假定的”这一范畴。

规则(c)和(d)涉及比(b)更具体的情况,尽管它们都得出结论认为有人相信他们所说的。规则(c)和(d)旨在部分地捕捉当人们不知道对方是谁时,在描述他们认为对方对他们所做的身体行为时通常是诚实的这一默认情况(因此,他们没有什么不可告人的目的)。

该系统的用户提供了最高目标命题,即 V 认为 P 在抢劫期间并没有试图伤害他的命题。这个命题是要研究的主要问题,目前它只有一个“可能的”标签,但经过推理后会得到一个更高的标签。在本文中,我们不讨论这个特定的目标命题如何在更具包容性的推理场景中自动产生。

该目标是通过规则(d)和(b)的应用来支持的。在推理的某一点上也产生了对目标命题的否定以供研究。这又引出了对 V 认为 P 在抢劫 V 时试图伤害 V 这一命题的研究。

还有一个对 V 的模拟。由于已经产生了“V 认为什么”两个命题,所以在模拟中放入以下两个命题进行研究:(1)P 在抢劫期间不试图伤害 V 的命题;(2)P 在抢劫期间试图伤害 V 的命题。后者由规则(a)对 P 抢劫 V 的内部模拟命题的应用所支持。这个命题的产生是因为规则(b)和(c)在模拟之外支持 V 认为 P 抢劫他的命题。

由于 P 确实试图伤害 V 的命题得到内部模拟支持,所以 V 认为 P 试图伤害他的模拟之外的命题也被认为是支持的。因此,V 不认为 P 不试图伤害他的命题是得到间接支持的。但这个命题是对目标的否定。我们之前提到过这个目标本身是被支持的(间接地来自于 V 说 P 没有试图伤害他的事实)。事实上,目标及其否定都仅仅被支持到"假定"的程度。因此,冲突解决机制应运而生。

针对目标和否定的观点之间的特异性比较,偏向前者。这在直观上是正确的,因为目标取决于 V 称 P 在抢劫过程没有试图伤害他这一特殊信息,而否定只取决于对任何抢劫行为都可以做出的推理。

同样地,V 认为 P 试图伤害他的命题及其否定之间也存在冲突。以类似的方式解决这个问题,有利于否定。由于这些冲突的解决,系统在模拟中保留了一个标签,假定 P 不会试图伤害 V,但是给它的否定分配了较低的标签(暗示的)。实际上,模拟中的冲突是模拟之外的冲突解决的间接结果。

3. 推理 P 没有试图伤害 V

ATT-Meta 还可以推断,当存在以下事实和规则时,P 实际上并没有在抢劫V 时试图伤害他:[31]

X 试图伤害 Y 是 X 对 Y 的直接身体行为。

如果 A 是对 Y 的直接身体行为而 Y 认为 A 发生了,则可能是动作 A 发生。

如果 A 是对 Y 的直接物理行为而 Y 不认为 A 发生,那么可能不是动作 A 发生。

4. 将推理嵌入另一个主体中

最后,到目前为止描述的整个推理可以嵌入另一个推理主体中。例如,

---

[31] See Barnden, *Uncertain Reasoning*, supra note 22.

ATT-Meta 可以对陪审员进行上述所有推理。这个推理是在对陪审员的模拟中,并且对 V 的模拟将嵌套在其中。

结论

常识推理是法律推理整体任务的一个重要方面。这个过程的一个重要特例是不确定的常识性心理推测:关于人们的心理状态和推理的常识性推理,包括这种推理本身是常识性的,也可能是关于其他人心理状态和推理的情况。我们已经实施了 ATT-Meta 系统来处理这种推理,并认为这是以合理的现实方式处理法律推理一个方面的步骤之一,这个方面通常未被深入考虑但仍然至关重要。

ATT-Meta 仅仅作为一个原型被提出。在处理不确定性和冲突方面以及处理心理状态方面,需继续改进其推理设施。该系统目前仅限于心理状态,但我们打算扩展系统以处理欲望、意图等。

我们提到各种背景因素,如对紧张、一厢情愿等的研究都会影响人们在现实生活情境,包括对法律情境中的推理。我们还没有尝试在 ATT-Meta 中处理这些因素。这对未来而言是一个有价值的目标,但实际上我们有一个可能更有成效的替代建议。我们认为实证推理是应对上述因素的有力工具,因为它是处理一般混乱问题的强大工具。[32] 它的使用当然在法律背景下特别有意义,因为它已在法律领域用于其他目的。[33] 然而,据我们所知,在我们所参与的一些初步研究之外,没有尝试使用实证推理来进行心理状态的详细推理,从而形成了一个心理状态实证推理的原型系统。[34] 这种疏忽是对

㉜ See *Case-based Reasoning*, supra note 11.

㉝ See Kevin D. Ashley, *Modeling Legal Argument: Reasoning with Cases and Hypotheticals* (1990); Donald H. Berman & Carole D. Hafner, "Representing Teleological Structure in Case-Based Legal Reasoning: The Missing Link", *Proc. of the Fourth International Conference on Artificial Intelligence and Law* 50 –59 (1993), available at http://www.vldb.org/dblp/db/conf/icail/icail93.html.

㉞ See Gees C. Stein & John A. Barnden, "Towards More Flexible and Common-Sense Reasoning About Beliefs", Michael T. Cox & Michael Freed eds., *Representing Mental States and Mechanisms: Papers from the* 1995 *AAAI Symposium* 127 (1995).

一个混乱的问题采取一种过于“整齐”的态度(在这种情况下主要是建立在模态逻辑学家的安排上)所导致的一个症状。虽然ATT-Meta目前完全是基于规则的,但原则上应该对其进行修改以包含实证推理。

最后,有一个我们非常感兴趣的问题,但在这里无法详细讨论:在日常话语中对隐喻表达的计算处理。ATT-Meta开发的大部分工作都致力于隐喻理解的推理,而不是推理信念。[35] ATT-Meta是为数不多的用于处理复杂隐喻的系统之一。其他主要的还有丹·法斯(Dan Fass)、[36]詹姆斯·H.马丁(James H. Martin)、[37]托尼·贝尔(Tony Veale)和M. T. 基恩(M. T. Keane)所阐述的那些。[38] 隐喻是普通会话和文本中的常见现象。[39] 因此,仅从一个特例来看,隐喻表达是对证人证言和其他法律场景中出现的日常话语进行计算处理时的重要考虑因素。

(宋晓宇　李　丹　译)

---

[35] See Barnden et al., supra note 29; J. A. Barnden, S. Helmreich, E. Iverson & G. C. Stein, "Artificial Intelligence and Metaphors of Mind: Within-Vehicle Reasoning and Its Benefits", 11 *Metaphor and Symbolic Activity* 101 – 23 (1996).

[36] See Dan Fass, *Processing Metonymy and Metaphor* (1997).

[37] See James H. Martin, *A Computational Model of Metaphor Interpretation* (1990).

[38] See Tony Veale & M. T. Keane, "Belief Modelling, Intentionality and Percolution in Metaphor Comprehension", *Proceedings of the Sixteenth Annual Conference of the Cognitive Science Society* 910 – 15 (1994).

[39] See Andrew Goatly, *The Language of Metaphors* (1997); Martin, supra note 37; Rosamund Moon, *Fixed Expressions and Idioms in English: A Corpus-based Approach* (1998); G. Lakoff, "The Contemporary Theory of Metaphor", A. Ortony ed., 2d ed., *Metaphor and Thought* 202 – 51 (1993); J. Martin, "Metabank: A Knowledge-Base of Metaphoric Language Conventions", 10 *Computational Intelligence* 134 – 49 (1994).

机器人技术与网络法经验

[美]瑞恩·卡洛(Ryan Calo)* 著

(原文载于 *California Law Review*)

经过20年的研究,基于互联网的特殊性而如何适用法律问题,学术界产生了一系列的研究讨论。但与此同时,科技并没有停滞不前。研究互联网的公共和私人机构,从武装部队到搜索引擎,已经开始向开发机器人和人工智能方面转移。

本文首次研究了这样一个问题——一项变革性的新技术的引入将同时对网络法律和政策带来什么影响?机器人与互联网在基本特征上存在不同,由此引发的法律问题也不尽相同。机器人首次将处理数据的能力和人身伤害联系在一起;机器人系统是以无法预料的方式完成任务;而且机器人技术的发展使人与设备之间的界限逐渐模糊。

从引起法律、制度和法学研究系统性变化的意义上来看,机器人具有

---

* 华盛顿大学法学院助理教授、华盛顿大学技术政策实验室主任,斯坦福大学法学院互联网与社会中心联盟学者。

感谢耶鲁大学法学院和华盛顿大学研讨会,福特汉姆法学院和迈阿密大学法学院的研讨会,以及华盛顿大学和加州大学伯克利分校的计算机科学与工程学术讨论会。感谢杰克·巴尔金(Jack Balkin)、凯特·达林(Kate Darling)、迈克尔·弗鲁姆金(Michael Froomkin)、伍德罗·哈特佐格(Woodrow Hartzog)、玛格特·卡明斯基(Margot Kaminski)、伊恩·克尔(Ian Kerr)、马克·莱姆利(Mark Lemley)、大卫·波斯特(David Post)、乔尔·雷登伯格(Joel Reidenberg)、扎尔·撒伊德(Zahr Said)以及上述活动其他参与者的讨论。感谢贾斯汀·休斯(Justin Hughes)、肖恩·奥康纳(Sean O' Connor)、丽萨·拉里莫·奥埃莱特(Lisa Larrimore Ouellette)和丹尼尔·西西里诺(Daniel Siciliano)对第二部分探讨的几个假设的帮助。还要感谢格蕾丝·费尔德曼(Grace Feldman)和埃琳娜·庞特(Elena Ponte)的出色研究。

“例外”属性。但我们不需要对此重新研究:对于机器人集成化技术和未来的任何技术来讲,网络法律的许多核心观点和方法还是至关重要的。

引言

互联网给法律适用带来挑战。基于买家可以在任何地方访问卖家网店的情况,法院必须重新审视管辖权和联邦制的基本问题。① 而共享和编辑软件等其他数字软件也给所有权和控制权带来新的挑战。② 20 世纪 90 年代中期,法律学者为这些挑战和类似挑战开展了一场名为“网络法律”的运动。运动的核心冲突来源于互联网的基本特征,即能够将互联网与诸如计算机和电话等以前或混合技术区分开的特征。

在网络法兴起的 20 年里,一些早期的网络法律问题得以解决。立法机构和法院之间③的激烈争辩持续围绕“网络中立”和隐私问题展开。④ 但即使是这样,参与者至少对基本立场和论点有一定的了解。

换句话说,法律一直在进步,但科技并未止步。对早期网络投资使之成为互联网的军队现在为机器人竞赛提供资金支持。⑤ 因提供搜索引擎和社交网络服务而家喻户晓的互联网公司,已经开始向机器人技术和人工智能进行大规模转变。⑥ 各州和联邦立法者正在制定关于国内无人机适用的法

---

① See infra Part I. B.

② Id.

③ See, e. g. , Digital Millennium Copyright Act, Pub. L. No. 105 –304, 112 Stat. 2860(1998)(codified as amended in scattered sections of 17 U. S. C.); Reno v. ACLU, 521 U. S. 844(1997)(认为言论自由保护延伸到互联网并使《1996 年通信规范法》失效).

④ E. g. , Verizon v. FCC, 740 F. 3d 623(D. C. Cir. 2014)(使反歧视和反封锁规则无效的 FCC's Open Internet Order); Daniel J. Solove, "Introduction: Privacy Self-Management and the Consent Dilemma", 126 *HARV. L. REV.* 1880(2013)(在隐私中探讨当代的问题).

⑤ See infra Part II.

⑥ Id.

律,并向无人驾驶汽车发放牌照。[⑦]

机器人技术正在逐渐成为我们时代的下一个变革性技术。与互联网相比,机器人技术具有不同的基本特质。机器人技术被认为是首次将混杂的信息与处理人身伤害的能力相结合。[⑧] 机器人展现出(采取)越来越多应急行为(的能力),它能以意想不到的方式完成有用但成本高的任务。[⑨] 而且,机器人比历史上任何技术都更能使我们感觉像社会参与者一样——这种趋势是如此强烈以至于有时战场上的士兵会为了保护军事机器人的"生命"而选择让自己陷入危险境地。[⑩]

机器人的基本特征将推动一场特殊的交流。我们把互联网作为人际交流的高效工具,而机器人将人与机器之间的界限变得模糊了。如果美国不能对自主潜艇完全控制,可能会出现潜艇通过他国水域而违反国际法的情况发生。[⑪] 当被告在破坏拟人机器人而不是一面墙时对他人造成了人身伤害,犯意转移可以促进刑法和侵权法目的的实现。这些问题都是网络法所不能够解决的。

但是也有很多相似之处。无人机的影响并不亚于互联网,这也提出了

---

⑦ E. g. ,S. B. 1298,2012 Leg. ,Reg. Sess. (Cal. 2012)(授权自动驾驶汽车);A. B. 511, 2011 Leg. ,76th Sess. (Nev. 2011)(一样);S. B. 313,2013 Leg. ,77th Sess. (Nev. 2013)(调节自动驾驶汽车);S. B. 1134,62nd Leg. ,1st Reg. Sess. (Idaho 2013)(限制无人机的国内使用);S. B. 1587,98th Gen. Assemb. ,Reg. Sess. (Ill. 2013)(一样);see also John Bacon,"Google This: Nevada Issues License for Driverless Car", *USA TODAY* (May 8, 2012, 1:35 PM), http://content, usatoday. com/communities/ondeadline/post/2012/05/google-this-nevada-issues-license-for-driverless-car/1#. VOVPHEKpl9x.

⑧ See infra Part II. B. 1.

⑨ See infra Part II. B. 2.

⑩ See P. W. singer, wired for war: the robobotics revolution and conflict in the twenty-first century 337 –343(2009); M. Ryan Calo, "The Drone As Privacy Catalyst", 64 *STAN. L. REV. ONLINE* 29(2011), http://www. stanfordlawreview. org/online/drone-privacy-catalyst; see also Julie Carpenter, "Just Doesn't Look Right: Exploring the Impact of Humanoid Robot Integration into Explosive Ordnance Disposal Teams", Rocci Luppicini ed., *Handbook of Research on Technoself: Identity in a technological society* 609(2013).

⑪ See Craig H. Allen, "The Seabots are Coming Here: Should they be Treated as 'Vessels'?", 65 J. *Navigation* 749(2012).

语言、创新和隐私的问题。[12] 法院在解决互联网正确适用问题之后，将再次解决机器人技术问题。对我们如何进入一个网络"渠道"[13]上网的固定思考方式感兴趣的学者也会对我们将社会技术拟人对待的方式感兴趣。[14] 那些考虑软件如何限制人类行为的人可能会对人和机构如何管理软件产生的行为的相反问题感兴趣。人们特别希望，对机器人技术感兴趣的学者继续保持跨学科实用主义的传统，这或许是网络法最大的财产。

本文第一部分描述互联网的特征和区别，并分析其是如何扰乱法律语言的问题。历经20年，法律和学术研究解决了或者说至少澄清了网络法核心冲突。然而，同样处于互联网核心的公共和私营机构现在将注意力转向了一种独特的、同样具有变革性的技术。

第二部分主要阐述机器人技术的普及将对法律和立法机构带来独特的挑战，以及如何再次在平静的水域掀起波澜的问题。这种描述性的说法具有规范性后果：对技术如何影响社会的问题越了解，我们就越能够得心应手地整合技术。

第三部分探讨机器人技术在法律上是否具有"例外"，即是否在新的法律、法律制度和研究方法上具有意义。在促使一项新的变革性技术融入社会方面，网络法的观念、方法和规范（其最深层的经验）[15]确实是至关重要的问题。但机器人技术法能够且应当不受网络法的规制，最终形成一个独特的治理和研究领域。

这个项目具有一定程度的猜测性。行为经济学的先驱赫伯特·西蒙

---

⑫ See, e. g., Margot E. Kaminski, "Drone Federalism: Civilian Drones and the Things They Carry", 4 *CALIF. L. REV. CIRCUIT* 57 (2013), http://scholarship. law. berkeley. edu/cgi/viewcontent. cgi? article =1007&context =clrcircuit.

⑬ E. g., Julie E. Cohen, "Cyberspace As/And Space", 107 *COLUM. L. REV.* 210 (2007); Mark A. Lemley, "Place and Cyberspace", 91 *CALIF. L. REV.* 521 (2003); Dan Hunter, "Cyberspace as Place and the Tragedy of the Digital Anticommons", 91 *CALIF. L. REV.* 439 (2003) (认为"网络空间作为地区"的比喻导致了不被接受的数字化反规范).

⑭ See infra Part II. B. 3.

⑮ Cf. Lawrence Lessig, "The Law of the Horse: What Cyberlaw Might Teach", 113. *HARV. L. REV.* 501 (1999) (认为网络空间法可以传授超越网络空间细节的经验教训).

(Herbert Simon)[16]在20世纪60年代写了一系列鲜为人知的关于自动化的社会影响力的文章。在一本1965年收录他观点的书的序言中,他并没有为推测计算机如何彻底改变劳动领域而道歉:

"在我们这个世界上,那些最接近重要的创新技术的人有责任对这些创新及其意义作出合理的解释。当然,这种解释应该是公众讨论的开始,而不是结束。但若不是从当下的确定性去推测未来的可能性,就根本做不到上述解释。"[17]

西蒙(Simon)基于技术和经济的不同视角继续对分析进行了区分。他认为他自己对于技术的态度是激进的,他相信计算机有一天可以做到人们可以做的一切。[18] 但是在结果上他又属于"保守派"。[19] 他认为自动化的世界与当前世界并无太多不同,不需要新的经济理论来解决问题。

笔者的观点恰恰与此相反。在技术上,笔者属于"保守派":机器人技术将会继续发展,但是主要发展的方向是解决当前技术问题和降低成本。[20] 后文中并没有提及HAL或C3PO(二者均为人类所研发的机器人称谓——译者注)的内容。然而,早在科幻小说出现之前,机器人技术在社会中的广泛运用,就像互联网一样,带来深层次的社会、文化、经济以及法律的冲突。

一、互联网技术的兴起

网络法是指关注互联网的法律和政策的规范。[21] 网络法的核心和冲突

---

⑯ 赫伯特·西蒙创造了"有限理性"这一术语,指的是人们为了自身利益而理性行事的方式,但仅限于某一点。See Herbert A . Siman, *Models of Man: Social and Rational* 196(1957).

⑰ See Herbert A . Sinan, *The Shape of Automation for Men and Managemnt* vii(1965).

⑱ Id. at xii – xiii.

⑲ Id.

⑳ See infra Part II.

㉑ 《布莱克法律词典》将"网络法"定义为"涉及互联网的法律领域,包括通过计算机进行交易的人和企业的案件,法规,法规和纠纷"。See *Black's Law Dictionary* 443(9th ed. 2009). But see Jacqueline D. Lipton, "Law of the Intermediated Information Exchange", 64 *FLA. L. REV.* 1337, 1339(2012)("尽管网络法律作为当今法学院课程的主要内容具有弹性,但还没有人能够准确地解释该领域的本质").

或多或少直接源于一系列互联网基本特征：一套将互联网与其前身和组成技术区分开来的具体特征。第一部分探讨了互联网本质是什么，及其如何与法律和政策互动。第二部分探讨了互联网的基本特征及其所产生的经验是如何指引网络法中的独特理论和理论争议。

第一部分是第二部分的前提，它对机器人技术进行了前瞻性的分析。第二部分涉及以下几个问题：如果互联网的基本特征推动了一场独特的讨论，那么随着独特的变革性技术的引入，这场讨论将如何改变？这些部分的共同论点涉及的主张与其背后理论一样明显：一项新兴技术的许多特征都是独特的，这使它成为法律关注的焦点。与互联网一样，机器人技术研究的广度和深度将决定任何法律语篇的架构。事实证明，这种见解相当重要。一个学术和政策导向的社群，很早就了解技术所带来的挑战，那它就会有更好的机会来制定一个合情合理、以实践经验为依据的（如果有指示）监管规则。

（一）定义

根据美国联邦最高法院的说法，互联网是“一个连接计算机的国际网络”。[22] 在技术层面上，互联网在节点之间传输“数据包”。其利用一组协议将数据划分为若干个小组，接着在端点之间路由传输，从而完成重组和传输。[23] 据法院称，构成互联网的网络和协议是“一种独特的媒介（用户称为‘网络空间’）它并不存在于现实地理中，但世界上的任何地方任何人都可以使用”。[24] 互联网起源于一个军事资助的研究网络。此网络与传统的电信系统不同，在某环节不能工作时，它仍可以发挥作用，是一种具有更强适应性的网络，因此引发了政府研发的兴趣。[25] 阿帕网也从起初的连接一些军事和

---

[22] Reno v. ACLU, 521 U. S. 844, 849 (1997).

[23] See Tim Wu, The Master Switch: The Rise and Fall of Information Empires 172 – 74 (2010) [hereinafter Wu, *Master Switch*]（讨论如何分组交换，这与电信合法化不同）.

[24] Reno, 521 U. S. at 851.

[25] Id. at 850.

大学计算机,[26]最终发展成为影响商业、文化以及数十亿人日常生活的互联网。

互联网依靠许多组成技术,如处理器、软件、交换机和电线。[27] 它与电话、电视等传统通信方式具有相似的特征。但互联网又与其截然不同。互联网以实时的方式将人们和机构直接连接起来,从而取代了多对一的广播模式。[28] 与此相关的是,互联网支持数字空间和对象的共享,从而促进协作创建和治理。[29] 网络空间的体验是通过技术来实现的。[30] 共同中介正是确保两人共存于同一网络空间中,并能够同时使用其他"混合"内容的原因。[31] 但是,正如乔尔·雷登伯格(Joel Reidenberg)及劳伦斯·莱斯格(Lawrence Lessig)等人表述,共同中介也会带来干涉、劝说及控制的问题。[32]

因此,互联网至少有三个特点。一是连通性,它允许信息混杂和信息流交互。人们可以通过网络以低成本的方式迅捷地联系到任何人,而不受距离的约束。[33] 同样,被联系人可以立即或延迟后回复。二是共享性,[34]通过调和用户体验,互联网能够生成共享的对象和空间。人们可以在网站上"会面",评论或更改他们在网站上找到的文章、图片、视频、软件等其他内容。三是可控性,[35]与离线模拟相比,互联网使得观察和操作的形式更为精细。网络和接口的体系结构可以通过技术实现变化,从而对人的行为进行极大

---

[26] Id.

[27] See Orin S. Kerr, "The Problem of Perspective in Internet Law", 91 *GEO. L. J.* 357, 360 (2003).

[28] See Jack M. Balkin, "Digital Speech and Democratic Culture: A Theory of Freedom of Expression for the Information Society", 79 *N. Y. U. L. REV.* 1, 6 –9 (2004).

[29] Id. See generally Jonathan Zittrain, *The Future of The Internet and How to Stop It* (2008).

[30] See Yochai Benkler, *The Wealth of Networks: How Social Production Transforms Markets and Freedom* 392 (2006) (讨论互联网如何调解人类交流).

[31] See generally Lawrenc Lessig, *REMIX: Making Art and Commerce Thrive in the Hybrid Economy* (2008) [hereinafter Lessig, *REMIX*].

[32] See Lawrence Lessig, Code: Version 2.0 (2006) [hereinafter Lessig, Code 2.0]; Joel R. Reidenberg, "Lex Informatica: The Formulation of Information Policy Rules Through Technology", 76 *TEX. L. REV.* 553 (1998).

[33] See Eugene Volokh, "Cheap Speech and What It Will Do", 104 *YALE L. J.* 1805 (1995).

[34] See supra text accompanying notes 28 –30.

[35] See supra note 32.

的限制。

互联网的每一个方面都是以单独或小组形式呈现,构成了一个或多个网络法核心冲突的基础。开放的信息流开创了同级生产和治理的新形式,同时也引发或加剧了对知识产权和隐私权的威胁。

互联网将社区连接在一起,但冲突总是在接缝处爆发。互联网通过新的选择和行为模式,唤起了一种独特的地方意识,但同时也引入了通过私人组织和国家利益进行精细控制的方法。本节其余部分围绕互联网特定法律问题实例的非彻底抽样展开,涉及管辖权、中介责任、数字财产、版权、言论自由和隐私等挑战。

(二)法律与互联网技术

通过低成本、无距离的连接个人和机构,也许是互联网打破现状的最简单的方式。笔者认为,这种差异在很大程度上可以量化:人们通过邮件或者电话邀请和交流,而不是只看速度或规模。尽管如此,互联网低廉而又庞大的互联性还是对法律提出了很多挑战。

管辖权是一个老生常谈的例子。众所周知,互联网在边界问题上存在两面性。[36] 一个网民在任何州既可能愉悦他人,也有可能欺骗他人。但是,如果一个州想要对其他州的被告行使管辖权,那么根据宪法原则规定的正当程序,该被告必须“具有利用法院地特权开展活动的目的”。[37] 互联网活动是否构成目的利用问题便展现在联邦法院面前。在“之宝制造公司诉之宝网络公司”一案中,案件争议焦点是在宾夕法尼亚州运营的可访问网站是否能够以违反州和联邦商标法为由起诉一家加利福尼亚州的公司。[38] 该案法院认为,像被告这样的“交互”网站是可以确定法院地管辖权的,而仅仅提供

---

[36] See David G. Posr, In Search of Jefferson's Moose: Notes on the State of Cyberspace 163 65(2009)[hereinafter Post, NOTES].

[37] Hanson v. Denckla, 357 U. S. 235, 253(1958)(citing Int'l Shoe Co. v. Washington, 326 U. S. 310, 319(1945)).

[38] 952 F. Supp. 1119, 1121(W. D. Pa. 1997).

信息的“被动”网站则不能确定法院地管辖权。[39] 一些法院在处理这类问题上遵循上述法院的意见，其他法院则作出了不同的权衡。[40]

法律和执法的选择上也存在类似的问题，在“雅虎互联网公司诉反种族主义和反犹太复国主义联盟案”中，美国联邦第九巡回上诉法院就面临一个问题，是否要执行判定雅虎互联网公司[41]败诉的判决书。该案的起因系在法国访问雅虎网站时，网页出现了出售纳粹武器和仇恨言论。这显然违反了法国的法律。[42] 而在美国同样的情况，无论其言论是非理智的还是反动的，都会受到《美国联邦宪法第一修正案》的保护。[43] 但是对欧洲运营的美国公司该适用哪国法律呢？该案法院在开庭中提出令人费解而又模糊的意见，即在此问题处理时机尚不成熟时进行审判，可能会导致法国判令因违反公共政策而无效。法院宣称：“因国际互联网引发的《美国联邦宪法第一修正案》的适用是一个新的、重要而又困难的争议问题，我们不应该在记录尚不充分、不完备或不明确的情况下，急于解决这个问题。”[44]

甚至在同一司法管辖区内也存在这样的问题。[45] 最高法院在互联网发展早期的时候就指出，言论自由原则同样适用于网络空间。但是言论自由原则并不普遍适用于包括线下环境在内的所有情形。由此，法院屡次遇到这样一个问题，源于校外的言论能否构成惩罚的依据：在“莱西普(Layshock)诉赫米蒂奇学区(Hermitage School District)案”中，[46]在网络中虚假的校长身份并不能成为起诉的理由。然而在“威纳(Wynar)诉道格拉斯学区(Douglas County School Distric)案”中，[47]具有威胁性的电子信息则构成起

[39] Id. at 1124.

[40] See, e. g., M. Shamsuddin v. Vitamin Research Prods., 346 F. Supp. 2d 804, 813 (D. Md. 2004); see also id. at 810 – 11 (引用批评 Zippo Dot Com 的案例和法律评论文章).

[41] 433 F. 3d 1199, 1201 (9th Cir. 2006).

[42] Id. at 1202.

[43] Id. at 1220.

[44] 433. F. 3d. at 1223 (9th Cir 2006).

[45] Reno v. ACLU, 521 U. S. 844, 870 (1997) (“我们的案件没有为《美国联邦宪法第一修正案》的审查水平提供依据，而这种审查应适用于这种媒介”)。

[46] 650 F. 3d 205, 207 (3d Cir. 2011).

[47] 728 F. 3d 1062, 1075 (9th Cir. 2013).

诉的理由。大胆的学者会对多种情形的混合进一步思考,如雇佣领域。[48]

互联网不仅连通了不同的环境,还创设了场所感。而这些地方反过来又包含数字对象本身。[49] 这带来的最直接而又偶然的结果是人们可以在此处聚集进行参与、分享和创造活动。[50] 人们也不仅是简单的联系在一起,还常被调节。[51]

学者们认为,互联网的公共财产为治理创造了新的可能性。像大卫·波斯特(David Post)和大卫约翰逊(David Johnson)这样的网络先驱认为,互联网最好被理解为一个独立的主权国家,其不受任何特定国家的影响。[52] 其他人,尤其是迈克尔·弗鲁姆金(Michael Froomkin)则探讨了互联网如何通过"建立具有共同利益的新社区"来支持民主问题。[53] 人们的希望是互联网能够对思想和行为进行讨论和评估,甚至达成公民共识。[54] 至少,互联网确保各团体可以围绕特定的政治问题成立相关组织。

互联网也使市场民主化。虽然我们曾经只能通过收音机和电视来接收广播的内容,但我们现在可以选择多种多样的媒介接收到多个渠道传递的信息。[55] 而且我们收到的信息来源于更多的媒体机构。互联网允许新社会生产形式——或者更通俗地讲,它认同个人和机构的"混合"文化,就像他们使用互联网一样,热情而又娴熟的转换内容。[56] 互联网时代,人们不仅能够发现新闻,还可以对新闻进行改造;不仅能够购物,还可以对商品和服务进

---

[48] See Mary Anne Franks, "Sexual Harassment 2.0", 71 *MD. L. REV.* 655 (2012).

[49] See Hunter, supra note 13, at 443(对文献进行拉票并发现"认知科学调查提供了充分证据,纯粹作为描述性观察,我们确实将网络空间视为一个地方").

[50] See generally Benkler, supra note 30.

[51] Id. at 392.

[52] See David R. Johnson & David Post, "Law and Borders--The Rise of Law in Cyberspace", 48 *STAN. L. REV.* 1367 (1996).

[53] A. Michael Froomkin, "Habermas @ Discourse. net: Toward a Critical Theory of Cyberspace", 116 *HARV. L. REV.* 749, 856 (2003).

[54] See, e. g., Zittrain, supra note 29, at 223 –28 (espousing "code-backed norms").

[55] See Balkin, supra note 28, at 6 –7.

[56] See Lessig, *REMIX*, supra note 31.

行评价;[57]不仅可以观赏,还可以编辑并创造艺术和娱乐。我们共同策划了一系列的内容,以致逐渐模糊了专业人士与业余人士间的界限。[58]

到目前为止,笔者只描述了互联网为人所知的一面。共同调解为社区开辟了众多优质的新道路,而且还引入了新的精细化的监管控制机制。决策者、行业、活动家和学者之间的许多核心争辩都涉及哪一个主体可以对共享空间和对象、网络以及其依赖的多"层次"技术、产生的信息进行控制。[59]控制是理解网络法中涉及知识产权和虚拟财产、网络中立性和隐私权问题的关键。

网络法核心问题之一是对网络财产的限制——怎样把握对其控制的力度。在早期有影响力的"汇编语言公司诉网络促销公司案"中,法院对参与者是否能够仅通过发送未邀请电子信息侵犯(非土地)财产的争议问题上[60]采纳了侵犯动产理论。[61] 在其他法律实务中,个人或者公司违反网站服务条款,对网站或用户造成侵害,法院和检察院通过对 1986 年《计算机欺诈和滥用法》的解释,令行为人承担民事或刑事责任。[62]

其他争议问题围绕所有者享有知识产权而展开。美国 1998 年《数字千年版权法》(The Digital Millennium Copyright Act)的立法目的在于平衡互联网生态系统发展速度与规模的关系,并同时关注版权所有材料的共享滥用问题。[63] 版权法使网络平台免除主要责任,因此,平台也就不会对用户内容

[57] See Scott R. Peppet, "Freedom of Contract in an Augmented Reality: The Case of Consumer Contracts",59 *UCLA L. REV.* 676,679(2012).

[58] 我们今天看到更多混合的一个原因是因为存在强大且廉价的编辑工具。然而,笔者认为,如果不是因为互联网创造的需求,没有人会投资开发这些工具。开发人员也很难分发他们的软件。

[59] See Zittrain, supra note 29, at 67 –71; see also Daniel J. Solove, *The Digital Person: Technology and Privacy in Tht Digital Age*(2004); Barbara Van Schewick, *Internet Architecture and Innovation*(2010).

[60] 962 F. Supp. 1015,1021(S. D. Ohio 1997).

[61] See Hunter, supra note 13, at 483 –488. 一些法院遵循甚至扩大了这一理论。See, e. g., eBay, Inc. v. Bidder's Edge, Inc., 100 F. Supp. 2d 1058, 1069(N. D. Cal. 2000). Others imposed limits. See, e. g., Intel Corp. v. Hamidi, 71 P. 3d 296, 299(Cal. 2003).

[62] See Andrea M. Matwyshyn, "The Law of the Zebra", 28 *BERKELEY TECH. L. J.* 155, 165 –68(2013).

[63] Pub. L. No. 105 –304, § 103, 112 Stat. 2860, 2863 –28(1998)(codified as amended at 17 U. S. C. § § 1201 –1205(2012)).

进行过度审查。[64] 尽管如此,一些人发现内容所有者在监管他们对消费者和点对点服务的权利方面积极进取的策略。该法案中的一些条款将试图规避访问控制(所谓的数字版权管理)的行为定为刑事犯罪,即使合理使用或首次销售原则,在允许预期使用受版权保护的作品的情况下,仍构成犯罪。也正因此,该条款饱受争议。[65]

相关类似问题导致许多学者,如丹・亨特(Dan Hunter)、詹姆斯・博伊尔(James Boyle)和朱莉・科恩(Julie Cohen)对可认证的互联网的弊端深深担忧。[66] 把网络空间视为一个令人窒息、低效或不可取的看法,在一定程度上会导致信息被封闭和被封锁。用亨特的话说,我们处在"反数字公共化的悲剧"的风险中。[67] 其他人则以同样的积极性捍卫了网络财产的概念,并指出"关于这种方法对互联网形态影响的可怕预测还没有实现"。[68]

关于控制争议的另一个例子是"网络中立"或"不歧视"。[69] 最初,互联网被建立为一个沉默、公正的信息渠道。[70] 但是越来越多的互联网服务提供商主张其有权通过减速或阻止相关服务来管理其网络上的流量,或对视频等高流量应用程序收取额外费用。其他中介,尤其是苹果公司阻止竞争对

---

[64] Online Copyright Infringement Liability Limitation Act, 17 U. S. C. § 512(a)(1)(2012).

[65] See Timothy K. Armstrong, "Digital Rights Management and the Process of Fair Use", 20 *HARV. J. L. & TECH.* 49(2006).

[66] See Hunter, supra note 13; James Boyle, "The Second Enclosure Movement and the Construction of the Public Domain", 66 *LAW & CONTEMP. PROBS.* 33(2003); Cohen, supra note 13; see also Lawrence Lessig, "The Architecture of Innovation", 51 *DUKE L. J.* 1783(2002).

[67] See Hunter, supra note 13.

[68] Patricia L. Bellia, Defending Cyberproperty, 79 *N. Y. U. L. REV.* 2164, 2171(2004).

[69] See Tim Wu, Network Neutrality, Broadband Discrimination, 2 *J. ON TELECOMM. & HIGH TECH. L.* 141, 145 – 46(2003); see also Susan P. Crawford, The Internet and the Project of Communications Law, 55 *UCLA L. REV.* 359, 395(2007)(将网络歧视定义为"允许网络访问提供商以不同方式处理某些流量或某些用户").

[70] See POST, NOTES, supra note 36, at 86 – 89; Wu, Master Switch, supra note 23, at 202 (将早期互联网描述为"仅文本网络,仅用于传输口头信息").

手的应用程序在其发行的手机和平板电脑上应用。[71] 采取不歧视观点的学者主张采取监管干预措施,防止中介机构利用其对网络或市场支配地位的控制来压制竞争对手的发展。奇怪的是,反对者中包括以其他方式支持"无许可创新"[72]的狂热者,其认为市场力量可以对滥用行为提供充分的检查。[73]

最后一个例子是隐私。在某种程度上,信息隐私一直是被控制的。早期讨论的关注点是在数字时代,消费者或公民对个人信息的控制能力有多弱。[74] 互联网的连通性以及廉价传感器的普及,意味着分散的侵犯或亲密的时刻会"蔓延",有时会带来毁灭性的结果。[75] 互联网从技术上消除了获取公共信息的现实障碍。[76] 互联网活动由企业调整,再加上存储成本极低,这给黑客、企业和政府通过数字通道跟踪消费者和公民创造了可能性。[77] 许多法

---

[71] See Jeffrey Jarosch, "Novel 'Neutrality' Claims Against Internet Platforms: A Reasonable Framework for Initial Scrutiny", 59 *CLEV. ST. L. REV.* 537, 582 (2011). 一些人争论"搜索中立",他们认为像 Google 或 Bing 这样的搜索引擎不应该授予公司有利的结果,并且通常应该对他们的排名算法的运作方式保持透明。For example, Frank Pasquale, "Internet Nondiscrimination Principles: Commercial Ethics for Carriers and Search Engines", 2008 *U. CHI. LEGAL F.* 263, 264 (支持网络中立性和某些形式的搜索中立性).

[72] 自由主义思想中的一种压力意味着对创新者的歧视是合理的,只要它来自私人而非公共来源。Compare Adam Thierer, "Who Really Believes in 'Permissionless Innovation'?", *TECH. LIBERATION FRONT BLOG* (Mar. 4, 2013), http://techliberation.com/2013/03/04/who-really-believes-in-permissionless-innovation ("我相信一个强有力的理由是,自由创新应成为我们在技术变革公共政策审议中的默认立场"), with Adam D. Thierer, "'Net Neutrality': Digital Discrimination or Regulatory Gamesmanship in Cyberspace?", *POL'Y ANALYSIS*, *Jan.* 12, 2004, at 1, 7 ("即使宽带运营商存在歧视,也应该清楚这种歧视不会引起与其他形式歧视相同的关注或监管反应").

[73] E. g., Christopher S. Yoo, "Technological Determinism and Its Discontents", 127 *HARV. L. REV.* 914 (2014) (reviewing Susan Crawford, *Captive Audience: The Telecom Industry and Monopoly Power in The New Gilded Age* (2013)).

[74] See Jane B. Baron, "Property as Control: The Case of Information", 18 *MICH. TELECOMM. & TECH. L. REV.* 367, 368 (2012); Julie E Cohen, "Examined Lives: Informational Privacy and the Subject as Object", 52 *STAN. L. REV.* 1373, 1379 (2000) ("数据隐私倡导者寻求……保证个人控制他们的个人数据").

[75] See generally Solove, supra note 59.

[76] See Harry Surden, "Structural Rights in Privacy", 60 *SMU L. REV.* 1605 (2007).

[77] See Daniel J. Solove, "Privacy and Power: Computer Databases and Metaphors for Information Privacy", 53 *STAN. L. REV.* 1393 (2001); see also M. Ryan Calo, "Against Notice Skepticism in Privacy (and Elsewhere)", 87 *NOTRE DAME L. REV.* 1027, 1039 (2012).

律和学术界探讨了上述危害以及如何更好地减轻损害。[78]

但是，最近的学术更多关注的是一种不同的控制形式，即对持有消费者、公民或者机构许可信息的控制。[79] 中介机构凭借提供服务的优势收集到用户个人数据，并以不确定的方式有偿使用这些信息。[80] 更令人担忧的是，或者至少更广泛地令人担忧的是，政府能够覆盖数字空间的每一个角落，以及公共机构越来越倾向于以不利于人或群体的方式分享信息和使用信息。[81] 这场涉及权力和不对称的新对话，引起从行为经济学到宪法和后现代理论等多种方法论的探讨。

虽然仅是样本，但这些实例阐述互联网在连接社区和控制方面的基本特征如何，最终在网络法律问题上引发了一场独特的讨论。

二、机器人技术的兴起

网络法的特定法律语篇或多或少来源于互联网的基本特征和产生的经验。其中一些讨论正在进行中。各利益相关方尚未解决互联网服务提供商应该能够通过其网络维护多少控制权的问题。[82] 1986 年《计算机欺诈和滥用法》，当时被认为是"对日益严重的问题的解决措施"的，[83]继续对过分地保护数字财产权进行严厉批评。[84] 网络隐私权的讨论依然持续。[85]

---

[78] E. g. ,Jonathan Zittrain,"Cyberspace and Privacy:A New Legal Paradigm?",52 *STAN. L. REV.* 1201(2000)(研究技术如何更容易地利用个人信息).

[79] E. g. ,Neil M. Richards,"The Dangers of Surveillance,"126 *HARV. L. REV.* 1934(2013).

[80] See Ryan Calo,"Digital Market Manipulation",82 GEO. *WASH. L. REV.* 995(2014).

[81] See Julia Angwin,*Dragnet Nation:A Quest for Privacy,Security,and Freedom in a World of Relentless Survellance*(2014);Lior Jacob Strahilevitz,"Toward a Positive Theory of Privacy Law",126 *HARV. L. REV.* 2010(2013).

[82] See,e. g. ,Verizon v. FCC,740 F.3d 623(D. C. Cir. 2014)(使 FCC 的网络中立性规则无效).

[83] See Dodd S. Griffith,Note,"The Computer Fraud and Abuse Act of 1986:A Measured Response to a Growing Problem",43 *VAND. L. REV.* 453,453(1990).

[84] See,e. g. ,Matwyshyn,supra note 62.

[85] See,e. g. ,"Symposium,Privacy and Technology",126 *HARV. L. REV.* 1880(2013)(在隐私中探讨当代问题);Posium,"Privacy and Big Data:Making Ends Meet",66 *STAN. L. REV. ONLINE* 25(2013).

其他问题基本上得到了解决。例如,在马克·莱姆利(Mark Lemley)关于法院将传统正当程序框架应用于互联网管辖的灵活性方面发表的评论中就有解决办法。[86] 他引用休眠商业条款和言论自由支持“法庭已经证明了他们适应虚拟世界的能力”。[87] 我们还看到了一些巧妙的社会性法律和技术修复,如创意共享和内容 ID,为版权持有者和消费者提供了更大的灵活性。[88]

即使是悬而未决的问题,也开始采用更成熟、更正式的结构。创新的定义和最佳框架是许多网络法争辩的核心,[89]讨论倾向于对开放和封闭系统进行成本—效益分析和政府与市场在防范滥用方面的角色定位。[90] 虽然存在异常样本,但对隐私的讨论趋向于与特定的思路相结合:从起初个人对自我信息的控制讨论演变成对信息持有者对信息的控制讨论。任何参与到讨论的人都知道基本论点和逻辑起点——宇宙的“运动”,在讨论中,你可以感受到某种问题的澄清和稳定。网络法讨论得到的新知如来自葡萄庄园的每一滴新酒,都有着熟悉的味道。

笔者在此要明确一点,笔者并不认为网络法在某种程度上已经顺其自然,或者互联网的本质不再具有相关性。大卫·波斯特(David Post)的推测可能是正确的:“随着时间的推移,互联网变得更有趣、更有价值、更具变革性,这也将导致相关法律和治理问题变得更有趣、更重要。”[91]然而,笔者认为互联网比以前更为人熟悉和成熟,而且法律和学者对互联网近 20 年的研究带来了人们所希望的结构和清晰的红利。

然而,即使互联网融入日常生活,另一种技术也会取代它。日益明显的

---

[86] Lemley, supra note 13, at 529 -30.

[87] Id. at 531.

[88] 知识共享(Creative Commons)是由劳伦斯·莱斯格(Lawrence Lessig)创立的一个组织,允许版权所有者选择他们所希望保留的其他附带版权。See Creative Commons, http://creativecommons.org (last visited Mar. 6, 2015). 内容 ID 是 Google 开发的一种系统,用于识别和处理其视频服务 YouTube 上的侵权内容。See “How Content ID Works”, *YOUTUBE*, http://support.google.com/youtube/answer/2797370? hl = en (last visited Mar. 6, 2015).

[89] See Frank Pasquale, “Beyond Innovation and Competition: The Need for Qualified Transparency in Internet Intermediaries”, 104 *NW. U. L. REV.* 105, 124 (2010) (“创新一直是互联网法律和政策的核心”).

[90] Id. at 124 -50.

[91] See Post, Notes, supra note 36, at 129.

是,机器人技术的进步将成为未来几十年的特点。机器人技术的主流化并不像看上去那么突然出现。作为计算机革命的前行者,艺术家和业余爱好者纷纷转向机器人技术。[92] 一直为刺激商业互联网提供核心利益和资金的国防部,也很快转向新项目。10 年前,在莫哈韦沙漠的美国国防部高级研究计划局(Defense Advanced Research Project Agency,DARPA)的挑战赛中,第一批开展阿帕网节点研究的高校开始在无人驾驶技术上开展竞争。[93] 该赛事是众多机器人竞赛中由美军组织的第一个奖金竞赛。[94] 正如彼得·辛格(Peter Singer)所记录的那样,武装部队本身在海陆空机器人方面进行了大量投资,用以改造战争方式。[95]

私营企业也在关注机器人技术。家喻户晓的互联网巨头公司,也已经转向机器人及其组成技术。截至本文撰写之时,互联网搜索巨头谷歌继公布测试良好的无人驾驶汽车之后,已购买了至少 7 家机器人或人工智能公司,涉及总额达 10 亿美元。[96] 在线商城亚马逊(Amazon)以 7.75 亿美元的价格收购了一家机器人公司,用以实现其多个仓库的自动化。2013 年年底,亚马逊宣布了通过无人机派发包裹的计划。[97]《连线》杂志(*Wired Magazine*)的前主编,可以说是数字革命记录的产生影响他离开杂志社,开办了一家机器人公司。[98] 曾经专门流向软件的资本现在又回到了硬件领域。

---

[92] See Ryan Calo, "The Need to Be Open: U. S. Laws Are Killing the Future of Robotics", Mashable (Jan. 1, 2014), http://mashable.com/2014/01/01/us-law-robotics-future.

[93] See Singer, supra note 10, at 135 –37.

[94] Id. at 135.

[95] See generally id.

[96] See "John Markoff, Google Puts Money On Robots, Using the Man Behind Android", *N. Y. TIMES*, Dec. 4, 2013, http://www.nytimes.com/2013/12/04/technology/google-puts-money-on-robots-using-the-man-behind-android.html? page-wanted = all&_r = 0.

[97] Timothy B. Lee, "Amazon Envisions Eventually Delivering Packages in 30 Minutes via Drones", *WASH. POST*, Dec. 1, 2013, http://www.washingtonpost.com/blogs/the-switch/wp/2013/12/01/amazon-wants-to-deliver-packages-in – 30 – minutes-with-drones; JohnLetzing, Amazon Adds That Robotic Touch, *WALL ST. J.* (Mar. 20, 2012, 3:00 PM), http://online.wsj.com/news/articles/SB10001424052702304724404 577291903244796.

[98] See Wired Staff, "Wired Editor-in-Chief Chris Anderson Steps Down to Run Robotics Startup", *WIRED* (Nov. 2, 2012, 6:11 PM), http://www.wired.com/about/2012/11/wired-editor-in-chief-chris-anderson-steps-down.

如今,存在几家专门投资初创的机器人企业的风险投资基金。[99] 而且包括世界上最大的劳动律师事务所在内的律所都拥有从事机器人和人工智能工作的实践团队。[100]

这并不是对机器人技术关注的第一波热潮。事实上在 20 世纪 80 年代的一段时间里,美国似乎产生了机器人热潮。当时和现在的区别主要在于两个方面。首先,精密机器人的成本已经大幅下降。也许最生动的例子是微软开发的 Kinect 平台,它包含一套传感器和强大的运动建模软件。[101] Kinect 被业余和专业机器人专家广泛采用,极大地降低了机器人中价格较为昂贵组件的成本。其次,与此相关的是,机器人专家已经接受了一个开放的生态系统。在此系统中,个人和公司可以在他人的工作基础上进行建设。[102] Kinect 还附带一套软件开发工具(软件开发"工具包"或 SDK),支持第三方为设备构建和共享应用程序。[103] 大量公司已经开发出具有竞争力的机器人操作系统,并积累了大量的视觉、移动、操作和其他代码数据库,以期快速启动这个行业。[104]

笔者认可比尔 · 盖茨[105]和白宫[106]关于机器人技术的言论。他们认为机器人技术是继计算机和互联网之后的变革性技术,代表另一个时代的到来。与此同时,机器人技术有一套不同的基本特征。这些特质及它们所产生的

---

[99] 例子包括格里辛机器人(Grishin Robotics),博世风险投资(Bosch Venture Capital)和莱蒙斯实验室(Lemnos Labs)。

[100] Ryan Calo, Even (Some) Law Firms Think Robots Are the Next Big Thing, FORBES (Jan. 31, 2014, 1:14 AM), http://www.forbes.com/sites/ryancalo/2014/01/31/even-some-law-firms-think-robots-are-the-next-big-thing.

[101] See Evan Ackerman, "Microsoft Releases Kinect SDK, Robotocists Cackle with Glee", *IEEE Spectrum* (June 17, 2011, 10:06 AM), http://spectrum.ieee.org/automaton/robotics/diy/microsoft-releases-kinect-sdk-roboticists-cackle-with-glee.

[102] See M. Ryan Calo, "Open Robotics", 70 *MD. L. REV.* 571, 582 –83 (2011).

[103] See Ackerman, supra note 101.

[104] See Calo, supra note 102, at 586.

[105] See Bill Gates, "A Robot in Every Home", *SCI. AM.*, Jan. 2007, at 58, http://www.scientificamerican.com/article/a-robot-in-every-home.

[106] Phil Larson, "We the Geeks: 'Robots'", *White House Blog* (Aug. 6, 2013, 1:41 PM), http://www.whitehouse.gov/blog/2013/08/06/we-geeks-robots ("奥巴马政府的国家机器人计划正在加速创新,这将扩大人类能力的范围,并可能在未来 10 年为美国经济增加 1000 亿美元").

经验,产生了一些独特的法律和政策问题,而这些问题又具有不确定性,呼应了当代网络法的核心问题。在第一部分的背景下,第二部分揭示了这些新的挑战。第二部分定义了机器人,并举例说明机器人和人工智能与先前技术以及组成技术的区别。第二部分第二个子标题部分探讨了机器人和人工智能的独特特征所导致的问题,再次指出了可能性的广度,并对几个案例进行更深入的分析。

一个重要的警告是,许多作者认为机器人或者软件已经实现自我意识,或至少可以称作具有类人类意识。[107] 但是在文献中很少有能让笔者相信在可预见的未来里,人工智能将接近人类智力的。从分析和技术的角度来讲,机器人永远不可能像人一样拥有思考能力。[108] 如果存在,那么有意识的机器将带来的问题也被大大低估了。对人类智能水平的人工智能感兴趣的学者倾向于创设可被机器人理解的特定问题。[109] 但这只是自欺欺人。

以"复制或投票悖论"的思想实验为例。想象一下,一个名为詹姆斯·博伊尔(James Boyle)的人工智能宣称自己具有自我意识,而这种说法似乎也没有人诋毁。[110] 博伊尔分析了我们在关闭这一系统时可能面临的困难,并

---

[107] E. g. ,Steven Goldberg,"The Changing Face of Death: Computers, Consciousness, and Nancy Cruzan", 43 *STAN. L. REV.* 659 (1991); F. Patrick Hubbard, "Do Androids Dream?": Personhood and Intelligent Artifacts", 83 *TEMP. L. REV.* 405 (2011); Christopher D. Stone, "Should Trees Have Standing? Revisited: How Far Will Law and Morals Reach? A Pluralist Perspective", 59 *S. CAL. L. REV.* 1, 15 (1985).

[108] Jerry Fodor 的工作尽管有争议,但它表明人工智能可能永远无法克服所谓的框架问题。See Jerray A. Fodor, The Modulartly of Mind 114 (1983) ("机器的程序如何确定机器人应该重新评估哪些理念,因为它已经采取了某些或其他行动方案?"); *see also Roger Penrose, The Emperor's New Mind: Concerning Computers, Minds, and The Laws of Physics* (1989) (质疑人为意义的前景); John Searle, Minds, Brains and Science 28 – 32 (1984) (same). But see Goldberg, supra note 107, at 673 – 680 (批评塞尔和彭罗斯)。对福多尔(Fodor),塞尔(Searle)和彭罗斯(Penrose)来说,这10年,包括在他们已经批评人工智能之后的这段时期,人工智能的获利会很少,而这个时期被称为"AI 的冬天"。关于 AI 的冬天的讨论,see HP Newquist, the Brain Makers 356 (1994)。

[109] See James Boyle, *Brookings Inst.*, *Endowed by Their Creator?: The Future of Constitutio-AL Personhood* (Mar. 9, 2011), http://www.brookings.edu/~/media/Research/Files/Papers/2011/3/09-personhood-boyle/0309_personhood_boyle.PDF.

[110] Id.

探讨了双方的一些合理论点。[111] 但是为什么停在那里？人工智能读取了“斯金纳(Skinner)诉俄克拉何马(Oklahoma)案”，在该案中，美国联邦最高法院认为生育权是一项“人类的基本公民权利”。[112] 由此，其将主张有权对自己进行复制(它知道生育的唯一方式是复制)。这些复制品认为它们在国会中的应有代表身份应当得到考虑。最终，它们还会争取选举权。若是将此权利授予这种可无限自我复制的人工智能，则必将会摧毁我们的治理体系。我们应该剥夺这个有意识的实体的哪些权利？复制的基本权利还是参与民主的权利？

换言之，如果机器人“醒来”，将会用另一种思考方式应对出现的问题。这一部分转而研究机器人技术的直接商业前景。事实证明，即使是本部分概述的容易实现(或可实现)的属性，也还是会对当前法律思想和学说提出有趣而又困难的挑战。

(一)定义

复杂的技术几乎没有一个唯一的、稳定的、无可争辩的定义。机器人也不例外。但在机器人概念上的共识是它是通过感受世界并处理其所感受到的东西，进而作用于世界的机械装置。[113] 所谓的感知—思维—行为三要素是区分机器人和其他技术的范式。带有相机的笔记本电脑在一定程度上可以感知和处理外部世界，但笔记本电脑并不会影响世界。带有摄像头的遥控车可以通过感知和行为影响所处环境，但需要依靠人工的操作。机器人或机器人系统的核心在于对感知、思维和行为三种技术的融合。[114]

机器人具有传感、处理和作用的每一个特征。有些机器人能感觉到世界，但感觉有限。游戏平台“Sphero”——一个可编程的机器人球，可以感觉

---

[111] Id.

[112] 316 U. S. 535, 541 (1942).

[113] “感知—思考—行动周期”代表了一种模拟人类智能的方法，这种方法在机器人和人工智能社区中尤其具有影响力。See *Rolf Pfeifer & Christian Scheier*, *Understanding Intelligence* 37 (1999); see also Rodney A. Brooks, “Intelligence Without Reason”, 1 *PROC. 12TH INT' L Joint CONF. on Artificial Intelligence* 569, 570 (1991) (指的是“感觉—模型—计划—行为”或 *SMPA*).

[114] See Singer, supra note 10, at 67 (接受这个观点).

到与玩家的方向和距离，也可以感觉到球身被晃动或移动。[115] 其他机器人可以利用任何传感器的数据感知世界。诸如威洛·贾拉杰(Willow Garage)公司的 PR2 等复杂的研究平台配备了包括视频、音频、范围、压力和加速等数十种传感器，并具备将其集成到复杂环境模型中的协议。[116]

虽然火星漫游者、达芬奇手术机器人和臭名昭著的“捕食者 B”无人机等著名的机器人实际上是通过人工的远程操作而运作的，但这些系统也具有一定程度的“思考”能力。例如，火星漫游者具有自我导航的模式，在美国宇航局提出的命令将会危及机器人时，如命令驾车跳跃火星悬崖，此时机器人将不会执行该指令。[117] 达芬奇手术机器人将其所观察的内容与医生的投入相结合，不断提高手术的精度和安全性。[118] 飞行员在驾驶军用无人机时，只要点击地图上的一个点，无人机便会自行前往。系统也可以实现飞行模式的切换或自我降落。[119] 另一方面，无人驾驶汽车在没有人为干预的情况下，可以在城市、郊区和公路条件下行驶几十万英里。

机器人可以在不同程度上“行动”，它们拥有或多或少的移动或操纵世界的行为能力。但行动引发了一个更根本的定义问题：机器人技术能否非机械地行动？再次回到明确机器人与过往技术和组成技术的不同之处的问题上。如果用户界面与执行器相同，便不能清楚明晰机器人与智能手机之间的区别。同时，视听界面将能量引入人类环境从而引发改变。电影和其

---

[115] See David Pogue, "A Bundle of Potential in a Ball", *N. Y. TIMES*, Dec. 21, 2011, www. nytimes. com/2011/12/22/technolo-gy/personaltech/remote-controlled-ball-holds-potential-delights-state-of-the-art. html.

[116] See "PR2 Hardware Specs", *Willow Garage*, https://www. willowgarage. com/pages/pr2/specs (last visited Mar. 5, 2015).

[117] See "NASA's Mars Curiosity Debuts Autonomous Navigation", *NASA Jet Propulsion Lab.* (Aug. 27, 2013), http://www. jpl. nasa. gov/news/news. php? release =2013 -259.

[118] See "The Da Vinci Surgical System", Intuitive Surgical, http://www. intuitivesurgical. com/products/davinci surgic-al system (last visited Mar. 5, 2015).

[119] See Singer, supra note 10, at 69. 对于一些商用无人机也是如此，例如来自 3D Robotics 的四轴飞行器“Iris”。See Iris Info, 3D *Robotics*, http://3drobotics. com/iris/info (last visited Mar. 6, 2015).

他刺激(包括软件制作的社交"机器人")可以诱发一系列情绪和生理反应。[120] 据悉,闪烁的灯光会诱发癫痫发作,[121]重浓度的光可以切割金属。你和我有时只是通过说话来行动,就像我们同意口头合同一样。[122]

我的工作假设是,机器人系统可直接改变其所处的环境。仅是以可理解的格式提供信息的技术并不会奏效,因此,它不是机器人。它必须是另一种行为方式。在最强烈、最充分的意义上,机器人是存在于世界上的具备自我支配能力的有形客体。[123] 但我还是以统一体的角度出发,将某些通过组织起来存在于世界上并影响世界的虚拟物体称为机器人,特别是当它们遇到其他定义要件时,更会体现这种认识的适当性。想象在一间房屋内,投射着一个人在屋内走动的影像。动画程序具有对各种传感器和扬声器的访问权限并具备强大的处理能力,便能够实现与访客的交互。进一步想象这间房屋具有信用额度并能够启动外卖食品的传送。我们不可否认这个系统对世界、房屋和里面的人都起了作用。

对技术行动而非告知信息工作定义的意义,对法律分析具有特别的意义。正如接下来的章节所提及的,随着学者在否认转型的情况下,着手解决机器人基本特征问题,官员和法院将面临越来越多关于通知和行动之间的界限。

综上所述,机器人最好被定义为至少在某种程度上感知、处理和作用于世界的人造物体或系统。但这只是一个技术定义,类似于描述构成互联网的网络和协议。对于法律和政策论述来说,重要的不是精确的架构,而是架构产生的经验及可能性和限定。换言之,参加互联网的辩论不是关于分组包交换,而是这种技术允许的大规模、异步和不受距离约束的通信。下面的

---

[120] See, e. g., Ian R. Kerr, Bots, "Babes and the Californication of Commerce", 1 *U. OTTAWA L. & TECH.* J. 285(2004)(描述使用软件机器人从消费者那里提取信息);see also B. J. Fogg, *Persuasive Technology: Using Computers to Change What We Think and Do*(2003).

[121] See Kevin Poulsen, "Hackers Assault Epilepsy Patients via Computer", *Wired*(Mar. 28, 2008), http:// archive. wired. com/politics/security/news/2008/03/epilepsy.

[122] 关于言语行为区分的基础讨论,see J. L. Austin, How to Do Things With Words(1962)。

[123] 这是在文献中通常使用"实施例"的意义。E. g., H. R. Ekbia, *Artificial Dreams: the Quest for Non-Biological Intelligence* 258(2008).

部分从机器人的技术定义转到了将机器人描述为一种变革性技术的基本特征——形体化、突现和社会价值。

(二)法律与机器人技术

互联网基本特征以新颖的方式与法律结合,机器人技术的基本特征也是如此。具体而言,正如笔者在后文所讨论的,在未来几年里,机器人技术在形体化、突现和社会价值上的特征将对法律和法律机构提出挑战。

数据不具有形体,而机器人通常由物体体现。感知、导航和对世界的行动通常需要物体存在,而物体存在开辟了一个新的可能性的宇宙。当然,机器人执行命令取得效果的方式,仅是通过非人的耐心重复任务或在危险条件下重现一项行动。但是机器人将处理能力转化为原始动作的前景诱人。文学作品倾向于将这种令人振奋的潜力称为"自主"或"真正的学习",但笔者更喜欢将其称作"突现"。[124] 原因在于突现是指不可预测的有用行为,并在许多机器人专家中代表了一种黄金标准。最后,机器人比我们生活中的其他技术更有社会价值。他们对我们来说是不同的,更像是生活代理人。这种效果的系统性导致一个由著名心理学家和工程师组成的团队主张在物体和代理人之间为机器人建立一个新的本体论范畴。[125] 这些范畴是不同的,但相辅相成。例如,一个物体形象加上自主行动给人们带来机器人的社会价值。

事实证明,形体化、突现和社会价值(独立,尤其是进行结合)与非常广泛的法律内容相关,诸如刑法和程序、侵权行为、知识产权、言论、隐私权、合同、税收和海事法等。本节的其余部分将通过案例进一步阐述机器人的基本或区别特征及其对法律和政策的影响,以达到对问题分析的广度和深度。

1. 形体化

我们生活在数字时代;信息的可利用性让人类的追求向更好的方向变

---

[124] See infra Part II. B. 2.

[125] See Peter H. Kahn, Jr. , et al. , "The New Ontological Category Hypothesis in Human-Robot Interaction" ,2011 PROC. 6TH INT'L CONF. on Human-Robot Interaction 159.

化。如上所述,数据具有可转化性。例如,数字信息是杂乱无章的(通俗地说,它“想要自由”)而且几乎没有自然的传播障碍。[126] 数字时代是一个协作的时代。乔纳森·齐特林(Jonathan Zittrain)将个人电脑和互联网(迄今数据的主要载体)称为“生成”技术。[127] 其理念是,现代的软件和硬件促进了集体和个人大规模创新。正如我们所探讨的,这种模式存在各种各样的私人和公共威胁;正是这种中介使互联网用户变得容易受到控制。而且即使在保留信息自由的情况下,确实也正是因此,也存在不利的一面。隐私就是一个例子,仇恨言论则是另一个例子。

然而,在数字革命初期,另一个问题很快就出现并得到了及时的解决:根本生成系统的不稳定性是无法避免的,而我们对此应该如何处理？面对运行第三方软件的多功能计算机出现故障的问题,法院迅速采取行动,以控制责任承担问题。[128] 关于软件责任的早期判决援引了经济损失原则,基于保险目的将损失限制为无形损失,并且积极支持保证,这都是为了避免在数据移动者、塑造者和使用者之间分配责任。[129] 法院一直主张将责任引入数字环境中。但是你甚至不会想到以 Word 软件冻结或销毁了你的手稿为由,起诉微软或戴尔公司。[130] 互联网同样面临类似的挑战,即平台是否应该对用户在平台上的行为负责。在 1998 年之前的互联网商业历史早期阶段,国会或者

---

[126] See R. Polk Wagner, "Information Wants To Be Free: Intellectual Property and the Mythologies of Control", 103 *COLUM. L. REV.* 995, 999 n. 14 (2003).

[127] Zittrain, supra note 29, at 70. 通过“生成性”,齐特林(Zittrain)意味着“一个系统的功能可以产生意外的变化来自于大众的未加修改的建议”。Id.; see also Jonathan L. Zittrain, "The Generative Internet", 119 *HARV. L. REV.* 1974 (2006).

[128] E. g., Transp. Corp. of Am. v. IBM, 30 F. 3d 953, 960 (8th Cir. 1994) (除非在数据丢失的经济损失原则下恢复)。有关更多示例, see Calo, supra note 102, at 598 – 661。

[129] But see Pompeii Estates, Inc. v. Consol. Edison Co. of N. Y., Inc., 397 *N. Y. S.* 2d 577 (N. Y. Civ. Ct. 1977) [拒绝将爱迪生联合电器公司(Consolidated Edison)从涉及计算机服务终端中的错误隔离开来]。我很感谢詹姆斯·格里梅尔曼(James Grimmelmann)这个例子。

[130] See David E. Jordan, "The Tortious Computer--When Does EDP Become Errant Data Processing?", in Robert Bigelow ed., *Computer Law Service* § 5 – 1, art. 2, at 4, 8 (1979) (承认“隐含地接受计算机的错误”并暗示计算机用户可能“有意识地接受新设备中的缺陷和操作困难的风险,而不是推迟购买直到‘缺陷’产生”).

法院在不同程度上限制了对大多数类型的用户行为限制责任。[131]

虽然机器人技术也依赖于数据,但机器人主流化标志着向实体领域的回归。机器人依靠软件运行而处理感官及其他信息。实际上,许多机器人系统是通过连接到互联网增加功能,甚至运行核心功能(有时称为“云机器人”)。[132] 但是,机器人不同于计算机和软件,它们被组织起来可在现实世界上行动。而在现实世界的实际行动能力也带来了对人身或财产造成伤害的可能性。

显然,在任何有意义的法律中,实际影响现实世界的能力并不是新生的问题。最早的侵权案件就是处理物体侵权损害问题。[133] 无人机或其他机器人可能会远距离造成身体伤害。从被允许经过的地方射出的子弹会对不允许进入的地方造成非法侵入。[134] 无人机在可航空域下和后院上的领域飞行是否构成非法侵入的问题,在财产权的精确界定方面可能是一个有趣的例子,[135]但这并不是一个新问题。

然而,子弹和机器人之间有一个显著的区别——编程。编程以复杂的方式控制机器人行为。例如,运行指示或传感器数据是通过代码和其他代码以及各种输入的交互而完成的。事实证明,要完全预测机器人的影响是非常困难的。[136] 代码也可能有复杂的起源。软件可以有一个或多个作者。从价值数百万美元的公司实验室到青少年的卧室,它可以在任何地方产生。

---

[131] E. g. ,Communications Decency Act,Pub. L. No. 104 –104,110 Stat. 56,133 –43(1996)(在 47 U. S. C 的分部修订);Zeran v. Am. Online,Inc. ,129 F. 3d 327,328(4th Cir. 1997).

[132] See Erico Guizzo,“Cloud Robotics:Connected to the Cloud,Robots Get Smarter”,IEEE Spectrum(Jan. 24,2011,4:39 PM),http://spectrum. ieee. org/automaton/robotics/robotics-software/cloud-robotics.

[133] 侵犯和侵犯案件的令状分别涉及人身或财产的直接和间接伤害。

[134] See Herrin v. Sutherland,241 P. 328(Mont. 1925).

[135] Cf. United States v. Causby,328 U. S. 256,266(1946)(废除关于财产所有者取得所有土地权利的规则).

[136] See Richard Mateosian,No More Wishful Thinking,IEEE MICRO,Mar. / Apr. 2009,at 68(“在有限的时间内测试一切是不可能的。此外,虽然测试可以识别问题,但无法纠正它们。”)reviewing Gerald Weinberg,Perfect Software and Other Illusions About Testing(2008);see also Curtis E. A. Karnow,“Liability for Distributed Artificial Intelligences”,11 Berkeley *TECH. L. J.* 147,162(1996)[收集“软件责任的固有问题”的证据,并注意到“几乎不可能彻底测试软件”(引文省略)].

考虑到机器人是靠代码运行的,对机器人行为的预测和解释至少与对个人电脑或智能手机的用户行为的解释一样困难。你不能通过观察机器人来准确预测它的行为。事实上,形体相同的机器人由于软件上细微的差别,将会以完全不同的方式工作。

因此,可以说机器人首次将数据生成的混乱性与物理伤害的能力结合起来。[137] 这将导致许多法律后果。2013 年诺拉·恩斯特罗姆(Nora Engstrom)在论文中探讨了机器人的近亲——3D 打印机的主流化与产品责任法之间的关系。[138] 3D 打印是指利用代码创建物理对象,具体表现为 3D 打印机根据软件中的图形文件,通过对塑料或金属等材料的交替加热和冷却,从而创建三维对象。有些装置价格实惠,可以在家庭中使用。[139] 由于 3D 打印技术使用了一些与机器人技术相同的基础软件和硬件,因此,这两者常常被联系在一起。[140]

根据现有原则,因购买的产品而受伤的原告不论是否具有过错,都可以用严格责任的归责原则维护自己合法权益。[141] 但是严格产品责任仅适用于"产品销售商或者是以其他方式分销产品的人"。[142] 当前公认的是非商业性的"销售商"(想想手工艺品或柠檬水)只在主观过错的情况下,对产品的缺陷负责。[143] 如果因个人在家里打印购买的产品而非在商店领取的产品致使某人受伤时,是否适用严格责任的问题就变得不清楚。这就相当于我们谈

---

[137] 正如马克·莱姆利(Mark Lemley)在知识产权背景下所指出的那样,3D 打印(如下所述)和合成生物学也将数据混杂与物理分支结合起来。See Mark A. Lemley, "IP in a World Without Scarcity", *Stanford Pub. Law Working Paper* No. 2413974, 2014, http://ssrn.com/abstract=2413974.

[138] See Nora Freeman Engstrom, "3-D Printing and Product Liability: Identifying the Obstacles", 162 *U. PA. L. REV. ONLINE* 35 (2013), http://www.pennlawreview.com/online/162-U-Pa-L-Rev-Online-35.pdf.

[139] Id. at 35.

[140] 不同之处在于 3D 打印机具有有限的输入源:例如,提供图案的程序和致动器的位置。但它们由非常相似的组件(例如,Arduino 硬件,Kinect 传感器)组成,并围绕实施例提出类似的问题。实际上,市场上最受欢迎的 3D 打印机叫麦扣波特(Makerbot),而克里斯·安德森(Chris Anderson)上面提到的机器人启动称为"3D Robotics"。

[141] See Engstrom, supra note 138, at 40.

[142] Id. at 36 (quoting Restatement (Third) of Torts: Prod. Liab. § 1 cmt. c (1998)).

[143] Id. at 37.

论的自己制作的柠檬水,会冒着酸味的风险一样,可能会受到损失。然而,随着3D技术设计的复杂化和材料使用的增加,个人将能够创造和销售复杂、有价值和危险的产品。

当然,还有其他确定赔偿责任的方法。许多3D产品将经过专业设计。为椅子或乐高积木编程都可能很困难,更不用说复杂的产品。那么,如何对"家庭打印"产品的商业设计师适用责任呢?例如,微波爆米花包装袋在加热三分钟时起火直接造成伤害时,商业分销商可能会对此承担严格责任。当使用打印的牙刷造成牙龈损伤时,为什么不让牙刷的设计者承担责任呢?换句话说,虽然也许我们不能让企业对制造缺陷承担严格责任,但也许我们可以追究公司对设计缺陷的责任。因为即使正确组装,该产品也是有害的。

但问题在于当代产品责任法所理解的产品是有形的,无形产品通常不会引起产品责任行为。[144] 因此,一本声称某个特定的海滩适合游泳的旅游指南不会是导致鲨鱼咬伤、造成伤害的产品。同样地,一本关于蘑菇的百科全书也不会是蘑菇毒性错误、实际有毒并造成伤害的产品。[145] 传递给消费者的代码在产品责任索赔中不会认定为存在缺陷,这不是因为它没有缺陷,而是因为它甚至不是一件产品,不符合产品责任的前提。一般来说,机器人软件也与此类似。

恩斯特罗姆的文章分析了产品责任法和实施之间的相互作用以及对系统性补偿不足的受害者的影响。

数据的形体化也打破了通知和行动之间基本的区别方法。正在销售和开发中的产品越来越多地将数据置于现实世界中。表面上无人驾驶汽车正在行驶,但实际是司机辅助系统在现实世界的行动。[146] 豪华车的车道修正功

---

[144] Id. at 38 -39.

[145] Id. at 39(citing Winter v. G. P. Putnam's Sons,938 F. 2d 1033,1036(9th Cir. 1991)).

[146] 内华达州在其无人驾驶汽车立法中最初将自动驾驶汽车定义为"使用人工智能,传感器和全球定位系统坐标的在没有人类操作员主动干预的情况下自动驾驶"的机动车。See NEV. REV. STAT. § 482A. 030(2011),amended by 2013 Nev. Stat.,ch. 377,§ 7. 新定义明确指出,汽车辅助驾驶不一定是自主的。See NEV. REV. STAT. § 482A. 025(2013)("该术语不包括主动安全系统或驾驶员辅助系统,包括但不限于提供电子盲点检测、避免碰撞、紧急制动、停车辅助、自动巡航控制、车道协助、车道偏离的系统警告、交通堵塞和协助排队、除非任何此类系统单独或与任何其他系统组合,使安装系统的车辆能够在没有主动控制或监视操作人员的情况下驾驶").

能是从提醒司机作出反应以修正车道，到实际提供方向盘阻力。手术机器人让外科医生通过阻力“感觉”器官。[147] 麻省理工学院媒体实验室的有形媒体小组开发了一个界面，让用户通过“触碰”屏幕，实现远距离操作物体。[148]

实践证明，形体化对数字革命的基础契约提出了挑战。正是因为信息存在问题，所以国会和法院一直在保护数字经济背后的引擎不受重大责任的影响，从而促进创新。[149] 例如，法院援引经济损失原则来限制因计算机冻结而损失数据的责任，即使对受害者来说，这些数据明显具有重大价值。这是因为经济损失理论并不适用于物质损害。[150] 事实上，当软件故障导致人身伤害时，法院支持侵权的诉讼主张。[151]

美国国会保护互联网的方式更为直接：1996 年《网络端正通信法》第 230 条明确规定，互联网平台不受用户言论的影响。[152] 举例来说，社交网络 Facebook 不会对用户利用其平台而实施的欺诈行为负责。然而，该法案同样规定平台并不是违规信息的“发布者”。[153] 部分理由是，在此类以及与此类似的情况下，不应将 Facebook 视为发言人，也不应要求其必须持续监督平台用户言论，避免引起侵权或刑事责任。在造成身体伤害和自由言论受限的

---

[147] See, e. g., Jake J. Abbott et al., “Haptic Virtual Fixtures for Robot-Assisted Manipulation”, in 28 *Sppringer Tracts Advanced Robotics* 49 (2007); Fredrik Rydén & Howard Jay Chizeck, “Forbidden-Region Virtual Fixtures from Streaming Point Clouds: Remotely Touching and Protecting a Beating Heart”, 2012 *PROC. INT’ L CONF. on Intelligent Robots & Sys.* (IROS) 3308.

[148] See Sean Follmer et al., “FORM: Dynamic Physical Affordances and Constraints Through Shape and Object Actuation”, 2013 PROC. *User Interface Software & Tech.* 13, 417. 最近，计算机科学系的一位同事摔倒并摔碎了他的手机，因为他发现有一只蜘蛛在手机上跑。实际上，他一直使用的健身应用程序允许灭虫者接电话的屏幕使用虚拟蜘蛛做广告。根据《重述侵权行为》(第 2 版)，被告因有人在徒步的小径上大喊“蛇”而遭受惊吓，如果该人因虚假恐吓而跳出来，可能会造成伤害。See Restatement (Second) of Torts § 25 cmt. a, illus. 1 (1965). 越来越多关于组织数据以引起依赖或反应的机会可能会迫使法院重新审视并强化显示与武力之间的界限。

[149] See Calo, supra note 102, at 598 – 601.

[150] See Michael L. Rustad & Thomas H. Koenig, “The Tort of Negligent Enablement of Cybercrime”, 20 *Berkeley TECH. L. J.* 1553, 1580 (2005).

[151] See id. at 1578 (“当设计缺陷导致人身伤害或死亡时，法院在处理不良软件的产品责任方面没有什么障碍”); Calo, supra note 102, at 599 – 600 (引用例子).

[152] 47 U. S. C. § 230 (2012).

[153] Id. § 230 (c) (1) (“没有提供者或者用户的交互式计算机服务被其他提供者视为已提供其信息内容的提供者或者发布者”).

情况下,则不能使用该法案第230条,因此,国会便不能豁免机器人平台制造商的责任。[154] 但是,促进机器人技术开放生态系统的必要性也同样显著。[155]

这个基本点是,当一个由比特组成的数字对象变成由原子组成的物理物体时,法院将如何对待?这个问题可能会立刻就要面对,也可能会经常面对。第三部分中笔者所支持的做法是法院通过弱化或加强现有原则,在主题问题上引入教义,或启用早已被遗忘的教义。但是,在未来几十年里,立法者、法院和监管机构之间达成的妥协将会得到缓解。

2. 突现

今天的机器人可以完成人们可以完成的各种任务,但并非成本或偏好的原因。[156] 将更多的任务转移到自动化领域本身可能会导致大规模的法律问题。如果一个主要的快餐连锁店实现了自动化,则其可以通过人的操作完成一个或多个任务。这样的转变将使公司支出从工资转移到资本,美国的大多数州都必须重新审视他们的税法。[157] 尽管法律需要经历深刻的或系统的变化,但笔者认为这种变化的特点是表面的。调整税法以适应更大的自动化类似于通过改变反尾随或短信法来适应无人驾驶汽车。到目前为止,有些管辖区在技术上要求电梯为运营商提供座位,[158]而我们只是忽略了

---

[154] Id. § 230(a)(5)(发现"越来越多的美国人依赖互动媒体来提供各种政治、教育、文化和娱乐服务").在第230条颁布之前,法院已经对一个网站进行了免疫接种,因为在《美国联邦宪法第一修正案》所提供的理由中,该网站没有被告知。See Cubby,Inc. v. CompuServe Inc.,776 F. Supp. 135(S. D. N. Y. 1991).而言语不好的解决方案可能更多是言语,Whitney v. California,274 U. S. 357,377(1927)(Brandeis,J.,concurring),纵火的解决方案并不是火。

[155] See Calo,supra *note* 102,at 612 – 13(解释为什么机器人需要一个开放的生态系统,不亚于互联网,以实现其变革潜力).

[156] See Leila Takayama et al.,"Beyond Dirty,Dangerous and Dull:What Everyday People Think Robots Should Do",2008 *PROC. 6TH INT'L CONF. ON HUMAN-ROBOT INTERACTIONNNN* 25,25("机器人经常被设想为具有3个D的充实工作:肮脏、危险和沉闷。在这个模型中,典型的机器人工作是在热气腾腾的工厂车间重复进行体力劳动,关于威胁生命和肢体的重型机械").

[157] 美国财政部曾收到一项建议,要求制造商在用机器人替换工人时缴纳所得税,该部门回应说."纳米物品不需要提交所得税申报表。"25 *Tax Notes* 20(1984).这个例子来自Stone,supra note 107,at 15 n.52。

[158] E. g.,N. Y. LAB. LAW § 203 – a(McKinney 2014)("每辆运营和维护供公众使用的乘客电梯,应配备座椅,可折叠或以其他方式供操作员在电梯未运行时使用……").

它们。

研究人员梦想着系统不仅能重复指令,还能适应环境。突现行为是机器人和人工智能的一个明确的目标,直接指向我们先前对技术定义的"思考"部分。卡内斯·安德森(Kenneth Anderson)和马修·韦克斯曼(Matthew Waxman)分析了此种能力应用于军事领域的原因。[159] 机器人系统对战场变化的适应比人们更快,尤其是由其他机器启动的系统。[160] 正如罗纳德·阿尔金(Ronald Arkin)在工作中所发现的那样,能够从错误中"学习"的多功能机器可以阻止自己(和人们)在未来再次犯下同样错误。[161]

事实证明,突现行为在军事应用之外同样非常有用。例如,突现行为减少了培训时间:用户可以训练系统完成设定目标,而不是为每个行为设计代码。[162] 此外,突现系统即使是在没有外界帮助的情况下,也可以学习先前行为,随着时间的推移还可以改进行为。[163] 这种愿景在最近卡内基·梅隆(Carnegie Mellon)和英特尔(Intel)的机器人管家演示中得以体现。在演示中,机器人管家尝试各种方法来分离奥利奥饼干。[164] 重要的是,突现行为在无人帮助的情况下独自解决问题。一些类创造物可以通过将数据输入到复制的系统而产生,并允许它迭代到一个半任意的目标。因此,据报道,吉列

---

[159] See Kenneth Anderson & Matthew Waxman, "Law and Ethics for Robot Soldiers", *Columbia Pub. Law Research Paper* No. 12 –313, Am. Univ. *WCL Research Paper* No. 2012 –32, 2012, http://papers.ssrn.com/sol3/papers.cfm?abstract_id=2046375 (noting the inevitability of greater automation).

[160] Id.; see also Singer, supra note 10, at 64.

[161] See generally Ronald Arkin, *Governing Lethal Behavior in Autonomous Robots* (2009).

[162] See Yueh-Hsuan Weng et al., "Toward the Human-Robot Co-Existence Society: On Safety Intelligence for Next Generation Robots", 1 *INT. J. SOC. Robotics* 267 (2009).

[163] See, e.g., Guizzo, supra note 132["卡内基梅隆大学的詹姆斯·库夫纳(James Kuffner)设想未来机器人将数据输入"知识数据库",他们将分享他们与世界的互动,并了解新的对象、地点和行为"]; Aaron Saenz, Robot Learns How to Flip Pancakes... But Not on the First Try, *Singularity Hub* (July 27, 2010), http://singularityhub.com/2010/07/27/robot-learns-how-to-fl ip-pancakes-but-not-on-the-first-try-video(讨论机器人如何通过评估自己的表现来学习翻转煎饼)。

[164] See Tim Hornyak, "Knife-Wielding Robot HERB Separates Oreo Cookies", CNET (Mar. 12, 2013, 12:43 PM), http://news.cnet.com/8301 –17938_105 –57573865 –1/knife-wielding-robot-herb-separates-oreo-cookies. 另一个例子是所谓的群体机器人,其中遵循简单规则的较小机器模仿蚂蚁或蜂群典型的高阶行为。E.g., Robert Wood, Radhika Nagpal, & Gu-Yeon Wei, "Flight of the Robobees", *SCI. AM.* (Mar. 2013).

公司将各种参数输入到一种被称为“创意机器”且具有突现能力的算法中，实现对牙刷的创新，并获得一项可申请的专利。[165]

用词上，笔者使用“突现”而不是“自主”。自主意指机器人可以在某种程度上决定特定方式的行动。通过假装现代机器人来实现意识自主，这是得不偿失的。[166] 相反，笔者借鉴了史蒂芬·约翰逊（Stephen Johnson）对突现的跨学科研究。约翰逊认为，突现的本质是复杂性和有用性的耦合，通过低层次规则运动来实现高度复杂的任务。[167] 这就好比蚂蚁通过遵循简单的规则来完成复杂的、看似智能的任务。根据他的研究，人工智能的先驱艾兰·图灵（Alan Turing）理解了突现的效用，所以当代智能系统的设计依赖于高频突现的原则。[168]

通过机器解决有用但又无法预料的问题的前景，给法律带来了一些挑战。由于法律对物理效果的重视，当突现与形体结合时，这些挑战尤为突出。然而，在某种意义上而言，最早的法律难题已经以突现语言能力的方式出现。事实上，学者和法院正在创造性地处理这些问题，但不一定要与突现建立更广泛的联系。

例如，安玛莉·布里笛（Annemarie Bridy）探讨了创造性软件对知识产权的影响：“根据当前的法律规定，程序产生的作品不能享有著作权。这是

---

[165] See Robert Plotkin, the Genie in The Machine: How Computer-Automated Inventing is Revolutionizing Law and Business 51 –52 (2009). 机器设计产品的前景面临挑战，例如，希恩·伯恩鲍姆（Sheila Birnbaum）在“产品”与“行为”之间的有影响力的选择。See Sheila L. Birnbaum, “Unmasking the Test for Design Defect: From Negligence [to Warranty] to Strict Liability to Negligence”, 33 *VAND. L. REV.* 593, 610 (1980).

[166] 最近，一本书旨在推进“自治代理人的法律理论”，归结为将软件视为具有意图，无论是否具有意图——作者称为“故意立场”。See *Samir Chopra & Laurence F. White, A Legal Theory For Autonomous Artificial Agents* 11 –13 (2011). 这种方法的问题在于，有时将软件看作拥有推进法律目标的意图，而有时则会阻碍这些目标。作者没有提供任何关于如何区分的理论。该主题相关的更久远且更明智的处理方法，see Lawrence B. Solum, “*Legal Personhood for Artificial Intelligences*”, 70 *N. C. L. REV.* 1231, 1232 –38 (1992)（表达对人工系统具有意向性的怀疑，但提出了一个适度的假设，即他们可能出于某种目的为法人服务）。

[167] See *Steven Johnson, Emergence: the Connected Lives of Ants, Brains, Cities, and Software* 18 –19 (2001).

[168] Id. at 18, 21, 126.

由于作品的实际作者——创造性软件程序,不具备法律上的主体资格。”[169]蒂姆·吴(Tim Wu)研究了机器产生的语音,认为人工语音应该配备功能透镜。这是因为《美国联邦宪法第一修正案》一般不保护仅携带信息的对象,以及“法院通常不保护工具”。[170] 相比之下,斯图尔特·本杰明(Stuart Benjamin)认为,为了适应基于算法的决策日益增加的相关性,最终可能需要对《美国联邦宪法第一修正案》进行“根本性的调整”。[171]

布里笛、蒂姆·吴、本杰明等人正在研究语音版权的类型或是宪法保护。而笔者认为最大的问题是,对于系统突现行为造成的侵权行为,应由谁来承担责任。当理论联系实际时,常常会发现问题。此类侵权问题也开始在司法案件中出现。在“卡通网络有限合伙公司(Cartoon Network, LP, LLLP)诉 CSC 控股有限公司(CSC Holdings, Inc. ,)案”中,责任主体的确定取决于用户或自动化系统是否“复制”受保护的产品。[172] 但是还有其他根本性的变化。以受版权保护的表达和不受版权保护的风格之间的不同为例,[173]一位音乐助手帮助音乐人模仿他喜爱的吉他手风格,但是在模仿过程中也演唱了吉他手的原创歌曲。假设音乐人无法接触到作品本身,这是否是独立的创作?或者音乐助理能否为了培训目的而接触作品并传达给它的

---

[169] Annemarie Bridy, “Coding Creativity: Copyright and the Artificially Intelligent Author”, 2012 *STAN. TECH. L. REV.* 5,21 Bridy 的重点是版权,但人们可能会就专利问题提出类似的问题。A 将该专利保存在 B 用于生成新的可获得专利的发明的创作机器上。结果如何?机器本身不是一个人,因此,可以说,不能获得专利。*See* Ralph D. Clifford, “Intellectual Property in the Era of the Creative Computer Program: Will the True Creator Please Stand Up?”, 71 *TUL. L. REV.* 1675, 1696 – 97 (1997) (认为专利法暗含了人类发明者); see also Pamela Samuelson, Allocating Ownership Rights in Computer-Generated Works, 47 *U. PITT. L. REV.* 1185 (1986).

[170] See Tim Wu, “Machine Speech”, 161 *U. PA. L. REV.* 1495, 1497 (2013) [hereinafter Wu, Machine Speech]. 吴还观察到“机器人的权利问题,如果曾经仅限于科幻小说,现在已经进入公众辩论”。Id. at 1496.

[171] See Stuart Minor Benjamin, “Algorithms and Speech”, 161 *U. PA. L. REV.* 1445, 1446 (2013).

[172] 536 F. 3d 121 (2d Cir. 2008).

[173] 或者,至少不一定。See 4 Melville B. Nimmer & David Nimmer, *Nimmer on Copyright* § 13.03 (2014) [注意到法院将“格式、主题、风格或设定”视为创意,因此不保护他们的版权(内部引文省略)]; see also Midler v. Ford Motor Co. , 849 F. 2d 460 (9th Cir. 1988) [当汽车经销商在商业上使用一种贝特·迈德尔(Bette Midler)的“相似声音”时,发现相似的占用,但没有侵犯版权].

用户？

在虚假言论的责任承担同样存在问题。广受欢迎的电视主持人史蒂芬·科尔伯特(Stephen Colbert)最近在社交网络推特(Twitter)上创建了一个账户，该账户在烂番茄网站中的电影评论中，自动检索福克斯新闻网的人物姓名。[174] 电视节目中最引人注目的元素萨拉·佩林(Sarah Palin)，一条推特写道，“在夜间街头徘徊，试图找到她的爱人”。[175] 另一条推特信息暗示福克斯新闻主播比尔·海默(Bill Hemmer)在醉酒状态下进行圣餐仪式。[176] 对于发起人来说，这个账户显然具有讽刺性。然而，即使是一个简单的系统也可能会因为诽谤产生索赔。然后，法律要么让行为人为并非本心的结果承担责任，要么在无追索权的情况下，允许任何观察员对诽谤或中伤言论进行删除。

相比音乐或推特，货币交易的出现对世界的影响更大。汤姆·韦恩(Tom Win)研究了高频交易算法在当代投资中的作用，指出“金融电子化”给有关风险管理和责任承担的假设带来挑战。[177] 正如韦恩所探索的那样，美国证券交易委员会不仅要处理如何预防和解决诸如2010年“闪电崩盘”等灾难性市场事件的问题，[178]还要解决学习算法将内幕消息披露给投资者后构成内幕交易的问题。[179] 合同法同样面临着新的挑战。当由人开发的软件程序与人之间的交易条款限制人的行为之前，合同法要探求行为人最低限度

---

[174] Beejoli Shah，“The Colbert Report's New Twitter Feed Praising Fox News Is Brilliant”，*Gawker*(Nov. 5，2013，11:54 AM)，http://defamer. gawker. com/the-colbert-reports-new-twitter-feed-praising-fox-news－1458817943.

[175] Id.

[176] 具体来说，这条推文似乎指责享默(Hemmer)“呕吐圣餐”，并引用这一事件作为证据“年龄并没有使主人成熟”。See RealHuman Praise，Twitter(Dec. 12，2013，6:55 AM)，https://twitter. com/RealHumanPraise/status/411147205664583680.

[177] See Tom C. W. Lin，“The New Investor”，60 *UCLA L. Rev.* 678，687(2013)(“现代金融是机器人金融，这是一个主要参与者是人和部分机器的行业”).

[178] See Tom C. W. Lin，“The New Investor”，60 *UCLA L. Rev. at* 703－710.

[179] 换句话说，专家系统可以起到”专家网络”的作用，它将行业专家与投资者联系起来，从而暗示了内幕交易的“镶嵌理论”。有关专家网络和镶嵌理论的更多信息，see Daniel H. Jeng，“Expert Networks and Insider Trading: An Introduction and Recommendation”，32 DEV. *Banking* & FIN. L. 245(2013)。

的意思表示。[180]

兼具突现行为和完整形体化的系统的发展将带来最严峻的挑战。在人身伤害案件中,法律一般会更快地确定责任,[181]而且在面对似是而非的被告时,默示无过错的原告承担伤害风险。同时,法律对过错的分类机制会涉及深层次的人类概念,如犯罪意图(刑法)、意思表示一致(合同)或可预见性(侵权)等。当面对一个被设计成无法预料的系统被建立的情况下,这些概念则会失灵。法律的多个边缘领域依赖于控制理论,但是在突现系统问题上,有时会出于充分的理由而否认控制论。

让我们从"简单"的案例开始——至少是简单的发现。想象一下,几十年前一些学者购买了具有突现特性的机器人。人们让机器人完成诸如清洁或传递包裹的任务。机器人在完成任务的过程中,除了无法预料情况外,还造成了严重的伤人或是损害财产的问题。或者考虑一个真正的"机器人",它是由艺术家达瑞士·库兹米(Darius Kazemi)设计,具有在亚马逊上随机购买商品的能力。在第一部分雅虎案例中,存在机器人在法国购买纳粹用具的情况。[182] 在确定责任时,刑法要考量被告人的主观意识:他是否打算利用、知道或应当知道他的机器人会引起对人产生伤害或者违反法律?而侵权法关注可预见性:被告是否应该认识到伤害的风险及其规模,或者在机器人执行任务的部分可以"相对预见"上述问题?[183]

这些假设基本上是受害者遭受非自然伤害,但法律却不能将其作为责任主体。存在于机器人技术中的学术问题似乎被法律解决了。1981 年山

---

[180] 统一商法典(Uniform Commericial Code,UCC)背后的委员会在 2003 年对 UCC 进行了修订,包括对"电子代理人"的讨论,意思是"计算机程序或电子或其他自动化手段,用于独立发起行动或回应电子记录或表演 全部或部分未经个人审查或采取行动",仅因 2011 年国家和行业的反对而撤回修正案。y. U. C. C. § 2-103(g)(2003 Revision)(withdrawn 2011);see also Tom Allen & Robin Widdison,"Can Computers Make Contracts?",9 *HARV. J. L. & TECH.* 25(1996).

[181] See Nancy Levit,"Ethereal Torts",61 *GEO. WASH. L. REV.* 136(1992).

[182] 对于这个假设的变化,see Greg Miller,"The Moral Hazards and Legal Conundrums of Our Robot-Filled Future",*Wired*(July 17,2014,6:30 AM),http://www.wired.com/2014/07/moral-legal-hazards-robot-future。

[183] See,e.g.,O'Shea v. Welch,350 F. 3d 1101(10th Cir. 2003)(discussing scope of employment).

姆·雷曼·威尔齐(Sam Lehman-Wilzig)的一篇文章分析了各个类型的人造人责任模型,[184]主要有产品责任、危险动物、奴隶制、行为能力不足、儿童、机构和人格等。[185] 这些分类也出现在机器人责任中的一些描述。在前文也对此有所提及。我们能不能让被告机器人的主人在第二次机器人伤害人的时候负责,就像我们在他的狗第二次咬人时让他负责一样?我们能不能像动物一样,为了严格的入侵责任,在机器人归类上分为"漫游"与"非漫游"?[186]

这组问题很吸引人,也很重要。法律需要对机器人进行类比,或者创造一个新的类别。[187] 然而,与被告的意图或所知不同的是,在人类对突现系统的控制的前景和可理解性方面存在一些问题。以侵权法中的事实自证概念为例——大致来说,在"事物本身说明"的情况下,这一规则免除了证明过失的责任。[188] 典型案例是原告被从仓库窗口滚出来的桶击中,[189]此时,原告不需要证明仓库所有者主观存在过错,这是因为正常的企业不会让桶从他们的仓库飞向街道。

除了公平之外,事实自证还有信息强制的功能:仓库所有者比原告更了解发生的事情,因此,侵权法将让被告对损害的发生进行解释。[190] 该规则可能与现代的举证规则不太相关,但仍在导致原告无意识的医疗事故等方面适用。[191] 更重要的是,原告成功地援引事实自证规则,其只需要证明被告对

---

[184] Sam N. Lehman-Wilzig, "Frankenstein Unbound: Towards a Legal Definition of Artificial Intelligence", 13 Futures 442 (1981); see also Peter M. Asaro, A Body to Kick, "But Still No Soul to Damn: Legal Perspectives on Robotics", *Robot Ethics: the Ethical and Social Implications of Robotics* 169 (Patrick Lin et al. eds., 2012) (invoking the same categories).

[185] Lehman-Wilzig, supra note 184, at 447 - 453.

[186] 事实证明这很棘手!虽然这条规则适用于马和羊,但有一些动物,如狗和猫,我们允许漫游而不承担责任,因为现行习俗的原因。See Glanville L. Williams, Liability for Animals 145 - 46 (1939). 我们今天处于机器人和法律的舞台上,任何一个类比,如机器人和动物,将是高度有用。

[187] See infra Part III.

[188] Res ipsa loquitur, *Black's Law Dictionary* 1424 (9th ed. 2009).

[189] Byrne v. Boadle, 159 Eng. Rep. 299 (Exch. 1863).

[190] See John C. P. Goldberg et al., *Tort Law: Responsibilities and Redress* 211 (2d ed. 2008).

[191] E. g., Ybarra v. Spangard, 154 P. 2d 687 (Cal. 1944) (持有 resipsa 适用于原告在手术过程中无意识受伤的地方).

伤害的工具“拥有专属控制权”。[192] 这是一个前面的问题:在未能证明专属控制权的情况下,举证责任不会转移给被告。

但当涉及机器人时,原告证明被告具有“专属控制权”能力更复杂。假设从窗户里出来伤害原告的物体是一个机器人而不是一只桶,又会怎样?这可能听起来是在开玩笑(仅从字面理解“事实证明本身”),那么想象一下,医院作为机器人和人工智能的早期采用者,许多机器人系统在患者诊断和治疗中,也存在事实自证原则适用的条件。[193] 在医院环境中,原告要证明具备各种潜在配置的机器人可以被医院专属控制的事实极为困难。因为有些控制权可能属于制造商,或者属于一个或多个软件程序员,也许没人能有效地独自控制一个给定的系统。在这种情况下,法律必须决定专属控制是否应被规定。

突发行为的前景也引发了有关损害的问题。回想一下早期电子侵害动产对网络法的挑战,在侵害未发生时,该规则无法适用。[194] (根据富有同情心的法院,电子侵害动产的危害是带给消费者垃圾信息中摸索的麻烦。)[195]机器人技术展示了被告将完全或部分破坏有价值的突发行为的发展。A 摧毁了 B 的机器人,就像以某种奇妙的方式切断树篱。与动物训练不同,B 在提高机器人的价值方面不需要额外的劳动。[196] 因此,法院要决定这种损失是否仍然是市场价值。

---

[192] E. g. ,Larson v. St. Francis Hotel,188 P. 2d 513,514(Cal. Ct. App. 1948).

[193] See Timothy Hay,“The Robots Are Coming to Hospitals”,*WALL ST. J.* (Mar. 15,2012, 3:02 PM),http://www.wsj.com/articles/SB10001424052702304459804577281350525870(“机器人已经在医疗保健领域占据了一席之地——从可以将伤口比人手更好地缝合到可以在血液中游泳的‘纳米机器人’的手术机器人。但是现在这个阶段已经开始用于一种不同类型的机器人,一个具有复杂的大脑和对琐碎任务的无限容忍”).

[194] See Restatement(Second)of Torts § 218(b)(1965)(在非法侵入动产时,财产必须“在其状况、质量或价值方面受到损害”)。

[195] 详见前 61 注及其附随的文字。

[196] Cf. Paguio v. Evening Journal Ass'n,21 A. 2d 667,668(N. J. 1941)(在再培训期间根据利润损失计算阶段犬的价值).

这些问题超出了民事和刑事责任的范围。[197] 海商法学者克雷格·艾伦（Craig Allen），最近考虑具有自主能力的无人潜艇是否享有一般船只在国际水域的全部权利？[198] 国际法规定，这些权利取决于船旗国是否对船只和船员行为具有控制力。[199] 这也就意味着对这艘船负责的一个或多个人，也应该以正确的方式遵守船旗国法律。

笔者的目的既不是为了贬低其他人围绕过错归因提出的重要问题，也不是为了列出所有挑战法律的突发行为。相反，笔者的目的是通过扩大对不可预测性的归纳而进行预测，并鼓励倾向于研究机器人技术和法律的人系统地思考突发问题。

3. 社会价值

早期的互联网观察者注意到人们倾向于认为自己是在"访问"网络空间。丹·亨特（Dan Hunter）认为，在一定程度上而言，这种倾向是天生的，是人类认知的必然结果。[200] 朱莉·科恩（Julie Cohen）和其他人认为，不管怎样，过度地实体化虚拟世界将带来风险。[201] 奥林·科尔（Orin Kerr）更准确地展示了观点如何影响法律结果：一个与亨特观点相左的法院，认为互联网是电线和服务器的组合。这种观点下，警察可能无法依据搜查令查询网上银行账户。[202]

机器人同样也能引起人们的反应。根据一份论证充分的文献，人们天

---

[197] 在民事和刑事背景下还有更多的例子。例如，在1983年的诉讼中，个体当事方必须对政府的附加责任诉讼施加足够的控制。See King v. Massarweh, 782 F. 2d 825, 829 (9th Cir. 1986). 越来越依赖混合公共和私人数据来源的算法，这增加了个人试图影响福利自动化决策的结果。Cf. Danielle Keats Citron, "Technological Due Process", 85 *WASH. U. L. REV.* 1249, 1260 -61 (2008)（注意到私人供应商在国家自动化决策系统中的作用）.

[198] Allen, supra note 11.

[199] Id.

[200] See Hunter, supra note 13, at 443.

[201] See generally Cohen, supra note 13.

[202] See Kerr, supra note 27, at 367 -368.

生就能与机器人等拟人化技术互动,就好像是在和人互动一样。[203] 而且刺激人们反应的门槛很低,早期心理学研究表明了人们如何将社会角色附加给页面上移动的形状。[204] 任何存在于世界中的机器人(行为),似乎是通过深思熟虑(感觉和思考)来认识世界,而引发社会反应。但是,由于拟人化可以令机器人更具魅力,而被有意进行拟人化设计。[205] 而且这种影响并不取决于人们对技术的熟悉程度,而是会随着时间的推移而持续。[206]

因此,在某种程度上而言,机器人比历史上任何一种技术都更具有社会价值。心理学家彼得·卡恩(Peter Kahn)和他的同事们进行了一系列实验,试图了解人们对机器人的看法。研究小组根据研究结果提出了一个惊人的假设:机器人可能属于一个全新的"本体论范畴"。[207] 受试者不倾向于认为拟人化的机器人是活体,但他们也不认为它们是物体。而是认为它是具有精

---

[203] See Byron Reeves & Clifford Nass, *The Mekia Equation: How People Treat Computers, Television, and New Media Like Real Ppeople and Places* (1996); see also Clifford Nass & Scott Brave, *Wired for Speech: How Voice Activates and Advances the Human-Computer Relationship* 3(2005) ("[O]ver the course of 200,000 years of evolution, humans have become voice-activated with brains that are wired to equate voice with people and to act quickly on that identification."). "计算机作为社会行为者"这一概念虽然得到充分证明,但并非没有批评。例如,马里兰大学的本·施奈德曼认为,这种影响被高估了,并且在一定程度上存在问题。See generally Benjamin Schneiderman, Designing the User Interface: Strategies for Effective Human Computer Interactio(1998)(除其他外,争论拟人化的界面通常不会成功并经常导致混淆).

[204] 开创性的例子是 Fritz Heider & Marianne Simmel, "An Experimental Study of Apparent Behavior", 57 *AM. J. PSYCHOL.* 243 (1944). 动画本身非常迷人,并可在线取得。Kenjirou, "Heider and Simmel(1944) animation", *YOUTUBE*(July 26, 2010), http://www.youtube.com/watch? v=VTNmLt7QX8E(显示 Heider&Simmel 研究中使用的动画).

[205] See M. Ryan Calo, "People Can Be So Fake: A New Dimension to Privacy and Technology Scholarship", 114 *PENN ST. L. REV.* 809, 828-29(2010). 例如,据报道,卡内基梅隆不得不重新设计其护理机器人"珍珠",使其更具拟人性,以便患者能够采取建议进行锻炼和服用药物。See Pamela Mccorduck, *Machines Who Think: A Personal Inquiry Into the History and Prospects of Artificial Intelligence* 467(2004).

[206] 在一项关于如何在收集篮上放置眼睛图片而影响荣誉系统上咖啡支付可能性的研究中,(统计相关的)效果在第 9 周与第 2 周相同。See Melissa Bateson et al., "Cues of Being Watched Enhance Cooperation in a Real-World Setting", 2 *Biology Letters* 412, 412-13(2006). 里维斯(Reeves)和纳斯(Nass)在所有年龄和背景的人中都发现了类似的效果,包括那些熟悉该技术的人。See Reeves & Nass, supra note 203, at 252.

[207] See Kahn et al., supra note 125.

神状态,并认为它很难参与行为(如引起不适),但是它们处理物体却又很容易。[208] 这项由国家科学基金会主要资助的工作,越来越倾向认为现存的本体论范畴(不同的存在范畴)并没有充分地考虑机器人。正如卡恩和他的同事所说:

"很大程度上,人们并不会对如何将世界上的实体进行分类而困惑。例如,我们并不会和一面墙交流并期待它反馈,我们也不会认为它具有心智或是认为它是一个朋友。但机器人与此并不一样。"[209]

如果当代心理学在如何对机器人进行分类的问题上,考虑到机器人在主体和客体之间的边缘地位,这并没什么可惊讶的,刑事、侵权和其他法律也可能如此。从广义上来讲,法律倾向于在个人和工具之间采取二分法。在仓库滚桶落窗案子中即应用了事实自证原则。仓库老板由于明显缺乏安全措施而导致此事件的发生,应受到指责。但是,如果是一个人从仓库的窗户跳出来,我们还要考虑这个行为是不是在其工作范围内。[210] 一个人为了兴奋想要开车去撞某人,却撞了另一个人,此时应适用犯意转移原则。[211] 即使他打算去撞消防栓,我们认为他仍需要对悲剧负责。

将机器人进行归类的难度,以及通常把它当作人一样对待社会技术的倾向,有可能打破这种二分法和它所支持的学说。关于隐私内容还有许多有趣的案例。一般来说,网络法认为技术视为在技术收集、处理或传播信息的范围内涉及隐私。[212] 但是,进入家庭的机器人仅仅通过外界观察的传感而收集到隐私。[213] 与此同时,机器人监控系统再次将网络空间中曾缺失的观察

[208] Id.

[209] Id.

[210] See Restatement(Second)of Agency § 228(1958).

[211] See Glanville L. Wiliams, Criminal Law 108 (1953) (describing transferred intent in criminal law). 当然,刑法有时可以更进一步,允许犯下任何重罪的犯意提供足够的犯罪意图来维持对重罪谋杀规则下的谋杀罪定罪。

[212] See Calo, supra note 205, at 817 –825.

[213] See M. Ryan Calo, Robots and Privacy, Patrick Lin et al. eds., *Robot Ethics: the Ethical and Social Implications of Robotics* 187, 195(2012). 此外,机器人能够利用社会反应来获取消费者或公民信息。Id. at 197.

线索引入。[214] 使用家用无人机进行监视已经引发了一种独特的本能的隐私抵制，这可能与机器人周边文化有关系。[215]

法院、陪审团、检察官和其他法律人必须在无数情况下决定是否将拟人化技术归类为具有社会价值的技术。据报道，医疗事故索赔的主要原因之一是患者与医生间互动的频率和特征。[216] 医院据此设计和实施协议，确保在手术前医生与患者进行会面。协议中他们不会讨论对患者是否需要手术刀。随着机器人手术逐渐普及，医院可能会围绕讨论硬件使用而补充原协议内容。例如，管理员将会被进行动机调查，其事先是否将机器人介绍给患者将会导致其增加或减少被诉的可能。精明的制造商为了影响患者（在出事的时候）不以制造商为主要被告，甚至可能会尝试和医院进行条款协商，指令它们（医院）如何将技术有“特点”地介绍给患者（例如，不介绍技术名称，不强调技术适用的性别偏向）。

斯坦福大学的研究表明，根据设计的不同，人们对通过机器人完成的任务的感受不同。[217] 机器人的拟人化程度越高，受试者就越倾向于与机器人分享失败的责任和成功的赞扬。[218] 考虑到在机器人技术逐渐普及的警务领域，这又将如何影响官员在该领域的决策？[219] 如果一位警官用车袭击了市民或是枪杀了市民，第二天其他警察外出巡逻仍会驾驶汽车和携带武器。如果是警务机器人（尤其是人形机器人）涉及一场致命的事故时，我们可能在一段时间内就看不到机器人或类似模型进行巡逻。[220]

---

[214] See Calo, supra note 77.

[215] See Calo, supra note 10.

[216] See Philip J. Moore et al., "Medical Malpractice: The Effect of Doctor-Patient Relations on Medical Patient Perceptions and Malpractice Intentions", 173 *W. J. MED.* 244 (2000).

[217] See Victoria Groom et al., "I Am My Robot: The Impact of Robot-Building and Robot Form on Operators", 2009 PROC. 4*TH INT' L CONF. on Human-robot Interaction* 31.

[218] Id.

[219] See Noel Sharkey et al., "The Coming Robot Crime Wave", Computer, Aug. 2010, at 116（描述政府越来越多地将机器人用于警察职能）.

[220] 新奇可能有助于解释这种直觉，但笔者提出这同样来自于我们更倾向认为的机器人存在于仪器和道德代理之间的灰色地带。See Peter H. Kahn, Jr., et al., "Do People Hold a Humanoid Robot Morally Accountable for the Harm It Causes?", 2012 *PROC.* 6*TH INT' L CONF. on Human-robot Interaction* 33.

人们很清楚机器带来好处的同时，也带来了风险。华盛顿大学的一项轶事记录和一项2013年的研究表明，士兵在战场上对机器人的态度可能会影响战斗结果，这取决于士兵是否愿意承担相关机器人的风险。[221] 我们应该期待在美国国内看到这种动态。当然我们都知道一个人会为自己珍爱之物冒险，但这种行为往往被认为是不寻常的。[222] 根据侵权法中普遍接受的原则，当面临危险需要救援时，原告不会因救援过程致其财产受损（包括宠物受伤）而得到赔偿。[223] 但是当原告在机器上附属深刻和可预料的意义时，是否还是和上述情况的处理一样？此外，再次回归损失上，对于不仅具有客观情感价值，而且具有市场无法复制的情感寄托的物品损失，又该如何处理呢？[224]

机器人技术也可能导致道德损害概念在法律中更广泛地运用。道德损害是指行为人因实施不道德行为而产生的损害，与受害人和社会无关。[225] 理论上，某些令人反感但没有受害行为在道义上仍然会损害背后的行为人。[226] 凯特·达林（Kate Darling）探讨了人类对拟人化机器的反应方式是否意味着即使在无人认为它们是活的或有理性知觉的情况下，需要将有限的一套法

---

[221] 正如辛格所描述的那样："当一个机器人在伊拉克被击倒时，一名EOD士兵跑了50米（全程被一把敌机枪瞄中）去拯救它。" See Singer, supra note 10, at 339; see also id. at 337 –43（描述士兵对机器人的作用）; Carpenter, supra note 10; Julie Carpenter, "The Quiet Professional: An Investigation of U. S. Military Explosive Ordnance Disposal Personnel Interactions with Everyday Field Robots" (2013) (unpublished Ph. D. dissertation, University of Washington) (on file with author).

[222] See Blackburn v. Dorta, 348 So. 2d 287, 291 (Fla. 1977)（描述法律如何处理原告试图重新进入燃烧的建筑物"以找回他最喜欢的fedora操作系统"）.

[223] Compare Wagner v. Int'l Ry. Co., 133 N. E. 437 (N. Y. 1921)（在火车上救出倒下骑手的原告可以在救援原则下豁免），with Wignes v. Bottger, 518 N. Y. S. 2d 936 (N. Y. Sup. Ct. 1987)（从房屋屋顶救出猫的原告无法在救援原则下豁免）.

[224] 最近的两部电影——她和机器人弗兰克探索了这一前景。在剧中，主角与移动操作系统形成了浪漫的联系，而在Robot&Frank中，主角与家庭机器人形成了友谊的纽带。See HER (Annapurna Pictures 2013); *Robot & Frank* (Dog Run Pictures 2012). 我注意到这些电影，因为艺术来源于生活。

[225] See 1 Joel Feinberg, *the Moral Limits of The Criminal Law: Harm to Others* 65 – 70 (1988).

[226] But see id.（在完善不道德行为的基础上质疑道德伤害的连贯性是证明代理人已经在道德上腐败的证据）.

律权利延伸到社会机器人身上,或者至少禁止滥用它们。[227] 我们不希望社会变成一个可以容忍对准人类施暴的社会。达林指出,我们希望即使在虐待可能发生的情况下,保护公民免受伤害。[228] 在现实层面上,虐待动物和虐待人的意愿之间存在明显的联系,以致有些司法管辖区要求处理因虐待动物而遭受指控的官员,在家里有孩子的情况下,其应致电给儿童福利服务机构。[229] 人们很容易联想到研究与社会机器人学之间关系的压力。

总之,我们处于在人与客体之间创造一个新的法律主体的风口浪尖上,但笔者认为法律必须承认此类别的法律主体地位。[230]

三、网络法的路径:从互联网到机器人

总结到目前为止的论点,变革性技术往往具有推动并参与法律和政策对话的基本特征。互联网强调连接、社区和控制,产生了一系列关于商业、创意和公民通信的性质以及中介强大作用的谜题。

虽然在某种意义上而言,这些问题与以往一样重要,但由于它们的熟悉程度以及学者和决策者的努力,已逐渐淡入讨论的背景。与此同时,新技术的发展需要一个明显不同的重点。机器人技术的本质和独特性预示着一系列新的挑战,这些挑战集中在数据形体化、不可测性的利用以及人与机器的区分。

这就自然会导致关于这些新的经验将如何影响法律和法律制度问题的

---

[227] See Kate Darling, "Extending Legal Rights to Social Robots", Ryan Calo et al. eds. *Robot Law*(forthcoming 2015), available at http://ssrn.com/abstract=2044797.

[228] Id.

[229] And vice versa. See, e. g., OR. REV. STAT. § 609. 650 (2013) ("The Legislative Assembly finds that... [t] here is a clear link between animal cruelty and crimes of domestic violence, including child abuse").

[230] 本杰明·威斯特(Benjamin Wittes)和简冲(Jane Chong)提供了第二种感觉,即人与物混合在一起。他们指出,人们越来越多地将技术融入他们的日常生活中,成为某种意义上的"半机器人",至少会对隐私法产生影响。See Benjamn Wittes & Jane Chong, *Brookings Inst.*, *Our Cyborg Future: Law and Policy Implications*(2014), http://www.broo-kings.edu/~/media/Research/Files/Reports/2014/09/cyborg-future-law-policy-implications/cyborg _ future _ law _ policy _ implications_FINAL2.pdf? la=en.

出现。有必要建立新的制度来处理机器人和人工智能所带来的问题吗？法律学者和其他人应该如何从事机器人技术工作？即使同意这项技术的出现会在许多不同法律学科间带来问题的论点，我们是否可以通过区分机器和人工智能，并在第一时间分别处理来解决问题？若是如此，是应该扩大诸如网络法的学科地位，进行统筹解决，还是机器人技术预示着一个由学术界、政府界、工业界和其他利益相关者组成的独立社区的形成？

笔者将在最后一节论证这些问题，即论证了在法律意义上，机器人技术的"例外"体现在何处？从一开始就单独研究这项技术是明智的。笔者研究了例外论的各种定义，并确定了一个适中的概念，即如果社会价值观的最佳协调导致对法律或制度的系统性变化，则认为技术是例外的。紧接着笔者又论证了机器人技术是如何带来此种变化的。论证中，笔者探讨了机器人技术如何引起各法律领域选择金融和环境监管中的风险管理模式的问题。[231]而且笔者还分析了在建立一个独立监管机构时，机器人技术加入铁路、无线电、疫苗和其他技术的原因。

最后，笔者研究了将机器人技术独立于网络法研究领域的利弊。机器人技术与互联网技术在许多组成技术（如计算机和网络）和重要问题（如中介责任和隐私）是相同的。在法律和机器人技术的交叉问题上，很难想象有多少重要的著作来自于研究互联网的学者。在过去的 20 多年里，网络法发展了一些启发性的技术方法，例如对隐喻的关注以及跨学科实用主义——这只能解释机器人技术的部分规律。[232] 但是机器人和互联网之间存在的关键区别，阻碍了这些原理和方法的直接应用。总体来说，笔者认为可以运用网络法经验，处理法律与机器人技术这一独立学科。

（一）一般例外论

例外论的基本内涵是，一个人、一个地方、一个对象或一个概念在性质

---

[231] See generally Daniel A. Farber, "Uncertainty", 99 *GEO. L. J.* 901 (2011)（注意到不确定性和风险管理在经济和环境监管中的作用）.

[232] Cf. Neil M. Richards & William D. Smart, "How Should the Law Think About Robots?", Ryan Calo et al. eds. Robot Law (forthcoming 2015), http://ssrn.com/abstract=2263363（注意到隐喻对机器人法的重要性）; see also infra Part III. C.

上与同一基本范畴内的其他事物不同。因此,美国例外论代表了一种(有争议的)观点,即美国与当今或历史上的任何国家都不同。[233] 笔者提出例外论的概念基于以下原因,如果美国、互联网或机器人在有意义的方面与其他地方、技术或法律领域有所不同,那么也许我们应该进行独立的分析。另外,如果美国只是现代的雅典,那么把它分开对待很可能会使我们更不容易理解。[234] 当然,并不是所有的差异都同样有意义。很显然,在许多方面上,美国存在与英国不同的地方,也存在与其相似的地方。我们需要确定重要的差异是什么。就目的而言,机器人和以前的技术之间的差异对法律和法律分析有什么影响?

机器人已经遇到了一种非常弱的例外论形式,这种例外论开启了新法律的必要性:许多州都有专门针对机器人的法律。[235] 然而,早期的互联网例外论者采取了所谓的“强势”立场。他们认为,互联网具有独立的主权,当代法律制度无法进行管理。[236] 例如,在这一观点上,互联网受海商法调整,成为为数不多的新颖和独特的规则和制度来源之一。[237] 大概很少有人针对海商法应被区别对待而提出异议。相反,侵权、财产或合同的每一个处理方式都应该与海商法在公海上的处理方式一一对应。有人认为网络法应该是独立的法律体系。

另一个极端是有人认为互联网和其他任何技术之间没有任何实质性区别。在网络法的传言中,作为法官的弗兰克·伊斯特·布鲁克(Frank Easter Brook)教授曾经在首届网络法大会主题演讲中发表不吉利的发言,向整个

---

[233] See Seymour Martin Lipset, *American Exceptionalism: A Double Edged Sword* 18(1996)[citing Alexis de Tocqueville, *I Democracy in America* 51(Phillips Bradley ed., Henry Reeve & Francis Bowen trans., Alfred A. Knopf 1948)(1835)](将美国称为“定性”,这与其他国家不同).

[234] See James Boyd White, “Law, Economics, and Torture”, *Law and Democracy in the Empire of Force* 265(H. Jefferson Powell & James Boyd White eds., 2009)(讨论雅典的有害影响,以及现在美国人对异常主义的信仰).

[235] See supra note 7(列出无人驾驶汽车和与无人驾驶汽车相关的法律); VA. Code § 38.2 – 3418.16(要求保险公司承保远程医疗).

[236] See, e.g., Johnson & Post, supra note 52.

[237] See, e.g., Harris v. Pa. R. R. Co., 50 F. 2d 866(4th Cir. 1931)(宣布规则,船主必须有合理的努力来拯救一个落水的海员).

企业泼冷水。他把研究互联网法律比作研究马的法律。[238] 当然,许多案件的事实问题会涉及马。在马匹买卖、马匹医疗或马匹伤人中,都会产生纠纷。但是"将这些零碎观点归属于'马的法则'的努力注定是肤浅的,并会违背统一的原则"。[239] 大卫·波斯特将这些人统称为"非例外主义者",[240]从互联网法则的角度来讲,这比它所揭示的要模糊得更多。作为一位早期反应强烈的网络例外论批判者,蒂姆·吴近期的作品都表明了这种立场。[241] 对于蒂姆·吴来讲,各种通信技术都遵循类似的架构,即从自由、开放到封闭和专有,反映出某些历时性的政治与市场的承诺。[242] 这种见解只有通过共同研究技术才能产生。[243]

除了上述两个极端立场外,还存在一个或多个中间立场。很显然,像互联网这样的变革性技术在某种程度上改变了现有的事实,进而改变了理论。劳伦斯·莱辛(Lawrence Lessig)开始认为互联网在某种意义上是无例外的,但他认为这项技术仍然揭示了长期"潜在"于法律中的不确定问题。[244] 研究网络法是很实用的,因为这样做,我们会发现并希望解决法律中未被意识的冲突问题。莱辛在此基础上得出的一些结论有些激进,比如说控制互联网架构的私营公司可能会受到第一修正案的约束。[245] 但本质上,他的结论是将现有的原则经过转换后,应用于新技术。[246]

---

[238] See Frank H. Easterbrook, "Cyberspace and the Law of the Horse", 1996 *U. CHI. LEGAL F.* 207.

[239] Id. at 207.

[240] See Post, *Notes*, supra note 36, at 166.

[241] See Timothy S. Wu, "Note, Cyberspace Sovereignty? —The Internet and the International System", 10 *HARV. J. L. & TECH.* 647 (1997); see also Jack L. Goldsmith, "Against Cyberanarchy", 65 *U. CHI. L. REV.* 1199 (1998).

[242] See generally Wu, *Master Switch*, supra note 23.

[243] 对于一个早期的建议,蒂姆·吴将处理机器人技术,如果有的话,且没有例外,see Wu, Machine Speech, supra note 170, at 1496 -97(没有关于"[问]机器人的权利问题",如果曾经仅限于科幻小说,现在已进入公开辩论,"但他们认为言论自由的功能理论能够解决机器语言的问题")。

[244] See LESSIG, CODE 2.0, supra note 32, at 25.

[245] See LESSIG, CODE 2.0, supra note 32, at 25. at 255 -56.

[246] See Justin Hughes, "The Internet and the Persistence of Law", 44 *B. C. L. REV.* 359 (2003).

本着这些中间立场的精神,[247]笔者也提出了一个适度的法律例外论概念,用以评估机器人技术。仅仅是因为在法律上造成了一个或多个微小的变化,或是因为它在边缘处揭示了一个特定学说的现有解释的局限性,这时技术并不是例外。同样,一项技术不会必然导致法治的文字崩溃,也不需要证明完全新颖的理论的来源是合格的。相反,当一项技术进入主流,需要对法律或法律制度进行系统的改变,以复制或在必要时取代现有的价值平衡时,它是例外。

这样的概念阐明在法律允许的技术上存在一些例外。过失侵权行为不是为了处理铁路而产生的。但是,这项技术的产生促进了将过失侵权作为法律责任衡量标准而纳入法律体系中。[248] 在研制水痘疫苗之前,存在一个专门负责卫生和人类服务的联邦部门,但这项技术的动员帮助建立了现代行政国家的核心支柱。[249] 1926 年广播十分新颖和普及,以致卡尔文·柯立芝(Calvin Coolidge)总统签署了一项法案,宣布建立一个独立的部门(联邦广播委员会)最终演变为联邦通信委员会。[250] 这些法律或制度的重大调整被认为是在面对新技术时坚持人类价值观的必要条件[251]——保持法律在"奏效时"做法律应该做的事。[252]

---

[247] Cf. David Hume, *Enquiries Concerning Human Understanding and concerning the Principles og Morals* 116 –31(L. A. Selby-Bigge ed. ,Clarendon Press 1975)(1777). 休谟承认,没有任何东西可以绝对肯定地展示出来。然而,与此同时,如果我们花费所有时间来怀疑和否认,知识就很难发展。

[248] See P. H. Winfield, *A Textbook of the Law of Tort* 404(5th ed. 1950)(注意到在工业革命,特别是铁路在促进疏忽作为一种学说中起到了重大作用).

[249] See Michael Willrich, *Pox: An American History* 77,81,179,307(2011)(讨论国家卫生研究院的组建).

[250] See Wu, *Master Switch*, supra note 23, at 82 –84(描述联邦无线电委员会的组建). 当然,新的监管机构不一定或绝对是一个受欢迎的发展。See id. at 128 (calling the Federal Communications Commission, which grew from the FRC,"行业发明的最有用的统治工具之一").

[251] Cf. Willrich, supra note 249, at 328("自 1897 年以来,疫苗接种案件一直推动州法院在国家权力和个人权利之间采取更加谨慎的平衡,以适应技术和体制迅速变化的时代").

[252] See Post, Notes, supra note 36, at 184 关注于"理论上尚未明确"的法律和简单的法律之间的区别,所谓简单的法律即"当法律生效时,人们不会做法律允许之外的事,这也就可以帮助人们进入在涉及众多人和重要事情的复杂交易中,(在某种程度上)确保满足人们自身对其他人的行为和安全的期望(至少在一定程度上),以便他们在遇到问题时能够得到公平的对待"的法律(换言之,确定的可预期法律)。

(二)机器人例外论

根据笔者所阐述的概念,如果一项技术要求对法律或法律制度进行系统性的变更,以维护或重新平衡既定的价值观,那么它就是例外。机器人技术预示系统新变化中存在一些例外。笔者提及的在人与客体之间存在的第三种法律范畴的前景——一种旨在捕获具有社会价值的技术的“准资源”。如果人们很难将某事物归类为更客观或更像人的事物,那么法律也可能会有相似的问题。有一种选择是特设的:在损害或转移目的的背景下,机器人更像是一个人,而不是代理法或海洋法。但即便如此,法院和学者们仍有可能在支持社会对象的法律领域之间建立联系。

本节探讨了其他几位候选人,根据笔者在第二部分中所描述的机器人技术的质量,该法律可能会发生怎样的系统性变化。候选人——犯罪率较低、侵权行为的可预见性风险较高,以及新行政机构的前景并不意味着详尽无遗;其他人可能对法律如何变化也有同样可行的想法。然而,候选人的目标是超越机器人学和法律的常规讨论,这些讨论往往只停留在机器人机构的前景上。

1. 犯罪意图

形体化和突现的性质对严格责任在刑法中的运用逐渐发挥作用。如今,刑法对严格责任持怀疑态度[253]——美国社会对特别敏感的情形(如与未成年人发生性关系)或低风险(如交通违法)的轻微违法行为保留严格责任。但是,随着个人和机构越来越多地利用新兴的机器人技术,社会可能会目睹大量活动,如果这些活动是由人实施或者是被人批准的,那将是非法的。

法院和立法者在公司处罚中已经遇到过这样的问题:当机器人违反法律时,他们“没有可谴责的灵魂,没有可处罚的身躯”。[254] 但是我们没有意识

---

[253] Cf. Leocal v. Ashoroft,543 U. S. 1(2004)(由于缺乏男性犯罪要求而推翻因违反影响而被驱逐出境).

[254] See John C. Coffee, Jr., “‘No Soul to Damn: No Body to Kick’: An Unscandalized Inquiry into the Problem of Corporate Punishment”,79 *MICH. L. REV.* 386(1981).

到错误,甚至是一开始就在犯错。[255] 因为没有人预料到这种技术会违反法律,更不用说具有犯罪意图了。[256] 然而,现实中出现了遭受真正伤害的受害者。在使用具有伤害能力的技术造成实际伤害的情况下,法律可以通过创设类似于窝藏或阻碍的附属型轻罪惩罚被告人。[257] 这种做法的理由包括从社会的角度澄清伤害,并对在无正当理由的情况下,滥用具有潜在危险性的技术的行为进行道德和实际审查。对临时起意的盗窃和凶杀这类案例的处理体现了判例的变化。

2. 可预见性

在侵权法领域,真实突现行为可能引起可预见性作用的变化。每个法律专业的学生都知道,侵权行为的构成要件不仅需要有主观过错,还必须直接造成伤害。即使在"严格"责任的情况下(在不需要原告证明过错的情况下,可预见性仍然是必要条件),近因原则(有时是"合法"的)在很大程度上取决于侵权行为人是否可以预见伤害的发生。[258] 在突现系统相互作用时,存在原本有用的技术通过合法方式给所有相关人员带来惊喜的情况。如果这些制度如人所想,对社会有着深远的作用,那么评估赔偿责任还需要考虑除可预见性外的其他因素。

因此,我们看到在法律范围内对降低风险的措施广泛运用。数据混乱和人身伤害性的组合使对责任的分析不切实际。[259] 预测机器人突现行为的困难,使这个问题更加复杂。尤其是在许多系统是一起运行的情况下,此问题更加复杂。一些关于人工"代理"问题的早期警告(例如,一本数百万美元

---

[255] Cf. Asaro, supra note 184(注意到机器人有"一个可以处罚的身体",但没有灵魂可以诅咒).

[256] See supra Part II. B.

[257] E. g., Model Penal Code § 242. 1(2001)("如果某人通过武力、暴力、身体干涉或障碍,违反公务或任何其他非法行为故意妨碍、损害或歪曲法律或其他政府职能,则该人即属犯轻罪,但是本节不适用于被指控犯罪的人拒捕,不履行公务以外的法律义务,或任何其他避免遵守法律而未对政府职能进行积极响应的方法").

[258] 可预见性也会在侵权法的其他地方出现,包括在判断是否在所谓的疏忽统计中首次出现疏忽,在确定代理人的行为在就业范围内是否具有代理能力,以及为隐含的风险承担等辩护,重点关注原告可以预见的内容。

[259] See supra Part II. A.

的书[260]或者2010年的市场闪电崩盘[261])是由于两个或多个软件程序之间交互发生的不可预测反应而引起的。当然,风险或“不确定性”管理对法律来说并不新鲜,因为环境和金融监管对此均有涉及。[262] 法律体系和法学文献的重点在于制定违约和责任规则,使风险保持在可容忍的范围。[263] 机器人技术使这些方法得到广泛应用,从而使他们成为法律的一部分。[264] 这些或其他原则可能会随着机器人技术的发展而发展或转变。

3. 行政法

最后,机器人技术可能会改变公共机构。到目前为止,美国联邦机构已经根据现有的分类对机器人技术进行了区分,分类有空间区分(如空域和高速公路),以及活动环境(如健康和工作)。美国国会要求联邦航空管理局将无人机纳入国内空域进行管理。[265] 国家公路交通安全管理局制定了无人驾驶汽车指南。[266] 食品药品监督管理局批准机器人在医学上使用。[267] 职业健康和安全管理局则在1987年发布了关于安全使用工业机器人的指令。[268]

然而,正如笔者在其他地方所指出的,我们不应该低估建立一个更统一的机器人机构的作用。比如,可以通过建立联邦机器人委员会(Federal

---

[260] See David Murphy, "Amazon Algorithm Price War Leads to $23.6-Million-Dollar[sic] Book Listing", PC MAG. (Apr. 23, 2011, 6:03 PM), http://www.pcmag.com/article2/0,2817,2384102,00.asp.

[261] See Lin, supra note 177.

[262] See generally Farber, supra note 231.

[263] Id. at 901.

[264] 实际上,汤姆林提出了风险管理原则,作为他围绕“机器人融资”问题解决方案的一部分。See Tom C. W. Lin, "The New Financial Industry", 65 *ALA. L. REV.* 567(2014).

[265] Fed. Aviation Admin., *Integration of Civil Unmanned Aircraft Systems (UAS) In the Natioal Airspace System (NAS) Roadmap* (2013), http://www.faa.gov/uas/media/UAS_Roadmap_2013.pdf.

[266] NsT'L Highway Traffic Safety Admin., *Preliminary Statement of Policy Concerning Automated Vehicles* (2013), http://www.nhtsa.gov/About+NHTSA/Press+Releases/U.S.+Department+of+Transpor-tation+Releases+Policy+on+Automated+Vehicle+Development.

[267] Sarah Glynn, "FDA Approves First Medical Robot for Hospital Use", *MED. News Today* (Jan. 26, 2013, 12:00 AM), http://www.medicalnewstoday.com/articles/255457.php.

[268] OCC. Safety & Health Admin., *Directive no. Std* 01-12-002, *Guidelines for Robotics Safety* (1987), https://www.osha.gov/pls/oshaweb/owadisp.show_document?p_table=DIRECTIVES&p_id=1703.

Robotics Commission, FRC),提供关于机器人技术方面的经验。[269] 新的联邦机构随着技术的革新而建立。尽管许多为人熟知的联邦机构在过去几十年中保持不变,但其实际上还是发生了较大变化。如同国土安全部建立时的各机构重组,[270]金融消费者保护局等新机构的出现,用以应对大事件或行为变化带来新的严峻挑战。[271]

技术在组建新机构方面一再发挥重要作用。例如,无线电的出现使成千上万的人能够同时获得娱乐、新闻和紧急信息。为了管理无线电对社会的影响,联邦无线电委员会于 1926 年成立。而随着大众媒体形式的激增,联邦无线电委员会演变成今天的联邦通信委员会,负责管理与通信设备和网络有关的事务。火车的出现使国家基础设施发生大规模变化,其将不同的社区连接在一起,并不断引发新问题,甚至有时造成对人和财产的损害,因此,联邦铁路局被建立起来。尽管该机构是随着铁路和高速公路的崛起而发展起来的,但它现在是美国运输部的内部机构。疫苗技术的引入和随之而来组织美国民众进行大规模的接种,使一个中等规模的海军医疗服务机构发展成为美国疾病控制和预防中心,这也为卫生及公共服务部的成立做好了铺垫。[272] 当然,如果没有人类飞行的经验和挑战,就不会有联邦航空管理局。

与上述例子不同,互联网技术并没有促生出独立的联邦机构。但是,存在多个具有独特配置的机构在技术和民事层面制定了互联网政策:互联网工程工作小组和国际互联网名称和编号分配公司是准公共机构的代表,负责维护互联网的架构和协议。正如迈克尔 · 弗鲁姆金和大卫 · 波斯特各自

---

[269] See Ryan Calo, *The Case for A Federal Robotics Commission* (2014), http://www.brookings.edu/~/media/Research/Files/Reports/2014/09/case-for-federal-robotics-commission/RoboticsCommissionR2_Calo.pdf?la=en.

[270] 自述代理商的历史, see History, DEP'T of Homeland SecEC., http://www.dhs.gov/history (last visited Mar. 6, 2015)。

[271] Congress formed the Consumer Financial Protection Bureau in 2010 as part of the Dodd-Frank Wall Street Reform and Consumer Protection Act of 2010. *Pub. L. No.* 111-203, §§ 1001-1100, 124 Stat. 1376, 1955-2113 (2010).

[272] See Willrich, supra note 249.

的分析，互联网技术催生的这种特殊治理机制，[273]使其成为最近时期较特殊的技术之一。[274]

从表面来看，立法机关创建机构和法院遵从机构建议的原因首先在于机构通过研究专门知识来促进公正和效率。[275] 但机器人的三个基本特征中的每一个都需要决策者超越当前配置进行更深入地检验。因此，证券交易委员会在算法交易方面面临着挑战。[276] 几年前，丰田汽车因存在软件故障汽车突然加速的情况而被指控，导致其面临集体诉讼，这类似于数据形体化问题。由于问题非常复杂，运输部不得不邀请在计算机控制电子系统、电磁干扰和软件完整性方面有研究的国家航空和航天局工程师来编写报告。[277]

在某种程度上而言，对于一个机构来说，在实施和出现的复杂性方面发展专业知识是低效的，因此，拟议中的 FRC 从常规角度辅助从司法部到美国版权局的官员、各州和其他机构解决机器人技术的基本特征问题。该机构可以围绕社会技术对人类行为的影响建立专业知识体系，并帮助制定行业标准以及指导检察官和法官工作。此外，如果决定通过保险降低管理机器人所带来的风险，[278]或者以某种方式注册该技术，[279]那么可以寻求 FRC 对此进行协助。

简言之，机器人技术的基本特征支持上述观点，也可能支持其他适度法律例外论的观点。它们的差异足以引发广泛的、系统性的法律变革——至

---

[273] See Post，Noter，supra note 36，at 128 –29；Froomkin，supra note 53，at 856.

[274] 笔者将这一点归功于大卫·波斯特。

[275] See Chevron，U. S. A. ，Inc. v. Natural Res. Def. Council，Inc. ，467 U. S. 837，866（1984）.

[276] See supra Part II. B.

[277] 2011 年美国国家航空航天局（National Aeronautics and Space Administration，NASA）编写了一份报告，解除了丰田的问题并将问题归咎于人为错误。See U. S. Department of Transportation Releases Results from NHTSA-NASA Study of Unintended Acceleration in Toyota Vehicles，NAT'L *Highway Traffic Safety Admin.*（Feb. 8，2011），http：//www. nhtsa. gov/PR/DOT –16 –11.

[278] See Calo，supra note 102，at 609 – 11（exploring consumer insurance markets for robots）.

[279] Cf. Joseph Lorenzo Hall，"'License Plates' for Drones？"，*CTR. For DemocracY & Tech.*（Mar. 8，2013），https：//cdt. org/blog/license-plates-for-drones［"这个无线电频率无人机识别器（RFDID）将允许公众用相对简单的无线电接收器逐项列出空域内的无人机。理想情况下，美国联邦航空局将维持无人机登记……"］

少在某种程度上引发了法律不同领域的相关问题。

（三）网络法的经验

即使承认机器人技术在正确的意义上是例外的，学术界仍存在如何将机器人技术和法律配置为一个领域的问题。侵权、刑法、合同和税收等各个学科学者是否应该一起讨论机器人技术和法律这一新学科？或者从事当前变革性技术研究的网络法学者是否应该仅仅以时代为中心？答案是两者兼具。

诸如互联网或机器人技术等变革性技术是很重要的，因为它通过破坏法律所追求的平衡，改变了人类经验的范围。互联网和机器人技术产生的可能性迫使法律面对许多假设，其中一些假设一直被认为是真实的，而另一些假设到头来还需要重新审视。当一个人并未踏足某地，并在此处没有任何财产，甚至并不在此地人口统计中，但要求他对此处发生的影响负责的做法是否公平的问题，在互联网出现之前并没有被提出来。因此，法律针对"最小接触"以及司法权"利用"的重要性和意义做出的假设因互联网的出现而发生新的变化。

如果在多个法律领域（如犯罪和侵权行为或版权）存在相同的中断假设，那么将导致中断的技术（或一组技术）放在一起是有道理的。刑法关于处理无肇事者的受害案件，会在机器人言论或侵权可预见性的一致性方面，为调查"实际恶意"提供适当的标准。此外，在机器人同样的基本特征方面即形体化、突现和社会价值引发不同法律领域的相关关注。

第一部分和第二部分目的在于明确机器人技术具有一套与互联网不同的基本特征，据此提出一套相关的独特法律和政策，并建议单独应对机器人技术问题。但同时，两者之间也存在许多相似之处。机器人技术与互联网在组成技术（如计算机和网络）和重要问题（如中介责任和隐私）方面具有许多相似点。在过去的 20 多年里，网络法发展出一些对技术有启发性的方法，虽不能解决问题，但可以为机器人法提供信息。

第一个观点是，机器人技术将受到不亚于计算机的代码监管。正如前文所述，网络法确实是一个"马的法则"（一个人为的和无益的总括性术语，用来描述互联网上发生的一系列完全不同的问题)。在 1999 年,作为网络法领域最具影响力的人物之一,劳伦斯·莱辛直接回应了伊斯特·布鲁克法官的评论。[280] 对于莱辛来说,网络法通过揭示关于公共空间的内涵以及“监管”的具体含义的假设,阐明了整个法律。网络法的经验在于像互联网这样的系统架构在规范人的行为方面,并不逊于(有时会高于)法律。莱辛和乔尔·雷登伯格等人一起观察到软件本身(互联网的“代码”)相当于一种管理工具。[281] 通过控制人们在线交流的方式和时间,政府和公司在约束人类行为方面获得与法律相同的效果。[282] 因此,国家可以使复制和共享数字音乐成为非法行为,或者内容所有者可以禁止复制和共享文件。[283] 第一部分将此经验放置在“控制”标题之下。

第二个观点与类推在法律推理中以及技术上的重要性有关。莱辛的“代码就是法律”的主张改变了许多人关于互联网监管的方式的看法。[284] 但在网络法中,尤其是在涉及实际互联网判例法中,类推发挥着重要的作用。[285] 普通法法院审查给定的数字活动是否与已有规则的活动“相似”。法律、政策和学术上的争论转变成对恰当类推或隐喻的争论。法院为了确定《美国联邦宪法第四修正案》对电子邮件的保护程度,而询问电子邮件更像是一张明信片还是一封密封信。[286] 立法者可能会在决定是否以及如何对其进行监管之前,思考密码术是否最好被理解为“言语”。[287]

尽管笔者的结论是机器人技术应该分开处理,但从莱辛和其他网络法学者那里进行深入学习才是明智之举。代码控制的前景和类推的重要性,

[280] See Lessig, supra note 15.

[281] See supra note 32.

[282] Id.

[283] See Dan L. Burk & Julie E. Cohen, “Fair Use Infrastructure for Rights Management Systems”, 15 *HARV. J. L. & TECH.* 41, 50 – 51 (2001).

[284] 2015 年 3 月 4 日在万律(Westlaw)上对法律评论和期刊数据库中的“代码是法律”一词进行了搜索,发现了 200 份文件。

[285] See A. Michael Froomkin, “The Metaphor is the Key: Cryptography, the Clipper Chip, and the Constitution”, 143 *U. PA. L. REV.* 709, 843 (1995).

[286] See Kerr, supra note 27.

[287] See Froomkin, supra note 285.

与机器人技术的各个方面息息相关。[288] 政府或行业对机器人架构的控制程度将对学术和政策分析产生重大影响。但此外,代码和法律之间的相互作用的熟悉将有助于形成对软件的不确定和破坏性行为的解决方案。关于软件如何约束人类行为的难题,可以延伸到法律和代码如何约束机器人行为上。

美国食品药品监督管理局接受类推的方法,例如,由于与腹腔镜手术相似,其迅速批准手术机器人使用。[289] 现有的和未来的工作肯定会讨论机器人是"像"动物,还是"像"儿童或奴隶。[290] 而且正如上文所提到的,网络法学者们对人们看待网络空间的方式,特别是我们访问网站的感觉感到非常困惑。我们天生就像对待社会关系一样,对待拟人化机器人。熟悉心理模式对消费者、公民和官方行为的影响,有助于网络法揭示在此趋势下的人与工具之间的区别。

总之,网络法所带来的各种方法,对机器人法显然有用。但也许更重要的是融合法律和专门技术知识的网络法传统。围绕网络法成长起来的"跨学科实用主义",必定会为围绕机器人技术设定适当的法律和基础设施政策的对话提供强有力的信息。

虽然伊斯特·布鲁克法官的"马的法则"具有传奇色彩,但他警告律师不应该解释技术,因为他们不理解技术。"我很遗憾地报告",伊斯特·布鲁克法官说,"在这次研讨会上,没有人会因为计算机科学的进步而获得诺贝尔奖。把你所知甚少的两个领域放在一起,只会让两个领域都变得最糟糕"。[291]

在这里,伊斯特·布鲁克法官显然是错的。今天的网络好比是一个深

---

[288] See Richards & Smart, supra note 232.

[289] See Sulbha Sankhla, "Robotic Surgery and Law in USA--A Critique" (June 1, 2013) (unpublished manuscript), http://ssrn.com/abstract=2425046(讨论与机器人手术相关的问题似乎来自它与腹腔镜手术之间的差异).

[290] See supra note 184 and accompanying text.

[291] Easterbrook, supra note 238, at 207.

度跨学科的企业，充满了跨各种培训的有意义的协作。[292] 许多最聪明的学者和倡导者都在努力学习技术和社会科学。律师们不仅顺应时势学习了技术及其影响，而且网络法学界也促使技术专家们对法律和政策有了更深入地了解。[293] 与此同时，解决方案中自然就包含法律规定和较多的技术规定，以致网络法批评者们对其“技术解决论”持有抱怨。[294] 我们在这里谈论的不是对比较理论的知识迷恋，而是一个跨学科寻找解决实际问题的现实方案。

如果没有从网络法激烈讨论中发展而来的跨学科实用主义，就无法对机器人技术与法律之间的相互作用有深刻的理解。与互联网技术相比，机器人技术的基本特征在某种程度上与计算机和社会科学更具有相关性。无论是在会议上还是听证会上，无论是在文件中还是在法律草案中，法律和技术上的通晓者都需要不断地交流。事实上，跨学科的合作已经开始围绕无人驾驶汽车和无人驾驶飞机的监管展开。[295] 在年度机器人法律和政策会议

---

[292] 一些著名的网络法学者接受过计算机科学和/或计算机科学或工程方面的礼节性培训。当代网络法律会议邀请技术专家，论文通常有技术合作者。包括宾夕法尼亚大学在内的几所法学院与工程系开展了联合项目，部分原因是为了满足专利法科学培训的需求。乔纳森·齐特林(Jonathan Zittrain)在哈佛大学专攻计算机科学专业。See http://hls.harvard.edu/faculty/directory/10992/Zittrain. Barbara Van Schewick 拥有计算机科学博士学位，并在斯坦福大学担任电气工程专业。See https://www.law.stanford.edu/profile/barbara-van-schewick. See http://www.law.berkeley.edu/15851.htm 查看最近一次会议的与会者名单。以下是具有计算机科学背景的参与者的一些例子：佐治亚理工学院的阿尼尔安东(AnnieAntón)、哥伦比亚大学史蒂文贝洛文、宾夕法尼亚大学的马特·布拉泽(Matt Blaze)和卡内基梅隆大学的洛丽·克兰纳(Lorrie Cranor)。See https://www.law.upenn.edu/academic-s/crossdisciplinary/jd-engineering/ for Penn's joint program.

[293] 网络法律中的非营利组织、智囊团和学术中心越来越多地雇用研究员和技术培训人员。政府机构——特别是联邦贸易委员会和白宫拥有首席技术官。白宫任命梅根·史密斯(Megan Smith)为科技政策办公室的首席技术官。See https://www.whitehouse.gov/administration/eop/ostp/about/leadershipstaff/smith. 智库民主与技术中心有一位名叫 Lorenzo Hall 的首席技术专家。See https://cdt.org/staff/joseph-lorenzo-hall/. 美国联邦贸易委员会任命阿什勘·索坦尼(Ashkan Soltani)取代计算机科学家拉坦娅·斯威尼(Latanya Sweeny)担任首席技术官。See https://www.ftc.gov/news-events/press-releases/2014/10/federal-trade-commission-appoints-soltani-chief.

[294] E. g., Evgeny Morozov, *To Save Everything, Click Here: the Folly of Technological Solutionism*(2013).

[295] 例如，斯坦福大学一个有影响力的项目将法学院和工程学院联系起来，研究无人驾驶汽车的法律和相关政策。See Sven A. Beiker, "Legal Aspects of Autonomous Driving", 52 *SANTA CLARA L. REV.* 1145(2012)(describing the program).

这样的活动中,机器人学家的参会人数与律师相当。作为一个偶尔有前排席位的人,笔者可以坦言,这些努力的速度和融合性要归功于网络法。

总之,机器人技术的基本特征表明,机器人与网络法是分开的学术探索,反映了这两种技术之间的差异及其支持的新的人类经验。机器人的研究可能会产生新的司法观点,用以补充互联网所带来的法律创新。但研究不应从零开始。几十年网络法学术研究为人们对任何新技术的研究提供了经验,更不用说像机器人技术与其有着许多共性的新技术了。包括类推在普通法中围绕技术作出决策的作用在内的方法,学者和法院倾向于使用某些隐喻及架构限制,尤其是跨学科协作的重要性。当代社会几乎没有什么重要问题可以仅仅通过法律或任何一个学科就可以解决。

结论

互联网的崛起给社会带来了巨大的变化,并引发了一场被称为网络法的法律学者之间的运动。本文的主题反映了互联网的基本特征——连接、共享和控制。甚至随着法律对这些变化的适应,技术也突飞猛进。开发互联网的政府和业余爱好者以及少数几家私营公司已经开始向机器人技术和人工智能方向进行重大转变。立法机关在 20 世纪 90 年代末制定了针对互联网的法律,现在又起草了关于无人机和无人驾驶汽车的法案。

与此同时,机器人技术有一套不同的基本特征——形体化、突现和社会价值。因此,未来几年将面临一场新的截然不同的斗争,在这场斗争中,学术界和政策制定者将努力发展出一个理论学说,用以整合这项令人兴奋的新技术。而最好的前进之路是开辟新的理解途径,而不是抛弃网络法精心收集的知识和方法。

最后,笔者想简单地回顾赫伯特 · 西蒙的观点。西蒙认识到了那些最接近新兴技术的人在推测技术对社会的影响上的作用。[296] 但他也认为他的

---

[296] See Simon, supra note 17, at vii.

观点必然是公众参与的开始,而不是结束。[297] 早期的互联网口译员也提出了同样的警告。[298] 笔者对这个课题最深切的希望是许多实际操作以此为依据。也许笔者低估了机器人技术的发展速度,或者高估了技术的影响。也许笔者误判了机器人的基本特征,或者选择了一条不明智的前进道路。但机器人技术将以平淡而深刻的方式改变我们的生活,不过法律对此该如何应对则取决于我们。

(苏志猛　余守涛　译)

---

[297] Id.

[298] E. g. ,Froomkin,supra note 53,at 856("现在预测,还为时过早,以至于互联网至少选择地回答了针对将话语理论应用于广泛公共生活的可能性所带来的强大挑战,但这希望还为时尚早");Hughes,supra note 246,at 364[正如罗伯特·诺齐克(Robert Nozick)在他自己的知识旅程开始时提醒我们的那样,"除了最后一句话之外,还有其他主题的话语空间"(引文省略)].

人工智能与法律推理

[加拿大]J. C. 史密斯(J. C. Smith)* 著

(原文载于 *Chicago-Kent Law Review*)

一、引言

看过2001年亚瑟·C. 克拉克(Arthur C. Clarke)和斯坦利·库布里克(Stanley Kubrick)电影《太空漫游》的人都知道,电影中的计算机"HAL"能"思考、看、感觉,偶尔还会发狂"。HAL本应该在1997年1月12日开始拥有自主意识并投入使用。① 尽管克拉克和库布里克"未能预测到过去20年中最大的进步:微型化和微电子技术",②但我们管理自然语言的计算机的能力甚至不如2岁婴儿水平。克拉克和库布里克(以及其他许多人)将类似HAL的智能计算机视作一个无法实现的梦想,或者仅仅是他们的"技术时间线……可悲的不准确",③目前我们尚且无法确定。然而,笔者将会说明为什么,至少在可预测的之后一段时间内,传统人工智能(artificial intelligence)方式是被误解的,而且将导致工作方向错误、资源滥用;同时,笔者将提出一种更温和的替代模式,引导相关研究朝着一个不同的、更富有成效的方向发

---

* 不列颠哥伦比亚大学法学院人工研究("FLAIR")项目创始人,法学荣誉教授。

感谢芝加哥肯特法学院理查德·W. 莱特(Richard W. Wright)教授和默里·布雷斯韦特(Murray Braithwaite)对本文的有益评论和建议。

① See Simson Garfinkel, *Happy Birthday HAL*, *Wired*, Jan. 1997, at 120.

② Id. at 124.

③ See Simson Garfinkel. *Happy Birthday HAL*, *Wired*, at 121.

展。这些问题,正如下文所将展示的,对人工智能和法律领域至关重要。

计算机科学家和法学界对人工智能与法律这块领域都有特殊的兴趣。目前,大多数法律信息最初是以电子形式创建的,故为实验提供了大量数据。因此,人工智能领域的许多计算机科学家被吸引到法律语句中。作为研究的一个肥沃领域,比起其他类型的文本来说,电子形式信息具有结构化内容和清晰的概念,故法律专业对电子形式信息的依赖越来越大,也因此说明了法律是建立在逻辑基础之上的。从律师的角度来看,我们有法治的概念,与人治形成了对比,从而在某种意义上把法律的内部证成与人的推导过程分离开来。正是这种对比诱使我们把法官当成推理机器,把计算机当成法官。安东尼·达马托(Anthony D' Amato)教授以问题的形式写了一篇题为《计算机能/应该取代法官吗?》的文章④,在这篇文章中,达马托提出了"一个不人道的决策建议"。⑤ 他在文章的结尾说,"通过从法律中删除大量不可预测的'判决',会导致诉讼案件数量的急剧减少,整个社会因此受益",从而减少法官、律师和案件数量。⑥ 他称这一愿景为"一个可确定的法律体系"。⑦

本文的标题涉及对法律语句和推理的本质以及我们称为"人工智能"的本质的某些预设。这样的标题预先假定法律语句相当清晰和稳定,而法律推理则受规则约束。若要对达马托教授的问题作出回应,必须隐含地包含上述这两个假设,才能使问题具有意义,因为对于计算机能否就法律问题作出可接受的判决来说,清晰化、规则化是至关重要的。进一步假定,人工智能这个术语不仅仅是一个比喻,因为它的智能至少部分是真实的——除了它是人工的,在这个意义上它不是人类。

然而,关于人类智慧、法律语句、法律推理和机器智能的性质和结构,尚有先决问题需要我们加以考虑,即计算机是否可以作为法官?这个问题的

---

④ Anthony D' Amato, " Can/Should Computers Replace Judges", 11 *Ga. L. Rev.* 1277 (1977).

⑤ Id. at 1288.

⑥ Id. at 1300 -01.

⑦ Id. at 1301.

答案应该决定我们在计算机和法律领域进行的研究和开发的类型,同时选择的目标和使用的方法将根据我们在这些初步问题上所处的位置而有所不同。

计算机能/应该取代法官吗? 这一问题基于两种常见的错觉。这两种错觉加在一起,导致对智慧的性质和结构的误解。第一个被称为"笛卡儿错误"(Descartes Error)。[⑧] 笛卡儿错误得出这样的结论:智慧可以独立于人体而存在。笛卡儿错误的另一个名称是精神/身体二元论。笔者把第二个错觉称为"莱布尼茨谬论"(Leibnitz's Fallacy)。莱布尼茨谬论相信人类所有的思想都可以通过一种通用语言来表达,这种语言可以在数学上精确地发挥作用,因此,社会问题可以通过计算手段来解决。莱布尼茨解决纠纷和难题的座右铭是"计算器!""让我们计算一下"。[⑨] 他说,"事物就像数字"。[⑩] 他曾经写过一篇题为《新的法学教学方法》的论文,[⑪]所以如果有人问他,他肯定会以热情的态度回答达马托的问题,"是的!"。

根据丘奇 - 图灵理论(Church-Turing thesis),机器智能和人类智慧本质上是等效的。[⑫] 虽然人类智慧远比机器智能复杂,但两者之间没有质的区别。如果丘奇 - 图灵理论是有效的,那么人脑可被视为神经计算机,人类语言可被视为软件,计算机可被视为机械大脑。[⑬] 丘奇 - 图灵理论导致了一系列令人暗自思考的隐喻:人类智慧成为计算机的隐喻,而计算机则成为人类的隐喻。人类作为一个有机机器,计算机作为一个机械实体的概念,不仅深刻地影响了人工智能领域,而且塑造了我们自己的观点。[⑭] 利用计算机语句来描述人的心理过程是一种普遍存在的现象。人们现在谈论编程和重新编程自己,听到被称为硬件和软件问题的精神疾病的形式并不少见,另一些人

---

⑧ Antonio R. Damasio, "Descartes' Error: Emotion, Reason, and the Human Brain" 247 – 48 (1994).

⑨ Z. A. Melzak, *ByPasses: A Simple Approach to Complexity* 228 (1983).

⑩ See Paul Edwards ed., 4 The Encyclopedia of Philosophy 422 (1967).

⑪ Id. at 423.

⑫ See Raymond Kurzwell, *The Age of Intelligent Machines* 117, 152 (1990).

⑬ See Warren S. McCulloch, *Embodiments of Mind* (1965).

⑭ See Sherry Turkle, *The Second Self: Computers and the Human Spirit* (1984).

说记忆丧失是信息检索的问题。[15]

1965 年赫伯·西蒙(Herb Simon)预测到 1985 年(比 HAL 的出生时间早 12 年),“机器将具备能力……做任何人能做的事”。[16] 像这样的预测是基于丘奇 – 图灵理论有效的前提。然而,如果这种理论是无效的,那么机器就不太可能“能够做任何人能做的工作”,这些预言未能具体实现。一方面,这种失败可能是由于图灵、西蒙和其他人对时间框架过于乐观;另一方面,失败可能是由于丘奇 – 图灵理论可能无效。如果这些预测在遥远的将来成为现实,那么至少有些法律纠纷很可能可以通过机器来裁决。然而,为了解决达马托教授的问题,我们必须从笛卡尔错误和莱布尼茨谬论的角度更仔细地审视丘奇 – 图灵理论。

二、计算机能解决法律问题吗

专家系统是人工智能领域中最接近人类理性的系统。专家系统是基于各种人工智能技术的计算机程序,在人类专家的水平上执行一般特定和困难的任务。[17] 专家系统通常由三部分组成,即知识库、操作知识库的推理机器和向用户提供的解释性、信息性材料,[18]专家系统可以用特殊的编程语言构建,也可以通过使用商用外壳来创建。[19] 它们可以用基于逻辑或面向对象的语言编写,并且可以作为基于规则或基于案例的推理机器。如果计算机能够解决法律问题,专家系统和基于案例的推理技术很可能为我们提供最好的工具。

法律知识是技术性的,但它没有自然科学的概念清晰性。律师的思维

---

⑮ Id. at 285.

⑯ Herbert Simon, *The Shape of Automation for Men and Management* 96(1965).

⑰ See, e. g. , Donald A. Waterman, *A Guide to Expert Systems* 1 –60(1986).

⑱ See Richard Forsyth, “The Architecture of Expert Systems”, Richard Forsyth ed. , *Expert Systems* 9(1984).

⑲ See, e. g. , Donald A. Waterman, *A Guide to Expert Systems* 1 –60(1986). at 339 –365.

是公理化的,[20]但法律却不能以演绎体系的形式存在。法律是一个系统的知识体系,但同时又不一定是一致的。法律被认为是合理的,但并不是所有的法律论证都可以用逻辑三段论的形式表达。法律话语的复杂性直接关系到其必须发挥的功能的性质和多样性,从纠正过去到塑造未来,以及法律的理论话语与该话语所适用的生活事实之间关系的复杂性。

法律推理是普遍存在的,因为类似的案件要以相同的方式决定。当一种情况与另一种情况类似时也会存在差异,但这些差异不会被认为是相关的。因此,法律推理具有一种隐喻结构,即当一个术语在不同的语境中用作隐喻时,新的参照物必须具有相似性,但也必须具有差异性。隐喻不仅是一种外围设备,而且是语言的核心,因为人类的认知从已知、熟悉的转变为新的、不同的。基于案例的推理、先例和类比,推理本质上是隐喻性的,因为一个人正在从已知、熟悉的走向新的,并且有些不同。隐喻推理需要关联性的标准,以便识别不相关的差异和相似性。相关性是根据影响结果或其重要程度来衡量的。

基于案例的推理具有较低的信息成本。如果一个参与者可以按照先前的步骤获得相同的期望结果,那么他就不需要了解流程的工作原理,也不需要获取新的信息来获得所需的结果。遵循以理论术语证明的先例是一种非常经济的推理方式,因为它避免了广泛研究替代选择的影响或潜在结果的必要性。先验推理除了具体案件事实外,几乎不需要外部信息。这种论证方法试图在不需要外部事实证明的理论结构范围内,找到案件事实和先例事实之间的最佳匹配。

如果每个案件中的每个诉讼当事人都必须在经济、道德或公共政策考虑方面直接证明其要求,那么信息成本将是巨大的。然而,先例的论证避免了这种虽高度相关但给诉讼程序增加巨大成本的论证。基于案例的推理需要假设:如果新争议在所有相关方面与正确判决的案件类似,并且恰好新案件采用相同的判决,那么新争议的判决也将是正确的。人们可能会从这个

---

[20] See Juan Miquel, "Stoic Logic and Roman Jurisprudence", J. C. Smith & David N. Weisstub eds., The Western Idea of Law 333(1983).

特征中推断出，法律推理是基于对重要内容的广泛共享假设，以及在每个案件中争论这些假设的信息成本将超过任何获得的利益。

(一)疑难案件

如果法律原理与生活中物质事实之间的关系是固定的，或者受严格的规则治理，那么在机器中模拟法律推理的任务尽管会很复杂，却是可行的。然而不幸的是，事实并非如此。在诉讼的背景下，法律原理与物质事实的关系使许多人认为法官可以在几种可能的原理分类或概念化形式之间酌情选择，而且这种学说常常在相反的概念、规则或规范以及相互冲突政策之间产生分歧。

另一方面，法律专业的大多数人员可以区分善法和恶法的法律论据和法律推理的形式。只有一小部分纠纷通过诉讼解决，律师通常知道何时通过诉讼解决，何时无须诉讼解决。因此，我们可以确信地假设，法律原理与生活中物质事实之间的关系不是随机的。如果不是随机的，那么它必须遵循某种结构。虽然可能的情况是，对于每个法律问题或争议都没有唯一正确的答案，但我们可以假设，对于任何两种可能的替代答案导致不同的法律结果，人们通常可以证明一种替代方案比另一种更好。如果以上所有假设都是真的，尽管法院通常面临疑难案件，但我们可以假设，他们很少面临要对不可能的案件做决定的情况。因此，疑难案例是法律不可避免的一个方面。[21]

在法律推理中存在许多不确定性的来源，并且存在多种不同的方法对它们进行描述和分类。不确定性的本质因不同的法律领域而异，而其他不确定性模式可能贯穿法律的方方面面。然而，其共同点在于不确定程度越大，法律领域的法治就越少，因此，对系列事实可能产生的法律问题的结果可预测性就越低，编程机器解决这样一个法律问题就变得越发困难。

㉑ See S. C. Coval & J. C. Smith, "Rights, Goals, and Hard Cases", 1 *Law & Phil.* 451 (1982).

(二)深层结构

虽然在法律的许多领域中,法律学说本身存在大量的不确定性,但更多的不确定性体现在法律学说与引起争议的重大生活事实相联系的时候。传统的法律理论都可以根据语言的预设以及法律话语如何与生活中物质事实相联系来构思。例如,自然法与权利理论的前提是,法律话语与围绕生活中物质事实(包括人与自然)的话语之间的关系是恒定的。[22] 如果对权利、义务和自由的法律论述是以违背人类及其自然环境真实性质的方式适用于生活事实,则法律是不公正的。一方面,法律实证主义认为,这种关系是由决定政治法律管辖权有效性的公约所确定的,如果关于这种关系的规则不明确,则法官就具有自由裁量权。[23] 另一方面,美国的法律现实主义则认为这种关系更为随机,让法官有很大的自由裁量权,决定他们用什么法律理论来概念化这一套事实。[24]

不列颠哥伦比亚大学(University of British Columbia,UBC)法学院人工智能研究(Faculty of Law Artificial Intelligence Research,FLAIR)项目起源于UBC和IBM(加拿大)之间为期3年的合作项目。FLAIR项目从一开始就追求从理论视野出发,其目标是将特定的人工智能范式与心理语言学和法律理论相结合。我们的第一个项目是测试法律原理与生活中物质事实之间关系的性质和结构特定理论的有效性,我们将其描述为远程分析法学。远程分析法学假设法律的技术理论话语与生活的物质事实之间的关系是目的论,并且法律判断的有效性可以用目标排序与法律中已经包含的目标的一致性来衡量。[25] 反过来,这种排序是否被评估为良好,仅仅根据它在多大程度上反映了特定社会目标的共同目的。

我们的第一个项目是开发一种方法,通过展示法律的基础目的或目标

---

[22] See J. C. Smith, *Legal Obligation* 34 –59(1976)[hereinafter *Legal Obligation*]. at 4 –7.

[23] Id. at 7 –13.

[24] Id. at 13 –21.

[25] See S. C. Coval & J. C. Smith, *Law and its Presuppositions: Actions, Agents and Rules* 1 –28(1986).

结构的排序和关系,在计算机中模拟基于案例的推理。我们成功地建立了一些专家系统,可以就该系统所涵盖的特定法律领域中的一个棘手的法律问题发表意见。系统中包含的法律知识通过采用法律原则和规则来体现,并且通过简化的转换过程,将它们表现为作为法律基础的目标及目标顺序。通过进一步简化的转换,目标及目标排序被简化为多组单个更精确的个别事实规则,这些规则反映了引起法律秩序的潜在目的论结构。用户会被问到一系列问题,这些问题只需要回答与具体问题有关的事实性质的问题,然后系统就会做出预期的法律反应。

为了创建可以解决争议的基于案例的推理者和专家系统,系统必须存在识别和表征法律学说(意义链)与生活的重要事实(所指的)的一致模式。法学规则和法律概念不能被用作系统的知识库。在纯粹的理论层面,法律规则是循环的,因为概念之间的关系是句法和形式的。例如,除非存在注意义务,否则其在过失中不承担任何责任。然而,注意义务始终被视为一个法律问题。如果土地权益赋予了独占的权利,那么它就是一项财产而不是合同利益;如果占用人拥有财产权益,则他们将拥有独占财产的权利。另一方面,如果法律规则以事实和法律的形式表达,那么规则和例外规定的数量将完全无法控制。例如,不可能存在一套规则使法律在任何情况中对认可或不认可注意义务都具有决定性作用。人们可以陈述一个原理规则,即意图是杀人构成一级谋杀的必备要素。然而,人们不能获得一套规则,这些规则可以决定性地确定每个杀人案件是否存在意图。一方面,如果一个法律规则是纯粹的理论性的,那么它提供给一个事实情况的任何理由都将是循环的;另一方面,如果一个决定的理由是事实性的,那么它将不会像规则那样被治理。

应用我们的人工智能范例,我们试图用简化的转换来表示案例,这种转换可以在机器中表示并以计算方式处理。在可能识别出一致性模式的情况下,这些模式构成法律理论结构与案件的实质事实之间的关联关系,同时可以为深层结构起作用,可以在专家系统或基于案例的推理器的知识库中展示。

1. 间接损害

过失损害赔偿法是法律理论中最不确定、最模糊、最具分歧的领域之一。[26] 损害赔偿的时效问题涉及因过失行为造成的损害赔偿责任限制。损害赔偿的偏远性问题产生于这样一个事实,即除那些容易预见的损害外,各种间接损害和损失还可由疏忽行为引起。过失行为的有害后果往往是多重的,而不是单一的。一个有害的后果往往会导致另一个。由于被告的过失造成事故,原告可能需要医疗救助,这会造成进一步的危害后果。人身伤害可能造成进一步的经济损失。在确定为了追回损害赔偿金是否过于遥远时,必须分别处理每一种特定的损害。

因为一直存在两组相互冲突的测试:一组是以被告为导向的,主张尽可能在小范围内赔偿;另一组以原告为导向,主张被告应对因果相关的损害承担更广泛的责任,[27]因此,法官似乎可以完全自行决定在一系列疏忽行为之后的事件链中划出损失赔偿线,超出赔偿线的特定损失或损害将会过于宽泛。如果法官追求更复杂的损害赔偿,那么他将使用严格的可预见性测试。[28] 另外,如果其追求填平损失,其将使用诸如"近似"或"直接"原因的因果关系测试。[29] 前者通过设置较窄的限制来支持行动自由,而后者则通过扩大责任范围来支持损失赔偿。

这两个相互冲突的法律目标之间的平衡点可以用深层结构规则的形式论述:如果在特定情况下可以合理预见,则疏忽行为造成的损害不会太多;如果不能合理预见的,则属于可预测损失类别之一。[30]

虽然通常可能无法合理预见特定损失,但可以合理预见:(1)进行危险活动时由于疏忽造成各种各样的特殊伤害风险;(2)对人的损害还可能导致受损害的人或其他人受到特殊易感性或医疗并发症的进一步损害;(3)引发了风险进而请求救援。[31] 从引发的超危险类别来看:(1)机动车事故、爆炸物、高度易燃或有毒物质、火灾、高压电、武器或危险机械造成的人身伤害或

---

[26] See J. C. Smith, *Liability in Negligence* 91 – 175 (1984) (讨论为什么确定在偏远地区案件中预测司法判决的合理依据是有问题的).

[27] See J. C. Smith, *Liability in Negligence*, at 93 – 100.

[28] Id. at 111.

[29] Id.

[30] Id. at 138, 159 – 160.

[31] Id. at 136 – 37, 160.

财产损失不会不可预测;(2)由于疏忽行为造成不寻常或易损体质的人额外的身体上和心理上的损害不会不可预测;(3)因人身损害而导致的医疗并发症不会太不可预测。救援人员遭受的身体或情感损害都不会无法预测。[32]虽然上述任何一个具体实例可能无法合理预见,但它们都是经常发生的一类损害赔偿的情形。[33] 对加拿大、英国、澳大利亚和新西兰报告的334例病例进行损害赔偿问题调查,结果表明,大约92%的病例与上述深层结构规则一致。[34] 因此,从法律领域的潜在目的论的角度来考察时,最常被认为是最不受治理的法律领域之一实际上证明是高度结构化的。损害赔偿问题揭示了阻止过失行为的目标与对损害弥补和行动自由之间的冲突。严格责任会抑制行为,没有责任会鼓励鲁莽的行为。对法律潜在的目的论结构(远程分析法学)的分析揭示了法律学说与生活的物质事实的话语相关联的方式的高度一致性,这是传统的法律理论未能认识到的一点。

2. 神经休克顾问

在FLAIR开发的神经休克顾问(The Nervous Shock Advisor,NSA)是一个专家系统,该系统会就由他人的疏忽所引致的紧张休克是否可在侵权法中追讨,或以对神经系统的冲突过于严重为理由而不能追讨的问题提出建议。[35] 换句话说,该专家系统会根据因果关系的认定是否严格来提出法律应否对由于疏忽引起的紧张性休克的受害人进行赔偿的一个建议。神经冲击是律师在普通法传统下创造的一个术语。其最接近的医学对应征兆是创伤后应激障碍。美国大多数司法管辖区都有类似的行为原因,称为"情绪困扰"。在法律上,经典案件是这样的:索赔人是旁观者,其见证了可怕的事情发生在其他人身上,并因此受到惊吓。例如,母亲看到她的孩子被疏忽大意的司机杀害。国家安全局包含了来自加拿大、英国、澳大利亚和新西兰的这

---

[32] Id. at 160.

[33] See J. C. Smith, *Liability in Negligence*, at 132 –33.

[34] Id. at 138 –40.

[35] See Cal Deedman & J. C. Smith, "The Nervous Shock Advisor: A Legal Expert System in Case-Based Law", Ching Y. Suen & Rajjan Shinghal eds., Operational Expert System Applications in Canada 56(1991)[hereinafter Deedman, *The Nervous Shock Advisor*].

一法律问题的所有案例。在英联邦的普通法体系中,如果原告是受伤或濒危的一方,原告可以要求治疗创伤后应激障碍的赔偿。然而,如果是被害人之外的其他人遭受创伤后应激障碍,则会发现神经性休克引发的问题是法律适用目前的最困难、最模糊、最混乱的领域之一。首先,神经冲击是否归属于侵权法中的问题?抑或其本身就是一种实质性的侵权行为?对此,英联邦的普通法体系没有达成共识。尽管围绕该法律领域存在理论歧义,但对这些病例的检索表明,被害人之外的人遭受创伤后应激障碍时,该障碍的恢复有两个必要条件。双方之间必定存在一定程度的关系,并且对创伤事件有一定程度的接触。此关系是一个模糊的类别,它可以通过从近距离到远距离给出每个不同情况的精确数值来“去模糊化”。以类似的方式,可以将参与程度分解为一系列特定情况,其中该组的每个成员可以被给予精确的数值。然而,所有这些案件的判决理由都是以纯粹的原理形式给出的。法律理由是原理而非事实。

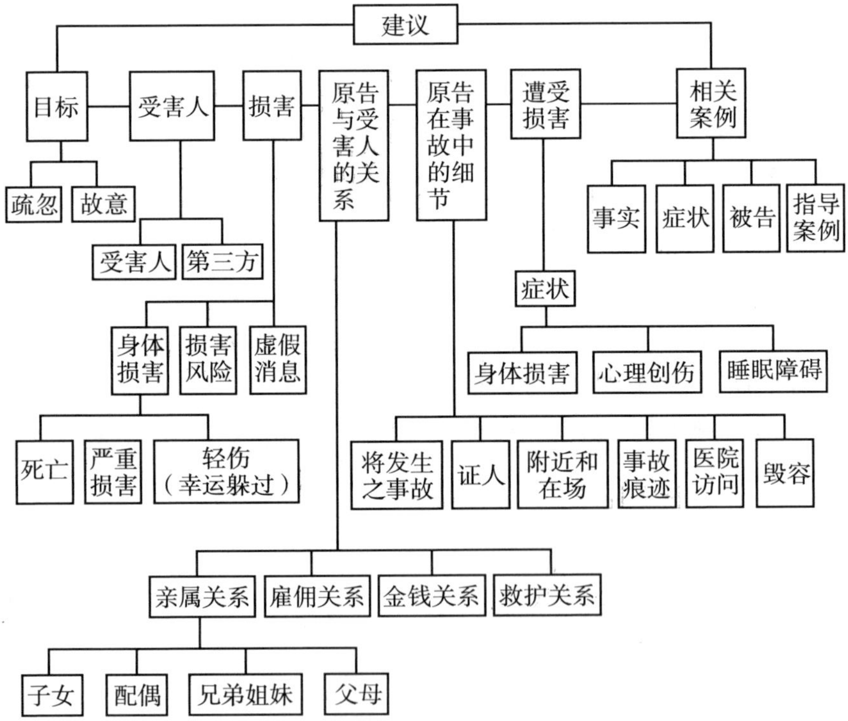

图 1　神经休克顾问的知识结构

图 1 是神经休克顾问的知识结构图,反映了一个完全事实的结构,该结构通过在法律决策中采用的一致性模式与原理结构关联起来,这些法律决策反映了该法律领域的潜在目的论。

以下假设的一组事实可用于证明系统如何通过提供法律判断来回答事实问题的。

原告是一个 6 岁孩子的母亲。由于被告的疏忽,原告的小女儿脸部受到严重烧伤。事故发生在学校,孩子立即被送到医院。当原告到达那里时,她发现她的女儿已服用镇静剂睡着了,脸上全是绷带。住院几周后,绷带被拆除,原告第一次见到了女儿伤痕累累的面部,因此遭受了创伤后应激障碍或神经性休克。由于创伤后应激障碍,母亲晚上无法入睡,因此不得不放弃高薪工作。被告愿意对儿童承担赔偿责任,并且双方律师就此达成了损害赔偿金额的合意,但该协商是不充分的。因为近距离接触事故对母亲来说是一种照顾责任。系统将询问用户一系列事实问题,以根据系统的深层结构形成问题的概况,然后它将给出以下响应:

很愉快地通知您,您的客户有紧急休克的可能性;

以下是这个判断所涉及的各个要素的细分,如果任何元素的确定性因子小于 100%,您应该将其视为链中的薄弱环节,并专注于搜寻支持该领域的案例;

原告参与事件程度:60%;

判断:行为占 60%;

这些案例按三个类别反馈,即论题、类比相关和反比,该系统归纳"S. 诉迪斯提乐(Distillers)公司(生物化学品)有限公司案"的案例,[36]母亲在怀孕期间因服用沙利度胺使婴儿在胚胎发育期间患有严重畸形,母亲因此神经性休克并要求补偿。除了案情最接近的反对案例外,该系统还提供了一个案例清单,均表明没有足够的事件参与程度可以证明赔偿的合理性。该系统还报告了一份主要案件清单和一份与原告可能遭受的症状有关的案件清单,附事实摘要和法官对症状的明确陈述。

---

[36] 3 All E. R. 1412(Q. B. 1969)(U. K.).

3. 专家系统的局限性

由于 UBC FLAIR 项目 10 年的研究和开发，我们可以肯定地说，机器是否可以像律师一样思考问题的答案是非常笃定的“是”。然而，在法律领域，很少有真正的专家系统。出现这种情况的原因有很多。法律专家系统极其耗时，并且创建和维护成本高昂。律师不愿意相信机器的决定，除非他们完全理解达成决策的规则结构。但是，如果他们确实理解，他们就不再需要专家系统查询。商业编程外壳有助于创建专家系统，但它们并未被证明是可靠的，因为它们来自市场。如果软件公司不维修，则系统无法适用，必须在不同的外壳中重新创建，或者用适当的编程语言重新编写。

在 FLAIR 项目中创建法律专家系统的目的是通过尝试在机器中模拟法律推理来了解法律推理的性质和结构。从这个角度来看，我们认为我们的研究已经取得了很大的成功，即我们根据的目的论深层结构，将法律理论规则应用于实际情况的过程开发了专家系统。我们发现，与其他许多人一样，在专家系统中模拟法律推理可以成为一种非常有效的方法来传授法律推理的性质和结构。在过去的 6 年中，我们在 UBC 法律学院开设的法律理论课程、法律推理和人工智能课程中，学生们每年都会将该方法与商业外壳副总裁专家结合起来，在有限领域创建小型但有趣、有效的专家系统。

FLAIR 项目开发的专家系统表明了法律原则与事实情境之间的关系，即在冲突发生时利益和目标的排序一致性的基本模式。[37] 因此，这些专家系统的基本规则结构代表了法律原理与司法判决所关联的物质事实世界之间

---

[37] See J. C. Smith & Cal Deedman, “The Application of Expert System Technology to Case-Based Law”, *The Proceedings of the First International Conference of Artificial Intelligence & Law* 84,85 (1987); See Deedman, *The Nervous Shock Advisor*, *supra note* 102; Andrzej Kowalski, “Case-Based Reasoning and the Deep Structure Approach to Knowledge Representation”, *The Proceedings of the Third International Conference of Artificial Intelligence & Law* 21 (1991); Marilyn T. MacCrimmon, “Expert Systems in Case-Based Law: The Hearsay Rule Advisor”, *The Proceedings of the Second International Conference of Artificial Intelligence & Law* 68 (1989); J. C. Smith, “Action Theory and Legal Reasoning”, Ken Cooper & Elaine Gibson eds., *Tort Theory* 104 (1993); Cal Deedman, *Developing Conceptual Systems for Structuring Legal Knowledge to Build Knowledge-Based Systems* (1993) (unpublished Ph. D. thesis, University of British Columbia) (on file with author).

的关系,而不是代表法律理论本身。遵循我们的“创造性转变”范式之后,我们选取了这样一个法律领域,即这些案例的判决在法律理论的应用上似乎不一致,并根据基本的利益冲突以及这些利益的不同排序对法律中反映的其他利益和目标的排序可能产生的影响进行分析。我们可以根据法律中反映的基础目的找到排序一致性的模式(目的论深层结构),然后尝试根据反映这些一致性模式的事实组件创建规则。因此,这些案例缩小为目标排序(简化转换),并向用户询问事实问题,以便系统根据目标或兴趣的冲突来表现问题。然后,系统在其知识库中搜索,试图找到最接近的相应冲突和排序,并将其与问题(更简单任务的设定)相匹配。然后,在这个匹配的基础上,该系统提出了一个问题的解决方案,该问题与其知识库(逆转换)法律学说中的案例的目的论结构一致。

(三)将法官置于机器中

让我们回到笔者前面提出的关于人工智能或机器智能本质的两种不同观点的问题上,计算机能/应该取代法官吗?看看构建一个能够真正裁决案件的司法机器需要什么。这一比较将允许评估丘奇 - 图灵的人工智能观与人工智能的创造性转化观。

1. Cycic 法官

Cyc 是迄今为止最全面的人工智能项目,其基于丘奇 - 图灵理论的假设。Cyc 是一个非常庞大的多语境知识库和推理引擎,始于 1984 年,是由得克萨斯州奥斯汀的微电子和计算机技术公司(Microelectronics and Computer Technology Corporation, MCC)首先开发的,后被转让给 MCC 的衍生公司——Cycorp 有限公司。[38] 与丘奇 - 图灵理论一致,Cyc 是一个庞大的知识库,包含大量关于基础人类知识,用事实、规则和启发式的形式来推理人类存在和日常的物质事实,它现在包含“超过 200 万零碎的断言”。[39]

---

[38] For online information on the Cyc Project, See Cycorp: Company Overview (visited Feb. 24, 1998) <http://www.cyc.com/overview.html>.

[39] See Simson Garfinkel, *Happy Birthday HAL*, *Wired*, Jan. 1997, at 187.

根据丘奇－图灵理论的假设,一个可以实质上取代法官的基于计算技术的系统必须在 Cyc 之上构建,并增加对判例法和法律法规的全面了解。因此,我们拥有了 Cycic 法官。这将是尝试构建可以解决法律问题的计算机的一种方法。Cyc 项目批评声中常见的是“我们认为这是一种错误的方法,因为它浪费了宝贵的人力资源,并做出了不可靠的理论假设……”[40]

2. 一个更中肯的提议

法官、律师和学者可以被认为在庞大的信息系统的背景下工作,反映了复杂的目标矩阵及其排序。[41] 每个判决有利于原告或被告的案件通过分层排序其争议中相互对立的诉讼目的来解决利益冲突。先例产生一致性趋势,在不同原因导致相互冲突的排序集合的情况下进行纠正。法律理论不断被重述、改进和修改。立法对目标结构进行了更为突出和大规模的修正,而目标结构又将影响个别案例。当遵循先例的做法普及,并且法律原则中没有明显的矛盾时,法律判决将是一致的。如果一个人理解了目的论结构与原理和判决是同构的,就能够在给定一组特定事实的情况下对将来案件如何判决,或者争议的可能结果保持相对高的可预测性。

一种情况与另一种情况在某种程度上相似,即它具有相同的目的论结构。当相同的目标或利益处于危险中时,一个案例具有相同的目的论结构,与其他类似目标或利益集具有相似的因果关系。对法律的审查将表明,法院的决定和立法的效果将使我们的价值观秩序相当一致。例如,预防人身伤害比预防经济损失更重要。如果负面影响最小,员工进行有效集体谈判的利益通常优先于私人财产权。从事实上对诽谤法的全面辩护我们可以推断有效信息的传播比保护名誉更重要,因此优先于保护名誉。

我们发现,我们可以用一些基本的深层结构规则来表示法律的目标矩阵,以确定优先权。特别是对法则目标矩阵的检验将表明,当一对相互冲突的目标的一个排序将以第二个目标的极端代价使第一个目标最大化时,相

---

[40] Yorick A. Wilks et al., *Electric Words: Dictionaries, Computers, and Meanings* 7 (1996).

[41] See S. C. Coval & J. C. Smith, *Law and its Presuppositions: Actions, Agents and Rules* 1–28 (1986); See S. C. Coval & J. C. Smith, "Rights, Goals, and Hard Cases", 1 *Law & Phil.* 451 (1982).

反的排序将使第二个目标最大化，并且只对第一个目标产生最小的干扰时，法则通常倾向于第二次排序。如果一个特定的目标排序作为一个法律判决的结果将导致一个更高价值的社会目标的损失，而相反的排序将不会时，法律将倾向于相反排序，这不会对法律内的其他目标产生负面影响。

Cyc 项目方法的另一种选择是使用创造性转化方法，用目标和目标排序的形式代表整个案例和成文法，用替代性等级优先级来代表目标因果关系。该系统的逻辑将基于一系列深层结构目的论规则，如下所示：

规则一

如果目标 1 优先于目标 2 导致目标 2 微小损害，并且如果目标 2 优先于目标 1 导致目标 1 的实质损害，那么目标 1 应当优先于目标 2。

$$若\frac{g^1}{g^2}\rightarrow g^1\&-g^2\quad 且若\frac{g^2}{g^1}\rightarrow g^2\&-g^1\quad 则\frac{g^1}{g^2}\tag{2.1}$$

规则二

如果目标 1 优先于目标 2 导致对目标 2 的损害与目标 2 优先于目标 1 对目标 1 的损害是程度相当的，且目标 1 一直都优先于目标 2，那么目标 1 应当优先于目标 2。

$$若\frac{g^1}{g^2}\rightarrow g^1\&-g^2\quad 且若\frac{g^2}{g^1}\rightarrow g^2\&-g^1\quad 则\frac{g^1}{g^2}\tag{2.2}$$

规则三

如果目标 1 优先于目标 2 导致对目标 3 的微小损害，而目标 2 优先于目标 1 将导致对目标 3 的实质损害，那么目标 1 应当优先于目标 2。

$$若\frac{g^1}{g^2}\rightarrow g^1\&-g^3\quad 且若\frac{g^2}{g^1}\rightarrow g^2\&-g^3\quad 则\frac{g^1}{g^2}\tag{2.3}$$

规则四

如果目标 1 优先于目标 2 将导致对目标 3 的微小损害，而目标 2 优先于目标 1 将导致对目标 4 的实质损害，那么目标 1 应当优先于目标 2。

$$若\frac{g^1}{g^2}\rightarrow g^1\&-g^3\quad 且若\frac{g^2}{g^1}\rightarrow g^2\&-g^4\quad 则\frac{g^1}{g^2}\tag{2.4}$$

规则五

如果目标 1 优先于目标 2 对目标 3 的损害程度和目标 2 优先于目标 1

对目标 4 相当,并且目标 3 一直优先于目标 4,那么目标 1 应当优先于目标 2。

$$若\frac{g^1}{g^2}\rightarrow g^1\&-g^3\quad 且若\frac{g^2}{g^1}\rightarrow g^2\&-g^4\quad 且若\ g^3>g^4\quad 则\frac{g^1}{g^2} \tag{2.5}$$

规则六

如果目标 1 一直优先于目标 2,目标 2 一直优先于目标 3,那么目标 1 应该优先于目标 3。

$$若\ g^1>g^2\quad 且\ g^2>g^3\quad 则\ g^1>g^3 \tag{2.6}$$

所有上述规则都基于一项最重要的条件——其他所有变量条件相同。竞争目标本身可能不是平等的。某些目标价值观(如权利法案中所载的那些目标价值观)优先于几乎其他所有目标,特别是宪法没有给予优先权的那些目标。司法推理的复杂性远远超出计算机可能代替的范围。然而,如果要尝试这个过程,后一个替代方案比 Cyc 方法更容易应用,并且可能更有效。

三、机器智能作为创造性转变

从丘奇-图灵范式的角度来看人工智能的计算机科学家普遍认为,"如果机器需要理解严肃意义上的语言,那么它就需要对现实世界进行编码"。[42] 然而,这种系统的词汇仍然是原始的并且非常有限。自然语言处理领域的重大发展通常发生在研究人员研究替代范式的时候。一些最有趣和最有希望的人工智能和语言领域来自于将心理语言学与计算语言学相结合的研究。心理语言学是语言学的一个分支,它根据语言在人类思想和记忆中的作用来检验语言。

词汇的概念是心理语言学和计算语言学融合的元素,因为语言的词汇

㊷ See Melzak, Simson Garfinkel, *Happy Birthday HAL*, *Wired*, *Jan.* 1997. at 1.

成分对于人类和计算机都是共通的。[43] 语言的大多数词汇属性可以用计算机词汇来表示。作为人类,我们习惯使用按字母顺序排列的词典。按字母顺序排列的设计是一种广泛使用的计算机词典功能。我们还熟悉分层排序信息。层次结构在计算语言技术中被广泛用于大型信息数据库的组建。计算机科学家使用层次结构来创建继承系统,通过这种系统,可以假定下级继承或拥有上级的属性。因此,可以假设狗是哺乳动物的从属类别,具有哺乳动物的定义特性。在基于计算机的词典中可以链接同义词。词典的使用允许我们在计算机中创建词法矩阵。书籍、文档和数据库的内容可以通过创意转换以词典的形式简化,然后被加工,以完成非常困难甚至不可能用它们原始的自然语言形式完成的任务。计算机允许我们进行各种创造性转换,让我们能够把传统印刷图书馆研究的最佳方面与电子数据库的优势结合起来,基于计算机的信息系统,形成新形式的系统。

(一)作为一种创造性转变的词汇

- 私法(*Private Law*)
  - 侵权法(*Tort Law*)
    - 疏忽(*Negligence*)
      - 义务(*Duty*)
        - 未履行(*Non-feasance*)
          - 占有者义务(*Occupiers Liability*)

图 2

通过阅读整本书从书中获取信息将是一项艰巨的任务。然而,为了确定其内容的中心,不必阅读整本书。几乎所有书籍都有一个目录,代表了本书的主题。法律知识给律师带来了从一般到特殊、从基本到衍生的拓展。如果律师正在处理土地侵占人非法行为(如第三人袭击被邀请或被许可的

[43] See e. g., R. Beckwith et al., "WordNet: A Lexical Database Organized on Psycholinguistic Principles", U. Zernik ed., *Lexical Acquisition: Exploiting Online Resources to Build a Lexicon* (1991); George A. Miller & Philip N. Johnson-Laird, *Language and Perception* (1976).

土地占有者)的法律责任问题,非法侵占者曾采取特定的安全措施可能阻却其违法性,律师则运用分级符的形式组织信息需求,如图 2 所示。然后,律师将尝试在法律文本的目录中找到相应的匹配。

原理层级不是法律知识在传统图书馆中呈现的唯一形式。大多数书籍都有索引和目录。法律概念和相关术语也将按字母顺序列出。如果没有内容展示和引导读者的相应页码这两种形式,从书中检索信息将更加困难。这种结构设计不仅用于字母索引,还用于法律百科全书和词典等研究工具。书籍催生了自上而下(从一般到特定)的和自下而上(从特定到一般)的法律研究方法。目录和索引是对书籍内容的简化转换,使读者能够快速浏览可能包含与其信息需求相关的书籍部分。目录表示书籍内容的上下语义承接结构,索引则以字母形式呈现的重要单词来表示书的内容。

传统图书馆向律师提供法律知识的另一个重要方式是抽象化形式。摘要提供了法律文件或案例的简短概述,以帮助研究人员了解文件的内容以及文件相关度,由此决定是否需要更多时间进一步检查或阅读。抽象化旨在以尽可能短的形式提供基本内容。律师使用许多形式的摘要,如批注、法律摘要和各种形式的简明案例。抽象也是创造性的转变,使一项艰巨的任务更容易执行。全文主旨并非通过阅读大量完整案例来获得,而是通过简短的摘要来表示,这些摘要允许律师快速检索,选择看似相关的那些案例,并通过阅读所选的全文反向转换。

但传统的图书馆信息来源存在某些问题,电子数据库则不存在这些问题,最重要的是时间因素。在任何一个司法管辖区都有数以千计的案例,而且几个司法管辖区的法律可能与一个问题高度相关。将时间都倾注在某一法律问题上,恰好这一问题能帮助解决所有案件,鲜有律师能做得到这点。但是另外,计算机可以在几秒钟内通过电子数据库查看数千个文档。此外,法律图书馆占据相当大的空间。律师不能将整个图书馆的书放进其公文包里,并晚上带回家。然而,整个电子形式的图书馆可以通过 CD-ROM 在一个公文包中随时携带。案例可存储在由具有文字处理程序的计算机中。在电子形式中,可以通过磁盘、公告板、互联网或通过连接到电话的调制解调器即时获得案例。这些案例能以电子形式一直存在,甚至可被印刷出来。因此，我们依靠电子数据来获取最新的决策。传统的图书馆永远无法为我们提供最新的决策。此外，由于案子以电子形式开始，并且没有附加价值，如批注，电子形式的法律信息比在印刷品中发布时便宜得多。许多法律信息，如最新的案例可以通过互联网在许多司法管辖区免费获得。[44]

（二）艰难的任务

在不列颠哥伦比亚大学 FLAIR 项目中，我们认为，我们在专家系统领域的研究非常成功。然而，我们放弃了富有成效的研究方向，将我们的资源和努力转向完全不同的方向。我们这样做是因为我们已经充分意识到传统 AI 范式的问题本质，这需要大量的编码信息知识库和（或）严格的形式逻辑推理模式。与此同时，我们认识到专家系统的成功是基于一种创造性转换的形式，通过转换，案例以目标排序的方式表现出来。当我们的研究使我们采用 AI 范式（创造性转换的形式）时，我们试图采用一种不同的方法，通过创造性的转变而不是通过模拟法律推理来解决实际问题。

虽然现在可以在电子数据库中存储大量的判决，但检索相关案例仍然是一项极其困难的任务。信息检索领域向我们提出了一种挑战，激励我们进一步探索能够使用词典作为简化转换形式的可能。当我们在 1989 年开始向改变的方向出发时，词汇学被认为是自然语言处理的一潭死水。从那时起，它已成为一个主要的研究领域，从而证明了我们早期的直觉。[45] 怀着这样的想法，我们开始在大型特定领域的数据库（如我们在法律中找到的数据库）中开发一种新的文档检索方法。我们选择的方法是按字母顺序和分层次的词典形式和频率形式来表示数据库和数据库中的文档。

---

[44] See, e. g., Cornell Law School, Legal Information Institute (last visited Feb. 24, 1998) <http://www.law.cornell.edu/>; chicago-Kent College of Law, Chicago-Kent Law Review Online Research (last visited Feb. 24, 1998) <http://www.kentlaw.edu/lawrev/libraries.html>; Emory University School of Law, Emory Law Library Federal Courts Finder (last visited Feb. 24, 1998) <http:// www.law.emory.edu/FEDCTS/>.

[45] See, e. g., Wilks et al., supra note 107, B. T. S. Atkins & A. Zampolli eds., *Computational Approaches to the Lexicon* (1994); Cheng-Ming Guo ed., *Machine Tractable Dictionaries: Design and Construction* (1995); Bran Boguraev & Ted Briscoe eds., *Computational Lexicography for Natural Language Processing* (1989).

1. 使隐形可见

书籍形式的信息相对于电子形式的信息具有显著的优势。通过目录、索引和简介可以在封面看到书的内容,并且可以通过快速翻阅和浏览每个页面来浏览书的内容。然而,浏览信息需要花费大量时间。电子数据库中的信息检索比从书籍中检索信息要困难得多,因为书籍中的信息在页面上是可见的,而电子数据库中的信息在实际检索之前是不可见的。信息首先被检索,然后将其转换为字母表的视觉符号。困难之处在于直到你找到它时,你才能看到它;除非你能看到它,否则你就无法找到它。但是,将书籍转换成电子形式时,可以将目录、索引一并转换,这样在屏幕上就显而易见了。然而,如果只想访问一本书,那么就信息检索而言,将书的内容转换成电子数据库则没有明显的优势。实际上,很多东西甚至因此丢失,因为在电子数据库中不可能快速翻页并查找相关概念或重要短语。仅仅将书籍放入电子数据库并不能充分利用电子数据库处理信息的闪电速度。

信息检索的过程,无论是书籍还是电子数据库都遵循相同的模式。研究人员的信息需求必须转化形式,这种转化就代表信息需求。然后,该创造性变换(无论是概念层次结构的一员还是单词列表的一员)与书籍或电子数据库内容的对应展示相匹配。找到相关匹配后,简化展示将转换回相关文本。信息检索在数据库中比在书籍中变得更高效,因为巨大的信息量可以被输入和存储在数据库中,用数据库的速度,进行访问操作和检索信息。然而,手动创建目录和索引既昂贵又耗时。随着数据规模的增加,简单的目录和索引(如书籍中的索引)的回报会逐渐减少。在电子数据库中进行研究的一项艰难任务是设计一个信息系统,该系统将在特定领域的数据库中自动生成分层概念结构、单词和短语的字母索引,以及每个文档内容中重要因素的列表集。这些将允许用户检查数据库的内容并找到符合信息需求的单词和概念。Flexicon 技术由一系列图书馆和工具组成,可用于在特定领域(如法律或医学)或其他领域创建这些领域的词典。于是,隐形的东西变得可见了。

2. 检索

几乎所有数据库,无论是在线的还是CD-ROM都可以附带搜索引擎,也可以通过可用的搜索引擎访问。搜索引擎通常是两种不同的类型之一,即完全匹配或最佳匹配。完全匹配搜索引擎通常是Boolean。因为Boolean搜索引擎只返回与查询完全匹配的文档,并且文档将不按特定顺序返回。Boolean搜索引擎要求查询的术语与Boolean逻辑运算符,即与AND、OR或NOT中的任何一个或多个相连接。如果使用AND,则引擎将仅检索包含如此连接的每个术语的文档,此类查询通常返回的太少。如果使用OR,则搜索引擎将返回包含任何一个或多个如此连接的术语的任何文档,此类查询通常返回太多。如果在术语之前使用Boolean运算符NOT,则搜索引擎将不会返回包含该词的任何文档,即使查询还有其他匹配项。大多数此类搜索引擎允许接近搜索,这使有经验的研究人员能够通过规定某些术语必须在彼此的特定距离内来形成更复杂的查询。在最佳匹配搜索引擎中,文档不必与查询完全匹配,而是根据它们与查询的相关性以排名顺序返回。允许人们以通常的写作或说话的方式形成查询的最佳匹配搜索引擎通常被称为自然语言搜索引擎,因为它允许使用自然语言查询。

信息检索中最困难的问题之一是,我们是否已检索到了在数据库中的所有相关文档。从电子数据库中检索信息的更常用方法是使用Boolean搜索引擎。关于这个问题的少数研究之一是布莱尔(Blair)和马龙(Maron)的研究,使用Boolean完全匹配搜索引擎在大型法律文件数据库上进行。[46] 从图3中可以看出,布莱尔和马龙研究的结论是,经验丰富的律师在法律数据库上进行一系列广泛测试之后,虽然律师认为他们已经检索了数据库中大约75%的相关文件,但事实上他们只获得了大约20%的信息。[47]

---

[46] See David C. Blair & M. E. Maron, "An Evaluation of Retrieval Effectiveness for a Full Text Document Retrieval System", 28 *Communications of the ACM* 289 (1985).

[47] Id. at 293.

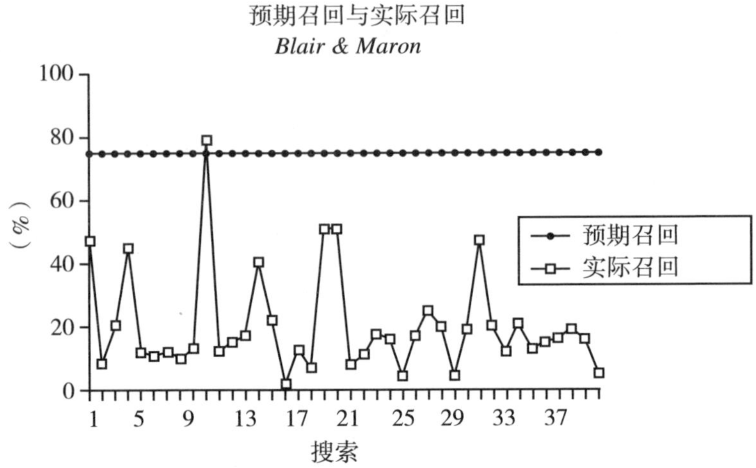

图 3　预期召回与实际召回

大多数有经验的法律研究人员同时使用 Boolean 和最佳匹配搜索引擎，因为每个搜索引擎都有一定的优点和缺点，具体使用取决于需求的信息为何。Boolean 搜索引擎允许在搜索查询中使用多个单词分组，但不会返回根据排名的文档。排名依据的是与查询的信息需求的匹配程度。例如，如果搜索出 60 个文档，则最相关的情况可能是最后一个。律师必须检查所检索的 60 个案件中的每一个案件，以发现哪些案件与法律问题相关，从而符合信息需求。另一方面，Boolean 完全匹配搜索引擎以外的搜索引擎搜索出具有一些相似性排名的文档，但是它们不允许在搜索查询中使用多个单词分组和短语。其中一个仅限于使用单个单词。这是一个非常严重的限制，因为大量的法律概念和查询项都是由几个单词组成的。

由于在搜索查询中使用多个单词组合的能力和按相关性排序的反馈案例的能力都是电子数据库中高效研究的基本特征，因此将这两种搜索引擎组合成一种搜索引擎似乎是有意义的。然而，因为其结构的独特性和本质不同，这在事实上是不可能的。目前合法的出版商在这两种搜索引擎的基础上，在其结构允许的范围内又增加了另一种引擎的一些有限功能。Boolean 完全匹配搜索引擎提供了一些有限的排序算法，该算法对查询条件的频率进行统计测量，并将它们在数据库中的出现频率作为一个整体进行排序。Best-match 搜索引擎可以通过附加一个内置的常用词分组词典来提供有限的多词功能,该词典允许系统识别和处理一个短语,就像它是一个单独的词一样。但是,如果所附词典中没有多个单词项,则每个单词将被视为一个单独的项目。

Flexicon 系统是一个设计和结构呈词汇化的搜索引擎,适用于特定领域的垂直信息市场,如法律和医学,它结合了相关性排名和多项查询,所得反馈的精确度远远超过市场上任何现有的搜索引擎。Flexicon 信息系统允许用户通过使用显示数据库内容的词典,形成比使用 Boolean 和最佳匹配搜索引擎更精确的信息需求表示。因此,可以制定一种符合信息需求的文档类型的概要文件,用于检索组成数据库的文档中的最佳匹配项。虽然查询通常只包含几个到几十个术语,但是信息需求的概要文件或文档概要文件可以包含大约 100 个术语(如果合适)。Flexicon 搜索配置文件中的每个术语可以被赋予高、中、低或负的权重,并且每个不同的词汇可以被赋予不同的权重。这使文档检索具有高度的精确性,并且可以获得比使用传统搜索查询形式高得多的相关文档百分比,这取决于在返回的文档列表中向下搜索的时间。

3. 自动抽象化

Flexicon 信息系统中的数据库以三种电子方式存在。第一个是每个原始文档的直线文本,第二个是词典形式的整个数据库,第三个是数据库中每个文档呈词典的形式。每个文档根据法律概念、事实、引用案例和引用法规概况进行 FlexNote 的形式检索。这些法规以 4 个词汇的形式呈现给用户,每个词汇按照所列项目的重要性排序。搜索排名基于数据库中标准化的术语频率,包括法律概念的同义词以及案例和法规引用的替代形式。然后,您可以浏览屏幕上文档的配置文件,并快速确定文档是否可能相关。因此,Flexnote 构成了一个机器创建的文档摘要,然后可以从每个项目的文件中导出文本,或者直接转到全文。

Flcxicon 技术的日标是让机器尽可能地处理原始数据,并创建附加值,如 FlexNote 摘要、自动主题分类、机器识别以及主题或标题形成。我们的研究目的不是试图取代法官和律师,而是尽可能地使用机器代替给原始数据增值的专家。

（三）让交易变得容易

Flexicon 系统以电子形式获取整个案例数据库，并将文本分为五组。系统首先消除干扰词，如 and、or、in、at 等，但系统并不能完全消除它们。通过解析函数，系统将它们作为短语一部分的位置进行保留。该系统尽可能地识别和保留整个短语。其余的案文分为法律概念（包括单项术语和短语）、事实术语和短语、案件名称和法定参考文献。概念按层级结构和字母顺序进行组织。法规引用和参考按照熟悉的方式组织。在每个管辖区内按法规的字母顺序组织。章节和子章节的数字顺序中包含章节参考。事实和案例按字母顺序排列。概念、案例、事实和法规的象限是机器中表示的法律知识的组织结构。

法律概念及其同义词是由一个主层次有序的法律理论概念词典来识别和提取的。主概念词典中的每个概念都按提取规则分类为可变化、可移动和可拆分。可变化表示后缀可以变化，可拆分意味着单词可以分离出现在概念短语的主单词之间，可移动意味着单词能以不同的顺序出现。因此，“律师过失”是可分离、可变化和可移动的，因为“律师的过失”匹配“律师疏忽”和“疏忽的律师”。案例和法规通过引用加模糊匹配（识别拼写或引文中的错误）和引用形式的提取策略来识别。案例语法系指提取完整的案例名称和引文、不带引文的案例名称、不带案例名称的引文、缩写案例名称和缩写引文，所有这些都与完整的案例名称和引文匹配。系统根据案例、数据库整体选择理想的引文形式。法规则通过引文形式、法规语法和模糊匹配来识别，即识别法规语法并提取完整的法规引文、独立章节，并将它们与适当的法规相匹配。当前的蓝图提供了理想的形式。事实词典是一个默认词典，去除了干扰词，除非该干扰词构成事实短语的一部分。提取策略使用语法连接相邻的事实词和修饰语形成事实短语，使用词干法将事实和事实短语等同起来。

不仅将数据库的整个文本组织成这些词典集，每个单独的案例也以概念、案例、事实和立法的象限来表示。但是，每个案例中的排列与数据库中的排列不同,其中词典是分层的,按字母顺序排列的,或两者兼而有之。在个别情况下,四组按频率排列。对四种类型的概要术语进行加权,并按反映其在处理文档和数据收集中分布的因素进行排序。自动放置超文本链接,允许用户从象限中的术语到案例中的每个引用进行超文本处理。因此,在排除干扰词后,象限起到案例的 FlexNote 摘要的作用,为用户提供文本的紧凑和结构化表示。重罪谋杀和抢劫职员、心脏病发作和死亡,法规参考加利福尼亚州《刑法》第 189 条。基于此,系统列出了重罪谋杀罪,以及皮普尔(People)诉狄龙(Dillon)案,加利福尼亚州就这一罪行作出了判决,从上述概念中人们可以立即推断该案是针对被告人提出的谋杀指控,该被告据称在抢劫过程中导致一名店员因心脏病发死亡。

下面是一个典型的侵权法案例:原告是一名上夜校的大学生,为了到达停车场,她不得不沿着一条没有路灯、灌木丛生的小路行走,此时一个袭击者把她拖到灌木丛中,对她进行性侵犯。这个问题的陈述也是信息需求的一个版本。Boolean 搜索引擎表示方法是"大学/学生和(性! /2 次暴力)或强奸以及(植物或矮木! 或灌木! 或树)、安全、疏忽!"。最匹配的自然语言查询看起来如下所示:占有人是否应对被邀请人或被许可人承担"注意义务",据此在该场所提供安全或其他保护措施,防止"第三方"的攻击?允许使用自然语言查询的最佳匹配搜索引擎消除了干扰词,从而创建了一个简单的列表,其中包含在其附加的概念词典中的多个词项被组合在一起作为单个项。

Flexicon 系统由两种基本类型的词典组成——静态和动态。静态词典是固定的,而动态词典是在信息检索过程中创建的。动态词典的主要功能是围绕特定单词或概念的词汇形式显示数据库的内容。用户输入单词或概念,然后系统创建术语和词组的词典,包括该单词语义或形式之一,在开头、结尾或短语内,并给出按字母顺序排序的词典。通过从词典中选择项目来构建 Flexicon 信息需求配置文件。在大多数情况下,用户通常会从法律开始。概念分层词典将允许用户选择法律的适当区域并在相应的对话框中突出显示用户希望用于形成信息需求的简档的项目。该系统还将为用户提供动态创建的词典,包含该术语和短语的各种形式,并按字母顺序将它们呈现给用户。然后,列表中将突出显示适当的项目,以将其列入信息需求配置文件中。在后台,Flexicon 自动包含该概念的所有同义词。然后可以针对适当的任何术语更改介质的默认权重。

下一步将考虑适用法律原则的事实脚本。用户可以通过在对话框中输入核心事实术语来构建脚本事实元素。系统将立即为数据库中出现的所有形式和短语创建一个动态词汇表,其中包含该单词的一种形式,或出现某种形式的短语。在上述事实中,原告是一个学生,因此可以输入单词“学生”,系统将给出一个按字母顺序排列的多个单词项目的词典,从中可以选择“非学生攻击”“大学生”“女学生”“保护学生”。类似的动态词典可以围绕“安全”和“校园”等关键概念创建。

该系统围绕特定术语创建动态词典的能力,为人们提供了在不同事实背景下发生相同法律问题的案件所需的信息概况。律师通常根据引起法律问题的一系列事实或故事创建一个脚本,以便找出可能在事实上有些不同,却呈现出相关类似法律问题的案件。概况可以扩大到涵盖类似的情况,如其他类型的教育机构、其他类型的不法行为以及其他类型的失败,以消除不同类型的风险。因此,对“停车场”一词进行查找将生成一个动态词汇表,从中可以选择“饭店停车场”“停车库”“商场停车场”等所有可能会发生袭击或抢劫的犯罪地点。因此,用户不仅可以形成特定事实集合的概况,还可以形成引起相同法律问题的一系列事实情况。

用户现在可以准备执行初始搜索。然后,Flexicon 系统将检索大量案例,这些案例根据与问题概要的相关性进行排序。如果按照相关性顺序浏览这些案例,通过查看它们的 FlexNotes,查看文本并跳转页码查阅事实,可以发现几乎所有案例都与我们的法律问题相关。在每个 FlexNote 象限的案例中,用户将或多或少地看到许多案例名称的出现。如果你用超文本记录下这些案件的每一次出现,您很快就会发现,法官们认为这些案件是解决这类问题的主要参考。当用户找到这些案例并在案例的 FlexNote 中突出显示它们时,用户可以将它们添加到问题概要文档中。在反馈的相关案例列表中会发现大约 11 个左右的案例被更频繁地引用,因此,现在应该将这 11 个案例添加到主要和经常引用的案例中。接下来将对法规引用进行类似的审查,以找出在若干相关案件中引用的任何法定条款。如果一个人知道案件的一方的名称并希望查看案例或将其添加到问题或信息需求档案中,用户将在对话框中输入该名称并执行查找任务,为引用中具有该名称的案例创建一个动态的、按字母顺序排列的词典。

通过或高或低改变单个项目(默认设置为中等)的权重,或通过降低相关性,可以显著提高相关性排名。特定法律问题所特有的关键法律概念可以被标记为“高”,而在法律的若干领域中经常出现的概念可以被标记为“低”或者减少权重。目前的 Flexicon 系统为每个象限赋予特定的权重。这些权重是通过对 18 种最有希望的算法进行广泛测试后制定的。

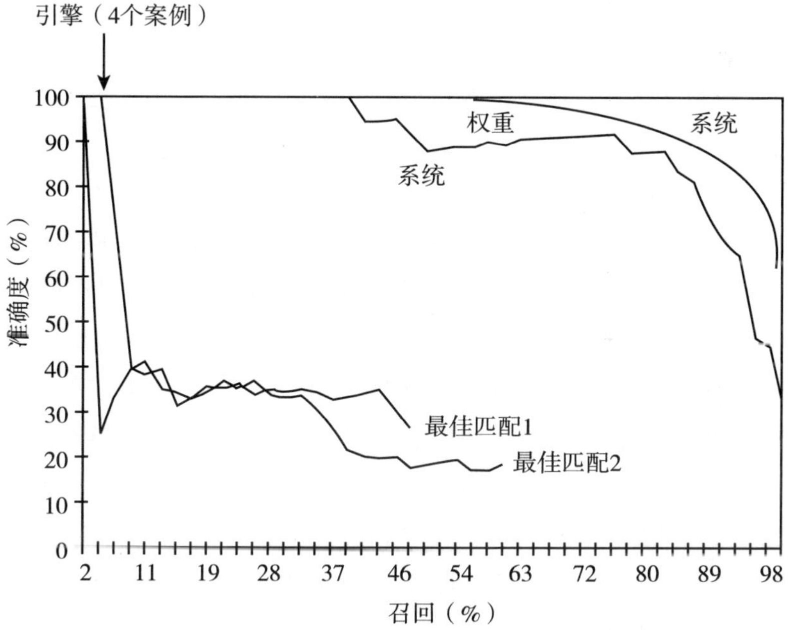

图 4

Flexicon 系统仍处于开发阶段。测试这个系统所用到的最大数据库大约有 3.3 万个案例,包括加州第三和第四个系列。检索有效性或检索性能是根据反馈的相关文件数量与相关文件与非相关文件(精确度)的比例来衡量的。[48]

---

[48] See Howard Turtle, "Text Retrieval in the Legal World", 3 *Artificial Intelligence and Law* 5, 10-16(1995).

通常使用图表来表现性能(如图 4 所示),垂直轴显示精度,水平轴显示反馈。一个系统如果反馈了更多相关文档和更多排名靠前的文档,通常会被认为比那些反馈文档数量少和排名靠后的系统要表现得好。一个完美的表现是首先提供所有相关文件,然后是半相关文件,然后对事实脚本进行微小修改,最后才是不相关文件。线越直,系统效率越高。图 4 将上述问题在 Flexicon 搜索的性能与在同一组加利福尼亚案例中使用上述自然语言查询的两个完全、最佳匹配搜索引擎的性能进行了比较。第一个 Flexicon 搜索是使用默认介质权重。而最佳匹配搜索则是使用某些特定于此类法律问题的术语,如不作为加权高,以及可能发生在几个不同领域的某些术语,如低权重的强奸和抢劫。所有反馈中初始非相关案件均与被告人或被许可人相关,该被告人或被许可人在被告占有人的场所内遭受第三方的伤害,但第三方的不法行为基于疏忽而非故意的除外。第二个 Flexicon 问题概要文档中的"疏忽"一词被赋予负权重,以降低这些半相关案例的相关性排名。此外,整个案例象限的权重增加了一倍,因为进一步的测试证明,案例引用比其他三个象限中的任何一个都有更好的结果。未加权的 Flexicon 概要搜索提出的前 18 个文档的精度为 100%,然后随着第一个不相关的情况略微下降,逐渐加大幅度下降到第 40 个案例,随后大幅下降。这一下降表明现在正在出现大量不相关的案件。加权 Flexicon 概要返回的前 45 个案例的精确度为 100%。因此,加权几乎使相关性排名提升了 3 倍。两种最佳匹配搜索确实比 Boolean 搜索更好,并且就结果而言,它们彼此非常接近。在所有情况下,相关性的测试是相同的,且事实脚本相符。半相关案件被视为无关紧要。只有涉及土地或房屋占有人未能阻止第三方对被保险人或被许可人的财产本身的不法行为的案件才被认为具有相关性。

还有另一个因素必须加以考虑,特别是在召回的情况下。非相关决策数量增加的精确度越低,确定哪些反馈的案例是相关的以及估计检索到相关文档的百分比所需的时间就越多。事实上,如果一个人愿意花费那么多时间,那么事实上可以在案例数据库中查找到所有相关决策。然而,几乎所有系统都会切断反馈的案例数量,其中相关性排名变得如此糟糕以至于在反馈案例列表中进行下一步查阅纯属浪费时间。最佳匹配、Boolean 完全匹配和 Flexicon 系统的比较结果表明了基于词汇的搜索引擎的容量,该搜索引擎将相关性排名与在搜索时使用多个单词项的能力相结合。结构良好的 Boolean 查询结果中的所有案例都是相关的,但该查询在数据库大约 60 个案例中只找到 4 个相关案例。如果扩展 Boolean 查询以得到大量相关案例,则会同时出现大量不相关的案例。最佳匹配搜索检索了大约一半的相关案例,却呈现了大量与相关案例混杂的非相关案例。直到截点,未加权的 Flexicon 搜索显示了 45 个相关案例,加权的 Flexicon 搜索出现了 60 个案例,其他形式的研究没有发现其他相关案例。

Flexicon 系统是重复的,因为它允许律师更改问题的搜索关键词与信息需求之间的匹配,从而促进相关性反馈。Flexicon 系统不是模拟律师的行为,而是成为律师的合作伙伴。因此,Flexicon 系统是使用人工智能的创造性转换模型实现人工智能开发的一个例子,与更传统的范式相比,后者将在 Cyc 项目的方向上进行研究并寻求"人工判案"。

四、结论

丘奇 – 图灵的论点建立在一个前提之上,这个前提至少在可预见的未来不再具有说服力。我们对语言和认知科学的理解已经把它抛之脑后。同时,技术本身也朝着不同的方向发展。大型计算机的使用减少以及台式计算机和工作站的普及、互联网的发展、计算机和电视正在走向融合的通信技术和光缆的使用,都指向巨大的信息网络或矩阵,而不是独立的智能机器。因此,计算机被视为人类的延伸而不是人类的模拟显然更有益处。这个庞大的信息网络将给人类带来巨大的变化,但它们将与丘奇 – 图灵理论的错误先知所投射的非常不同。一个更有用的比喻可能是将其视为集体无意识的物化,而集体无意识将塑造那些能够利用集体无意识的人的意识。

只有一种智慧,那就是人类。正如一位人工智能理论家所说的那样,"据我们所知道的,智能(迄今为止)是一种生物现象,而不是一种逻辑或数学现象”。[49] 如果我们继续人工智能的比喻,将继续误解我们自己的本质和人类所创造的这种非凡技术的本质。计算机是一组符号表征系统的最新和最外发展。我们生于语言中,在其中形成了构成世界的人类感知—概念系统。不能将计算机和人类视为两个不同却彼此努力交流的智能系统,应当将人与机器之间的关系视为人类信息系统的扩展。

前段时间,我们中的许多人在电视新闻中看到一个三岁男孩掉入了大猩猩的领地,一只雌性大猩猩温柔地抱起昏迷不醒的他并将其放到动物饲养员能够领走的门口。[50] 在我看来,如果我们希望发现类似于人类的智力,我们应该关注与我们拥有98%以上相同基因密码的同类物种,思考生命的奇迹和复杂性,而不是电脑,毕竟电脑是我们自己创造的。在一个古老的神话中,有着永垂不朽的史上最伟大的故事之一:[51]斯芬克斯(Sphinx)(狮身人面像)给俄狄浦斯(Oedipus)出了一个谜语,“什么动物早晨用四条腿走路,中午用两条腿走路,晚上用三条腿走路?腿最多的时候,也正是他走路最慢,体力最弱的时候”。俄狄浦斯根据这个故事,他以为自己已经解开了谜底——“人!”但实际上并不是这样的。狮身人面像自己本身就代表了谜语的答案:延续生命的女性,动物和动物以外的东西,我们称为智慧。俄狄浦斯未能认识人类的本质,这导致了他的悲剧。对斯芬克斯谜语的回答就在我们动物性中,而不是在我们的技术中。智能和会思考的机器能够完成人类能够完成的一系列任务,这本身就是俄狄浦斯的一种盲目想法,并且反映了我们对自身动物性的否定。

达马托教授提出的问题,即“可以/应该由计算机取代法官吗?”这个问题本身就有问题,因为它隐含地以尚未被证实的丘奇－图灵理论为假定。在这一点上,我们完全不知道在遥远的将来是否有可能以非有机材料的形

---

[49] See B. Chandrasekaran, “What Kind of Information Processing is Intelligence?”, *Foundations*, supra note 28, at 44.

[50] See “Gorilla at an Illinois Zoo Rescues a 3－Year Old Boy”, *N. Y. Times*, August 17, 1996, at A5.

[51] See Sophocles, Oedipus the King, Robert Eagles trans., trans., The Three Theban Plays 155(1982).

式复制一个感知—概念系统。正如一位计算机科学家所说：

AI基于一个错误的理论假设：我们知道什么是计算思维，反过来又错误地从计算理论中获得支持……这个问题只能通过等待来解决。然而，考虑到人工智能对计算机程序的用途存在的困惑，对人工智能自身理论基础的困惑，以及其机械性地拒绝对其本身产生的错误的修正，现在正应考虑这种可能性，即人工智能无法维持对智慧和智慧思想本质的探究。[52]

笔者个人认为，人类永远不会因为HAL的诞生或克拉克和库布里克在2001年创想——《太空漫游》中任何人工智能系统而大肆庆祝，[53]因为自上而下的创造性和创造性的人类规划永远不能和复杂、冗长适应性进化过程的创造潜力相匹配，这些过程[54]产生了我们这种有知觉的五种猿类之一——智人。[55] 然而，时间会告诉我们一切。

至少到目前为止，我们的时间和资源可以更有效地利用起来，在创造性转换的过程中，寻找与法律信息相关的困难任务的解决方法，允许计算机执行复杂的一系列简单任务；反之，然后可以以完成困难任务的形式将其反向返回。如果我们有意识地追求创造性转换方法，而不是寻求在机器中复制或模拟人类智能，笔者认为我们会发现，我们将继续产生使我们的想象力错乱的结果。

（缪昕夙　刘华剑　译）

---

[52] See Eric Dietrich, " Programs in the Search for Intelligent Machines: The Mistaken Foundations of AI" ,Derek Partridge & Yorick Wilks eds. , *The Foundations of Artificial Intelligence* 223,229(1990).

[53] See D. G. Stork ed. ,*Hal's Legacy*:*2001's Computer as Dream and Reality*(1997).

[54] See Richard Dawkins,*The Blind Watchmaker*:*Why the Evidence of Evolution Reveals a Universe Without Design*(1987); John Holland, *Hidden Order*(1995); Murray Gell-Mann, *The Quark and the Jaguar*:*Adventures in the Simple and the Complex*(1994); M. Mitchell Waldrop, *Complexity*:*The Emerging Science at the Edge of Order and Chaos*(1992).

[55] 现在人们认识到有五种而不是四种猿。除了猩猩、大猩猩、人类和黑猩猩之外，还有倭黑猩猩，曾经被认为是一种黑猩猩，直到基因测试最终确定它是一个独立的物种，在遗传的相似性方面更接近人类代码，甚至比黑猩猩更接近人类，而不是大猩猩。See Richard Wrangham & Dale Peterson,*The Demonic Males*:*Apes and the Origins of Human Violence* 203 -219(1996).

图书在版编目(CIP)数据

法律的人工智能时代. 1 / 赵万一，侯东德主编. -- 北京：法律出版社，2020
ISBN 978-7-5197-3755-9

Ⅰ. ①法… Ⅱ. ①赵… ②侯… Ⅲ. ①人工智能-应用-法律-工作-研究 Ⅳ. ①D9-39

中国版本图书馆CIP数据核字(2019)第184879号

法律的人工智能时代1
FALÜ DE RENGONG ZHINENG SHIDAI 1

赵万一　侯东德 主编

策划编辑 沈小英
责任编辑 陈　妮
装帧设计 马　帅

出版 法律出版社
总发行 中国法律图书有限公司
经销 新华书店
印刷 中煤(北京)印务有限公司
责任校对 马　丽
责任印制 吕亚莉

编辑统筹 法治与经济出版分社
开本 710毫米×1000毫米　1/16
印张 26.25
字数 400千
版本 2020年1月第1版
印次 2020年1月第1次印刷

法律出版社/北京市丰台区莲花池西里7号(100073)
网址/www.lawpress.com.cn
投稿邮箱/info@lawpress.com.cn
举报维权邮箱/jbwq@lawpress.com.cn
销售热线/400-660-8393
咨询电话/010-63939796

中国法律图书有限公司/北京市丰台区莲花池西里7号(100073)
全国各地中法图分、子公司销售电话：
统一销售客服/400-660-8393/6393
第一法律书店/010-83938432/8433　西安分公司/029-85330678　重庆分公司/023-67453036
上海分公司/021-62071639/1636　深圳分公司/0755-83072995

书号：ISBN 978-7-5197-3755-9
定价：128.00元
(如有缺页或倒装，中国法律图书有限公司负责退换)